21世纪经济管理类创新教材

创业学
——理论与实践

（第4版）

刘平　赵迪◎编著

清華大學出版社
北京

内 容 简 介

本书依据2012年教育部发布的《"创业基础"教学大纲（试行）》的基本内容和教学要求，以及2015年国务院办公厅《关于深化高等学校创新创业教育改革的实施意见》和2021年国务院办公厅《关于进一步支持大学生创新创业的指导意见》的主旨精神，从时代的要求出发，总结作者多年来创业实践的经验、教训与感受和从事创业教育与指导的心得，广泛汲取中外有关创业理论、实践与教育的精髓，通过大量鲜活的案例，探讨和总结了创业活动的一般规律和关键问题，主要包括对创业观念、动力和创业者素质的分析，对创业环境、创业商机的识别和把握，对创业类型与创业模式、开局制胜战略与盈利模式的探讨，对成功创业条件、开办新企业和创业失败误区的剖析，并针对创业中的困难和风险提出了对策。

本书力求用通俗易懂的语言，把复杂的创业活动深入浅出地介绍给读者，既可作为高等院校的创业教育教材，也可作为创业教育的培训用书或参考用书，同时也适合各阶层创业者和有志于创业的人士阅读。

图书在版编目（CIP）数据

创业学：理论与实践 / 刘平，赵迪编著. —4版. —北京：清华大学出版社，2024.1
21世纪经济管理类创新教材
ISBN 978-7-302-65217-5

Ⅰ. ①创… Ⅱ. ①刘… ②赵… Ⅲ. ①创业—高等学校—教材 Ⅳ. ①F241.4

中国国家版本馆CIP数据核字（2024）第019901号

责任编辑： 杜春杰
封面设计： 刘 超
版式设计： 文森时代
责任校对： 马军令
责任印制： 沈 露

出版发行： 清华大学出版社
网 址：https://www.tup.com.cn，https://www.wqxuetang.com
地 址：北京清华大学学研大厦A座 邮 编：100084
社 总 机：010-83470000 邮 购：010-62786544
投稿与读者服务：010-62776969，c-service@tup.tsinghua.edu.cn
质量反馈：010-62772015，zhiliang@tup.tsinghua.edu.cn
印 装 者： 三河市科茂嘉荣印务有限公司
经 销： 全国新华书店
开 本： 185mm×260mm 印 张：17.75 字 数：430千字
版 次： 2011年9月第1版 2024年3月第4版 印 次：2024年3月第1次印刷
定 价： 59.80元

产品编号：096540-01

序 1

创业教育已成为世界教育发展与改革的新趋势，各国都十分重视。总体来说，发达国家的创业教育起步较早，做得比较好，对社会经济发展起到了较大的促进作用，对就业的贡献也比较大。我国的创业教育起步较晚，目前已逐步引起了各方的关注。党的十七大已经明确提出了“以创业带动就业”的新方针，这既为实施扩大就业的发展战略指明了新方向，也对我国创业教育提出了新要求，注入了新活力。

我和刘平相知有年。在大学期间，刘平担任校学生会主席，当时我已毕业留校在团委工作。他们富有创新的学生会工作给我留下了深刻的印象。例如，20 岁集体生日活动在学生及家长中获得了非常好的反响；校学生会干部直接竞选等活动开创了东北地区学生干部竞选的先河，获得了省市团委、学联的肯定，电视台、报纸等新闻媒体也给予了积极的报道。

1988 年毕业时，当时大学毕业生还包分配，刘平却放弃了正式分配，积极投身于创业活动，参与了先达集团的创建工作。他白手起家、从基层做起，历任工程师、电脑部经理、条码事业部经理、集团营销中心总经理和北京公司总经理等职，一手建立起了覆盖全国、布局合理、分层管理的地区公司与代理商销售网络，在条码自动识别技术领域处于国内领先地位，其项目被列入国家级火炬计划项目和重大科技成果推广项目。刘平不仅是获得部级科技进步一等奖条码技术及其产品研究开发项目的主要参与者，还是“八五”攻关项目——金融电子化课题条码计算机应用系统专题的主要负责人，同时担任中国计算机用户协会常务理事、《高新技术产业报》编委及《条码与自动识别技术》专刊主编等职，他倡导成立了中国计算机用户协会条码分会，并任首届秘书长。

1995 年，刘平赴美交流学习深造，主要从事企业管理与企业文化的研究与探索。1997 年，他回国取得清华大学工商管理硕士学位后，任长天国际控股有限公司（IBM 商务合作伙伴，主要从事计算机系统集成、软件开发、管理咨询等）COO（首席运营官）助理，后升任 CSO（售后总负责人）。1999 年，他调任北京中关村技术交易中心副主任兼北京创业投资协会副秘书长，从事高科技成果转化和风险投资、创业投资与资本市场的研究、培训和推广工作。2000 年，他再次出国深造，在获得美国哥伦比亚大学硕士学位后，于 2002 年回国。

刘平还是一位孜孜不倦的高产作者，他把理论与实践很好地结合在了一起。近年来，他在《现代经济探讨》《江西财经大学学报》《企业管理》《中外管理》《光明日报》等国家百种重点期刊、核心期刊及国家级报纸期刊上发表文章三十余万字，多篇文章被选入人大《书报复印资料》索引，并被和讯、新浪、网易、飞虎等多家网站转载；其多篇文章被收录于全国优秀论文集和国际学术年会论文集，并获优秀论文奖。他与人合著的《解密友邦——

友邦保险中国攻略》一书由中国发展出版社出版发行，受到读者好评，并多次重印。目前，他已出版《拯救AIG：解读美国最大的金融拯救计划》《华尔街之痛：一个个倒下的金融巨擘》《世界大行动：救市进行时》《就业新思维：自主创业》《创业攻略：成功创业之路》《保险战争》《企业战略管理：规划理论、流程、方法与实践》《西方经济学概论》《保险学：原理与应用》《企业经营管理综合实训》《用友ERP企业经营沙盘模拟实训手册》等十余部著作和教材，3部教材入选省级规划教材，多部教材不断再版；他是国家级综合改革试点专业联合负责人和项目执行人、省级精品课负责人、省级优秀教学团队带头人、省级一流课程负责人、省级一流专业带头人、省级大学生创业孵化示范基地负责人，获得省级教学成果二等奖2项。

我之所以不厌其烦地向读者介绍刘平丰富的阅历，是因为从以上经历我们可以深深地感受到，他不仅熟悉中外管理理论，而且富有从基层到高层的管理实践经验，擅长企业战略管理和市场营销策划与实施，对创业及创业教育有深刻的认识和体验。这些丰富的阅历正是编著好这样一本实用性很强的创业书籍的必要基础，同时也使这本书变得异常鲜活生动。

本书也是我校特色教材建设项目“创业学——理论与实践”的成果。在编著此书的过程中，刘平结合其多年来创业实践的经验、教训与感受和从事创业教育与指导的心得，广泛汲取中外有关创业理论、实践与教育的精髓，编著了这本内容丰富、实用性很强的创业学教材。该书通过大量鲜活的案例，从多角度、多方位给予了学生必要的引导与指导，并在创业教育方面给出了许多有益的建议，具有很强的可读性和指导性。该书既是一本非常实用的创业教育教材，也是高校思想政治工作者必读的一本书。

是为序。

沈阳工学院首任校长、教授　石丽

2009年6月

序 2　中国创业者应具备的素质

我国从 1978 年改革开放以来，已走过了 30 多年的历程。在市场经济的大潮中，涌现出一批又一批成功的创业者。他们中的每一个人的经验，都是一本生动的教科书。他们或者从摆地摊开始，成为世界上最大的袜子生产商；或者是留美博士归国创业，成为中国的高科技新星。他们的经验值得人们借鉴。当然，也有许多创业失败者，或者艰苦卓绝，或者惨烈悲壮，他们的教训值得人们吸取。无论成功与失败，都将引导我们思考一个共同的问题——中国的创业者若想成功，究竟应该具备哪些素质？笔者认为：概括起来，我国创业者应具备的素质包括五大方面，即良好的政治素质、思想素质、知识素质、心理素质和能力素质。

1. 政治素质

能坚持把国家富强、民族振兴、人民幸福作为自己的政治理想，自觉按党的路线、方针、政策办事，自觉地维护人民利益、国家利益。

在政治的大是大非上，创业者应该旗帜鲜明，身体力行，而不只是嘴上说说而已。这要求创业者具有政治上的高瞻远瞩，与各级政府建立密切和谐的关系，为中国的社会福利和慈善事业做出自己应做的贡献，做一个社区的好公民，而绝不做任何危害祖国和人民利益的事情。

2. 思想素质

我们要建立的是社会主义市场经济，因此创业者应该牢固树立与市场经济相关联的八种现代意识。

（1）市场经济意识。在长期计划经济体制下形成的产品经济意识，是产量、产值导向的管理观念，“增产”成为企业追求的主要目标，而用户对该产品是否满意以及销售额和利润多少则被放在次要位置，这是与市场经济的要求背道而驰的。目前，在石油、煤炭、金融等行业中，市场机制尚未建立起来，产品经济意识仍然严重地妨碍着一些企业的生存和发展。对于大部分行业而言，虽然市场机制已初步形成，但重生产、轻销售，重产值、轻质量，重短期利润、轻长期信誉的思想仍然顽固地存在着。在一些内地创业者中，这一点更为突出，这使他们丢掉了一个又一个市场；而新产品开发意识不强，更使他们丧失了原有的某些优势。在这些企业的衰落中，我们看到的教训正是——从小产品经济意识向市场经济意识转变的快慢决定了许多创业者的命运。

（2）市场竞争意识。许多企业的创业者，身子已经处于市场竞争之中，头脑中却仍缺乏竞争的意识和谋略。他们往往习惯于纵向比较，而不进行横向比较，他们经常满足于一得之功及一孔之见，满足于“进步不大，年年有”，满足于企业员工“收入不多，有饭吃”。

这种封闭经营观念与市场竞争的新体制格格不入，不冲破它，企业就无法投入市场的海洋。他们眼中有产值、有利润，但就是没有市场占有率，没有资金利润率。他们往往为利润增长5%而沾沾自喜，却不看投入产出比极低，不看市场占有率在下降，正在被对手挤出市场而浑然不知。这种状况一天不扭转，他们的成功就仍然是水中捞月。

（3）效率、效益意识。有些创业者效率、效益不离口，却对身边的低效率、高浪费现象熟视无睹。办公室喝茶、聊天，他习以为常；资金上的跑、冒、滴、漏他不去抓；办事拖拉，不紧不慢，他不当回事……这种创业者的效率、效益意识其实并未真正建立起来，巨大的损失在等待着他。

（4）开拓创新意识。经济腾飞靠两只翅膀——技术和管理。随着市场竞争的白热化，科学技术的更新大大加快，管理上的创新屡见不鲜。"创新则生，守旧则亡"已经成为许多创业者的共识。创新来源于开拓精神，敢于走前人没走过的路，敢冒失败的风险，才能开拓出新局面，在创新中走向辉煌。当务之急是增强中国企业的技术创新能力，要从"中国制造"尽快过渡到"中国创造"。创业者在这方面有眼光、有魄力，就会发现自己的路越走越宽。

（5）风险意识。市场竞争是残酷的，机遇与风险共存，不敢冒风险，也就抓不住机遇。在市场竞争的惊涛骇浪面前，敢不敢冒风险，敢不敢闯出一条新路，往往决定了创业者的命运。新加坡企业家黄业仁说得好："企业家一次的成功，平均需经历九次的失败，做错事是做对事所不可缺少的一部分。"因此，西方一些企业鼓励各级管理者犯一些"合理错误"，对于在一定期限内从未犯过"合理错误"的管理者，对那些怕负责任、怕犯错误的领导者，不仅不表扬，反而当作平庸者撤换。

（6）服务意识。在市场中竞争的是什么？是产品和服务。由于科学技术的扩散速度越来越快，制造技术和设备的差距越来越小，企业间在产品质量和价格上的差异也越来越小，于是竞争日益转移到服务领域。早在20世纪70年代中期，法国管理学家就指出：服务制胜的时代已经到来。如何赢得在服务质量上的竞争？靠的是全体员工树立牢固的顾客至上和优质服务意识，以及具有专业化的服务技能，这首先要求创业者树立牢固的服务意识。

（7）诚信意识。越来越多的现代化企业开始实行开放式经营，甚至实行跨国界的全球经营，其间，企业与外界建立了众多关系，包括许多合同关系。能不能严格履约，守不守信用，自然成为衡量企业的重要道德标准。守信是调节企业公共关系的道德规范。守信的价值观基础是视企业信誉为生命，其实践的要点是以诚待人。所以诚信意识是创业者必须具备的。

（8）法制意识。市场经济的秩序靠法制来维持，守法经营是领导者必须守住的一条底线。一旦这个阵地失守，什么假酒、假药、假商标，以至走私、偷税、诈骗等违法行为就会缠住你不放，最后只有走向深渊。由于初创期缺乏信誉积累，创业者的法制意识更为重要。在守法问题上，可以说是"一着不慎，全盘皆输"。

3. 知识素质

（1）基础知识。所谓基础知识，是高中毕业生应具备的知识水准。创业者最起码的知识基础包括语文、外语、数学、物理、化学、生物、历史、地理等。

（2）人文社会知识。任何组织都是社会的细胞，在社会的大环境中生存和发展，与社会有着千丝万缕的联系。创业者应丰富自己的人文社会知识，特别是关于哲学、政治、文化、道德、法律和历史方面的知识，以确保做出正确的决策，并有效地加以实施。特别重要的是，一些大型项目的创业者，必须能够从政治上看问题，从哲学上进行思考，对他们人文社会知识的修养理所当然地应该有更高的要求。

（3）科学技术知识。科学技术是第一生产力，科学技术日新月异，谁掌握了明日的技术，谁就能在竞争中稳操胜券。创业者应力求在自己从事的业务领域中成为专家，又要有比专家更广博的知识面。

（4）管理知识。管理是科学，也是艺术。现代管理理论是一切领导者的必学科目，也是成功创业者的护身法宝。在实践中创造性地应用管理知识，就会形成独具特色的领导艺术。

4. 心理素质

心理素质是形成独特领导风格的决定性因素，也是创业者成功的重要保证。心理素质包括追求、意志、感情、风度四个方面。

（1）追求。其指人的志向，其行为和动机的指向，即理想、信念和价值观。

优秀的创业者应该有崇高的理想、坚定的信念和积极向上的价值观，应该有强烈的事业心和社会责任感。他主要追求的不是金钱、地位、名声，而是事业。

（2）意志。其指克服困难的勇气和坚持精神。

创业者在工作中总会遇到各种困难，在困难面前表现出什么样的意志品质——是迎难而上，还是畏难思退，将极大地影响工作的结果。坚强的意志使创业者经受住考验，不会被轻易击垮。当别人只看到绝望时，他们却从中发现了契机。因此，要求具有克服困难的坚强意志，是环境对创业者的另一个基本要求。

意志品质包括意志的自觉性（意志朝向目标）、意志的果断性（当机立断）、意志的坚持性（百折不挠）、意志的自制性（控制感情）和意志的科学性（实事求是）。

（3）感情。创业者应该具有积极的情感（热爱工作、热情待人、热烈追求），克服消极的情感（冷漠、孤傲、嫉妒、虚伪等）。

情感与性格有关，创业者的性格和情感互相影响、互相感染，在一定程度上决定了工作气氛、人际关系、群体风气和个人亲和力。

（4）风度。创业者应该具有宽容大度、高瞻远瞩、临危不乱、光明磊落、机智幽默的风度，从而增加自己的人格魅力。

宽容大度指容人性。“厚德载物”的宽广胸怀，可以吸引天下人才为其服务。善于与有个性的人共事，敢于重用曾经反对过自己的人，是宽容大度的具体表现。

高瞻远瞩指预见性。站得高，看得远，是创业者高于常人的地方。如果只关心鼻子下边的一点小利而视觉狭窄、不明大事，又怎样能够承担起领导者的责任。高瞻远瞩还需要有科学的思维方法作保证。

临危不乱指镇静。面对任何紧迫、危险的形势，都脸不改色、心不跳，镇定如山，这样的创业者才会挽狂澜于既倒，成为组织的中流砥柱。人们称赞原国家女排教练袁伟民有大将风度，主要指他临场镇静的优点。

光明磊落指透明。领导者出于公心，办事公道，事无不可对人言，才能取信于民，获得员工的信任和爱戴。松下幸之助把松下的经营叫作“玻璃窗中的经营”，一切都向员工公开，赢得了员工的忠诚。

机智幽默指机敏和亲切。幽默是人际关系的润滑剂，机智是应变的智慧。创业者具有机智幽默的风度，不仅可以在非常事件中四两拨千斤，化险为夷，而且可以化干戈为玉帛，获得一片喝彩声。这是创业者个人魅力的重要方面。

5. 能力素质

处于组织上层、中层、下层的不同职位，对人员素质能力的要求差别很大，如图1所示。领导层要求有很强的决策能力和丰富的管理知识；管理层要求有很强的管理能力和一定的决策能力；监督层要求有较强的管理能力和丰富的操作能力；而操作层则要求有很强的操作能力。创业者则要求具备上层的能力，同时兼有中层和下层的能力。

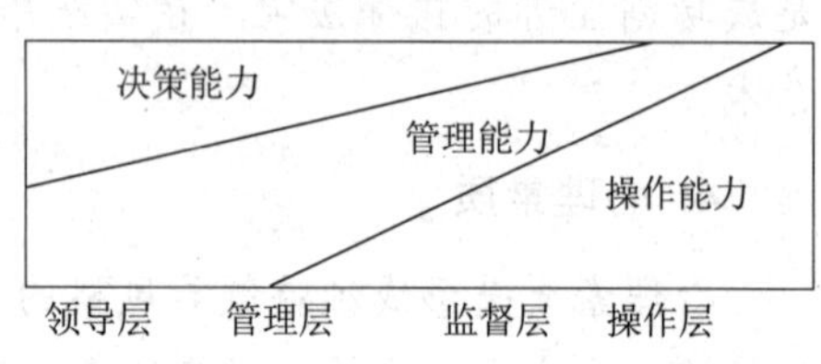

图1　各层次人员能力结构图

创业者的决策能力和管理能力与以下几种具体能力有关：

（1）直觉能力。即对外界事物的观察能力、认知能力，也就是人们常说的“悟性”。

（2）抽象思维能力。即透过现象抓住本质的能力，理清支流把握主流的能力，总结实践形成概念的能力，在相互联系中摸索规律的能力。

（3）组织和协调能力。即善于将有限的人力资源组织起来协调工作的能力，处理工作中的矛盾和冲突的能力，执行的能力，知人和用人的能力，改善人际关系的能力等。

（4）自我发展能力。是指不断学习新知识、掌握新技能的自我完善的能力，包括自学能力、自我反省能力、吸收新事物的能力。

（5）创新能力。是指开拓新知识、新技术、新产品、新方法的创造能力，包括批判力、创造力、联想力、想象力。

创业难，但任何困难也不会妨碍有志向、有抱负的创业者走向成功。

党的十七大后，中国面临着更大的发展机遇，也为更多的有志者提供了创新的舞台。但是，任何机遇都只垂青那些有准备的头脑。他们需准备的一门功课就是创业学。

我指导的硕士毕业生刘平先生，有丰富的创业经历，也在美国进修、学习和考察过，他从理论与实践相结合的角度，系统地讲述了创业的规律和经验，这本书对创业者来说是个福音。

衷心地希望创业者能从这本书中吸取灵感，在艰苦的创业之路上走向成功。

清华大学博士生导师、教授　张德

2009年8月

第 4 版前言

一

当今世界，创业，尤其是大学生的创业活动已经成为一国经济稳定发展、持续繁荣的强大动力，“大众创业、万众创新”已经成为我们这个时代的最强音。在美国创业潮中，青年大学生是一支朝气蓬勃的主力军。知识经济的资源特征为大学生创业提供了资源优势，互联网的普及为大学生创业提供了信息优势。以比尔·盖茨为代表的一批青年大学生创业的成功，就是以现代科学技术为主的知识经济的产物，是知识经济造就了这些创业英雄和成功企业，比尔·盖茨与微软、戴尔与戴尔计算机公司、杨致远与雅虎等一大批创业家与世界级公司，就是大学生创业的产物，也正是他们给美国经济的繁荣发展注入了勃勃生机。

当今的中国，是创业者大展宏图、实现创业理想的时代。党的十七大报告明确提出了“实施扩大就业的发展战略，促进以创业带动就业”，把“以创业带动就业”上升到了党和国家的战略高度。报告进一步指出，“完善支持自主创业、自谋职业的政策，加强就业观念教育，使更多劳动者成为创业者”。党的十八大报告指出“要贯彻劳动者自主就业、市场调节就业、政府促进就业和鼓励创业的方针，实施就业优先战略和更加积极的就业政策。引导劳动者转变就业观念，鼓励多渠道多形式就业，促进创业带动就业”。党的十九大报告提出：“激发和保护企业家精神，鼓励更多社会主体投身创新创业。”党的二十大报告结合新形势提出：“完善促进创业带动就业的保障制度，支持和规范发展新就业形态。”

适宜创业的土壤已逐步形成，一系列激励创业的措施和政策也逐渐出台，创业教育的开展、大学生学识的增长、技能的提高、理性思维的养成、团队协作精神的培养都为大学生创业创造了条件、提供了契机。因此，大学生自主创业已逐步成为毕业生流向社会的一种全新的就业方式。汪滔与大疆无人机、黄峥与拼多多、马化腾与腾讯等一大批中国企业家与在中国诞生的世界级公司，也为中国经济的繁荣与发展注入了勃勃生机。

目前，创业教育已成为世界教育发展与改革的新趋势。美国政府十分重视创业教育，而创业教育与创业精神的倡导对美国经济的快速发展起到了不可估量的支撑作用。美国的创业教育经过半个多世纪的发展，已形成一个相当完备的体系，涵盖了从初中、高中、大学本科直至研究生的正规教育。德国、英国和日本等国也都提出并鼓励大学毕业生创业，以提高社会生产力和竞争力。联合国教科文组织强调，必须把培养学生的创业技能和创业精神作为高等教育的基本目标，毕业生不仅仅是求职者，也应该是工作岗位的创造者。

我国的创业教育虽已经过了起步阶段，但仍处于探索期。从清华大学发起首届“清华大学创业设计大赛”开始，经过短短的几年时间，我国大学生中涌现出了一股创业潮，开设创业教育也成为各高校的热点；然而创业教育体系还不够完善和系统。目前，全国高等院校普遍十分重视创业教育，不仅把创业教育看成创新教育与素质教育的重要体现，而且上升到转变传统教育观念、改革传统人才培养模式的高度，将培育大学生的创业精神和创业技能、提倡和鼓励大学生自主创业，视为缓解社会就业压力、解决社会矛盾和保障经济社会稳定发展的重大战略举措。创业教育也成为各高校转变学生就业观念、为毕业生创造新的就业机会和就业岗位、提高毕业生就业率和学校竞争力的重要手段之一。

2015 年 12 月 4 日，教育部召开关于做好 2016 届全国普通高等学校毕业生就业创业工作视频会议。会议指出，高校毕业生是实施创新驱动发展战略和推进大众创业、万众创新的生力军。加快推进创新创业教育改革，深入实施“大学生创业引领计划”。2016 年全国普通高校毕业生规模达到 770 万人，比 2015 年增加 21 万人，创下历史新高。转眼进入了 2023 年，教育部公布的数据显示，2023 年高校毕业生规模预计 1158 万人，同比增加 82 万人，毕业生规模扩大已经持续多年，年年创历史新高。2022 年，应届毕业生人数为 1076 万，已经被称作是“史上最难就业季”，连续两年，毕业生人数都突破了 1000 万大关，2023 年的就业压力不容小觑。随着我国经济发展进入新常态，就业总量压力依然存在，结构性矛盾更加凸显，就业创业工作任务仍然十分艰巨。

二

2011 年 5 月，国务院下发《关于进一步做好普通高等学校毕业生就业工作的通知》（国发〔2011〕16 号）。通知指出，加强创业教育、创业培训和创业服务。要求各高校要广泛开展创业教育，积极开发创新创业类课程，完善创业教育课程体系，将创业教育课程纳入学分管理。积极推广成熟的创业培训模式，鼓励高校毕业生参加创业培训和实训，提高创业能力。

2012 年 8 月，教育部办公厅发布《关于印发〈普通本科学校创业教育教学基本要求（试行）〉的通知》（教高厅〔2012〕4 号），同时发布了《“创业基础”教学大纲（试行）》。2015 年 5 月，国务院办公厅下发《关于深化高等学校创新创业教育改革的实施意见》（国办发〔2015〕36 号）。2021 年 9 月，国务院办公厅印发《关于进一步支持大学生创新创业的指导意见》（国办发〔2021〕35 号）。

本书依据《“创业基础”教学大纲》的基本内容和教学要求，以及实施意见和指导意见的主旨精神，从时代的要求出发，总结作者多年来创业实践的经验、教训与感受和从事创业教育与指导的心得，广泛汲取中外有关创业理论、实践与教育的精髓，通过大量鲜活的案例，探讨和总结了创业活动的一般规律和关键问题，主要包括对创业观念、动力和创业者素质的分析，对创业环境、创业商机的识别和把握，对创业类型与创业模式、开局制胜战略与盈利模式的探讨，对成功创业条件、开办新企业和创业失败误区的剖析，并针对创业中的困难和风险提出了对策。

本书主要分为六篇，分别是第一篇创业者，第二篇创业企业，第三篇环境与商机，第四篇制胜战略，第五篇规划与融资和第六篇走向创业成功。具体内容如下：第一篇创业者，包括第一章创业意识与创业者，第二章创业者的基本素质；第二篇创业企业，包括第三章创业企业类型，第四章创业模式；第三篇环境与商机，包括第五章创业环境与创业商机；

第四篇制胜战略，包括第六章基本竞争模式，第七章开局制胜战略；第五篇规划与融资，包括第八章创业规划（策划），第九章创业理财与创业融资；第六篇走向创业成功，包括第十章开办新企业，第十一章走出创业失败的误区。这些篇章之间是层层递进、环环相扣的逻辑关系。

同时，本书不同于一般的创业学教材，并没有把创业与创新必然地紧密结合起来；本书把创业定义为外延很宽的广泛概念，因为能成为比尔·盖茨、戴尔、杨致远、张朝阳、马云、陈天桥、汪滔、黄峥、马化腾的毕竟是少数；我们的社会也需要（或者说更需要）大量的自谋职业的创业者，和能够提供就业机会与职位的中小企业。本书正是为造就大量的创业者而不是少数的创业精英而出版并提供服务的教材，着眼于造就广大创业者并兼顾培养创业精英。

因此，本书的编写突出以下主要特点：

1. 理论与实践相结合，突出应用性和实践性，增加或加强创业观念、创业模式、创业理财、盈利模式、创业融资与风险投资等实践性较强且非常有用的内容，同时结合分析大学生创业的实际案例，可以较好地满足应用型和技能型人才培养的需要。

2. 构建符合面向实践应用的创业教育知识和方法体系，在分章编写关于创业的重点内容和实用内容时，注重语言的表达方式，争取做到像讲故事一样娓娓道来，使学生易于理解和接受。

3. 在体例上充分考虑案例教学法和模拟演练的需要，在每篇开始引入案例，在每章正文中穿插个案研究，以加深学生对重点问题和难点问题的理解和掌握；同时穿插部分专论摘要，介绍当今的一些新趋势和观点，开阔学生视野；在部分篇章后设有阅读资料，以拓宽学生的知识面，加深学生对正文内容的理解和认识。

本书基本体例结构如下。

1. 各篇的体例结构大致如下：

（1）篇首设引入案例及案例点评：目的是引入思维环境；

（2）内容提要：概括本篇讲解的主要内容；

（3）学习目标与本篇重点：说明学习重点及学习收获；

（4）关键术语：本篇需要重点理解的关键词汇；

（5）本篇小结；

（6）课后复习思考题、课堂讨论题、案例分析题、模拟演练题。

2. 各章的体例结构大致如下：

（1）本章正文；

（2）个案介绍：穿插于正文中，通过个案加深对重点问题和难点问题的理解和掌握；

（3）专论摘要：穿插于正文中，介绍当今的一些新趋势和观点，开阔视野；

（4）阅读材料：此类资料篇幅要大于个案研究和专论摘要，是相对比较完整的补充阅读材料，拓宽学生的知识面，加深对正文内容的理解和认识。

全书突出案例教学和互动交流、研讨。本书既可以作为应用型本科各专业的创业学（创业指导）课程教材，也可以作为创业教育的培训用书或参考书。本书还适合各阶层创业者和有志于创业的人士阅读。

三

创业指导是一门实用型课程，本书以“好读、实用、操作性强”为编写宗旨和追求目标。买彩票中头奖依靠的是运气，创业是脚踏实地的事情，本书将为你踏实创业的第一步提供必要的知识与帮助。我们不能送给你创业的胆量，但是，这本《创业学——理论与实践》却可以培养你鉴别项目和判断市场的眼力，教给你自主创业所必需的知识和技巧，指引你走上成功创业之路。作者之所以用到“成功创业之路”，主要是为了立足于成功创业而非创业成功，成功创业立足于创业，是指如何成功地去开始创业；而创业成功则着眼于成功，重点强调从创业走向成功的结果。如此说来，成功创业是创业成功的基础，而创业成功则是成功创业后追求的目标。要实现创业成功首先就要做到成功创业，这正是本书所努力使读者达到的目标。

本书由沈阳工学院刘平教授、辽宁亿方建设实业集团有限公司总经理赵迪编著，沈阳理工大学刘庆君、林则宏，沈阳工学院王国玉、张赢盈、钟育秀，沈抚育才实验学校李雨霖等参与了部分内容的修订工作。本书在写作的过程中，参阅了大量的文献资料，为此向原作者表示诚挚的感谢。本书作者力图在书中和书后参考文献中全面完整地注明引用出处，但也难免有疏漏的地方，特别是有个别段落文字引自网络帖子，由于无从考证原文作者的真实姓名，无法注明出处，在此一并表示感谢。

写书和出书在某种程度上来说也是一种“遗憾”的事情。由于种种缘由，每每在书稿完成之后，总能发现有缺憾之处，本书也不例外。作者诚恳希望读者在阅读本书的过程中，指出存在的缺点和错误，提出宝贵的指导意见，这是对作者的最高奖赏和鼓励。作者邮箱：liuping661005@126.com，在此谢谢广大读者厚爱！

中国未来研究会创新创业研究分会会长、沈阳工学院教授

刘　平

2023 年春于沈抚改革创新示范区

目　　录

第三篇　环境与商机

第四篇　制 胜 战 略

第五篇 规划与融资

绪论　走进创业时代

我们正处在一个生机勃勃的时代。这是一个天高任鸟飞、海阔凭鱼跃的时代，是一个由创业者领唱潮流的时代。在中国的历史上，从来没有哪个时代能像今天这样为创业者提供如此广阔的活动舞台和发展空间，这的确是一个黄金时代，是中华民族创业史上的最佳年代。

客观地说，当代中国人的创业史是从 1978 年的改革开放开始的，党的十一届三中全会开创了我国社会主义建设的历史新时期。这次会议果断摒弃了“以阶级斗争为纲”的错误指导思想，把党和国家的工作重心转移到了经济建设上来。从那时起，中国人便迈开了拓荒者的步伐，走进了创业时代。

我国的创业大潮最早可以说是从温州兴起的。1979 年，在“让一部分人先富起来”的政策号召下，一些农民首先起来，以家庭为单位，办起了手工小作坊。他们的行为和高出农业生产几倍的营业收入引起了人们的惊讶和羡慕，人们争相效仿。于是，这种家庭小作坊迅速推广，遍及温州，这便是后来被经济学家称为“温州模式”创业道路的由来。温州人的举动影响了他们的近邻。生活在长江南岸的苏州人以更加稳妥的方式，创办了带有公有制性质的自负盈亏的乡镇企业，在全国引起了关注。这便是后来被经济学家所津津乐道的“苏南模式”。紧接着，1980 年，随着深圳特区的建立，位于珠江三角洲的顺德、中山、三水等地的农民也大受开放之风的鼓舞，纷纷走上了创业之路，成为先富起来的一部分人。就在人们对不断出现的“万元户”“千万村”“亿万镇”颇有微词，感到不可思议的时候，党和国家一系列“富民政策”陆续出台，特别是十二届三中全会《中共中央关于经济体制改革的决定》的发表，打消了人们的顾虑，解放了人们的思想，数以千万计的人离开了农村，离开了原来的工作岗位，加入了创业大军。从此，中国的创业活动便如钱塘春潮一般，在 960 万平方公里的大地上，自东向西如火如荼地开展起来。

总体来说，我国的创业活动先后经历了五个不同的发展阶段，其间掀起了四次创业高潮，而每一次创业高潮的到来都使中国人的创业水平登上一个新的台阶，从而把创业活动推向新的阶段。

1. 我国创业活动的五个发展阶段

（1）原始积累阶段，也称为个体户阶段，时间从 1979 年年初至 1984 年 10 月。这个阶段的主要特点是：创业人数不多，并多是农村人口和城镇无业人员，一般文化素质不高，经营方式为个体户，经营行业一般都是传统的如餐饮业、零售业、加工业、长途贩运等行业。这一时期由于“文革”刚结束不久，百废待兴，社会经济生活方面形成了多方面、多层次的需求，党和国家在这时出台了一系列鼓励发展个体经济的富民政策，为个体户的成长提供了很好的机会。而那时，城市绝大多数人还受计划经济的影响抱着“铁饭碗”不放，认为经商单干没有面子，都不愿意辞职创业。农村普遍实行生产承包责任制，破除了人民公社旧体制，出现了大量富余人员，这些人自然抓住机会，投身创业，率先成为“暴发户”。如安徽炒瓜子的年广久，大连开摄影摊亭的姜维，黑龙江包工队的张宏伟，广东从“炒”邮票起家的卢俊雄等人，都是从干个体起步。由于竞争不激烈，钱也好赚，他们大多很快积累了财富。

（2）正式起步阶段，也称为“头班车”阶段，时间从 1984 年 10 月至 1988 年 4 月。1984 年 10 月党的十二届三中全会通过的《中共中央关于经济体制改革的决定》指出：社会主义经济是公有制基础上的有计划的商品经济，商品经济是社会经济发展不可逾越的阶段。这就突破了过去把社会主义经济同商品经济对立起来的不正确的看法，标志着我国的经济体制从计划经济转向商品经济。随之而来的学术界关于“劳动力商品”“技术商品化”的讨论和劳务市场、技术市场的建立，使许多人看清了社会发展的趋势。他们从“个体户”身上看到了光辉的前景，纷纷下海经商，创办企业，掀起了中国创业的第一波大潮。这一阶段的特点是创业人员除了第一阶段中的“万元户”，还加入了大批敢为人先的知识分子，所从事的主要是第三产业、科技产业等。现今的许多大企业家如联想集团的柳传志，四通集团的段永基，北大方正的王选，王码公司的王永民以及科技富翁颜孟秋、迟斌元、徐庆中、台震林等人，都是在这一时期开始创业的。

（3）曲折前进阶段，时间从 1988 年 4 月至 1992 年春。1988 年 4 月，七届人大通过的宪法修正案增加了“国家允许私营经济在法律规定的范围内存在和发展”的内容。同时，七届人大一次会议通过了成立海南省和设立海南经济特区的决定。这一举措对渴望创业致富的中国人无疑是一剂强心剂，一种难以遏止的创业冲动使一大批有学历、有稳定工作的人毅然走上了自主创业之路，中国再次出现了创业高潮。这个阶段一个显著的特点是创业人员中加入了不少政府官员和高干子弟；另一个显著特点是创业经商人数大增，形成“全民经商”之势，甚至大学校园中也出现了“练摊儿”的学生业主。由于这一时期我国受到外国经济制裁，经济从发展高潮一下子跌入谷底。许多新创企业遇到打击，一蹶不振。“左”的思想有所回潮，许多创业者担心“割尾巴”，干脆洗手不干。然而“沧海横流，方显出英雄本色”，仍然有不少创业者矢志不渝，最终将所创事业进行到底。如著名的“打工皇帝”段永平，新时代的“革命家”宋朝弟，打不倒的巨人史玉柱，以及来辉武、吴炳新、王遂舟，闯荡海南的孟文彪、田继胜等都是在这一时期开始创业，并最终取得成功，他们真可谓时代的创业精英。

（4）迅猛发展阶段，也称“末班车”阶段，时间从 1992 年春至 1997 年 9 月。1992 年春，改革开放的总设计师邓小平发表了南方谈话，提出了“三个有利于”的判断是非标准，并针对一些人纠缠于抽象的姓“社”姓“资”问题指出：“不争论，大胆地试，大胆地闯。”“特区姓‘社’不姓‘资’。”邓小平的讲话犹如一股春风，驱散了笼罩在人们心头的疑云，大大地解放了人们的思想，使一度沉寂下来的创业热潮再次高涨起来，中国第三次创业高潮随之而来。在这次高潮中，下海人数更多，来势更迅猛，许多有识人士认为这是一次末班车，要搭不上，将来只有受穷一辈子。所以下海创业的人前拥后挤，比以往任何时候都多，真像赶末班车一样。这一时期创业的特点是：从创业人数来说，政府机关下海人员猛增，下岗人员以创业实现再就业的人员有所增加，所创办企业规模较大，创业者所从业的范围涉及金融、房地产、第三产业、教育产业。由于 1992 年 10 月党的十四大提出了我国经济体制改革的目标就是建立社会主义市场经济体制，我国的市场逐渐规范化，所以这一时期的创业活动，脱离以前的不规范状态，走向了正轨，朝着健康的方向发展。

（5）走向成熟阶段，时间从 1997 年 9 月至今。这一阶段的特点是创业的范围在更广阔的空间展开，中国人进入全面创业的伟大时期。1997 年 9 月，党的十五大顺利召开，江泽民同志在十五大报告中指出：非公有制经济是我国社会主义经济的重要组成部分，对个体、私营等非公有制经济要继续鼓励引导，使之健康发展。这就确立了非公有制经济在我国社会经济中的地位，为自主创业提供了政治依据。这一思想在 1999 年 3 月被写进了宪法。1999 年 12 月，九届人大一次会议又通过了《中华人民共和国个人独资企业法》。这个法律为民间创办企业亮起了一盏明灯，它的最大突破是降低了企业经营者做老板的门槛，取消了开办企业注册资金的规定，意味着一元钱也可以注册企业。按照国际上的通行惯例，规定注册资金实际上是剥夺穷人投资权利的违法行为。对中国来说，取消注册资本金的限制条件，是颇具象征意义的。首先，它给长期以来受到不公平待遇的“个体户”这样的个人企业经营者一个重新定位的机会。按照法律规定，在国家 3210 万户个体户中，只要有固定的经营场所且连续经营的，都可以重新注册为个人独资企业。其次，它更加注重个人特别是穷人投资创业，改变了过去那种只有富人才能创办企业的陈规，办公司已不是富人的专利。该法律的公布和实施，为民间投资创业开了绿灯，中国出现了第四次创业高潮。

2000 年新春伊始，江泽民视察南方时提出了“三个代表”重要思想；此后，他又连续发表了三次讲话，对“三个代表”的思想进行了阐释。“三个代表”的思想不但肯定了个体户、私营企业主等创业人员的社会主义建设者的身份，也肯定了非公有制经济是社会主义市场经济的重要组成部分的地位，还明确指出创业者的创业成果是合法收入。不能以人的财产多少来判断人的政治觉悟的高低，要看财产是怎么得来的以及对财产怎么支配和使用，要看对中国特色社会主义事业所做出的贡献，这些思想后来被写进了党的十六大报告。十六大报告指出，必须毫不动摇地鼓励、支持和引导非公有制经济的发展，明确提出要鼓励人们自谋职业和自主创业。同时，新修改的党章也明确把私营企业主和个体户等六种新的社会阶层作为党的社会基础。这些无疑给自主创业的人们吃了定心丸。人们可以义无反顾地追求幸福生活，用自己的劳动开辟美好的未来。在十七大的闭幕式上，胡锦涛总书记更是提出了“以创业带动就业”的方针。

2014 年 9 月，国务院总理李克强在夏季达沃斯论坛上又首次发出“大众创业、万众创新”的号召。他提出，要在 960 万平方公里土地上掀起“大众创业”“草根创业”的新浪潮，形成“万众创新”“人人创新”的新态势。此后，他在首届世界互联网大会、国务院常务会议和各种场合中频频阐释这一关键词。每到一地考察，他几乎都要与当地年轻的“创客”会面。他希望激发民族的创业精神和创新基因。2015 年 3 月，李克强总理在政府工作报告中正式提出“大众创业，万众创新”。其中如此表述：推动大众创业、万众创新，“既可以扩大就业、增加居民收入，又有利于促进社会纵向流动和公平正义”。在论及创业创新文化时，强调“让人们在创造财富的过程中，更好地实现精神追求和自身价值”。

2015 年 5 月《国务院关于进一步做好新形势下就业创业工作的意见》指出，大众创业、万众创新是富民之道、强国之举，有利于产业、企业、分配等多方面结构优化。面对就业压力加大趋势，必须着力发动大众创业、万众创新的新引擎，实施更加积极的就业政策，把创业和就业结合起来，以创业创新带动就业，催生经济社会发展新动力，为促进民生改善、经济结构调整和社会和谐稳定提供新动能。

2021 年 9 月《国务院办公厅关于进一步支持大学生创新创业的指导意见》指出，纵深推进大众创业万众创新是深入实施创新驱动发展战略的重要支撑，大学生是大众创业万众创新的生力军，支持大学生创新创业具有重要意义。意见要求，以习近平新时代中国特色社会主义思想为指导，全面贯彻党的教育方针，落实立德树人根本任务，立足新发展阶段、贯彻新发展理念、构建新发展格局，坚持创新引领创业、创业带动就业，支持在校大学生提升创新创业能力，支持高校毕业生创业就业，提升人力资源素质，促进大学生全面发展，实现大学生更加充分更高质量就业。2022 年 10 月，在党的二十大上，习近平总书记结合新形势进一步指出："完善促进创业带动就业的保障制度，支持和规范发展新就业形态。"

当前，大众创业、万众创新的理念正日益深入人心，广大的创业者意气风发，开拓进取，中国进入了一个真正的创业时代。随着各地各部门认真贯彻落实，业界学界纷纷响应，各种新产业、新模式、新业态不断涌现，有效激发了社会活力，释放了巨大创造力，成为经济发展的一大亮点。

2. 我国创业活动的典型特征

我国的创业活动在发展历程中具有一定的个性特点，其主要表现为以下几个方面。

（1）从地域来看，由于受开放程度的影响，我国创业的发展表现出极大的不平衡性。创业发展表现最活跃和速度最快的是东南沿海地区和开发程度较高的大城市，如广东、浙江、江苏诸省以及深圳、上海等地，而内陆地区和西部边远地区如陕西、甘肃、新疆、云南、贵州、青海等省就发展缓慢。这种不平衡造成的地区差别有可能成为未来创业发展的动力。随着国家西部大开发战略的实施，我国西部地区有可能成为创业发展的热点。近年来，成都等西部城市的快速发展也恰恰印证了这一点。

（2）从人员来看，由于受传统观念的影响，创业的动机带有较大的自发性和被动性。改革开放之初，率先创业的人可以说是寥若晨星、屈指可数，而多数又是城乡无业人员，一般文化水平偏低、素质不高。他们的创业往往是为了生计，迫于无奈。近年来，创业者的队伍里高学历、高素质、高地位的人逐渐多了起来。这种创业动机的自发性和被动性直接影响着创业者队伍的整体形象和创业水平。然而，这种情况也为我国创业者提供了更为广阔的发展空间。事实上，随着人们观念的更新和思想的解放，今天我国创业者队伍的情况已经开始发生变化，新的创业群体逐渐以知识分子为主体，而老的创业者也开始为自己"充电"。

（3）从创业领域来看，由于受自身条件的影响，中国的创业者多是从事第三产业和商业活动，具有较强的依赖性。一般创业者自身经济状况差，加之风险投资业在中国尚未形成气候，多数创业者没有能力投资现代工业和高科技产业，只能从事不需要太大投资的服务行业和转手贸易。这些行业缺乏独立性，常常受制于人，增加了创业的难度。目前，随着我国资本市场的逐步完善、证券市场的逐步健全，这一情况得到了极大的改善，科技型企业的创业发展迎来了春天。

（4）从创业的模式上看，由于受传统文化的影响，创业的组织形式带有较强的感情色彩，创业者在创业之初，往往自觉不自觉地以感情为纽带，筹措资金，成立企业或开展经营活动，诸如夫妻店、父子店、兄弟公司、战友集团等。这比较适合中国的社会氛围，较易取得成功，但并不利于创业组织、现代企业制度的建立和发展。这类模式在传统型创业企业尤为明显，而科技型企业往往需要借助资本市场发展壮大，建立现代企业制度势在必行。

（5）从创业过程看，由于受社会环境的影响，中国人的创业机会成本总是大于经营成本，具有较强的投机性。从企业的创办到最后的成功，创业者投入在人情关系上的费用往往要比投入在经营上的多。这种情况既不利于党风廉政建设，也不利于创业者之间的公平竞争。随着反腐败斗争的深入进行，以及国家大力推进的“放管服”改革，营商环境得到了进一步改善，为创业者提供了更加便利的环境条件。

（6）从创业者队伍的发展看，由于受政策的影响，表现了极大的不稳定性。中国的创业队伍发展不是随着社会生产力的发展而逐渐壮大，而总是受国家某一政策的鼓舞呈现突发式、跳跃式的发展。国家的一项政策出台，对创业者有利，人们就一哄而上，争相创业，形成热潮；而国家的某项政策对创业者不利，便马上偃旗息鼓，一片沉寂。我国改革开放以来出现的四次创业高潮就是一个有力的证明。二十大报告提出的“完善促进创业带动就业的保障制度，支持和规范发展新就业形态”为未来稳定创业者队伍提供了制度保障。

通过以上对我国创业特点的分析，说明我国的创业还未发展成熟，人们的创业活动还未从自发创业走向自觉创业。要改变这种状况，使创业者从观念到素质上得到普遍提高，就需要进行创业教育。

第一篇　创　业　者

思路决定出路，格局决定结局。

——作者题记

内容提要

本篇从财务自由的观念入手，对比分析了创业与就业的区别，引出了创业意识的概念；分别从两个不同的角度简要介绍了独立创业者、主导创业者和跟随创业者（参与创业者）与生存型创业者、变现型创业者和主动型创业者等创业者类型；并通过大量案例从创业精神和创业能力两大方面描述了创业者素质。在创业者素质中，创业精神是成功创业的前提，创业能力是创业成功的保证。第一章阅读材料分别阐述了财务自由的理财新思维和大学生就业选择中存在的若干误区。第二章阅读材料给出了创业自我甄别的思路和方法。

学习目标与重点

1. 深刻理解财务自由的观念，领会创业与就业的不同特点；
2. 掌握创业意识的内涵；
3. 了解独立创业者、主导创业者和参与创业者的区别，以及生存型创业者、变现型创业者和主动型创业者的不同特点；
4. 深刻体会创业者素质的特定内涵与构成；
5. 重点掌握创业精神的四个方面（欲望、自信、忍耐、胆量）和创业能力的四个方面（眼界、敏感、明势、谋略）。

关键术语

财务自由、创业意识、创业者类型、创业者素质、创业精神、创业能力

引入案例

一张借条催生一个千万富翁

人物档案：吴立杰

2004 年毕业于浙江理工大学服装设计专业

创业项目：服装

创造财富：1000万元

2006年11月30日晚上，浙江理工大学举行了一场别开生面的报告会，报告会的主角是一位年仅26岁的千万富翁。浙江理工大学服装学院党委副书记王伟介绍道："今天非常高兴请来了我们学院的优秀校友吴立杰先生，他在校期间就已经是百万富翁了。大家欢迎。"

吴立杰谦虚地说："刚才王老师把我说得那么好，其实没有，只能说还可以吧。其实我的创业是从一张借条开始的……"

一张借条成为吴立杰创业的动力

这个宣称从一张借条开始创业的年轻人，是浙江省泰顺县埠下村的第一个本科大学生。他从小喜欢画画，2000年以优异的成绩考取浙江理工大学。然而，像不少农村孩子的遭遇一样，吴立杰的父母想尽办法也凑不齐他上大学的第一笔学费。

吴立杰说道："学费，还有一些自己的费用，总共加起来，一年要1.8万元。这对我们这种家庭可能就是一个天文数字了。"眼看就要开学了，可学费还没有着落，最后吴立杰的姐姐吴金蝉，东挪西凑了1万元才解了燃眉之急。吴立杰郑重许诺，一定要早日还上姐姐的钱。

吴金蝉说："不用还了。"

吴立杰却说："如果你不要我还的话，我情愿不读书，大学我都不上。姐，借你1万元钱，我必须要写借条。"

吴立杰说道："写的这张借条我到目前还记忆犹新，我是这样写的：借条，吴立杰向我姐姐借现金1万元，2000年8月25日。"

2000年9月1日，吴立杰如期跨入大学的校门。一张沉甸甸的借条变成了吴立杰创业的动力，也预示着他的大学生活从此与众不同。吴立杰说："跨入大学的第一天，我就给自己定了一个目标，我必须要一边读书，一边赚钱。"

吴立杰学的专业是服装设计，日常功课就是画服装图、设计面料和服装款式。每个学期，学校都要把学生设计的好作品张贴出来。吴立杰多次在这里展出自己的作品，有几次还在国家级的服装设计大赛中获奖。

吴立杰的同学李萍说，他每次都是精益求精，一张不行再画第二张，第二张不行再画第三张，反正画得很多。吴立杰在校是一个普通学生，不同的是他没有纸上谈兵。从大一后半学期开始，吴立杰一边把画图作业交给老师评判，一边悄悄地走出校园，拿自己画的图去和商场里的服装对照。他谋划着要用学到的东西，赚自己的学费，还姐姐的钱。

八张图样激发了吴立杰创业的信心

杭州是一个时尚而休闲的城市，时装店琳琅满目，服装公司比比皆是。凭几张服装图去赚钱谈何容易！吴立杰上大学的第一个暑假几乎是在杭州的街头度过的，带着一包画好的服装图，他跑了无数的服装公司。

这之后，吴立杰改变了策略，由漫天撒网变成主攻一家。他选择了一家在杭州比较有影响力的服装公司。

第一次去，被保安拒之门外；

第二次去，老板出差不在；

第三次去，老板有事太忙；

直到第八次去的时候，老板终于发话：在门厅等候。

吴立杰说："最后这一等，等到下午 6 点钟。"

这个人叫方伟明，是这家服装公司的老板，他就是吴立杰要等的人。

方伟明介绍道，我到晚上下班的时候，看他还在等，等了一天。他当时呢，也没拿其他东西，就拿了几张样图过来。吴立杰当时带了 30 多张画好的服装样图，对方经过左挑右拣最后选用了 8 张。

方伟明说："他跑了几趟也很辛苦的，给他一点报酬嘛，50 元一张图，付了 400 元钱给他。"吴立杰却感觉一下子好像自己的口袋装了好几万元一样，沉甸甸的，心里在想，花了这么多时间画这个稿子，我今天晚上要好好大睡一觉；但是怎么也睡不着，心里美滋滋的。

就在吴立杰兴奋不已的同时，对方也觉得 400 元买了 8 张图是拣了个大便宜。原来，当时在杭州请一个服装设计师，一年少说也得五六十万元的酬劳。所以公司痛快地答应了吴立杰月工资 600 元的打工要求。

这之后，吴立杰用同样的办法，在三家公司做起了兼职。大二时，其月收入达到了 2000 元。当然，打工赚钱并不容易。其打工的地方有一家国外品牌服装在杭州的代理公司，当吴立杰去这家公司打工时，第一次见面老板就给他出了一道难题：法国的一个西装品牌在国内市场怎么开拓。

一个品牌锻炼了吴立杰创业的能力

这道题难住了吴立杰，他只好返回学校，与同学一起商量对策，并向几位老师请教。浙江理工大学工部部长胡天生说："好多专业老师都很支持他，因为他自己有这方面的创业激情。"

一周以后，吴立杰带着两个建议再一次来到公司。一个建议是，欧式服装在中国卖，要根据中国人的体型适度缩小。该法国品牌的西装当时进来的时候，板型是纯粹的欧版，衣服后面是开衩的。吴立杰的意思是，这些衩全部不要，做成平版的，把腰再收一点，就比较合身了。接着，吴立杰又抛出了第二个建议，找专业模特给改版后的服装照相，制成形象画册，向消费者发放。公司欣然同意，并委托他全权操作。

服装公司经理方卫志说："他工作纯粹是义务做的，勤勤恳恳的，也就是在学，我知道小吴刚来的时候也没想急于赚钱。"吴立杰回忆说："实际上我当初做这本画册的目的不是为了赚钱，是为了把我做画册的牌子做出来，因为下次我拿了这本资料，到任何一家公司，都是谈判的一个筹码了。"

一本画册放大了吴立杰创业的效果

接下来发生的事证明了吴立杰的判断。当他拿着做好的画册去其他公司揽生意时，效果立竿见影。吴立杰打工的第一家公司也愿意做一本，并一口答应了吴立杰 4 万元的开价。方伟明说："4 万元钱，我就一口答应他们了，因为这个便宜啊，市场经济嘛，肯定是外边再加个 4 万元都不够。”

那么，市场上两个 4 万元都做不出来的东西，为什么吴立杰用一个 4 万元就能做呢？吴立杰介绍说：“第一呢我自己亲自去找模特，这样模特可以省掉一半成本；还有我本身会设计，设计这一块是这本画册上最重要的。这一块，等于我净赚了。”

吴立杰用低价做出了对方满意的画册，而且还从中赚了整整 2 万元。那天晚上，吴立杰回学校的脚步格外轻松，因为不仅一学期的学费有了着落，而且姐姐的那 1 万元欠款也终于能还上了。吴立杰说：“自己第一次赚了这么多钱，第一次拿了这么多钞票，第一件事情，马上到银行把钱打给我姐姐，还给她借给我的 1 万元钱。”

吴立杰一边上学一边赚钱，过得忙碌而快乐。但有一天，他突然改变了思路，好好的工作居然不干了！吴立杰说：“那时候在杭州的服装企业最起码有 4000 家，但真正为服装品牌服务的公司实在太少了，感觉这里有一个很大的商机。以前是经常跑来跑去，这家兼职，那家兼职，倒不如自己成立一个品牌公司，专门为他们服务。”

注册公司奠定了吴立杰创业的成功

2002 年年初，吴立杰注册了一家服装品牌策划公司，核心工作就是设计服装、布置店面、为服装公司做形象画册。课堂上的知识和打工得来的经验让吴立杰干这一行如鱼得水。大二后半年，他一共为 50 多家服装企业做了形象画册，源源不断的生意让吴立杰迅速身价百万。策划做了两年，赚了将近 300 万元。

2004 年 7 月，吴立杰大学毕业。就在多数同学发愁何去何从的时候，他却开始大量招工。身价百万的吴立杰觉得搞设计、做画册只不过是小打小闹，他要直接办厂生产服装和皮具。

吴立杰讲道：“感觉自己手头有这么多的现金，那种像爆炸的心理一样，当时一招聘就 100 多号人，开始启动我的梦想，大量地生产服装。”吴立杰把做画册赚的 300 万元全部投入办厂。然而始料未及的是，做画册轻车熟路的他办起厂来却是一头雾水。因为管理不当，短短三个月就严重亏损，吴立杰进退维谷。

吴立杰说：“搞那么大一个厂，自己顿时感到力不从心，绝对是力不从心。”吴立杰兼职时的朋友周勤荣知道情况后，建议他悬崖勒马立即停产。“我说你不适合搞工厂，为什么？因为你对内部的管理这一块，比方说对下面怎么制定一个考核机制、怎么制定一个奖励机制把握不了。”

在朋友的建议下，吴立杰把厂子承包给了别人，还算保住了本钱。最后双方商定，由吴立杰负责设计和推销，对方负责按要求生产服装。脱开生产环节后，吴立杰开始集中精力搞销售，2005 年一年销售服装 10 万件，纯利润 350 万元。

2006 年，吴立杰有了更大的想法，他找到当初大学打工时的第一家公司，提出联合经营的思路，由吴立杰出技术，对方出资金，共同开拓全国市场。方伟明说：“他看中我们的，关键是在营销方面，我们搞了这么多年，有营销方面的网络；还有一个方面，是我们的社会关系。”

吴立杰借助对方的销售网络，把服装和皮具卖到了 15 个省市，赢得了更大的利润。吴立杰白手起家、自主创业，就在还上姐姐 1 万元借款之后的短短四年里，已经赚了足足 1 000 万元。

——摘编自 80 后吴立杰：歧途梦想换来千万财富．中国炊具网.

http://www.cookerweb.com/newshtml/4977.html

点评：

吴立杰的成功有以下几个方面值得总结。

首先，自己要有志气和超前的观念。吴立杰上大学姐姐帮着凑了学费，他坚持要给姐姐打借条，这既是压力，让自己清醒，不浑浑噩噩地混大学日子，也成了他日后创业的动力。按照吴立杰的话说，他的创业就是从这张借条开始的。

其次，有坚定的自信和执着的信念。跨入大学的第一天，吴立杰就给自己定了一个目标，要一边读书，一边赚钱。他跑了很多家公司，为了敲开一家公司的大门，他第一次去，被保安拒之门外；第二次再去，直到第八次去，等到下午 6 点钟，终于见到了公司老板，用 8 张设计图换回了 400 元，并得到了第一份兼职工作。因为他有强烈的创业激情和信念，很多专业老师都很扶持他，在他遇到难题的时候给予了极大的帮助。

再次，是要努力掌握创业所需的基本技能。吴立杰很勤奋，画图作业并不是简单地应付了事，每次都是精益求精，一张不行再画第二张，第二张不行再画第三张，总是画得很多。而且他不满足于纸上谈兵，一边把画图作业交给老师评判，一边悄悄地走出校园，拿自己画的设计图去和商场里的服装对照。他积极参加各种展览和大赛，有几次还在国家级的服装设计大赛中获奖。这都为其日后的创业成功奠定了坚实的基础。

最后，是敏锐的眼光和独特的商业智慧。成立服装品牌策划公司和做推广用的形象画册都体现了其独到的眼光。在做第一本画册时，其商业智慧更是光彩四溢。他当初做画册的目的不是为了赚钱，而是为了把做画册的牌子做出来；然后拿着这个成果，就有了与其他公司谈判和赚钱的筹码了。这个思路与微软当年借力 IBM 成就操作系统霸主如出一辙。

上面这个案例很典型，深刻蕴含着创业观念的树立和创业者素质的培养对成功创业的重要意义和巨大作用，还有很多值得深入分析的东西，这也正是第一章和第二章要与读者分享的精彩内容。

创业路上，注定荆棘丛生。比成败结果更为重要的是他们曾经勇敢地尝试过，他们敢为人先的精神将载入大学生的创业史册，他们对千千万万大学生创业将起到巨大的榜样示范作用，他们创业过程中积累的丰富经验与深刻教训也将是宝贵的财富。我们应该感谢他们，祝福他们，同时也希望有更多的后来者能在他们踩出的小路上走得更远。

第一章　创业意识与创业者

每年的 7 月，大学生就开始面临着人生的又一重大选择——就业。一方面，就业一年比一年难，竞争一年比一年激烈。另一方面，财富神话在媒体的渲染下极大地诱惑着年轻人的心。是选择就业，做个或大或小的白领，还是踏上征途，做自己的老板？有人主张大学生创业，有人反对。在网上我们摘录了几个观点。

（1）我虽然不是一个大学生，但是刚毕业时，也曾经兴致勃勃想干一番大事业，凭着热情与一时的冲动，就到处借钱来创业。但是由于没有社会经验，不知道人心险恶，吃了很多苦头，也输得差点爬不起来。

（2）我认为刚刚毕业的大学生并不适合马上创业，因为创业的艰辛是很难预测的，他们没有足够的社会实践经验，没有广泛的人际关系，没有足够的管理水平，缺乏对前期市场准确的调查和理性的分析等原因都会导致他们对投资风险估计不足而失败。

（3）大学生创业就算失败了，对他的人生也是一个好的起点！第一次的失败往往会让人刻骨铭心，再从事工作，会比一般人用心十倍。

其实，创业成功的有之，创业失败的也有之。与其探讨大学生应不应该创业，不如探讨：哪些人适合创业，哪些人不适合创业；如果想创业，应该注意什么，准备什么；如果进行创业，应该如何创业；等等。这些更有意义和价值。

第一节　创业观念，迈向创业的第一步

对许多人来说，迈向创业的第一步就是观念上的转变。一个成功的创业者绝不能因循守旧、墨守成规，而应该以广阔的眼界来观察国内外变化，以应变、善变的精神去创业。“观念更新，万两黄金。”固守传统就业和生活的观念已经落伍，目前在世界范围内正在兴起一股财务自由的生活和工作的新理念，而创业正是达成财务自由的有效途径之一。

一、财务自由与自主创业

创业既是一种精神，也是一种理念，更是一种行动。然而，各界人士对什么是创业这一问题，可谓仁者见仁、智者见智。因此，何谓创业，至今没有统一的、标准的定义。在英文中，企业家和创业者是同一个词，即“entrepreneur”。在此基础上，将创业视为“创办自己的企业”“自己当老板”，是对创业最直接也是目前最普遍的理解。本书所说的创业是指以企业为载体，以正当获得更多金钱为目标的创办企业的活动，而非从政、从军、从事科学研究以及开创个人政治、学术等事业的创业。

在不同的历史时期，创业的特征也有所不同。在我国社会主义市场经济体制条件下，自主创业有以下特征。

1. 鲜明的时代性

改革开放四十多年来，我国的政治、经济环境发生了巨大变化，为社会主义市场经济的建立与发展提供了非常有利的理论依据，同时也使创业环境得到了很大改善，使人们的择业观念产生了深刻的变化，一系列鼓励经济发展的政策和法律、法规如《中华人民共和国私营企业暂行条例》《中华人民共和国公司法》《中华人民共和国合伙企业法》《中华人民共和国个人独资企业法》的颁布，为毕业生自主创业提供了重要的政策和法律保障。

2. 开拓创新性

创业的突出特点是一个从无到有的过程。在这个过程中，一般有两个突出的特点：一是增量，即在同样的技术水平基础上，创办一个过去并不存在的新的单位，使社会物质财富的生产、服务的供应更加丰富多彩。例如，新的加工厂和新的商店、饭店等丰富了社会供给，满足了社会需求，繁荣了经济，同时也为消费者消费提供了方便。二是增质，即应用新的技术条件，创办一个过去从未有过的企业，例如，碳纳米管光源产品类的企业、太阳能汽车公司等，这类企业的价值不仅为社会创造了新的产品或新的服务，而且推动了新技术的应用，促进了社会生产力的发展。

3. 社会公益性

创业者的创业初始动机可能是利益驱动、个人价值实现的驱动或是两者皆有的驱动，但是客观上具有突出的社会公益性。其主要表现在：一是创造就业岗位，为社会人员创造了就业机会。一般一个初创的小企业可以提供 3～10 个就业岗位，一旦成长为大中型企业还可以提供更多的就业岗位。二是创造了新的社会财富。创业者的个人需求和消费是有限的，创业者的最终价值体现在社会利益的实现上面。一些知名的企业家从事慈善事业就是很好的例证。

4. 风险性与高收益性

创业之所以“难”，是因为其风险大。创业一般都有成功与失败两种可能性：一方面，一旦创业失败，或者损失巨大，或者倾家荡产，所以没有巨大勇气和具有挑战特质的人，一般是不会轻易走创业之路的；但另一方面，创业的高收益性又具有巨大的吸引力，一旦创业成功，将会改变创业者的一生，甚至改变世界的生存方式。

5. 实践性、科学性与艺术性

创业既是一项实践活动，也是一门科学，更是一门艺术。创业活动是有规律可循的，但绝不是单靠书本知识就能创业成功，它往往更需要实际去做的勇气和能力。有许多创业者之所以成为创业者，另有许多聪明人没有成为创业者，一个本质的区别就在于是否去做。在做的过程中，能否使所创立的企业健康成长、壮大，更需要能力、科学和艺术的有机结合。

二、日趋严重的就业形势

随着市场经济体制的全球化，大学生就业已经由单一的“统包统分”转变为“双向选择，自主择业”，这一机制不仅赋予用人单位择优录用大学毕业生的权利，也赋予大学毕业生选择用人单位的权利。这一方面拓宽了大学生的就业空间，带来了自主选择的机遇；另一方面由于各种因素的综合作用，近年来大学生就业压力日趋严峻。

首先，我国有 14 亿多人口，是世界上人口最多的国家。截至 2020 年 11 月 1 日零时，我国第七次全国人口普查数据[①]显示，全国总人口 14.43 亿，比 2010 年第六次全国人口普查增加了 0.72 亿，年均增长率在 1982 年达到 2.09%的峰值后出现持续的下降，2010 年为 0.57%，2020 年为 0.53%。普查登记的 31 个省、自治区、直辖市和现役军人的人口为 14.11 亿（不含香港、澳门特别行政区和台湾省）。

2022 年我国国民经济和社会发展统计公报[②]里的最新数据显示，年末全国人口（不含港、澳、台）为 141 175 万人，比上年末减少 85 万人，首次出现了年度负增长；年末全国就业人员 73 351 万人，其中城镇就业人员 45 931 万人，占全国就业人员比重的 62.6%。全年全国城镇调查失业率平均值为 5.6%。我国劳动力资源相当于所有发达国家劳动力资源的总和。如此庞大的劳动力规模仍将持续若干年。以上基本国情决定我国将在一段较长的时间内存在着较为严重的就业压力。

其次，我国高等教育已由精英教育阶段进入大众化教育阶段，继而进入普及化教育阶段，大学毕业生数量骤增。从 1999 年开始，我国高校加快了扩大招生的步伐：当年全国普通高校招生总数达 157 万人，比上年增加了 45 万人，扩招幅度达 40%。2022 年我国国民经济和社会发展统计公报显示，普通本、专科和职业本、专科招生 1014.5 万人，已经连续 2 年超过了 1000 万人，如表 1-1 所示。

表 1-1　2010—2022 年高等教育与中等职业教育招生与毕业生人数

单位：万人

年　份	本、专科		中　职	
	招 生 人 数	毕 业 人 数	招 生 人 数	毕 业 人 数
2010	661.8	575.4	868.1	659.2
2011	681.5	608.2	808.9	662.7
2012	688.8	624.7	761.0	673.6
2013	699.8	638.7	698.3	678.1
2014	721.4	659.4	628.9	633.0
2015	737.8	680.9	601.2	567.9
2016	748.7	704.2	593.3	533.7
2017	761.5	735.8	582.4	496.9
2018	791.0	753.3	557.0	487.3

① 第七次全国人口普查公报. 国家统计局网站，http://www.stats.gov.cn/tjsj/tjgb/rkpcgb/qgrkpcgb/

② 中华人民共和国 2022 年国民经济和社会发展统计公报. 国家统计局网站，http://www.stats.gov.cn/tjsj/tjgb/ndtjgb/

续表

年　份	本、专科		中　职	
	招生人数	毕业人数	招生人数	毕业人数
2019	914.9	758.5	600.4	493.4
2020	967.5	797.2	644.7	484.9
2021	1001.3	826.5	656.2	484.1
2022	1014.5	967.3	650.7	519.2

注：作者根据历年我国国民经济和社会发展统计公报整理。

从2010—2022年高等教育与中等职业教育招生与毕业生人数趋势图（见图1-1）来看，高等教育的招生与毕业生呈现明显的上升趋势，2010—2018年都是比较平稳的增加，2019年招生出现了一个跃升，主要是由于国家政策原因。2019年3月5日时任国务院总理李克强在作政府工作报告时说，“加快发展现代职业教育，既有利于缓解当前就业压力，也是解决高技能人才短缺的战略之举。改革完善高职院校考试招生办法，鼓励更多应届高中毕业生和退役军人、下岗职工、农民工等报考，今年大规模扩招100万人”①。至此，我国高等教育（普通本、专科和职业本、专科）站在新的平台上又进入一个比较稳步的增长阶段。由于毕业生滞后，因此在2019—2021年出现了招生与毕业曲线“鼓肚”的现象，2022年已经趋于一致。

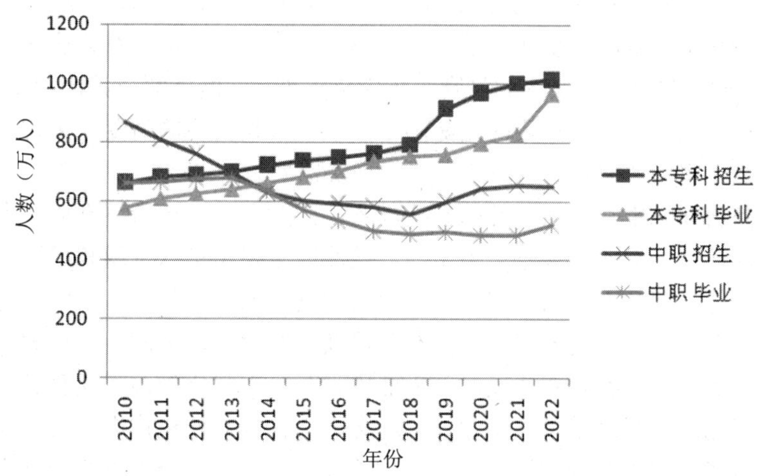

图1-1　2010—2022年高等教育与中等职业教育招生与毕业生人数趋势图

中职教育招生则经历了2010—2018年持续下降，由868万降到487万，下降了44%；2019—2020年连续两年反弹，然后维持在了650万左右的规模。2019年我国高等教育正式进入了普及化阶段，并且普及化水平持续提高，当年我国高等教育毛入学率达到51.6%，2021年已经达到了57.8%，实现了历史性跨越，我国高等教育进入世界公认的普及化阶段。10年间，我国高等教育毛入学率从2012年的45.7%提高到了2022年的59.6%。②

高等教育普及化的直接结果之一，就是高校毕业生人数快速增加。2003年，我国大学

① 见2019年3月5日李克强总理在第十三届全国人大二次会议上所作的政府工作报告。

② 数据来源：2023年3月5日李克强总理在第十四届全国人大一次会议上所作的政府工作报告。

毕业生人数为212万。按照统计公报数据，2022年毕业生人数已达967.3万。教育部印发的数据显示，2023年高校毕业生规模预计1158万人。当前就业总量压力和结构性矛盾并存，高校毕业生就业形势依然严峻，工作任务仍然十分艰巨。

三、树立创业意识

创业意识，是指一个人根据社会和个体发展的需要所引发的创业动机、创业意向或创业愿望。创业意识是人们从事创业活动的出发点与内驱力，是创业思维和创业行为的前提。需要和冲动构成创业意识的基本要素。创业意识是创业的先导，它构成创业者的创业动力，由创业需要、动机、意志、志愿、抱负、信念、价值观、世界观等组成，是人进行创业活动的能动性源泉，正是它激励着人以某种方式进行活动，向自己提出的目标前进，并力图达到和实现它。

创业意识是以提高物质和精神生活的需要为出发点的。这种需要在很大程度上取决于具体的社会历史条件，因此，人的创业意识的激发、产生受历史条件制约，具有社会历史制约性。科学家对人类大脑的研究表明，不同人的大脑潜能几乎是相同的，人人具有创业潜能，这是它的自然属性。但是在社会实践领域中我们发现，人与人创业能力的差异相当大，究其原因，是各种社会因素、历史条件作用的结果，如是否具有创业的社会历史环境和家庭环境，是否具有鼓励和激发创业的教育方式与文化形态，以及相应的创业机制等。当今社会，随着科学技术的进步和劳动生产效率的提高，经济增长对就业的吸纳能力将会不断下降，就业缺口也会不断扩大。鼓励大学生自主创业，既能解决其自身就业难的问题，还能为社会拓展就业渠道，更重要的是能满足大学生自我实现的需要。因此，现代大学生应强化创业意识，主动适应社会与时代发展的现实需要。

创业意识是创业思维和创业行动的必要准备，因此，每一个希望创业的人都必须首先强化创业意识。诚然，创业的道路是艰辛的，其原因主要是难以发现和把握商机以及资金和自身能力不足等。但是没有人是完全不可以自主创业的，只是一些学生因受传统思想影响，不愿走自主创业之路，把找工作寄托在父母及亲友身上，因此，强化大学生创业意识是高校工作的当务之急。教育实践证明，创业意识是可以强化的，而注意进行早期强化创业意识的工作对创造力开发及增强创业能力均会产生良好的催化作用。强化创业意识，可以通过自主创业成功人士的专题报告、具有创业理论与实践经验人士的专题讲座、组织大学生创业设计竞赛、举办校内创业实践市场、组织创业沙龙等多种形式鼓励和培养大学生的创业精神，传承创业技能，提升创业信心。

【专论摘要】

树立正确的创业观

大学生就业选择中的若干悖论

第二节　创业主体：创业者

创业者是创业的主体，创业企业是创业的客体。作为创业主体的创业者可以是个人，也可以是一个团队。

一、众说纷纭，创业者

法国经济学家萨伊（J.D.Say）在《政治经济学概论》中指出，创业者是将劳动、资本、土地这三项生产要素结合起来进行生产的第四项要素，是把经济资源从生产率较低、产量较少的领域转移到生产率较高、产量更大的领域的人。

管理大师彼得·德鲁克给创业者所下的定义是："创业者就是赋予资源以生产财富的能力的人。"创业者善于创造或发现商机，然后抓住商机，并创办起有高度发展潜力的企业，其思想和行为与众不同。可见，创业者是以创造财富和获取商业利润为目标，其行为与普通员工的工作有不同之处。

在西方社会中，通常把创业者与职业经理人作为对比概念加以区分。创业者，是指开办或经营自己企业的人，他们既是员工，又是雇主，对经营企业的成功与失败负责。职业经理人通常不是他们所管理公司的所有者，而是被雇来管理公司日常运作的人。

创业者可以从不同的角度分类。从在创业过程中所处的角色和所发挥的作用来看，创业者可以分为独立创业者、主导创业者和跟随创业者（参与创业者）三种类型；从创业的背景和动机来看，创业者基本上可以分为生存型创业者、变现型创业者和主动型创业者三种类型。当然，还有一些其他分类方法，如按创业者的人格特质、创业的内容、创业的主体等分类。

二、独立创业者、主导创业者与跟随创业者

同为创业者也有不同的角色和地位，有人适合独立创业，如有一定的资金，有极强的独立性；有人不适合独立创业，如欠缺独立性、容易优柔寡断。有人适合合伙创业，如容易与人相处；有人不适合合伙创业，只适合独立创业，如该人能力很强，但不善于与人相处，听不进别人的意见。在合伙创业中，有人适合做主要领导人，有人只适合做参与创业者。

1. 独立创业者

独立创业者，是指独自创业的创业者，即自己出资、自己管理。独立创业者的创业动机和实践受很多因素影响，如发现很好的商业机会，对工作具有专注的精神、独立性强，失去工作或找不到工作，对目前的工作缺乏兴趣，对循规蹈矩的工作模式和个人前途感到无望，受他人创业成功的影响等，从而激发了独立创业活动。

独立创业充满挑战和机遇，可以充分发挥创业者的想象力、创造力，自由展示创业者的主观能动性、聪明才智和创新能力；可以主宰自己的工作和生活，按照个人意愿追求自身价值，实现创业的理想和抱负。但是，独立创业的难度和风险较大，创业者可能会缺乏管理经验，或缺少资金、技术资源、社会资源、客户资源等某一方面或某几个方面，生存压力较大。

2. 主导创业者与跟随创业者

主导创业者与下面将要介绍的跟随创业者是相连为一体的，即一个创业团队，带领创业的人就是主导创业者，其他团队成员就是跟随创业者，也称参与创业者。1976年，时任台湾家族企业荣泰电子协理的施振荣因荣泰电子受家族关联企业财务的影响而不得不结束营业时，与林家和、黄少华等人共同筹集了100万新台币创立宏碁，其中施振荣和他太太占50%，其余5人占50%。施振荣，即是主导创业者；林家和、黄少华等创业团队成员即为参与创业者。

一个好的创业团队，应该是一个优势互补的“3+1+1”团队，“3”是指知识、能力和性格互补，这是最基本的要求。一个好的团队，既要有善于技术开发的人，也要有擅长市场开拓的人；既要有善于日常运行管理的人，也要有擅长财务管理的人；既要有擅长宏观战略决策的人，又要有善于具体执行落实的人；既要有比较激进的人，也要有比较稳健的人。

两个“1”是补充，第一个“1”是指年龄互补，形成年龄梯队，有助于企业长远发展；第二个“1”是指性别互补，有助于发挥男女不同的优势，有句俗话说得好，“男女搭配，干活不累”就是这个道理。在整个团队中，既要有主导创业者，也不能都是主导创业者；主导创业者只能有一个，参与创业者/跟随创业者可以有若干个，这样才能有效运作。

【个案介绍】 携程网的成功

携程网的成功，除了抓住互联网快速发展的契机，有一个良好的创业团队是关键。携程网的团队成员来自美国甲骨文公司、德意志银行和上海旅行社等，是技术、管理、金融运作和旅游的完美组合。大家共同创业，分享各自的知识和经验，避开了很多创业“雷区”。

【知识链接】 创业团队

【案例讨论】 团队成员的选择

李斌：今天召集大家过来是想跟大家商量一下创业的事儿。我最近正在跟我的导师做一个光伏发电的项目。我主要负责技术部分，现在项目已经取得了一定的进展，导师也同意我使用项目的成果。我觉得国家现在正大力推广环保和新能源，这个项目应该有不错的前景。大家认为怎么样？考虑加入吗？

婷婷：我觉得这件事靠谱，你看你有技术，王强有做生意的经验，大班长懂得管理，我呢又在去年刚刚把注册会计师资格证拿下，这是多好的团队组合啊！以后还得仰仗各位老板的照顾啊！

班长：据我了解，光伏发电项目需要的资金可不少。这不是轻而易举的事情。你的项目虽然取得了阶段性的成果，但是距离市场化可能还有一段距离。你有信心能成功吗？

李斌：我还是比较有把握的，毕竟跟导师有 3 年了，技术越发成熟。加上国家很多鼓励的政策，我相信我会把这个项目做起来的。当然，这个不是我一个人能完成的，所以把大家请来帮我一起完成梦想。

婷婷：对了，王强，你跟着你叔叔做生意，怎么样啊？

王强：这以前没做过生意不知道，这里边的套路可深了。而且像李斌这样的项目风险很大，我觉得倒不如把这项技术卖了，我们直接拿钱，减少了风险，也快速变现。

婷婷：我不管啊，反正我是在李斌那儿当定会计了，到时候是不是还能给我分点原始股啊？

班长：如果我们真的要做这个项目，必须制定出大家的职责和分工，把股权分配办法写下来，并且我们的团队不应该封闭，如果有更好的人才要吸纳进来分配股权，还要想好项目的退出机制。

李斌：嗯，我觉得你说得很有道理。

同学们，这个创业团队应该保留谁呢？这些人中哪个或者哪些人不应该吸纳？为什么呢？

三、生存型创业者、变现型创业者与主动型创业者

1. 生存型创业者

创业者大多为灵活就业者、失去土地或因种种原因不愿困守乡村的农民，以及刚刚毕业还未找到工作的大学生。这是中国数量最大的一拨创业人群。这一类型的创业者占中国创业者总数的 90%。一般创业范围均局限于商业贸易，少量从事实业，也基本是小打小闹的加工业。当然也有因为机遇成长为大中型企业的，但数量极少，因为现在国内市场已经不像三十多年前，像刘永好兄弟、鲁冠球、南存辉他们那个创业时代，经济短缺，机制混乱，机遇遍地。如今这个时代，多的是每天一睁眼就满世界找钱的人，少的是赚钱的机会，用句俗话来说，就是狼多肉少，仅仅想依靠机遇成就大业早已经是不切实际的幻想了。

2. 变现型创业者

变现型创业者就是过去在党、政、军、行政、事业单位掌握一定权力，或者在国企、民营企业当经理人期间聚拢了大量资源的人，在机会适当的时候，自己出来开公司办企业，实际是将过去的权力和市场关系变现，将无形资源变现为有形的货币。在 20 世纪 80 年代末至 90 年代中期，以前一类变现者为多，现在则以后一类变现者居多。

3. 主动型创业者

主动型创业者又可以分成两种情况：一种是盲动型创业者，另一种是冷静型创业者。

前一种创业者大多极为自信，做事冲动。有人说，这种类型的创业者，大多同时是博彩爱好者，喜欢买彩票、喜欢赌，而不太喜欢检讨成功概率。这样的创业者很容易失败，但一旦成功，往往会成就一番大事业。冷静型创业者是创业者中的精华，其特点是谋定而后动，不打无准备之仗，或是掌握资源，或是拥有技术，一旦行动，成功概率通常很高。还有一种奇怪类型的创业者，也应该属于主动型创业者的一种特例。除了赚钱，他们没有什么明确的目标，就是喜欢创业，喜欢做老板的感觉。他们不计较自己能做什么，会做什么。可能今天在做着这样一件事，明天又在做着那样一件事，他们做的事情之间可以完全不相干。其中有一些人，甚至连对赚钱都没有明显的兴趣，也从来不考虑自己创业的成败得失。奇怪的是，这一类创业者中赚钱的并不少，创业失败的概率也并不比那些兢兢业业、勤勤恳恳的创业者高，而且这一类创业者大多过得很快乐。

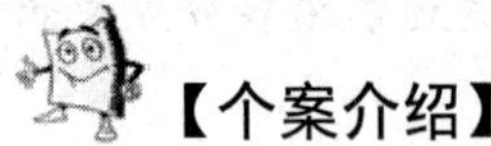

【个案介绍】“朗为”创业之路

解洪志是2002年辽宁经济职业技术学院的毕业生，2003年创建了沈阳市“朗为”（longway）家教中心，并且在全省高职生的创业潮中，领取到“高职生自主创业第一号证书”，后被媒体报道为高职生自主创业第一人。

解洪志能够成为沈阳市自主创业第一人主要得益于以下几点：一是比较全面地学到了技能、专业知识，使自己感到有了一定的本事和自信，为日后创业奠定了良好的基础。二是通过担任院学生会主席锻炼了管理才干。随着组织活动次数的增多，他的信心和能力有了很大提高。三是开放的知识结构。在学校期间，解洪志重视和参加学校举办的各种讲座，还到其他大学聆听知名教授的讲座。通过学习，使他有为社会贡献力量的冲动和使命感。四是把握住了这样一个机遇——辽宁省关于支持大学生自主创业的优惠政策，促使他开拓创新，勇于创业。

刚刚毕业的时候，他带着将来自主创业的愿望，应聘的第一份工作是市场部经理，负责管理区域市场开发，由于业绩很好，在公司一年内获得了两次旅游奖励。结合工作，他先后去了北京、长春、哈尔滨、阜新等地进行调查研究，寻求市场机会。

为使调查更深入、更全面，解洪志顶着来自家里的压力，于2003年7月辞职，去深圳做市场调查。在深圳的两个月间，他不仅了解了当地很多行业的发展情况，更多的是学到了深圳人的思维方式和做事方式，为进一步自主创业打下了基础。

2003年9月，他带着要开发家教市场的想法，回到沈阳开始研究立项。通过对沈阳的调查，发现沈阳的家教市场潜力较大，所以他联合其他同学，于2003年10月成立了“朗为家教中心”，开始了家教服务创业历程。

目前“朗为”家教中心得到了有关部门领导及社会各界的广泛关注，在大家的帮助下，“朗为”家教中心由创业初的3人现已发展到150多人，经济效益不断提高，目前在家教市场中逐步得到了家长和学生的认可。辽宁电视台、辽宁教育电视台、沈阳电视台、中国青年报、辽宁日报、沈阳日报等媒体都相继报道了“朗为”家教的创业发展情况。

——摘自辽宁省教育厅. 就业与创业概论. 第2版，2007

点评：

解洪志是主动型创业者。他在大学期间努力学好各门专业课程，同时又积极参与社会工作，锻炼了管理才干，增强了自信心，提高了能力；扩大了知识面，完善了知识结构，在潜意识中又引发了一种成就一番事业，成为社会有用人才的冲动；完善的大学生涯中造就了他有准备的自我，让他在日后的创业中撑起理想的风帆在大风大浪中远航。同时，他主动寻求创业商机，不畏艰苦，勇于开拓、创新，取得了事业的成功。

创业者是能从别人只看到混乱或骚乱的地方发现机会的人。他们是商场上引起变化的积极刺激因素。他们被喻为挑战自我、突破障碍的奥林匹克选手，漫长跑道中与痛苦做斗争的长跑运动员，使不同的演奏技巧和声音协调为一首融洽的整体交响乐的指挥家，不断提高速度和挑战胆量极限的一流飞行员。无论这种比喻有多么夸张，创业者都是现代商场中的英雄，因为他们多多少少符合这些比喻。他们以惊人的步伐开创企业、创造新的工作。他们挑战未知的领域并不断创造未来。是什么催生了成功的创业者？优秀的创业者又应该具备什么样的素质？请看第二章创业者的基本素质。

课堂讨论或课后思考题

1. 你的就业观念是什么？
2. 你如何看待大学生创业？
3. 你会如何择业？

第三节　创业与职业生涯发展

创业与职业、职业生涯发展有着密切的联系。创业和就业都会涉及不同的领域、不同的职业，一个人如果是为他人工作就是就业，例如在会计师事务所当注册会计师；如果是为自己工作就是创业，例如创办会计师事务所。

一、职业的概念与内涵

职业（career）一词，不同于工作（job），它是指一种事业。“职业”，至少包含了两个方面的含义：其一，职业体现了专业的分工，没有高度的分工，也就不会有现代意义上的职业观念，职业化意味着专门从事某项事务；其二，它体现了一种精神追求，职业发展的过程也是个人价值不断实现的过程，职业要求个人对它的忠诚。

在德语中，职业一词为“beruf”，乃是“天职”之意，它意味着个人毕生应当为之不懈奋斗的目标。就这点而言，职业本身已经包含了职业精神和职业道德的内容，它是一种高尚的事业。因此，职业问题不是简单的工作问题，职业生涯规划和发展，也不仅仅是找一份满意的工作而已。

职业对其从业人员来说有三种意义：首先，职业是人们谋生的手段。人们通过职业为社会奉献劳动，社会按照一定的标准付给劳动者报酬，这些报酬成为劳动者及其家庭成员生存和发展的主要经济来源。其次，职业是人们与社会进行交往的一种主要渠道，它使个人以一定的社会角色进入社会，以较为固定的内容形式同外界进行交往，而不至于被社会所抛弃，它是个人为社会做贡献的途径。最后，职业是一个人实现人生价值的主要场所，能够使个人的某些才能得到发挥和发展。每一个人都有自己的理想，理想的实现需要一定的机遇和物质条件。而职业则给每一个从业人员提供了一个施展才干的机会。

因此，职业是对人们的生活方式、经济状况、文化水平、行为模式、思想情操的综合反映，也是一个人的权利、义务、职责，从而是一个人社会地位的一般表征。在通常情况下，人人都应当有一定的职业，当然，不一定一生固定在一种职业上。

职业的内涵包括五组关系。

第一组关系是个人与他人的社会关系，即社会分工。比如某人要穿牛皮鞋，不能从养牛做起。实际上，在养牛、杀牛、制皮、设计鞋样、制作皮鞋、销售皮鞋的各个环节中，都需要有不同的人参与其中，每个人都做一部分工作，最终才能满足穿皮鞋的需求。

第二组关系是职业与专门知识技能的关系，即必备技能。每一种职业都要具备专门的知识和技能。例如，会计会做账，编程员会编程等。

第三组关系是知识技能与财富的关系，即创造财富。利用专门的知识和技能去做什么？去创造财富。有的人创造物质财富，有的人创造精神财富；有的人直接创造财富，有的人间接创造财富。

第四组关系是创造财富与报酬的关系，即获得合理报酬。什么叫合理报酬？你创造出来的财富，一部分上缴给国家，一部分留在企业，一部分由你自己消费，各部分比例用法律规定，或者由利益各方商定。

第五组关系是获得报酬与需求的关系，即满足需求。一个人通过获得报酬而满足在物质生活和精神生活上的需求。物质生活需求的满足是指通过资金去购买生活中的必需品；精神上的需求，包括喜悦感、团队认同感、实现自我价值以后的满足感等。如果不能满足需求，就会“跳槽”到其他公司，或“改行”从事其他职业。

【知识链接】

我国职业分类

职业与职位

二、职业生涯与职业生涯规划

1. 职业生涯

关于职业生涯（career），早期的概念是沙特列（Shartle）提出的。他认为，职业生涯是指一个人在工作生活中所经历的职业或职位的总称。

关于职业生涯的三种主要观点。

第一种观点，认为职业生涯是指个体一生从事职业活动和承担工作职务的连续发展过程。也就是说，它是一个人从首次进入工作岗位一直到退休离开职业舞台，其全部工作活动和职业经历按时间顺序接续而成的一个总的行为连续过程。

第二种观点，认为职业生涯核心含义就是个体一生随年龄增长而对职业问题所产生的一系列心理活动过程。其中既包括价值观念、职业意识、职业态度等的养成与变化，又包括职业知识与能力以及发展取向等的形成与发展。

第三种观点，指出要充分体现职业生涯的内涵，就必须从“客观”和“主观”两个方面去考察。表示职业的行为连续过程及其特征，是职业生涯的“客观”外在表现；表示职业的心理活动过程及其特征，则是职业生涯的“主观”内在表现。

职业生涯具有以下显著特点。

（1）可规划性。虽然职业生涯的发展过程中充满了许多偶然的因素，但是从长远来看，职业生涯的发展是可以规划的。

（2）不可逆转性。职业生涯发展的不可逆转性是因为人的自然成长和发展过程的不可逆转性，过去了就不能再来。

（3）差异性。每个人个体状态不同，所从事的职业不同，职业生涯也会有很大的差异性。

（4）阶段性。与人的自然生长规律相一致，职业生涯的发展具有阶段性。注意职业生涯发展的阶段性，高质量地完成各阶段的任务对职业生涯的持续发展非常重要。

（5）发展性。职业生涯是一个人一生连续不断的发展过程。随着时间的推移，不管你自己是否愿意，每个人都会以不同的程度在这个过程中成熟起来。有明确目标和强烈进取精神的人会成熟得快一些、好一些，否则就成熟得慢一些、差一些。

2. 职业生涯规划

职业生涯规划，又叫职业生涯设计，是指在对一个人职业生涯的主客观条件进行测定、分析、总结的基础上，对自己的兴趣、爱好、能力、特点进行综合分析与权衡，根据自己的职业倾向，为自己确立职业方向、职业目标，选择职业路线，确定职业发展策略和行动方案。

职业生涯规划具有以下特征：第一，职业生涯规划具有明显的个性化特征；第二，职业生涯规划是一个包含职业生涯目标的确定、措施的实施及目标实现的全过程。按照规划的时间跨度，职业生涯规划包括短期规划、中期规划、长期规划和人生规划四种类型。

【个案介绍】　　一句“玩笑”，两种人生

辛昊和方英是硕士阶段的同学，两人毕业后到了南方的同一所高校任职，并且还在同一个系里。在迎接新教师的座谈会上，院长殷切地希望年轻人树立人生目标，并为之奋斗。会后，两人开玩笑，说目标就是当院长了，看谁先当上。

表面是句玩笑，两人心中却已当真。辛昊认真、冷静、做事有计划；方英灵活、圆滑、办事有冲劲；两人性格迥异，决定了不同的人生。

三年后，方英当上了副主任，辛昊仍是一名普遍老师；十五年后，辛昊当上了院长，方英仍是一名副主任。原先职位在上的方英现在成了下属，他承认自己输了，但不明白自己错在哪里。

自从立下目标后，辛昊便制定了自己的人生规划。前 3 年，他练习普通话、学习讲课技巧、琢磨学生心理、研究课本，3 年后，他讲课在学校已小有名气。第 4 到第 7 年，辛昊考上另一所高校读博，在此期间专心学习研究方法。第 8 到第 12 年，辛昊潜心做研究，在国际期刊上发表文章、承担国家级课题，渐渐成为该领域的知名学者。从第13 年起，辛昊不仅以科研为主、重视教学，还开始加强各方人际关系。第 15 年老院长退休时，人们不约而同地想到让辛昊接班，学术、教学、人际关系样样不错，不选他选谁？

方英则不同，一开始就关注仕途，以经营上下级关系为主，三年便当上了副主任。可是一上任就感到各方压力，上课水平一般，科研没有成果，处理问题难以服众。当了两年副主任很不顺，看到一些老同学当老板，心中羡慕，也悄悄在外合伙开了间餐厅。不到一年，餐厅倒了，又相继开了面粉厂、美容院、服装店，可是干一样亏一样。瞎忙了四年才发现，自己不适合经商，还是在高校好。回头再往上走，发现过去的同事都有了大进步，自己必须跟上。一会儿忙教学，一会儿搞科研，生活工作忙得像锅粥，但什么都干不好。到了第 15 年，方英勉强还是个副主任，但再不有点改观，恐怕也快“下课”了。

——摘编自人人网 http://page.renren.com/600003197/note/888319059?op=next

三、创新创业教育对职业生涯发展具有积极意义

在高等学校大力推进的创新创业教育，是贯彻落实党的十七大提出的“提高自主创新能力，建设创新型国家”和“以创业带动就业”发展战略的重大举措，对个人职业生涯发展具有非常积极的意义和作用。

以创新创业教育为重心的我国高等教育改革既迎合了全球化知识经济背景下的世界高等教育改革趋势，也顺应了我国经济发展方式转变和经济结构调整的趋势，是着力推进改革开放和推进自主创新的时代需要。同时，对于提升高等教育人才培养水平具有重要的意义。

就业指导作为实现大学生充分就业的主要方式，在帮助学生就业中起着一定的作用，但目前的就业指导没有做到长期性与系统性相结合，没有把对学生的创新创业能力的培养放到贯穿整个职业生涯规划教育与就业指导的核心位置。

大学生就业指导应当与时俱进，不断创新，坚持“以人为本”的理念，追求“人”的价值关怀，把对人的核心能力培养作为中心内容。目前大学生就业指导不仅没有达到这一功能，而且在操作上也被当作追求“高就业率”的手段和工具，这与以人为本的要求有着一定的差距。

大学生创业教育是指充分挖掘大学生潜能，以开发大学生创业基本素质，培养大学生创业综合能力为目标的教育，使受教育者养成完整的创业基本素质，具有较强的创业意识和良好的个性心理品质，形成综合性的创业能力和知识结构，培养较强的社会适应性和独立生存、发展的本领。大学生创业教育应以提高大学生自我就业能力为目的，尤其注重培养大学生“白手起家”创办小企业的精神和能力，务求使更多的谋职者变成职业岗位的创造者。

创造（creation）、创新（innovation）和创业（entrepreneurship）是一组既有联系又有区别的概念。创造是一个从无到有的过程，创新是对现有事物的更新和改造过程，而创业则是开创某种事业的活动。虽然三者都给予认识主体一种“全新”的感觉，都具有独创性，都含有“创”的成分，但创造强调原创性，创新为“推陈出新”，而创业则注重把创造与创新的东西变成现实，开创出新事业。

创造在于它的原创性，能够孕育前所未有的东西。然而，创造有时并不一定完美，创新能使创造尽善尽美，而创业能使创造和创新落到实处。因此，创造、创新、创业是推动人类社会发展和进步的永恒动力。一个民族的真正伟大根植于它的创造精神、创新精神和创业精神之中。因此，21 世纪的高等教育应以大学生创业教育为根本，以培养具有创造、创新、创业精神和能力的人才为己任。

第一，大学生创业教育是国际环境的客观要求。如今世界各国为迎接 21 世纪的挑战，掀起了科技与教育竞争的热潮。无论是发达国家还是发展中国家，都不遗余力地加大科技与教育投入，以此来提高综合国力竞争的基础，确保可持续发展和在新一轮国际竞争中争取主动。因此，实施科教兴国战略，全面推进以培养创新精神为重点的素质教育，是我国在 21 世纪综合国力竞争中争取主动和实现可持续性发展的重大决策。

第二，大学生创业教育是我国现行教育制度的转变需求。大学生创业教育是在普通文化教育和职业技术教育的基础上，提出的新的更高的教育要求，即通过注入新的教育内容，寻求新的结合实践活动的途径，培养一代既能动脑又能动手，既有开创精神又有一定创业能力，既能从事一般生产劳动又能从事某种开拓性的创业活动的劳动者。

第三，大学生创业教育适应了社会主义市场经济对人才培养的需求。我国正在建立的社会主义市场经济具有开放性、自主性、竞争性、创新性、法制性。为适应这些特点，要求我国高等教育培养的人才具有宽广的视野，善于捕捉信息；有果断的决策能力，敢想敢干，勇于创新；有经济头脑，注重经济效益，讲究工作效率；同时还要有较强的法制观念，善于社会交往，能正确处理人际关系。这些素质的培养，正是大学生创业教育的着力点。

第四，大学生创业教育是解决当前大学生就业问题的一条有效途径。与传统的就业教育相比，大学生创业教育不是直接帮助大学生去寻找工作岗位，而是重在教给大学生寻找或创造工作岗位的方法。

对于大学生来说，不管是创业，还是就业，都应该树立创业意识。因为如今任何工作，都是需要创造力的，即便是先就业，也应“以创业的心态去就业”，怀着创业的梦想去就业。虽然创业者总是少数，但是了解创业的艰难能使广大的就业者更加珍惜来之不易的就业岗位，努力工作，更何况创业精神和创业能力的培养必将有助于个人能力的提升和职业生涯的发展。

提升大学生创新创业能力

加强大学生创新创业信息服务

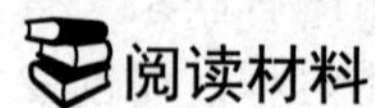阅读材料　　理财新思维：奔向财务自由

课堂讨论或课后思考题

1. 你对财务自由的理解或看法。
2. 实现财务自由的现实途径。
3. 如何才能实现财务自由？

第二章　创业者的基本素质

名人似乎总有与众不同之处，比尔·盖茨之所以会成为全球亿万富豪，其独特的性格特征也许早已注定了他的非同寻常。盖茨是个典型的工作狂，这种品质从他中学时期就已经表现得淋漓尽致。无论是在计算机房钻研计算机，还是玩扑克，他都废寝忘食、不知疲倦。上大学时，扑克和计算机消耗了盖茨的大部分时间。

后来，当他在阿尔布开克创业时期，除了谈生意、出差，盖茨就是在公司里通宵达旦地工作，常常至深夜。一位曾到过盖茨住所的人惊讶地发现，他的房间中不仅没有电视机，甚至连必要的生活家具都没有。商场如战场，对盖茨来说，他必须胜利。盖茨是个天生的工作狂，而他的动力来自兴趣。

开着一辆中学时打工赚来的白色宝马车，后座载着三台计算机，戴尔进入了他的大学生涯。但是，和一般大学新生不同的是，他拥有丰富的计算机知识和生意头脑，很快就在宿舍里卖起了自己组装的计算机。戴尔的创业就是开始于这种兼职。

诚然，创业者的背景、动机各有不同，但正像萝卜、白菜一样，虽然营养成分、味道各不相同，但它们都是蔬菜，都可以供人们充饥止饿、滋养身体，这是它们的共性。创业者也有共性，这就是我们要讲的创业者素质，也是创业者应具备的基本素质。通过大量案例的研究，我们发现成功的创业者具有多种共同的特质，其中最为重要的是有欲望、自信、忍耐、胆量、眼界、敏感、明势与谋略八大特质。前四种可以归为创业精神，后四种可以归为创业能力（业务能力），创业精神是成功创业的前提，创业能力是创业成功的保证。

研究创业者的共性，并把握这些共性，是一件非常有意义的事情。通过研究并把握那些成功创业者的共性，可以反观自己，判断自己是否适合创业，如想要创业需要弥补哪些不足等。本章将分别从创业精神和创业能力两大方面揭开成功创业者的英雄本色。

第一节　创 业 精 神

创业精神既是创业的动力源泉，也是创业的精神支柱，是成功创业的前提。没有创业精神一般来说就不会有创业行为，创业成功也就无从谈起。即或有创业行为，也往往是浅尝辄止，半途而废，因为创业的道路不会是一帆风顺的，总是充满困难和荆棘。因此，顽强的创业精神对于成功创业是至关重要的。创业精神主要包括欲望、自信、忍耐和胆量四个方面。

一、欲望（理想/进取心），成功创业的内在动力

欲望，实际上就是一种生活目标，一种人生理想。创业者的欲望与普通人的欲望的不

同之处在于，他们的欲望往往超出他们的现实，需要打破他们现在的立足点，打破眼前的樊笼，才能够实现。所以，创业者的欲望往往伴随着行动力和牺牲精神。这不是普通人能够做得到的。而且创业者的欲望是不安分的，是高于现实的，需要踮起脚才能够得着，有的时候需要跳起来才能够得着。上海有一个文峰国际集团，老板姓陈名浩。1995 年，陈浩携带着 20 万元来到上海，从一个小小的美容店做起，现在已经在上海拥有了三十多家大型美容院、一家生物制药厂、一家化妆品厂和一所美容美发职业培训学校，并在全国建立了三百多家连锁加盟店。陈浩有一句话：“一个人的梦想有多大，他的事业就会有多大。”所谓梦想，不过是欲望的别名。你可以想象欲望对一个人的推动作用有多大。

其实，成功创业者的欲望许多来自现实生活的刺激，是在外力的作用下产生的，而且往往不是正面鼓励型的。刺激的发出者经常让承受者感到屈辱、痛苦。这种刺激经常在被刺激者心中激起一种强烈的愤懑、愤恨与反抗精神，从而使他们做出一种“超常规”的行动，焕发起“超常规”的能力，这大概就是《中庸》说的“知耻近乎勇”。一些创业者在创业成功后往往会说：“我自己也没有想到自己竟然还有这两下子。”因为想得到，而凭自己现在的身份、地位、财富得不到，所以要去创业，要靠创业改变身份，提高地位，积累财富，这构成了许多创业者的人生“三部曲”。美国最大的广告公司伯勒尔通讯集团，年收入已超过 6 000 万美元。马斯·伯勒尔讲到最初激发他创业的两个原因：一是孩提时代母亲就鼓励他自立，二是他是非洲裔美国人的客观事实。在别人的公司，无论自己多么成功，总会有某种障碍阻止他一路前进；即使能平步青云，也得遵守别人指定的规则和工作时间。在自己的公司里，自己会做得更好。

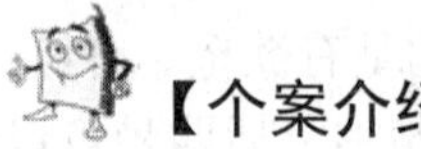

【个案介绍】　吉盛伟邦邹文龙的“三大差别”

做家具生意的吉盛伟邦在上海有很大名气，它的老板叫邹文龙。邹文龙来自北方冰雪之城的长春，在一向瞧不起“外地佬”，尤其是“北方佬”的上海打出了一片天地，身价若干个亿。邹文龙在接受媒体采访时说，自己的创业动力来自“三大差别”。这“三大差别”不是他自己提的，是他现在的岳父给他提的。邹文龙说自己早恋，高二就开始谈恋爱，身体又不好，后来女朋友考上了大学，自己却落了榜。他女朋友的父亲就对他说，你和我的女儿有三大差别。第一是城乡差别。女朋友是城市户口而邹文龙却来自贫穷的农村。第二是脑力劳动与体力劳动的差别。邹文龙的女朋友已经考上了大学，而邹文龙却不得不接一个亲戚的班，到一个小杂货店搬油盐酱醋出卖劳动力。第三是健康上的差别。邹文龙因为身体不好影响到大学都没有考上，难以想象一个身体不好的人以后怎么靠体力活儿吃饭，你怎么能够养得活我的女儿？所以，你和我女儿谈恋爱，坚决不成！

要想不放弃自己的女朋友，那就只有一条路，就是消灭“三大差别”。在这样的情况下，邹文龙开始了创业，并且创业成功。现在，女朋友早已变成了老婆，邹文龙还是喜欢对老婆说：“我都是为你做的。”实际上，邹文龙说错了，他不是“为你做的”，而是“为了得到你做的”。这就是欲望的作用，再辅之以出色的行动力，邹文龙终于如愿以偿，“抱得美人归”。

——改编自郭晓鹭．吉盛伟邦董事长邹文龙：有野心才能创造奇迹．南方都市报，2008-03-21

因为欲望，而不甘心，而创业，而行动，而成功，这是大多数白手起家的创业者走过的共同道路。丝宝集团的梁亮胜、杉杉西服的郑永刚都是在欲望促使下走向成功的。关于人的欲望，知名地产商冯仑有一段很精辟的论述。他说："地主地里能打多少粮食，预期很清楚，一旦预期清楚，欲望就会被自然约束，也就用不着再努力，所以会过得很愉快。企业家不同，企业家的预期和他的努力相关，预期越高就越努力，越努力预期就越高，这两个作用力交替作用，逼着企业家往前冲。"如果用"创业者"代替冯仑这段话里的"企业家"，你会发现它同样贴切。欲望是创业的最大推动力。一个真正的创业者一定是强烈的欲望者，他们想拥有财富，想出人头地，想获得社会地位，想得到别人尊重。有人一谈起这些东西就觉得很庸俗，甚至一些成功者也不愿提起这样的话题，特别是一涉及钱，便变得很敏感、很禁忌，其实完全不必如此。

二、自信（执着/充满自信），成功创业的心理支柱

创业者一般非常自信，确信自己的能力和经验。成功的创业者与众不同的地方在于他们永远拥有绝对的自信。一个人的成功不是命中注定的，而是完全靠自己掌握的，自己可以支配自己的命运。这种坚定不移的精神对创业初期面对各种困难时尤其重要。汽车大王福特决定开发 8 只汽缸的发动机时，设计师认为不可能。福特非常自信，无论如何要开发制造出来。一年过去了，仍未成功。福特没有气馁，继续坚持。福特 V-8 成为世界上获得辉煌成就的汽车，把福特汽车公司向前推进了几年。北京富亚企业为了展示其涂料的绿色无毒，总经理很认真地做实验，请小猫、小狗喝富亚涂料。一群动物保护组织的成员举行了抗议。在此情景下，总经理伸手拿来玻璃杯，张口喝了下去……在场的人惊呆了。事后证明，富亚涂料当年的销量增加了 400%。总经理喝的就是自信，就是市场。

【个案介绍】　　残疾人周彦俊的创业神话

不到 20 岁独自办厂，24 岁开厂房，27 岁自创工艺美术堆画并获国家专利，30 岁拥有百万身价……上天没有让他拥有普通人一样健壮的身体，却磨炼了他"强壮"的斗志。周彦俊的童年是灰色的。一岁半的时候，正在蹒跚学步的他得了小儿麻痹症，从此永远失去了像正常人一样行走的机会。父亲是个篾匠，经常外出揽活。年幼的他寄养在别人家中吃"百家饭"。但他并不甘心寄人篱下，10 岁那年，他拄起拐杖开始独立生活。穷苦的父亲希望残疾儿子学点实用的东西养活自己，12 岁那年，他父亲买了一台缝纫机，让他学缝纫。然而，周彦俊却痴迷上了画画。没有专业老师指点，只有狂热的兴趣，他的画笔却从不停歇：画人物、画动物……为同学们描摹小人书，给班级出板报。他笔下的人物、动物、植物惟妙惟肖。令人始料未及的是，画画竟成了他后来创业不可或缺的重要元素。

18 岁那年，周彦俊在双脚动了两次大手术后休学了。从此，村里人就经常看到一个双脚打着石膏，双手拄着拐杖，身背画架的少年。他到处给人画画，一张画卖 2～2.5 元。20 岁那年，周彦俊迎来了生命中的第一个转机。怀揣着父亲给他的 70 元钱和朦胧的创业想法，他独自前往县城自谋出路。当地有个风俗，办喜事盛行赠送画匾。周彦俊认为这是个可以

发挥自己特长的生意。进县城的第一个月，周彦俊没有赚到足够的钱交房租，被房东扫地出门。周彦俊的忠厚老实打动了第二个房东，不但把房子低价租给他，还答应到年底再付房钱。有了落脚的地方，周彦俊留下生活费，把剩余的钱都买了玻璃、颜料、画框，开起了自己的第一家小店。开始时他给人画镜屏。别人做寿，他就画不老青松；别人结婚，他就画龙凤呈祥，再加上玻璃、画框来提高档次。镜屏每块成本 2 元左右，售价 3.8 元，周彦俊的原始积累就是从这一个个细微的 2 元差价汇集而成的。

三个月下来，周彦俊攒了一笔小钱。从中，他看到自己能做得更大。做大生意资金显然不足。于是，残疾的他再次上路，这次，怀揣 200 元钱，远去广西柳州。本来想去找朋友借钱，没想到碰上了生命中的第二次转机。钱没有借到，满心失望的他在柳州商场闲逛。商场内一种用通草做成的立体画匾让他眼前一亮。他认定这是可以开发的新产品，画匾的边角上印着一个印章“贵州贵定”。顾不得路途遥远和行走不便，他坐上了前往贵定的长途车。也许是其貌不扬的原因，假装成进货商的周彦俊并没有引起厂方的警惕，他仔细参观了整个工艺流程，临走时还买了一块成品和半斤通草，带回家研究改进。改进过的通草画匾造型独特，在喜好画匾的湖南市场大受欢迎，甚至抢占了广西市场。上门订货的厂家络绎不绝，其中还有他之前偷师的生产厂家。周彦俊顺势扩大小作坊规模。后来小作坊被涟源市工商联收购，员工增加到了 40 多人。

从此，周彦俊坐上了让当地人艳羡的位置——公办美术厂副厂长。然而，自立门户的想法始终在他心头激荡，他毅然辞职，筹办兴华工艺美术厂。启动资金由朋友们东拼西凑而来。美术厂月收入从开始两三千元迅速蹿升到了几万元。周彦俊用近 20 万元买下了 600 平方米的地皮，建起 300 多平方米的厂房。此时他脑子里已有产品转型的念头。虽然当年偷师学来的画匾生意不错，但他参加广州交易会后，意识到产品再不更新，客源必将不断萎缩。自那时起，他吃饭睡觉都在琢磨开发新产品。终于，笋壳进入了他的视野，用它来做野鸭、鹰等动物的羽毛效果非常逼真。新产品一上市，反响出奇地好。他很快为这个新产品申请了专利。商家找上门来指定要包销他的新产品，并定下协议，一天要 150 个，而当时他的工厂一天生产能力只有 60 个。为此工厂不断扩大规模。后来，他的业务遍及湖南省 40 多个县和北京、上海、四川等十几个省市。数百万元收入滚滚落袋。30 岁的周彦俊在湖南成了创业神话。

——摘编自周彦俊：跌不倒的创业者．中国企业链网，2007-05-31.
http://www.cn716.com/news/read.asp？ID=9737

成功的创业家都具有能感染他人的强烈自信。缺乏自信的人不要创业，因为创业是一项开创性的工作。成功的创业者都有很强烈的自信心，相信自己的判断，坚信自己的决策，而不习惯听命于人。对创业者来说，自信是必不可少的品质，尤其是在创业期间，只有自信的创业者才能顶住压力，坚持、坚持、再坚持，执着、执着、再执着，最终取得创业成功。美通公司创办者王维嘉认为，他读博士的最大收获就是获得了自信。他说：“如果有一种方法，比如可以通过催眠术使我达到自信状态，我就会省去读博士的时间。”

自信与执着密不可分。执着，指的是对自己向往的东西、喜爱的工作有锲而不舍的劲头，对自己的创业目标和信念永不放弃。“只有坚持不懈，才有可能成功。”伟大的创业者无一不把这句话作为座右铭。经历一次又一次的失败而绝不放弃，是创业者的主要行为特征。在创业的道路上，只有执着地沿着既定的目标和方向前进，才能克服创业道路上遇到的危机和障碍。

创业不是一朝一夕就有所成的，需要付出很多艰辛，你有才华，还要有机遇，更要有超出常人不能承受的毅力。下面与读者分享一个阿里巴巴创业咨询论坛的故事，故事讲述了一个温州商人的成功经历。创业路上的朋友，不妨小憩片刻，也许这个故事会让你很受启发。

【个案介绍】 8 年熬成亿万富豪

也许你还在创业路上徘徊，也许你还为自己的信念犹豫不决，不要害怕，不要放弃，成功就差一步，那就是坚持。时间在变，市场在变，机遇在变，而唯一不变的是对成功的信念，是一贯的坚持！

三、忍耐（信念/意志顽强），成功创业的必要保障

“艰难困苦、玉汝于成”和“筚路蓝缕”都是说创业不易。不易在哪里呢？首先是要忍受肉体上和精神上的折磨。肉体上的折磨还好，挺一挺就过去了，就像王江民。王江民 40 多岁到中关村创业，靠卖杀毒软件，几乎一夜间就变成了百万富翁，几年后又变成了亿万富翁，他曾被称为中关村百万富翁第一人。王江民的成功看起来很容易，不费吹灰之力。其实不然，王江民困难的时候，曾经一次被人骗走了 500 万元。王江民的成功，可以说是偶然之中蕴含着必然。

【个案介绍】 王江民意志坚强拔头筹

中关村还有一个与王江民经历异曲同工的人，就是华旗的老总冯军。冯军是清华大学的高才生，读大学时就在北京的秀水街给倒货的留学生当翻译赚外快。毕业后也有一个好工作，他却不愿意干，宁愿跑到“村里”自己打江山。冯军在中关村又有“冯五块”的称号，意思是说，他每样东西只赚你五块钱。有媒体曾经这样描述冯军在“村里”的生活：“冯军一次用三轮车载四箱键盘和机箱去电子市场，但他一次只能搬两箱，他将两箱搬到他

能看到的地方，折回头再搬另外两箱。就这样，他将四箱货从一楼搬到二楼，再从二楼搬到三楼。如此往复。”这样的生活，有时会让人累得瘫在地上坐不起来。

冯军在中关村创业，首先就要丢掉清华大学高才生的面子。俗话说：“物以类聚，人以群分。”在中关村和冯军干一样活儿的人，大多数是来自安徽、河南的农民。如中关村的 CPU 批发生意，60%以上都是由来自安徽霍邱县冯井镇的农民把持着。一个清华大学的高才生，要整天与这样一些人打交道、厮混，不是一件好受的事情，需要很强的心理承受能力。为了让人家代理自己的产品，“村里”那些摊主儿不论大小都是自己的爷，见人就得点头哈腰，赔笑脸说好话。

现在冯军又遇到了新的难题，就是与朗科的优盘专利权纷争。朗科的创始人邓国顺也是一个传奇人物，从打工仔成长为亿万富翁，邓国顺只用了短短的几年时间，中间亦经受了无数的折磨。现在邓国顺的朗科拥有优盘的专利，冯军的华旗却想来分一杯羹。邓国顺不答应，两家就起了纷争。冯军息事宁人想和解，天天给邓国顺打电话，但是邓国顺一听是冯军的声音就挂断电话，逼得冯军不得不换着号码给他打。冯军大小也是个老板，华旗在中关村虽不算出类拔萃，但也不是寂寂无闻，这样低声下气地让人不待见，还不都是为了公司的生意。这是创业者需要忍受的另一种精神折磨。

但是冯军所受的折磨，与俞敏洪比起来又算是小巫见大巫了。俞敏洪是国内英语培训的头牌学校新东方的创始人。对俞敏洪的创业经历，中国青年报记者卢跃刚在《东方马车——从北大到新东方的传奇》中有详细记录。其中令人印象尤深的是对俞敏洪一次醉酒经历的描述，看了令人不禁落泪。

【个案介绍】 俞敏洪的醉酒与下跪

对一般人来说，忍耐是一种美德，对创业者来说，忍耐却是必须具备的品格。对创业者来说，肉体上的折磨算不得什么，精神上的折磨才是致命的。如果有心自己创业，一定要先在心里问一问自己，面对从肉体到精神上的全面折磨，你有没有那样一种宠辱不惊的“定力”与艰苦奋斗的精神。如果没有，那么一定要小心。对有些人来说，一辈子给别人打工，做一个打工仔，会是一个更合适的选择。

四、胆量（敢于冒险），成功创业的必要基础

有位管理学家说过：冒险就好像探索一片充满神秘的沼泽地，你必须携带足够的食品、器材和指南针。敢于冒险几乎是所有创业者共同的特性，但是创业者绝不是野蛮的冒险者，而是擅长衡量风险的冒险者。

研究发现，大凡成功人士都有某种程度的冒险精神。史玉柱的冒险精神大家都知道。

当年，在深圳开发 M-6401 桌面排版印刷系统，史玉柱的身上只剩下了 4 000 元，他却向《计算机世界》定下了一个 8400 元的广告版面，唯一的要求就是先刊登广告后付钱。他的期限只有 15 天，前 12 天他都分文未进，第 13 天他收到了 3 笔汇款，总共是 15 820 元。两个月后，他赚到了 10 万元。史玉柱将 10 万元又全部投入做广告，4 个月后，他成为百万富翁。这段故事至今为人们津津乐道，但是想一想，要是 15 天过去，史玉柱收来的钱不够付广告费呢？要是之后《计算机世界》再在报纸上发一个向史玉柱讨债的声明呢？我们大概永远也不会看到一个轰轰烈烈的史玉柱和一个冒险精神十足的史玉柱了。

很多创业者在创业的道路上，都有过“惊险一跳”的经历。这一跳成功了，功成名就；跳不成，就只好再等凤凰涅槃浴火重生了。

【个案介绍】　　李晓华的马来西亚投资

创业需要胆量，需要冒险，冒险精神是创业家精神的一个重要组成部分，但创业毕竟不是赌博。创业的冒险，迥异于冒进。有这样一个故事：一个人问一个哲学家，什么是冒险，什么是冒进？哲学家说，例如有一个山洞，山洞里有一桶金子，你进去把金子拿了出来。假如那山洞是一个狼洞，你就是冒险；假如那山洞是一个老虎洞，你就是冒进。这个人表示懂了。哲学家又说，假如那山洞里只是一捆劈柴，那么，即使那是一个狗洞，你也是冒进。这个故事是什么意思？它的意思就是，冒险是这样一种东西，你经过努力有可能得到，而且那东西值得你得到。否则，你只是冒进，死了都不值得。

【个案介绍】　　周枫与婷美：合适的产品+敢赌的领导+合适的营销手段

当年周枫带人做婷美，一个 500 万元的项目，做了两年多，花了 440 万元还是没有做成。眼看钱就没了，合作伙伴都失去了信心，要周枫把这个项目卖了。周枫说，这么好的项目不能卖，要卖也要卖个好价钱。合作伙伴说，这样的项目怎么能卖到那么多钱，要不然你自己把这个项目买下来算了。原来大家一起还有个合伙公司，作为代价，周枫把在这个合伙公司的利益全部放弃了，据说损失有几千万元。

单干的周枫带着 23 名员工，把自己的房子做抵押，和几个朋友共凑了 300 万元。他把其中 5 万元存在账上，另外的钱，他算过，一共可以在北京做两个月的广告。从当年的 11 月到 12 月，他告诉员工，这回做成了咱们就成了；不成，你们把那 5 万元分了，算是你们的遣散费，我不欠你们的工资。咱们就这样了！这些话把他的员工感动得要哭，当时人人奋勇当先，个个无比卖力，结果婷美就成功了。周枫成了亿万富翁，他的许多员工成了百万富翁、千万富翁。现在很多的大学教授、市场专家分析周枫和婷美成功有诸多原因，其实事情没有这么复杂。说白了，不过是一个合适的产品，加上一个天性敢赌的领导，再加上一些合适的营销手段，才有了这样一桩成功的案例。

——摘编自想创业你就必须是个“赌徒”. 创业网，2009-04-21.

http://www.eye.com.cn/chuangyeguancha/2009042/083231.htm

创业者很清楚，要实现他们的理想和奋斗目标，就要勇于承担风险，这样才有可能获得巨大的成功。以常人的观念来看，创业者的目标可能看起来很高，甚至不可能，但是他们倾向于乐观对待成功的机会，并且通常这种乐观是基于现实的。创业者一定要分清冒险与冒进的关系，要区分什么是勇敢，什么是无知。无知的冒进只会使事情变得更糟，你的行为将变得毫无意义，并且惹人耻笑。

【个案介绍】　　敢字当头创大业

走进位于宏路镇溪下村后的华兴农牧场，就是走进福清市华兴农牧场董事长董丽华的家——董丽华把家安在场里，在整洁卫生的农牧场里，董丽华盖了座漂亮的小别墅，楼上是她和女儿的卧房，楼下是会客厅和办公室。

从漂亮的小别墅里走出来的董丽华，中等身材，一件普通的黑色外套，一种劳动妇女的打扮，简直不敢相信，就是这位普普通通的中年女性，创造出如此骄人的业绩。解读董丽华，就像翻阅一本厚重的书……

1960 年困难时期，董丽华出生在福清城关一个复员军人的家庭。“文化大革命”中，参加过抗美援朝的父亲遭受迫害，被打成反革命，母亲也被抓被打。军人出身的父亲气愤不过想不开，1970 年撇下父母妻儿含恨辞世。那年，10 岁的董丽华为了帮母亲养活两个幼小的弟弟，擦干眼泪去车站摆摊卖茶水，1 杯 1 分钱、2 分钱地攒，一卖就是两三年。后来，去外贸剪木耳头，一天赚两三毛钱，去剥蒜头，挣小钱，去捡树皮烧火，去挑水卖，大人一担 3 分钱，董丽华人小挑半桶，两担才卖 3 分钱，童年不堪回首啊！1972 年母亲改嫁，爷爷奶奶、两个弟弟生活的重担压在 12 岁的董丽华身上。为了让弟弟上学，董丽华小学毕业就辍学了，到处打小工，一天干到晚。1974 年，街心公园动建了，董丽华高兴极了，赶快去做小工，一天 4 毛钱。直到县委书记来工地看到这个小女孩，才把她安排到当时的展览馆做后勤，包吃一天 6 毛钱。董丽华遇到贵人了，3 年后又被招工进了福清糖厂当工人，从此改变了命运。

1990 年，改革开放风起云涌，福清人民勇立潮头，出国留学、外出经商、回乡创业，如火如荼。董丽华眼观六路，耳听八方，时代风云在胸中激荡。她瞧准了广大农村畜牧业蓬勃发展的势头，毅然辞职下海，北上石家庄、长春等地贩运玉米。董丽华和朋友们起早摸黑，风里来雨里去，一个月走二三十个车皮，通常能赚两三万元，最少也有七八千元。就这样，敢想敢干的董丽华掘到了第一桶金。

——摘编自敢字当头创大业. 365 优 • 中国办公网，2005-10-28.

http://www.365u.com.cn/WenZhang/Detail/Article_21712.html

第二节　创业能力

有了创业精神可以导致创业行动，然而想要创业成功，仅有顽强的创业精神是远远不够的，还需要有强大的创业能力。创业能力是创业的武器，是创业成功的保证。创业能力（业务能力）主要包括眼界、敏感、明势和谋略四个方面。

一、眼界（眼光），发现市场的预见性

市场的预见性，即发现别人尚未发现的市场空间。

古语云："眼界宽时无物碍，心源开处有清波。"

我们平时所说的眼界，实际上是一种心界，一种境界，主要是指人的思维、见识以及看问题的方式方法，具体来说，就是看事情、分析事物的能力和水平。

有人戏谑说，上帝创造人类时，让每个人都有两只眼睛、两只耳朵、一张嘴巴，就是希望人们多看、多听、少说。多看就是让人多掌握文字、图像等信息；多听就是多了解有声的信息；少说则是多干实事。当今世界是高度信息化的世界，信息就是财富。

报纸上有这样一条消息：科威特由于国土完全是沙漠，每年都需要进口大量的泥土种植花草树木。台湾天作实业公司的老板周玉凤看后分析，科威特进口泥土实属无奈之举，他们真正需要的是花草树木。如果能够研制出一种不需要泥土的花草树木不就可以赚大钱了吗？

于是，周玉凤聘请专家，不惜巨资研制不需要泥土的花草。不久，小草被研制出来，由于其适应性强、成本低、成活率高而备受欢迎。不起眼的小草成了公司的摇钱树。周玉凤成功的关键在于她以敏锐的眼光捕捉到了潜在的巨大商机。

广博的见识，开阔的眼界，可以很有效地拉近自己与成功的距离，使创业活动少走弯路。通过研究大量创业案例发现，这些创业者创业思路的主要来源包括职业、阅读、行路和交友等。

（1）职业。俗话说，不熟不做，由原来所从事的职业下海，对行业的运作规律、技术、管理都非常熟悉，人头、市场也熟悉，这样的创业活动成功的概率很大。这是最常见的一种创业思路的来源。

（2）阅读，包括书、报纸、杂志等。比亚迪老总王传福的创业灵感来自一份国际电池行业动态，一份简报似的东西。1993 年的一天，王传福在一份国际电池行业动态上读到，日本宣布本土将不再生产镍镉电池，王传福立刻意识到这将引发镍镉电池生产基地的国际大转移，意识到自己创业的机会来了。果然，随后的几年，王传福利用日本企业撤出留下的市场空隙，加之自己原先在电池行业多年的技术和人脉基础，做得顺风顺水，财富像涨水似地往上冒。他于 2002 年进入了《福布斯》中国富豪榜。2009 年 9 月 28 日，胡润公布了"2009 胡润百富榜"前两名，巴菲特在 2008 年看好并投资入股的比亚迪集团总裁王传福以财富 350 亿元从 2008 年排名 103 位飙升至当年的首富。另一位财富英雄郑永刚，据说

将企业做起来后，已经不太过问企业的事情，每天大多时间都花在读书、看报、思考企业战略上面。很多人将读书与休闲等同，对创业者来说，阅读是工作的一部分，一定要有这样的意识。

（3）行路。俗话说，“读万卷书，行千里路”。行路，各处走走看看，是开阔眼界的好方法。《福布斯》中国富豪里面少有的女富豪之一沈爱琴，说自己最喜欢的就是出国。出国不是为了玩，而是为了增长见识，更好地领导企业。有研究表明，有两成以上的创业者最初的创业创意来自他们在国外的旅行、参观、学习。像刘力 1995 年创立北京人众拓展训练有限公司，将拓展训练当成自己创业的主要落脚点，灵感就来自其在英国、瑞典等国考察时，对拓展训练的接触。“当初的震撼非文字所能够表达。”回国后，刘力便照猫画虎弄了这么个东西，效果非常好。北大等学校在帮助企业训练企业领袖时，拓展训练是其中一项重要的手段。

行路意味着什么，或者换句话说，眼界意味着什么？如果你是一个创业者，开阔的眼界意味着你不但在创业伊始可以有一个比别人更好的起步，而且有时候它甚至可以挽救你和企业的命运。眼界的作用，不仅表现在创业者的创业之初，它会一直贯穿于创业者的整个创业历程。“一个人的心胸有多广，他的世界就会有多大。”可以说，“一个创业者的眼界有多宽，他的事业也就会有多大”。

【个案介绍】 **科宝的整体厨房**

科宝整体厨房如今在国内非常有名，但是科宝在起步时并不是做整体厨房的，其专业是抽油烟机。后来科宝的创始人蔡明发现不少客户在买了抽油烟机以后，还会向他们定做几格吊柜、橱柜，以便放置一些厨房用品甚至冰箱等电器。这时候，科宝才开始有意识地向整体厨房方面转型。“那时我们理解的整体厨房就是几个柜子，把燃气灶和其他厨房用具放在一块就行了。这种状况一直维持到 1995 年 5 月。我去德国科隆参加每两年举行一次的家具配件展，算是开了眼界。看了展会，我发现自己以前做的东西，那哪能叫整体厨房，简直就是垃圾。”

展会后，蔡明从德国直接去了意大利，雇了一个意大利司机，从北边的威尼斯出发一直南下。“我让那个司机帮我安排好路线，一路上，只要门上写着厨房，我就进去看。看了几十个厂家，每个厂家都有几十个甚至上百个款式。古典的、现代的、大众的、前卫的，各种流派都看了个遍。到最后，看到厨房我就想吐。”

这一路看了二十多天，蔡明回到国内，下令把他们以前做的东西全部推倒重来。将欧洲的各种流派、款式融进自己的理念。科宝，或者说蔡明，在整体厨房若干年后，一直到 1999 年的欧洲之行，才明白什么叫真正的整体厨房。这就是行千里路的作用。开阔眼界后的老板，将原本平庸的企业带入了一个全新的境界。与此同时，老板自己也进入了一个新境界，发现了新天地。

——摘编自中国创业者十大素质——眼界. 应届毕业生网，2009-05-03. http://www.yjbys.com/qiuzhizhinan/show-16699.html

（4）交友。很多创业者最初的创业 idea（主意）是在朋友的启发下产生的，或干脆就是由朋友直接提出的。所以，这些人在创业成功后，都会更加积极地保持与从前的朋友联系，并且广交天下朋友，不断地开拓自己的社交圈子。时尚蜡烛领头羊山东金王集团创始人陈索斌的创业思路，便是来自一次在朋友家的闲谈。新晟源公司（昆明最大的汽车配件公司）老板何新源至今仍保持着和朋友在茶楼酒馆喝茶谈天的爱好。何新源称其为“头脑风暴”。这样的头脑风暴，使他能够不断地有新思路、新点子，生意越做越大，越做越好。都说广东人是天下的生意人，你看一看，广东人里面有几个是不好泡茶楼的？泡茶楼，喝茶是一方面，交朋友谈生意是更重要的另一方面。

四大创业思路的来源，也就是四大开阔眼界的有效方法。见钱眼开，莫如说眼开见钱，眼界开阔才能看见更多的钱，赚到更多的钱。因此奉劝创业者，有空一定要到处走一走，多和朋友谈一谈天，多阅读，多观察，多思考。“机遇只垂青有准备的头脑”，让自己“眼界大开”就是最好的准备。

二、敏感，对商机的快速反应

敏感，即感觉敏锐，对事物变化反应快。商业敏感即对商业机会的快速反应。

敏感不是神经过敏。神经过敏的人并不适合创业。创业者的敏感是对外界变化的敏感，尤其是对商业机会的快速反应。一些人的商业敏感来自耳朵，一些人的商业敏感来自眼睛，还有一些人的商业敏感来自自己的两条腿。

1. 听来的商机

1992 年夏，江苏风神汽车维修公司经理李淑华，偶然听到南京市外经委一位工作人员说，有位美籍华人想在宁投资，但不知做什么项目好。说者无心，听者有意。李淑华当晚就找有关专家请教有市场前景的投资项目，并以最快的速度草拟了项目计划书。第二天，她胸有成竹地敲开外商所住的金陵饭店房门，滔滔不绝地分析市场行情，终于打消了外商的疑虑，满心欢喜地把钱交给她经营。李淑华回忆创业经历时，感慨地说：“捕捉商机的眼光比资本要重要得多。”

陈索斌是一个“海归”，在美国留过学，有经济学硕士学位。陈索斌所学与蜡烛无关，在创业之前他也未曾与蜡烛行业有任何接触。为什么他会选择时尚蜡烛作为自己的创业方向呢？原来 1993 年的一天晚上，陈到一位朋友家中谈事，突然遇到停电，朋友的妻子赶紧找出一截红蜡烛点上，烛光下红彤彤的蜡烛一股股地冒着黑烟，忽明忽暗。朋友的妻子在旁边抱怨说：“如今卫星都能上天了，怎么这蜡烛还是老样子，谁要是能捣鼓出不冒烟的蜡烛，说不定能得个诺贝尔奖什么的。”就是这样一句话触动了陈索斌，于是不久就有了“金王”。再不久，“金王”成了中国时尚蜡烛之王。随着金王的成功，陈索斌自然而然也就成了亿万富翁。对蜡烛黑烟的抱怨，相信不只陈索斌一个人听到过，为什么只有他抓住了这个机会呢？这只能归结于陈索斌比一般人更为强烈的商业敏感。

2. 看来的商机

如果说李淑华、陈索斌最初的财富都是用耳朵“听”来的，那么夏明宪最初的财富就是用眼睛“看”来的。1989年，在山城重庆开着一家小五金杂货店的夏明宪忽然发现买水管接头的人多了起来。他觉得很奇怪，这些人买这么多水管接头干什么用呢？后来一打听，才发现是一些先富起来的山城人，为了自身和家庭财产的安全，开始加固家里的门窗。买水管接头，就是为了将他们焊接起来，做成铁门防盗（当时还没有防盗门的概念）。夏明宪发现这个秘密后，立即意识到自己的机会来了。他马上租了一个废置的防空洞，买来相应的工具，刨、锯、焊、磨地干了起来。一个多星期，他就做了二十多扇“铁棍门”，赚了一大笔。后来顺着这个思路不断发展，就有了现在的“美心防盗门”，与盼盼防盗门一起成为中国防盗门行业两块响当当的品牌。原来的五金店小老板变成了现在的防盗门大老板，成为山城重庆数得着的一个“财主”。这样的故事有很多。

3.“跑”来的商机

北京人都很熟悉什刹海边那些拉“三轮”的，黑红两色的装饰，非常显眼。这些人都是一个叫徐勇的年轻人的部下。1990年，爱好摄影的徐勇出版了一本名叫《胡同101像》的摄影集，有对中国民俗感兴趣的外国朋友看到这本影集，就开始请徐勇带自己去胡同参观，讲解胡同文化历史。徐勇立即意识到这里有商机。不久他的北京“坐三轮逛胡同”为主题的旅游公司办了起来。当初，徐勇将自己的想法告诉家人和朋友的时候，几乎遭到了所有人的一致反对，北京可看的东西太多了，故宫、长城、颐和园……哪一个不比胡同更吸引人，有多少到北京来的人会有兴趣去看那破破烂烂的胡同，北京本地人更不会有兴趣。政府有关部门当时也不看好他的主意。现在，徐勇的“胡同游”却日进斗金，让所有人始料未及。

北京人说一个人不懂事，会说他“没有眼力见儿”，意思是说看不出好歹。其实，面对每天在眼前溜来溜去的商业机会，又有几个人是有“眼力见儿”的？张维仰是深圳市东江环保股份有限公司的董事长，这家公司是中国内地第一家在香港上市的民营环保企业。1987年以前，张维仰只是深圳市城管部门的一个普通工作人员。一天，深圳蛇口的一家外资企业找到深圳市城管部门，提出以每吨500港元的高价，请求帮助处置其公司产生的工业垃圾。城管部门派人拉回来两三吨废物，却不知如何处理。一位工作人员将这些垃圾拿到化验室化验，发现废物中铜的含量很高，经过技术手段加以综合处理，可以制成广泛应用于工业和农业的化工原料硫酸铜。这件事当时谁也没有留意，却被旁边的张维仰默默记在了心里。不久，张维仰辞职创业，从为深圳企业处理垃圾开始做起，后来发展到垃圾的无害化处理和变废为宝。当时适逢国家大力倡导环保，张维仰好风凭借力，一下子便发达了起来。应该说，当时这个机会摆在张维仰的每一个同事面前，大家的机会是均等的。最后只有张维仰抓住了这个机会，因为他的商业感觉好，再辅之以强大的行动力，所以，他能够最后胜出毫不奇怪。

谈及商业敏感，梁伯强不能不谈。在财富道路上，梁伯强不是一个幸运儿，他曾经几次被命运打倒在地，但最后又倔强地爬起来。他积累的财富几度灰飞烟灭，但又一次次在他“再来一次”的喊声中重新聚拢。1998年，或许是出于感动，命运改变了对梁伯强的态度，开始对他眷顾起来。这年4月的一天，梁伯强在一张别人用来包东西的旧报纸上，偶然读到一篇文章。这篇文章的名字叫作《话说指甲钳》。文章说，1997年10月27日，时任国务院副总理的朱镕基在中南海会见全国轻工企业第五届职工代表时说："（你们）要盯住市场缺口找活路，比如指甲钳，我们生产的指甲钳，剪了两天就剪不动指甲了，使大劲也剪不断。"文章说，当时朱镕基还特意带来三把台湾朋友送给他的指甲钳，向与会代表展示其过硬的质量、美观的造型和实用的功能，并以此为例，激励大家要对产品质量高度重视，希望科技进步和技术创新，开发出更多更好的新产品，把产品档次、质量尽快提高上去。

梁伯强读到这篇文章，眼前一亮。他再一了解，得知这件事令当时的国家轻工业部压力很大，为此成立了专案小组。轻工部还联合五金制品协会在江浙开了几次会，寻求突破这个问题的方案，但都没有根本解决。梁伯强得知这些情况后非常兴奋，因为他做了十多年的五金制品，这正是他擅长的事情。他知道机会来了。梁伯强的"非常小器•圣雅伦"指甲钳就是在这种背景下产生的。现在，梁伯强号称"世界指甲钳大王"。一个一向不顺的创业者，在蹉跎了半辈子后，终于靠自己的一次敏悟改变了命运。当然，梁伯强的成功还有很重要的一点，就是他懂得下面所要讲的明势与借势。他借的是朱镕基讲话之势，借的是轻工业部"老房子着火"之势，因而一举成功，一鸣惊人。

三、明势，顺应潮流借势飞跃

借力而行，行必风行；借势而跃，跃必飞跃。

大势：研究政策；中势：是指市场机会；小势：个人的能力、性格、特长。

另一层含义，明事，人情事理。

在《西楚霸王》一书中有句名言：创建事业初期，贵在蓄势；能蓄势，才可以待机。有两个关键因素攸关创业的成败：一个是势，也就是发展的大方向；另一个是策略与速度。对创业者而言，如果所经营的行业是大势所趋，就必须有信心地往前走，顺势而为，并且积蓄力量。然而，如果方向正确，但是速度调配不适当，走得太快，消耗体力太多，便可能坚持不到最后的胜利；太慢，又容易错过机会。所以，必须衡量企业的能力，有策略地持续前进，蓄势待机、遇机不过（遇到机会不错过、不放过）。也就是俗话说的，先活下来，才可以讲求发展。

1. 明势

势，就是趋向。做过期货的人都知道，要想赚钱关键是要做对方向，这个方向就是势。例如，大势向空，你偏做多；或者大势利多，你偏做空，你不赔钱谁赔钱！反过来说，你就是不想赚钱都难。

势分大势、中势、小势。创业的人，一定要跟对形势，要研究政策。这是大势。很多创业者是不太注意这方面工作的，认为政策研究"假、大、虚、空"，没有意义。实则不然。对一个创业者来说，大到国家领导人的更迭，小到一个乡镇芝麻小官的去留，都会对自己有影响。在政策方面，国家鼓励发展什么，限制发展什么，对创业之成败更有莫大关系。做对了方向，顺着国家鼓励的层面努力，可能事半功倍；做反了方向，例如，某个行业、某类型企业，国家正准备从政策层面进行限制、淘汰，你偏赶在这时懵懵懂懂一头撞了进去，一定会鸡飞蛋打。

【个案介绍】 **澳瑞特健身器材**

澳瑞特健康产业集团位于山西长治，是由做过矿工的郭瑞平在一个破产的小自行车厂的基础上组建的，时间只有短短的十多年，年产值现在已超过亿元。郭瑞平发财的秘诀便是顺势而为。本来山西长治地区是个穷地方，一些人连饭都吃不饱，哪里有心思搞什么健身。在毫无经验的基础上，将创业定位于在本地毫无市场的健身器材，在当地许多人看来等于找死。但是郭瑞平有一个很好用的头脑，他利用了当时国家竞技体育与群众体育两手抓、两手都要硬的政策大势，将创业目标定位于"群众喜欢用群众乐用的健身器材"，避开了与国内众多专业竞技体育器材生产厂的竞争，又利用国家发行体育彩票，其中一部分收入指定用于群众健身器材投资的机会，首先将一整套"群众性体育健身器材"安装在了国家体育总局龙潭湖家属院，然后又从这个家属院走向了全国。你现在走到北京街头看一看，都是这种刷成黄色、红色、橙色的健身器材，一组下来少的也有十多件，上面都标着"澳瑞特"的字样，仅这一单生意，就让郭瑞平赚了个盆满钵满。

——摘编自中国创业者十大素质——明势．应届毕业生网，2009-05-03．http://www.yjbys.com/qiuzhizhinan/show-16695.html

顺势而为，就是顺水推舟。李白"朝辞白帝彩云间，千里江陵一日还"，就是指顺水行舟。苏东坡坐船回老家，走的和李白是同一条路，却整整花了 3 个月。原因无他，李白顺水，东坡逆水。创业的道理也是一样。观察政府，研究政策，是为了明大势。

中势指的就是市场机会。市场上时兴什么，流行什么，人们现在喜欢什么，不喜欢什么，可能就标明了你创业的方向。在得风气之先的珠三角，现在还包括长三角，许多中小创业者都非常懂得借势的道理。不少人依靠借势发了家。借什么势呢？借外资企业在本地投资的势。例如，一个我国台湾地区的计算机主板厂家在大陆建厂，他不可能什么都自己生产，有一些零配件，包括一些生活供应，都要依靠当地人解决。这就是势，有人称之为"为淘金者卖水"。其实不是卖水，而是大家一起淘金，只不过是有人淘的金块大一些，成色足一些；有人淘的金块小一些，成色差一些，但最后大家都有钱赚。在一个地方，大家都在做 IT，你偏要炼铁，你不赔钱谁赔钱？和市场主导一样，这就有个产业主导的概念。不管做什么，你一定要和身处的环境合拍，创业才容易成功。

这里有一个小技巧，假如你准备创业，而你的资金不足，经验也不足，那么你可以看看周围的人都在做什么，大家一起做的，就像上面说的情况，你跟着做，一般不会错，虽然不可能赚到大钱，但赔本的可能性也小，风险也小，较适合于那些风险承受能力较弱的创业者。能赚到平均利润，对于小本经营的创业者就不错了。通过这样的锻炼，可以慢慢学习赚大钱的本领，慢慢积累赚大钱的资本，一旦机会来临，是龙翔九天，还是凤舞岐山，还不是由你说了算？假如你的本钱雄厚，风险承受能力强，你当然可以从创业伊始就剑走偏锋，寻"冷门"，赚大钱，只是这样的创业者不多。当然，要想赚大钱，就要与众不同，走差异化的路线，这需要有独到的眼光，能看到别人还没有看到的机会，当然也要承担更大的风险，走更长的路。

另外一种要注意的情况就是，完全大众化的项目，不能人云亦云。例如，小餐馆全国遍地都是，谁都能开，可是有人赚钱，有人赔钱。毗邻而居的两个餐馆，一个门庭若市，吃饭甚至要排队；一个门可罗雀，无人光顾，这里面竞争的就是菜的口味、服务的态度和技巧。菜的水平靠大厨，服务的态度和技巧无非就是热情周到些，免费上个菜，结账抹个零等，然而这不是谁都能做到的，尤其是对小本生意要长期坚持做到更不容易，很多小餐馆败就败在这点上。再如养猪这个全国都流行的行业，你就不能完全随大流。2006 年春，全国生猪价都降到了每千克三四元的低点，许多养猪户都在赔钱，于是纷纷放弃养猪，你要不要也放弃？不要！如果许多人要放弃养猪，你就不应该放弃，因为随着养猪户的减少，生猪的供应也会减少，而猪肉这种生活必需品的需求不会有大的变化，故此猪肉的价格必然大幅上涨。结果是随后生猪价格涨到了每千克 10 元左右，坚持养猪的人都赚到了钱，于是许多曾经放弃养猪的人又后悔了，纷纷重新养猪，政府也积极采取措施平抑肉价，鼓励养猪，你又该怎么办呢？

对于这种分散性强、进入壁垒低的行业，基本上是一个市场自发调节的行业，有钱赚就蜂拥而至，结果造成价格大跌，由赚钱变成亏钱。猪肉大量囤积，卖不出去，养猪户损失惨重，因此，随大流往往会吃亏。要在这样的行业立足其实不难，只要在大众蜂拥而至时控制住自己，在大众纷纷逃离时坚守住就行了。

小势就是个人的能力、性格和特长。创业者在选择项目时，一定要找那些适合自己能力、契合自己性格、可以发挥自己特长的项目，这样才有利于做持久性的全身心的投入。创业是一项折磨人的活动，创业者要有受罪的心理准备。

2. 明事

明势的另一层含义，就是明事，一个创业者要懂得人情事理。老话说：“世事洞明皆学问，人情练达即文章。”创业首要的是合理合法地赚钱，不要为了跟谁赌气而非要如何如何。如果非要让其他人觉得你这个人如何如何才觉得心里舒服，那是你自己为自己设绊。

创业是一个在夹缝中求生存的活动，尤其是处于社会转轨时期，各项制度、法律环境都不十分健全，创业者只有先顺应社会，才能避免在人事环节上出问题。作为对照，很多原先很牛气的外资企业，认为本地人才这样不行，那样不行，只有外来和尚才能念好经，现在也都认识到了人才本地化的重要性。人才为什么要本地化？因为本地的人才更熟悉本地的情况，能够按照“本地的规矩”做事，也就是说更能入乡随俗。创业者一定要明事，不但要明政事、商事，还要明世事、人事，这应该是一个创业者应具备的基本素质。

四、谋略（智慧），创业智慧守正出奇

创业是个斗体力，更是斗心力的活动；创业者不仅要能守正，更要有能力出奇。
有本事利用现有制度的缺陷，是智慧的表现。
创业者智慧：不拘一格，出奇制胜。

楚霸王之所以不值得人们同情，一在于他的有勇无谋，二在于他的妇人之仁。商场如

战场，一个有勇无谋的人，早晚会成为别人的盘中餐。可口可乐成功 30 法则，条条光明正大，那是因为它做到了现在这么大，如果当初创业，就推出 30 法则，恐怕早就被对手吃掉了。

创业是一个斗体力的活动，更是一个斗心力的活动。创业者的智谋，将在很大程度上决定其创业成败，尤其是在目前产品日益同质化、市场有限、竞争激烈的情况下，创业者不但要能够守正，更要有能力出奇。

奥普浴霸现在是国内浴室取暖产品的第一品牌。其创始人、杭州奥普电器有限公司董事长方杰，在 1993 年将浴霸产品引入中国的时候，国人尚没有在浴室吊顶的概念。方杰想了一个办法，将浴霸定位在时尚产品，并且专门针对那些二十多岁的女性进行营销。这种营销策略使奥普浴霸在上海滩一炮打响。

《福布斯》中国富豪陈金义当年也有过这么一番经历。陈金义在没有发迹之前有机会做一个蜂蜜加工厂。建一个蜂蜜加工厂需要 30 万元，但当时陈金义手头仅有 3 万元。他将这 3 万元存入银行，随后又利用这 3 万元做抵押，从银行贷出 6 万元，又用 6 万元做抵押，贷出 12 万元，如此一直到贷出办工厂所需的 30 万元。蜂蜜加工厂办起来了，陈金义的事业也逐渐走上正轨。

经济学家吴敬琏在《何处寻求大智慧》中写到，对创业者来说，无所谓大智慧小智慧，能把事情做好，能赚到钱就是好智慧。京城白领没有几个没有吃过丽华快餐的，京城大街小巷经常能看见漆着丽华快餐标志的自行车送餐队。丽华快餐由一个叫蒋建平的人创立，起家地是江苏常州。丽华快餐开始时不过是丽华新村里的一个小作坊，在蒋建平的精心打理下，很快发展为常州第一快餐公司。几年前，当蒋建平决定进军北京时，北京快餐业市场已经饱和。蒋建平剑走偏锋，从承包中科院电子所的食堂做起，做职工餐兼做快餐，这样投入少而见效快；由此推而广之，好像星火燎原，迅速将丽华快餐打入了北京。假如蒋建平当初进入北京时，自己租门面，招员工，拉开架式从头开始，恐怕丽华快餐不会有今天。

谋略或者说智慧，时时贯穿创业者的每一个创业行动中。王传福做比亚迪，别人都是用整套的机器代替人力，他偏偏反其道而行之，用大量的人力代替机器，只在不得不用机器的少数几个环节才使用少量的机器。原因在于，王传福知道作为一个劳动力供应的大国，中国的人力成本远低于购买成套机器设备的成本。使用人力代替机器，虽然使比亚迪的工厂变得不那么好看，显得不那么现代化，却使比亚迪的生产成本一下子就降了下来，竟低于主要竞争对手日本人 40%。凭借价格优势，比亚迪在世界市场横扫千军，将日本人打得稀里哗啦。王传福也在短短的几年之内，积累了巨额财富，进入《福布斯》中国富豪榜。

谋略，说白了就是一种思维的方式，一种处理问题和解决问题的方法。当韦尔奇和通用电气（GE）的“六西格玛”席卷中国企业界，中国企业界人人奉韦尔奇为神灵，奉“六西格玛”为圭臬时，一位创业家说了话。他说：“在我的企业里，在我目前的这种状况下，我只需要 3 个西格玛、4 个西格玛就足够用了，如果一定要我在我的企业里推行 6 个西格玛，那么我的企业必死无疑。”现在，这位创业家的企业做得很不错。

【精彩链接】　　向 GE 学什么

对于创业者来说，智慧是不分等级的，它没有好坏、高明不高明的区别，只有好用不好用、适用不适用的问题。当年，谢圣明带着“红桃 K”一帮人在农村猪圈、厕所上刷广告时，遭到了多少人的嘲笑。但是，如今在猪圈上刷广告的谢圣明已经成了亿万富翁，而当年那些讪笑他的人呢，当年怎样贫穷，如今依然怎样贫穷。我们归结创业智慧：不拘一格，出奇制胜。作为创业者，你的思维是否至今依然因循守旧？

【精彩链接】　　对企业家认识的十大误区

阅读材料

创业的自我甄别

提高创业素质与能力

本篇小结

财务自由的理念已经成为一种潮流和趋势。想要实现财务自由必须建立自己的“事业管道”，让你有打工之外源源不断的收入来源。创业是重要的“事业管道”之一。树立强烈的创业意识是走向创业成功的开始。

创业者需要的是综合素质，每一项都很重要，不可偏废。诚然，要做到每一项素质都特别出色的确很难，你可能只是某一项素质特别突出，但其他素质不太差就行，至少是平均水平之上。如果缺少哪一项素质，将来都必然影响事业的发展。有些素质是天生的，但大多数可以通过后天的努力来改善。如果你能够从现在做起，时时惕厉，培养自己的素质，你的创业成功一定指日可待。

如果你是独立创业，以上素质和能力你就都应该具备。当然，如果你是与人共同创业，那么你这个创业团队一定要具备以上的素质和能力，而不完全苛求每个人都要全部具有以上素质和能力。事实上，如果每个人都完全具备以上的素质和能力未必是一件好事，但创业精神对于每个创业者来说却是必不可少的。需要说明的是，一个好的创业团队应该是优势互补的，而许多能人凑在一起，谁都不服谁，倒不如一只虎领着一群羊有战斗力。

本篇思考题

1. 在本篇引入的案例中，吴立杰身上具有哪些创业者的素质？
2. 在你身上具备哪些创业者素质？欠缺哪些创业者素质？
3. 如何看待创业精神与创业能力之间的关系？

第二篇　创 业 企 业

创业者是创业的主体，创业企业是创业的客体。认清了主体，就该认识客体了。

内容提要

本篇首先介绍了独立创业、家族创业、合伙创业、团队创业和增员创业五种创业类型的各自特点，以及各种创业类型的优势与劣势，重点介绍了家族创业的几种不同情况，父子创业、夫妻创业和兄弟创业；然后通过大量案例描述了白手起家、收购现有企业、依附创业、新兴的网络创业、在家创业和兼职创业六种基本创业模式，重点介绍了依附创业的几种不同情况，争取经销权、做指定供应商、内部创业、加盟创业、大赛创业、寄生/共生等。

学习目标与重点

1. 理解以下概念：创业类型、创业模式；
2. 熟悉五种创业类型的特点及优劣；
3. 掌握六种创业模式的特点，重点掌握白手起家与依附创业的要点与精髓。

关键术语

创业类型、创业模式、创业难度、可借鉴度

引入案例

上海大学生创业第一人傅章强：身价千万元的老总

人物档案：傅章强

学历：上海海运学院①研究生

创业项目：软件公司

创造财富：千万元

上海，浦东软件园。傅章强，上海海运学院的研究生，创办的必特软件有限公司在众多公司中卓尔不群。

① 2004 年经教育部批准，上海海运学院更名为上海海事大学。

有人说，傅章强创造了一个知识经济时代的传奇故事——一个来自福建山区的穷孩子在数年间成为拥资千万元的"知本家"。他创造了两项浦东第一：第一位在校创业，并取得成功的大学生；第一位入驻浦东软件园的"知本家"。他创办的上海必特软件有限公司如今已是浦东软件园的五家骨干企业之一，被信息产业部认定为国内第一批"软件企业"，并荣获国家高科技企业称号。

傅章强能够成功一点也不奇怪，因为他那么勤奋，那么富有亲和力，更重要的是，他非常善于捕捉和把握机遇。

没有机会，创造机会

傅章强出生于闽北山村，1993 年考入上海海运学院计算机系。那时候，在许多人眼里，傅章强老实本分，与其他学生没有什么区别。他生命中的转折点是从大三时拜访程景云教授开始的。

海运学院当时影响力最大、拥有项目最多的就是程景云教授。程教授的项目层次高、难度大，他的项目组研究生都很难进去，更别说本科生了。

傅章强参加了程教授主持的"95 攻关项目组"，视野立刻开阔了。他暗暗下了决心，一定要抓住每一个学习机会，勤奋努力，干出成绩。有一次，项目组去上海港口机械制造厂做调研，他沉下心来，认认真真向工人们学习。两个月后，他掌握了工厂所有的操作流程和技巧。在和厂领导交谈时，他们简直不敢相信，那些本应该老职工讲的话怎会出自他口。渐渐地，老师们也觉得他很有主见，实践能力强。

程教授对傅章强的进步深感惊讶，于是，在分派下一个项目时，他对傅章强说："这个项目你负责吧。"于是，傅章强开始领导几个研究生搞开发。在这之后，傅章强在学校的地位也有了明显变化——使用最好的设备，拿最高的津贴。

发现机会，排难而上

1997 年，傅章强以优异的成绩被保送读本校的研究生，导师正是程景云教授。

研究生一年级时，傅章强开始负责上海市的一个攻关项目——"白玉兰工程"。他不断接触客户、做调研、参加研讨会，抓住每一次机会与同行和专家们交流。"白玉兰工程"的工作地点是上海科委，在近两年的工作过程中，傅章强发现，科委的不少项目在辛辛苦苦做出来后，通过鉴定就束之高阁。他忽然觉得，搞科研固然有意思，但是，如果不能将项目转化为生产力，岂不是太可惜？

傅章强的项目是档案管理应用软件的开发，这个领域当时在国内尚属空白。另外，当时软件业在中国虽然发展了几年，但许多细分市场的专业软件尚无人涉足。多好的机会啊！他想，要是办个公司，就做档案管理等细分市场，肯定有前景。

1998 年年初，研究生二年级的傅章强决定创业。他租了一套两室一厅的房子，投资两万余元，置办了三台计算机，开始了创业的历程。他开始写商业计划书，他的目的是融资。

傅章强把公司定位为专业的档案管理软件开发者。起先，他接触了五家风险投资公司，都以失败告终。一个偶然的机会，傅章强得知一位老板有投资意向，立刻找到他，满怀激情地向他讲述自己的创业计划。在见过第五次面之后，那位老板爽快地拿出了 100 万元，与傅章强签订了协议。

当年 12 月，他靠申德宝公司出资 100 万元这笔初始风险资金，在浦东正式注册了必特软件有限公司，成为申城大学生创业第一人。

有人说，傅章强是学生创业者中的幸运儿。因为有创业想法的人，仅凭一份计划书拿到风险投资的少之又少。傅章强却说，成功融资得益于两点：第一，商业计划书让投资者真正产生了兴趣——尽管当时他根本不知道一份正正规规的商业计划书该如何去写。"我就让人家先了解我的能力，知道我从 1995 年开始就进行这方面的实践；另外，我做了详细的市场调研，对项目的前景、所需的经费、今后的收益都心中有数。计划书有理有据、言之有物，是吸引投资者的根本原因。"第二，用真诚赢得投资者的信任。"做企业不能只想着自己赚钱。我听过一个故事，一个华人在美国做生意，他的经营原则是——如果有 1 美元，他要让别人赚 5 毛 1，自己得 4 毛 9，结果大家都乐意和他合作。所以我觉得找合作伙伴时，一定要想办法让他多赚一点；反过来，对方也会尽量让自己多赚一点。"

寻找创业伙伴是另一件令他头痛的事情。他劝几位要好的同学一起创业，朋友们要么怕冒险，要么劝他先拿到硕士文凭以后再说。更要命的是，程教授知道他的打算后急了——他一直认为，这位得意弟子是搞科研的好材料。他对傅章强说："如果再这样下去，就不让你毕业！"为了阻止他，程教授甚至到学校的相关部门去游说，让他们以不发毕业证相要挟阻止傅章强。可是，几个月后，当程教授感到傅章强确实有能力将公司做好的时候，又反过来支持他了。

抓住机会，稳扎稳打

1998 年年底，必特软件公司在一个住宅小区内开业了。那是一个两室一厅的单元房，公司里除了一位财务兼文秘是专职员工，其余两名都是在校大学生。所有的员工，包括他这个总经理，都是白天上课、跑市场，晚上开夜车搞开发。

他的公司那么简陋，又没有品牌，也没什么成功案例，有的只是诚意和激情。所以，谈成一单生意要比别人多付出几十倍甚至几百倍的努力。公司成立的前四个月，他们一单业务也没接到。他终于体会到，市场是残酷的，它绝不会同情弱者，它只看企业和团队的实力。所以，一个企业要在激烈的竞争中生存发展下去，必须不断地强身健体。

第一笔业务来自新华律师事务所，价值 40 万元。当时，这个项目还有其他有实力的竞争者。拿到项目前的整整一个月时间，傅章强天天往律师事务所跑，帮他们干活，帮他们解决工作中的实际困难。有一天，律师事务所一台保存重要资料的电脑坏了。傅章强就对他们说："我帮你们修吧！"从晚上 10 点一直到凌晨 2 点多，才查出是电脑的某个零件坏了，需要更换。配件市场早就关门了，他只好打电话让在电脑市场工作的朋友连夜送过来。硬件问题解决后，软件调试又出了问题。那儿的老板不耐烦了，跺着脚说："怎么还不行？你到底有没有本事？"傅章强心里也没底，但在外表上努力保持镇定，给老板以遇事不乱、很有办法的感觉。天快亮的时候，问题终于解决了，傅章强也得到了这个项目。傅章强说："做公司与做人一样，人有人品，公司也有自己的品格。走出去，让客户了解你的品格很重要。只要公司的品格好，客户自然信任你，也愿意和你做生意。"

1999 年 6 月，趁上海浦东软件园首期工程招商之际，他抓住机会成为第一家谈判单位，并签订了入园协议。2000 年 3 月，必特软件成为第一家入驻浦东软件园的企业。2001 年

11 月，公司通过上海市高新技术企业认定。傅章强的公司在相关行业慢慢地做出了点名气，业务量稳步攀升。但傅章强知道，这样单枪匹马地干绝不是长久之计，他需要组建一支富有战斗力的管理和研发团队。他想到了自己的老师们："邀请教授们参与研发，一方面能大大增强公司的科研实力和影响力；另一方面他们的科研成果也能及时转化为生产力。"

几年来，傅章强一直是在做项目。他知道，做项目也很重要，但只做项目风险比较大，傅章强决心做出自己的核心产品。但要把做项目转变成做产品，需要付出更多的努力——必须有明确的定位，必须了解特定客户的行业特点，进而形成标准化的东西。他决定以律师业作为突破口，开发出专业的管理软件。经过几个月的攻关和测试，"必智律师事务所综合管理系统"面世，短短几个月，就接到了几十个订单。头一炮打响后，傅章强又推出了"必智会计事务所管理系统"软件。到 2002 年，必特公司已经有十多种面向律师事务所、会计事务所和司法部门的系列软件。

现在，傅章强是上海必特软件公司的董事长兼总经理。公司总资产从注册时的 100 万元增长到了 2000 多万元，并拥有了上海必特信息技术有限公司、上海必智软件有限公司、上海必特数码科技有限公司、福建必特软件有限公司四家控股子公司，在北京、广州、武汉等地设立了办事处。有一支包括三名教授和两名博士的高素质的员工队伍。目前，公司计划出售逾 30%的股份，以筹集资金为公司在新加坡证券交易所申请上市做准备。

——摘编自傅章强：上海大学生创业成功第一人. 广州市高校毕业生就业信息网.
http://www.gzbys.gov.cn/gzbysnew/biaotilan/bysfc/2003/03051201.htm

点评：

傅章强很好地诠释了创业者应有的精神和素质——有理想、进取心、自信和胆量。"做中国的微软"，是傅章强的一个梦，也是他的创业理想。正是这种理想，使他敢为第一：第一个注册公司，第一个与别人谈判，第一个入驻浦东软件园。敢，不仅是一种胆量，更是一种睿智。

傅章强的成功至少有以下几条值得总结。

首先，不甘寂寞和强烈的创业意识与创业胆量。在读研究生二年级时，放着好好的研究工作不做，顶着可能拿不到毕业证的压力坚持创业。

其次，敏锐的商业头脑，寻找并把握商机。做几近空白的档案管理软件等细分市场。

再次，真诚与自信，使他在多次碰壁后赢得了难得的风险投资。

综上所述，傅章强的创业除集中体现了前面所讲的创业者素质的众多方面，不仅涉及创业精神，也有创业能力；而在创业企业类型上表现为独立创业，在创业模式上体现为白手起家，但很幸运的是他马上就赢得了 100 万元创业投资。这些正是接下来要与读者分享的重点内容。

第三章　创业企业类型

由于创业背景、途径的不同，创业的组织形态也就异彩纷呈、各有千秋。根据创业资金的不同来源和/或主创人员的不同构成，主要可以分为独立创业、家族创业、合伙创业、团队创业和增员创业五种不同的创业组织模式，我们称之为创业类型。不同的创业类型各具特色，皆有其优势特长，也有缺点不足。如何选择合适的创业类型，并且做到扬长避短，是每一个创业者不可回避的重要问题之一。

第一节　独 立 创 业

主要形式：个体工商户、私营企业、自由职业。

优点：一人说了算，效率高，关系简单。

缺点：容易形成独断专行，误入歧途。

依据：能否独立承担风险，能，独自办公司；不能，合伙办公司。

考虑性格是适合独立创业，还是合伙创业。

误区：自己没法干的事，几个人就会变得容易一些。其实，合伙可以分担风险，也会带来矛盾和问题；好合伙人，如虎添翼，不适合的合伙人，两败俱伤。

多数创业者是以独立创业的方式拉开了创业的序幕。独立创业是由创业者个人全额出资，独自经营并独自承担风险、享有创业成果的一种创业组织形态。下面将介绍独立创业的形式与特点，分析独立创业的优势与劣势，并指出独立创业的适用性。

一、独立创业的三种基本形式

独立创业主要有个体工商户、私营企业和自由职业三种基本形式。

1. 个体工商户

个体工商户是小企业的雏形，其生产资料归个人所有，雇工在 8 人以下，创业者个人参加劳动，属于小企业的生产和经营。在我国多见于修理、服务、餐饮、商业等行业，如小修理店、理发馆、社区小旅馆、小餐馆、日杂店等。个体工商户对市场反应迅速，能及时拾遗补阙，有填补市场、方便生活、加快流通的作用，是独立创业最简单的形式。我国改革开放初期，是个体工商户兴起和发展的黄金时代。当时，企业形态比较单一，只有个体工商户、集体企业和全民企业等几种形态，个体工商户发挥了积极、重要的补充作用，也涌现出了一批由个体工商户发展成为大企业集团的传奇故事。目前，虽然增加了合伙企业、私营企业、股份制企业、有限责任公司、股份有限公司等多种企业形态，但个体工商户仍不失为广大下岗失业人员的一条以创业解决就业的途径。

2. 私营企业

私营企业专指企业资产属私人所有，雇工在 8 人以上的营利性组织，是近年来兴起并被人们接受和重视的一种企业形态。私营企业与个体工商户的不同在于，它的劳动主体是雇用劳动者，追逐的目标是私人利润，利润的来源是雇员的剩余劳动。这类企业原来大多侧重于商业、餐饮业、服务业和加工业，产业、科技业所占比重比较低。近年来，随着市场经济的发展和国家鼓励非公有制经济政策的出台，私营企业涉足的领域越来越广，许多企业已转向房地产、旅游业、医疗卫生业、文化业，一些科技含量高的企业脱颖而出，有的已形成规模，现已成为社会主义现代化建设的一支不可忽视的力量。

3. 自由职业

自由职业是指有专业特长的人从事的一种职业。通常由一人经营，实际上自由职业就是一个独立的企业。该形式一般属于知识密集型智力行业，需要高智商，具有专业知识和专业经验的人才能从事，如广告设计、企业策划、教师、医生、艺术家、律师、翻译、写作、计算机编程、技术服务等。自由职业的工作性质多为创造性劳动，很少有传统行业，这种创业形式由于高科技的发展、社会经济格局的变化和社会生活的需要，具有旺盛的生命力。美国新创办的小企业中约有三分之一是自由职业，目前在我国，自由职业的发展也很快。这种行业既能挣钱，又无风险，鱼与熊掌兼得。想当老板，又不想太累，最好的途径就是从事自由职业。但是，自由职业不是什么人都能从事的，要想从事自由职业就先要具备从事自由职业所必需的一技之长。

二、独立创业的三大典型特点

独立创业较之其他创业形态，具有以下三大典型特点。

1. 创业人员单一

独立创业是创业者独自出资、独自经营的企业形态，它在外在行为上体现为创业者的个体活动。无论企业中的从业人员有多少，真正承担创业风险并享有创业利益的人只有一个创业者，其他人都仅仅是员工，挣的是工资，并不承担创业的风险，当然也无法享有创业的利益。在这里，唯一的创业者是老板，既没有人来分担他的责任，也没有人来分享他的权利。

2. 权利义务统一

在独立创业中，责权利是高度统一的。创业者为自身的活动负完全的责任，为实现自己的创业理想做出不懈的努力，积极履行各种义务，与之相适应的是，他在企业中拥有充分的权利，获得最大值的企业利益。

3. 经营决策独立

独创企业创业人员单一，权利和义务统一，决定了创业者行为自由度很高，可以独断专行，不受影响和限制，因而在创业过程中能够保持最大限度的自主性。创业者周围没有那么多羁绊，可以使企业完全按照自己的意愿运作，随时可以根据自己的判断，独自一人做出决策而不必瞻前顾后，担心有人反对和掣肘。

三、独立创业的利与弊

独创企业既有责权利高度统一、决策效率高的明显优势，也有独断专行、误入歧途的显著隐患。独立创业的具体优劣势如下。

1. 独立创业的优势

独立创业的优势主要有以下四个方面：一是利益驱动力强。独立创业意味着创业者要独立担负起企业的全部责任，他随时要准备承受因经营失败、企业倒闭的全部损失，同时也能获得经营成功的全部收益。这种独担风险的责任感和独享成果的幸福感、成功感给创业者以极大的创业冲动和精神鼓舞，促使他吃最大的苦，受最大的累，竭尽全力把企业经营好。二是工作效率高。由于创业者管理所有的业务，不会出现管理权分摊的现象，他不需要征求别人的意愿和认可，也不需要说服别人；他也不必与别人交涉，商讨彼此的责任与义务的划分，这样，可以及时快速地抓住稍纵即逝的发展机遇，获得最高效的工作效率。三是营运成本低。在企业中，高收入工作人员的薪资占有较大的比例，而且维持老板的排场多少都有一定的花销。独创企业，花的全是自己的钱自然会比较节俭，同时只有一个老板也避免了几个老板间的攀比，费用必然大大低于几个老板的费用，这样可以用较低的成本度过艰难的创业期。四是有较大的灵活性。由于独创企业内关系简单，因而创业者可以随时根据自己的独立判断和现实需要，机动灵活地采取各种行动，调整企业的行为。加之企业小，也容易随时调整自己。所谓“船小好调头”就是对独创企业灵活性的写照。

2. 独立创业的劣势

独立创业的劣势有以下三个方面：一是经营规模小，经营方式单一。由于个人投资的相对薄弱，独创企业面临的资金压力较大，在发展到一定程度时，就难以攻破其发展的上限，而其规模的相对窄小，也难以取得更好的规模效益。同时，为了将有限的资金投放到效益较好的产品上，企业不得不压缩其他经营品种，造成经营的局限性，从而给企业的持续发展埋下祸根。因此大多数独创企业往往处在较低的水平生存，甚至退出历史舞台。二是决策的随意性。独创企业是以创业者的个人意愿而兴办的企业，整个决策都是以创业者个人的意志决定的，这样企业的兴衰荣辱都系于创业者一人身上。而一人的思维、能力与才干毕竟有限，存在着这样那样的不足，性格也难免有缺陷，这就可能使企业经营潜伏着种种危机，企业之舟处处面临暗礁急流，风险无处不在。三是创业者处于孤军作战的境地。独立创业是非常辛苦的，几乎所有的事情都由创业者一手操持，无人帮忙，缺乏群策群力，他成了超级兼职者，其身心都面临着巨大的考验，并可能因此耽误事业的顺利发展。正因为如此，独创企业这一形态在企业的发展中，特别是二次创业、“继续革命”时，就常常被其他企业形态所替代。

四、独立创业的适用性

独立创业作为创业活动的基本形态之一，不是任何一个创业者都能适用。它要求独立创业者具有以下几个方面的条件。

（1）具有一定的投资能力。独立创业者必须具有一定量的资金作为创办企业的前期投入，才能成为独创企业的企业主，所谓一无所有的白手起家只是一种特例。

（2）具有极强的独立性。独立创业者一人创业，无可依靠，一切都要靠自己，独立自主，自力更生。惰性大，依赖性强的人是无法挑起如此重任的。只有具有极强独立性的人，遇事有主见，敢于担责任的人才堪此大任。

（3）具有坚韧不拔的顽强斗志。创业的奋斗历程一定会布满荆棘、困难重重，作为一个独立创业者，必须是意志坚强、不屈不挠的拓荒者，方能以坚韧不拔的斗志克服困难，以顽强的毅力承受失败的打击，以不可战胜的勇气和一往无前的精神争取最后的成功。

（4）具有强健的体魄。"身体是革命的本钱"，更是创业的"本钱"。对于独立创业者来说，健康的身体非常重要。因为独自创办一个企业，常常是事必躬亲，日理万机，经常性地承担比常人重得多的劳动量，还要承受多方面的心理压力。这种超负荷的工作，只有过硬的身体才能挑起创业的重担。

第二节　家族创业

主要形式：父子、夫妻、兄弟。

好处：亲情为纽带，有利于创业打拼。

不足：对发展壮大容易带来一定的制约。

家族创业是依靠血缘、亲情关系将创业成员团结起来，共同创建并经营运作企业活动的创业组织形态。这是一个古老而又常新的创业形态，古往今来、古今中外的"夫妻店""父子工厂""兄弟公司"等层出不穷，屡见不鲜。

【精彩链接】　　中国家族企业创业史

一、家族创业的三种典型形态

家族创业的典型形态包括夫妻创业、父子创业、兄弟创业等。

（一）夫妻创业：家族创业的"珠联璧合"

人们爱用"夫唱妇随"来形容夫妻间的合作，也爱用"开夫妻店"来表示对这种合作关系的疑问。其实，在家族创业形态中，夫妻创业是比较理想的形式。夫妻在做出诸种行为决策、迈向创业之路时，容易做到同心同德，"好得像一个人一样"。这便使他们在创业创意、经营运行过程中，能做到快速及时、灵活机动。同时，夫妻之间的权利义务是同体

关系，彼此地位平等，对企业财产有共同的所有权和处理权，有相互扶持的义务和相互继承遗产的权利等，决定着彼此具有夫妻创业方面的优势。夫妻之间不存在财产问题的争执，避免了兄弟阋于墙的冲突。而夫妻间的年龄结构与性别特征，既消除了两人之间因代沟而形成的观念分歧，同时又由于彼此间的优势互补，使决策与经营中能够取长补短，消除片面性与情绪化所造成的失误。

在全球华人中，成功的夫妻企业很多，像跻身于中国大陆 100 富豪的阎俊杰、张璨夫妇这样耳熟能详的搭档自不必说，还有 2002 年在纳斯达克成功上市的软件公司 Vitria，其创办人张若玫、戴尔·斯基恩夫妇也是知名的例子。然而，夫妻创业有相当的特殊性，因为在创业的过程中，不可避免地会掺杂感情的因素，这有时是动力，有时也是阻力。没有了夫妻的私人空间，工作上的矛盾容易影响夫妻感情；反之，夫妻关系掺杂也容易影响工作。

夫妻创业大致有以下几类。

1. 夫唱妇随

这是在夫妻创业中比较多见的情况，GRIC 通讯就是比较典型的一例。GRIC 通讯公司是第一家由中国人创立，在美国纳斯达克上市的企业，创办人陈宏与妻子刘雅玲一路互相扶持，共享创业的甘苦。1999 年陈宏筹组了“华源科学技术学会”，将旅美的高科技人才串联起来协助中国科技界培养人才与筹措资金。

【个案研究】　GRIC 通讯——夫唱妇随

陈宏在他 15 岁那年就以初中毕业生的资格进入西安交通大学学习，19 岁毕业。1984 年，陈宏 20 岁时考上公费赴美留学。

刘雅玲是中国台湾人，是陈宏的第一个女朋友，而两个人从校园爱情走向婚姻，还是陈宏的公费留学期满准备回大陆教书、两个人的爱情面临抉择时。最让陈宏感动的是，刘雅玲竟认真打听西安有没有什么她可以打工做事的机会。同时，刘雅玲的一些亲人也开始劝告她，要她想清楚是否真的要为爱情而去大陆？但刘雅玲不为所动，执意嫁给陈宏。陈宏毕业后，两人就一起搬到了硅谷。陈宏先进入工业自动公司（Industry Auto）当软件工程师，后来又进入 TRW 这家做银行系统整合的公司当业务经理。但是，帮人打工不如自己做老板，陈宏起了自己创业的念头。“怕什么，大不了我们再从头当工程师！”刘雅玲的支持，让陈宏吃下了定心丸。于是又一家夫妻档开张了。

GRIC 主要的业务是提供可以全球网络漫游的单一账号。1994 年，夫妻俩创立 GRIC 时，第一次进来的资金仅 50 万美元，还全是刘雅玲号召自己的亲朋好友投资的。后来一度撑不下去，刘雅玲的表姐看他们夫妻俩这么努力，又投资了 10 万美元。因为进入的时间很早，让陈宏抢到了国际互联网的核心地位。从 1996 年起，陈宏在全球争取会员，顺利将美国的 AOL、日本的 NTT、中国台湾地区的 HiNET、中国电信等大型网络电信公司纳入 GRIC。目前，除美国外，世界各地前三大 ISP 提供商都已是 GRIC 的会员。

——摘编自中国家族创业类型：夫妻档之夫唱妇随型.

http://finance.21cn.com/news/2003-04-25/1022875.html

2. 妇唱夫随

在各式各样的夫妻档中，夫唱妇随的比较多见，但妇唱夫随的情形也不少，而且一旦真的搞起了妇唱夫随，成功的概率也很大。北京东方爱婴咨询有限公司的贾军和余宁就是此类夫妻档的代表。

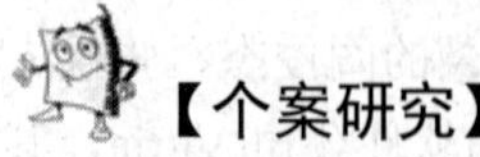

【个案研究】 东方爱婴——妇唱夫随

圈里人都说，贾军是一个沉得住气、顶得住赔本的压力、心里有底儿的女人。她心里的这个“底儿”是她的先生余宁。当初，贾军想自己创业，于是从月薪2000美元的外企高位上辞职，可辞了职却还一头雾水，茫茫然不知该干点什么，于是老公余宁在旁发问：有没有搞错，说要自己创业，可每天早上都9点了还不出门？后来，贾军决定致力于婴幼儿的早期教育，推动“摇篮”的成长。筹备了7个月，项目开始实施，贾军原想着50万元就可以了，可没想到一干上就一发不可收，后备的投入加在一起已经超过了500万元。在北京奥体中心租了房，办了营业执照，注册了服务商标，开了新闻发布会，贾军准备大干一场，可从1999年3月开业到9月，半年的时间营业额没有超过6万元，50万元显然撑不住了。贾军算了算，赔了65万元。于是，贾军游说自己的先生余宁加盟。

余宁此前是可口可乐公司的北京销售经理，后来又做职业经理人。一个大男人，本来的兴趣也不在“婴幼儿的早期教育”上，可实在不忍心看贾军操劳成那样，也实在不忍心看着贾军把自家的钱糟蹋成这样，于是狠狠心，也一头扎进“东方爱婴”。在这个公司里，他们各有分工，贾军是董事会聘任的总经理，她有每年的定额和任务，科研、新项目开发、国内推广、国外交流是她的职责，而余宁分管市场、营业、销售。公司任何一个重大项目的产生都要开会，所有的董事会成员都要参加讨论。有时，这两个分工不同的人会在开会时发生激烈争执，没有谁听谁的问题，大家说了算。贾军是个感性的人，看到一个美好的前景就不管不顾地冲了过去；余宁会理智地拉她一下，告诉她凡事都有一个尺度。人们说他们是绝配。余宁为“东方爱婴”设计了连锁加盟的发展思路，全国各地都有“东方爱婴”的招牌，仅北京的4个中心，年营业额已逾400万元。对于两人是否会一直一起干下去的疑问，贾军觉得不一定，毕竟选这个项目是贾军的热情和兴趣所在，余宁也许在将来会有自己更感兴趣的事业，当然也有可能是他们再扩张新的项目，由余宁来做。但无论如何，妇唱夫随的创业经历，绝对是创业者中间流传的佳话。

——摘编自中国家族创业类型：夫妻档之举案齐眉型.
http://finance.21cn.com/news/2003-04-25/1022874.html

3. 夫妻互补

这是比较理想的搭配，前提是两人的知识和能力的互补性比较强。即或如此，也并不意味着夫妻搭档会一帆风顺。

4. 贤内助当家

对妻子的管理能力要求较高。如果妻子的能力够用，对企业发展的作用自然不可低估；

然而，如果妻子的能力不够，只是因为夫妻关系而做此安排的结果会影响公司的健康发展。

【个案研究】　豪杰——贤内助当家

夫妻开店，做点小生意很平常，在 IT 圈里夫妻二人兢兢业业共同创立一份事业，其实也不少见。梁肇新是超级解霸的发明人，而他创办的豪杰公司也是一个夫妻店。最初创办豪杰公司的时候，梁肇新并没有想让妻子王周宇加入，而是叫上了几个平日里志趣相投的同事、朋友参股。但后来这个决定使梁肇新吃尽了苦头。事实证明，没有“外”人能够真正和你一心一意创立事业。在这种情况下，他想到了王周宇。当时王周宇还只是梁肇新的女朋友，由于在大公司从事过管理工作，有一些管理经验。当然，梁肇新主要考虑的还是王周宇不会让自己分心，做事靠得住，这是合作创业的关键。1999 年，王周宇从原来的单位辞职，正式加入豪杰公司，梁肇新依然是总经理，负责公司的发展方向与技术开发，王周宇是副总经理，管理公司日常工作，公司内部的事情规范了很多。王周宇的加入使得梁肇新能够腾出精力，专注新产品的研发。公司发展渐入佳境，从原来的一间办公室逐步扩大，从人员到业务都初具规模。

像梁肇新、王周宇这样的夫妻搭档在中关村还有很多。梁肇新认为，在目前国内创业环境还不理想的情况下，只有自己的家人才可能不计得失共渡难关。这对于创业公司的迅速成长是相当有利的。但是中关村也有不少夫妻店在发展起来之后，管理出了问题，夫妻为此反目成仇的也时有所闻。豪杰公司步入正轨后，梁肇新与王周宇也迎来了爱情的结晶，两人在思考，孩子出生后，是否还延续目前的分工。王周宇很想能够有更多的时间培养下一代，而梁肇新却表示公司现在还是很需要王周宇。

——摘编自中国家族企业创业秘史：夫妻档之贤内助当家．新浪财经．

http://finance.sina.com.cn/roll/20030423/1249334216.shtml

点评：

无论怎样，夫妻档企业形式迟早要向现代化的企业过渡。公司要吸引优秀人才的加入，结构的调整也是早晚的事。

5. 共同创业

【个案研究】　下岗共同创业

2000 年，陈凤敏从黑龙江哈尔滨针织厂下岗。一夜之间，她仿佛从天上掉到了地下。雪上加霜的是，同年其爱人李世军也从建筑公司下岗了。这一年，他们 40 岁。孩子正在上学，父母年事已高。家庭生活的正常开支失去了来源，他们的心就像被掏空了一样。

下岗创业多次受挫

为了生存，夫妻二人携手踏上了创业之路。他们收过废品，干过熟食店，但效益都不是很好。最脏最累的活儿是收头发。把从理发店中收的头发一点一点清理干净，他们累得连饭都吃不下去。但为了生活，两个人互相鼓励着，坚持着。2003年，他们组建了以下岗职工为主的水电安装服务队。遗憾的是，服务队仅仅运营了7个月，就被两家企业拖欠垮了。到2004年年初，他们已欠外债八万多元，生活彻底陷入了窘境。

开小吃店初见起色

2004年，亲属了解到他们的情况后，主动借给他们一套38平方米的车库做生意，并提供了启动资金。夫妻二人觉得生活又见到了光亮。他们起早贪黑地干。李世军每天早晨两点起床去进货，两口子一忙就是一整天。然而，买卖做得还是不尽如人意。由于经验不足，他们又一次亏损了。干了三四个月，也不见有转机。两人的心里彻底没了底儿：怎么办？

就在这时，哈尔滨市劳动保障局打来电话，邀请他们免费参加创业培训班。夫妻二人如同见了救星，一头扎进学校。在这里，他们不仅懂得了怎样理财，如何经营，更重要的是，他们的心灵得到了深深的慰藉：下岗不仅仅是下岗职工自己的事，它牵动着各级政府的心。他们不是孤立无援的。或许是从培训班得了“真经”，回来后两个月，他们的小吃店出现了转机，“回头客”越来越多。夫妻俩前堂后灶忙个不停，欣喜的笑容挂在脸上，生活是那样充满希望。

小额贷款锦上添花

小吃店火了，很多顾客为了就餐而等座位。面对这种情况，只有扩大营业面积，才能增加效益。可是囊中羞涩，两个人左思右想，仍是心有余而力不足。突然，他们的眼前一亮：可以到商业银行申请小额贷款。两个人抱着试试看的态度去了。没想到的是，哈尔滨市商业银行利达支行的工作人员热情地接待了他们，并详细讲解了小额贷款的优惠政策。很快，陈凤敏从商业银行取得了2万元贷款，扩大了营业面积，他们的第二家店——兰州拉面馆顺利开张了。经过苦心经营，他们的小吃店越来越兴旺，营业规模一扩再扩。2006年3月，他们又用这两年挣的钱，把兰州拉面馆旁的房子买了下来，设了单间。小日子越过越红火了。

——摘编自王玮．靠政府惠民政策创业，开小吃店发财．市场报，2006-12-08

夫妻创业利弊分析

利：事业做到最艰难的时候，当然还是他（她）的支持最有用。因为有他（她），所以从未动摇过，从未想放弃过，经过风雨方见彩虹，夫妻的感情也更深厚了。而且，男女之间的差异，往往会在两个人中间形成互补。

弊：越来越多的财富人士意识到，婚姻与他们的事业、财富并不是截然分开的两个世界。当婚姻开始亮起红灯，企业家的事业发展、财富安全将被打上大大的问号——企业财务运转可能因财产分割而承受很大压力，也有可能因为一些老板为了不给原配夫人分财产，有预谋、有目的地转移、隐匿、消耗企业财产而导致其财产产生直接改变。婚变中的企业家不得不付出相当的时间、精力、财力，力图将因婚姻家庭产生的变故和振荡打压到最低限度。但这可能是比单纯做企业更困难的事。爱恨情仇的感情纠葛，锱铢必较的金钱争夺，指手画脚的舆论评说，各种劈头而来的压力不由分说地将企业家拖进了巨大的漩涡，其身心健康和事业发展都受到极大影响，有时甚至是致命的一击。

（二）父子创业："打虎亲兄弟，上阵父子兵"

父子创业是家族创业中最具典型意义的创业形式。父子创业有着亲情上的天然优势，对于一个父亲来说，恐怕没有什么比看到自己的亲生儿子伴随左右，共同打天下更让他自豪的了。

父子之间既是血缘传承的父子，又是共同的创业成员。父亲与儿子之间的亲密感情，以及"留下家业给儿孙"的期盼，促成父子间，进而是祖孙间"愚公移山"式的艰苦创业。这一形态在利益上没有大的矛盾冲突。因为子承父业的财产继承关系，注定了"前人栽树，后人乘凉"，父子共同创造的家业最终都是儿子的。但在具体的创业思路、经营理念上，则可能因两代人的经验阅历不同和观念差异而产生分歧。另外，如果儿子不止一个，营运难度就可能加大，因为一个儿子便代表一个利益体。如果儿子们不争气，闹纠纷，这种形态也会存在很大的风险。

父子通常情况下是近乎绝对的利益共同体，但由于各种客观条件的限制，父子在创业时齐上阵的情形不太多见，父子兵更多表现在后创业期，或者子承父业上。父子创业大致可以分为以下几类。

1. 齐头并进

此类型的代表当属三株集团的吴炳新、吴思伟父子。

【个案研究】 **齐头并进的三株集团**

1989年10月的一天，一个50岁左右的中年男子带着一个文质彬彬的小伙子来到安徽淮南，注册了一家公司——淮南大陆供销公司，代理生物制品851的销售。这个中年人就是日后鼎鼎大名的三株集团董事长吴炳新，而那个大学刚毕业没多久的小伙子就是吴炳新的儿子吴思伟。

就在这一年年底，上海交通大学与上海松江县五里塘乡工业公司合作推出的昂立一号口服液问世。吴炳新便主动与之联系，并成功地承担了该产品的宣传、推广和销售的任务。1990年，吴炳新父子自认为赚到了第一桶金。随后，父子俩决定实现战略转移——离开安徽。吴炳新北上来到山东济南，吴思伟则转战江苏南京。昂立一号口服液在山东和江苏的推广过程中，吴氏父子完全熟悉了口服液之类保健品的市场运作。尤其是吴思伟，创办了南京克立科工贸公司，业绩显赫。到1992年，昂立一号口服液在江苏销售额达到1500万元，第二年则猛增到1个亿。随后，父子俩创立三株公司，三四年间销售额就达到了80亿元。尽管后来的"常德事件"使三株公司从此一蹶不振，但这个记录至今仍没有人能打破。

——摘编自中国家族创业类型：父子兵之齐头并进型.

http://finance.21cn.com/news/2003-04-25/1022845.html

点评：

吴炳新和吴思伟是“父子兵”创业的典型。如果不是后来的“常德事件”，吴氏父子应该可以继续创造出更大的神话。但话又说回来，“常德事件”看似偶然，其实也是吴氏父子在营销、管理等方面存在某些“盲点”的必然表现。正所谓“成也萧何，败也萧何”。但不管怎么说，父子即战友的创业模式，因其难得，是很容易被传为佳话的。

2. 分工协作

天通股份是中国第一家自然人控股的上市公司，同时也是一个十分典型的父子创业的家族企业。在这个企业里，天通电子董事长潘广通、总经理潘建清父子在上市公司中的持股总数超过了发行后总股本的21%，股东性质均为“发起人个人股”。以2003年2月的市值计算，潘广通持股市值为3.2亿元，在当时中国上市公司董事长持股市值中排名第二。儿子潘建清说过，天通最大的成功是只有父子俩拍板企业的事。儿子的业绩主要体现在使天通公司发展成国内软磁行业的龙头，国内市场占有率达35%以上。而只有高中学历的父亲则在小小的郭店镇默默运筹天通公司的制度安排，根据环境的变化，改造企业。

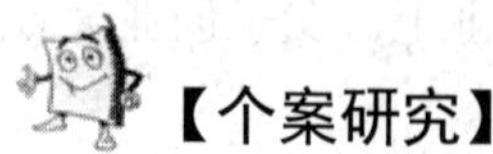

【个案研究】　　天通股份的分工协作

1984年，潘氏父子创建了天通电子的前身——海宁电子元件厂，80万元的注册资本全由创业者筹集。企业成立以后，业务主要由小潘负责。因为父亲插手少，潘建清可以不受干扰地一心搞经营。几年下来，业务突飞猛进。与此同时，父亲潘广通也没闲着。1991年，潘广通在企业内部推行“员工持股”计划。在天通股份制改造的过程中，老潘的“老谋深算”对父子俩日后成为上市公司最大股东起到了决定性的作用。

1993年，潘广通主动找到郭店镇政府要求进行股份制改造。当年8月，海宁电子元件厂进行产权界定，改制为天通电子有限公司。在郭店镇政府集体股、镇水利农机管理站法人股以及本公司企业集体股三块之外，潘广通等304名职工个人出资110万元入股，仅占总股本的9.28%。以让出大头股本为代价，老潘为自己和一批创业者开辟出了一块在企业股份中可以名正言顺立足的自留地，同时使日后的股权交易可以预期。不过，这件事还是让周围的很多人不理解，觉得老潘太傻。

4年后，海宁市计经委、体改委、乡镇企业局联合同意天通电子有限公司进一步股份规范化，其中一个很重要的举措就是将企业集体股全部转让给职工，将原有的优先股转为普通股，原公司个人股中潘广通等10名自然人直接成为有限责任公司股东。由此10名自然人持股数量一跃逼近50%。

——摘编自中国家族创业类型：父子兵之分工协作型.
http://finance.21cn.com/news/2003-04-25/1022852.html

点评：

天通电子的这一番运作，让人感叹父子创业的绝佳配合。试想，如果没有小潘的东挡西杀，天通电子要想做大应属不易；而如果没有老潘的运筹帷幄，小潘忙了半天很可能要

“为他人作嫁衣”了。潘氏父子的这种“儿主外，爹主内”的模式，可为后人所效仿。

3. 青出于蓝

乡镇企业素有“富不过三五载”之说，而宁波方太厨具有限公司董事长茅理翔、总经理茅忠群父子两人却使一个经营了15年的乡镇企业一直保持着100%的年增长率。

【个案研究】　　茅忠群：青出于蓝

父亲茅理翔，人称“世界点火枪大王”。14年前，在政府没拨一分钱的情况下，他白手起家，找项目，跑市场，把一个8个月没发工资的乡办小厂发展成为名噪一方的飞翔集团。而就在企业渐渐步入正轨，点火枪生意在全世界铺开之时，市场竞争引发的价格大战却扼住了飞翔集团的咽喉。要发展，只有转变思路，二次创业。在这个岔路口，父亲想到了刚刚获得上海交通大学硕士学位，正准备赴美留学的儿子茅忠群。

没过多久，在确定了发展抽油烟机的大方向之后，茅理翔便把企业交给儿子管理了。茅理翔说儿子学历高，在品牌意识、精品意识等方面要超过他。而茅忠群缺少实际管理经验，所以也经常到父亲那里取经，一老一少形成互补。小茅初到公司时，很多职工只把他看作初出校门的大学生，但在二次创业选择项目时，老茅的观点是上微波炉，茅忠群却认为抽油烟机更适合。市场调查结果证明，茅忠群的观点更正确。此外，茅忠群还主持策划了“方太”品牌，一举取得成功。开始时，“方太”这个名字有90%的人反对，但他还是定下了这个名字。其实单是这两招，职工们就已经对茅忠群刮目相看，认为这位大学生是“青出于蓝而胜于蓝”。

——摘编自方太厨具：父子携手风雨同舟. 浙江在线. 浙江日报.

http://zjdaily.zjol.com.cn/gb/node2/node43163/node90729/node90734/node90738/userobject15ai999670.html

点评：

财产问题一直是家族制企业里最敏感和最尖锐的焦点。老茅把他的家族产权观念总结为“口袋论”，就是说要把利益放在一个口袋里，同一个口袋的人可以一起经营，他们会有同样的利益。即使在兄弟之间，分家后利益不同，家族矛盾也会上升为管理矛盾，给企业埋下定时炸弹，最后导致家族和企业分崩离析。他提出夫人和儿子与自己属同一个“口袋”，不会与自己争利益，不存在遗产归属问题。为了防止公司成为家族冲突的牺牲品，老茅给女儿单独制作了一个口袋。与方太公司相邻的菱克塑料厂的老板，就是茅理翔的女儿。女儿的厂子也是老茅投资，现在是方太公司的外协厂。虽然加工的是方太公司的产品，但方太公司将之与其他外协厂一样对待。

4. 承袭余荫

李嘉诚在儿子李泽钜、李泽楷很小的时候，就在开董事会时为他们设了专门的小座位，让两个儿子从小就接受训练。无独有偶，2001年6月初，以CEO头衔接过格兰仕经营权杖的“小梁总”梁昭贤，就是早在格兰仕还远未成气候时，“老梁总”梁庆德就刻意培养的“太子”了。小梁总上任后，很快就为格兰仕赢得了“价格屠夫”的“美誉”。

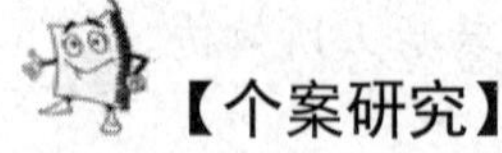

【个案研究】 梁昭贤：承袭余荫

时年 39 岁、毕业于华南理工大学管理系的梁昭贤，在外貌上与其父颇为相像，由于跟随父亲打了十几年天下，在个性上小梁秉承了父亲严谨踏实的作风。“与其他‘名牌’企业相比，格兰仕一直强调的是一个集体、一个团队，因此即使是高层变动，也不会对企业的发展造成太大的影响。”对自己身份的变化，重任在肩的“小梁总”这样轻描淡写道。老梁总很早就提出格兰仕要“做名牌企业，不做名人企业”，并身体力行。他自己一直很低调，他的儿子小梁总此前已经事实上主政 8 年了。

格兰仕创业之初是个乡镇企业，到了 1993 年年底改制时，才开始向家族控股企业转变。正是在这种变革中，格兰仕的创始人梁庆德成为格兰仕最大的股东。当初，公司第一次改制、镇政府准备退出格兰仕时，格兰仕的主业还不集中，还看不到赚钱的方向。当时一些副总包括总工程师都认为风险太大，不愿意出钱买格兰仕的股份，而身为格兰仕老板的梁庆德却毅然承担了最大的风险，贷款买下其他员工不愿意买的股份。但是，当格兰仕呈现出良好的盈利能力时，梁庆德又将当时自己买的股份拿出一部分来分给大家。有风险自己扛，有利益大家共享，这就是为什么大家都愿意为老梁“卖命”的原因。现在的格兰仕，全部骨干所拥有的股份达 20%之多。虽然梁庆德将儿子梁昭贤定为自己的接班人，但是，他强调，只要有更好的人选，他的班也可以由别人来接。在盛行让资本说话的时代，格兰仕却反其道而行之，让经理们放手去做。这便是梁氏父子的高明之处。

——摘编自上阵父子兵. 企业家天地杂志社，2008-07-15.
http://www.qyjtd.com/ShowArticle.asp？classid=196&id=1071

点评：

“企业家世袭的做法不利于职业经理人阶层的形成。”这是通常的看法。事实果真如此吗？格兰仕掌舵人梁氏父子与职业经理人其乐融融的气氛，足以抹杀这种观点。

父子创业风险分析

其实，父子创业或共同经营的成名企业不在少数，如步长集团的赵步长和赵涛父子，红豆集团的周耀庭和周海江父子等。在父子相续的企业中，面临的最大问题便是传承和接班的问题。不论吴氏、潘氏、茅氏还是梁氏的儿子，因其与乃父共同创业或者共同经营日久，已然表现出堪当大任的素质，顺利接班并将企业发扬光大不仅不是难事，而且应该是理所当然的。但其他有此念的老板，也许并不一定会有这么幸运了。无论怎样，“家族企业准备将权力从一代传给下一代之际，正是其最容易受伤之时”的说法是有道理的：一旦家族开始处理继承权问题时，很多悬而未决的家族和企业事物就开始浮出水面。一般人总有避免处理棘手问题的心态，而这些平时积攒的问题，此时就如箭在弦上，一触即发。此外，即使在权力交接时不出问题，可谁又能保证企业将来不会陷入只有“阿斗”可选的困境呢？很多专家甚至建议，家族企业所有者最好是从四十多岁就开始着手筹划继承权问题。简单地说，就是及早规划，所有管理人员共同参与，遴选下一代管理者，移交管理职责，逐渐减轻前任管理者的重要性，最后彻底中止前任管理者的工作。

但不管怎样，能够实现“父子兵”模式，的确是创业阶段难得的组合。但前提是父子双方都具有企业经营者的素质或成为成功经营者的潜力。

（三）兄弟创业：“兄弟同心，其利断金”

在家族经营过程中，兄弟创业的故事远比父子创业要浪漫得多。兄弟创业是家族创业中另一种别具特色的创业形式，比较明显具有合作创业的某些特征。兄弟创业的成功事例很多，如鼎鼎大名的刘永行、刘永好四兄弟，湖南首富远大空调张剑、张跃兄弟，新闻不断的吉利集团李书福四兄弟，等等，人们早已耳熟能详。兄弟企业给人的感觉往往是生龙活虎，而风险便是兄弟易阋于墙。

一方面兄弟之间作为各自独立的利益实体，各自有自己的小家庭。为了彼此的利益，兄弟间会进行一番认真的筹划，彼此之间有相应的责、权、利划分，甚至有成文的规定。常言道：亲兄弟，明算账。看来兄弟间算账的机会是很多的。但兄弟们又是从父母那一代一脉相承的手足，彼此血浓于水的亲情，使其责任确定后又能做到责任共担；在权利划分后，又会做到互谅互让；在经营过程中，既服从科学原则，又彼此监督，相互扶持。当然，如果感情破裂，兄弟反目，则会在创业过程中争权夺利、相互拆台。总体来说，这是一种相对较差的家族经营方式，经营效果远不如夫妻创业与父子创业。

兄弟创业有以下几种情况。

1. 骑驴找马

一没钱，二没手艺，但只要脑袋瓜灵光，加上兄弟一心，出门混个出人头地，也未见得有多难。近些年来商界闻名的国美电器，其实只是一家投资公司——鹏润公司的全资子公司。而鹏润公司老板黄光裕，当年就是和哥哥从汕头老家到北方，才“混”出了个名堂。

【个案研究】 黄光裕兄弟的“骑驴找马”

1986 年，年仅 17 岁的黄光裕与长其 3 岁的哥哥黄俊钦一道，带着 4000 元钱从家乡广东汕头北上，到内蒙古一带做贸易。一年后因不满当地人“轻于承诺而疏于兑现”的特点，转战北京。半年后开始在北京珠市口经营一家面积不足 100 平方米的电器店——这就是国美电器连锁店的发端。黄氏兄弟初到北京时物色的珠市口的那家两层小店，本是一家国营服装厂的门市部，名叫“国美服装店”。兄弟俩很快发现服装不太好卖，于是卖起了电器。

1987 年 1 月 1 日，“国美电器店”的招牌在这家小店的门前挂了出来。黄光裕说，当时他们看中了家用电器作为“大件”在人们消费生活中的发展潜力。用于投资珠市口店的十几万元钱来自“在内蒙古做贸易”和“在北京最初半年做生意”产生的利润积累。20 世纪 80 年代末，整个国家市场需求远大于供应，只要掌握了货源，转手就能赚钱。黄氏兄弟敏锐地发现了扩展性最好的家电市场，同时也预见到随着中国经济的发展，市场最终必将转向买方市场的大趋势。因此，他们没有采取一般商家所采用的倒买倒卖抬高售价以图厚利的做法，而是确定了“坚持零售、薄利多销”的经营策略。这一策略延续至今，成为国美立业之本。

1993 年，发展至五六家国美电器连锁店并开始涉足房地产业的黄氏两兄弟分家。按照黄光裕的说法，他分得了“国美”这个牌子和几十万元现金。而包括已经动工的新恒基国际大厦等更多的资产——黄光裕并不愿意说出具体数字，只说“反正不是一星半点”——归黄俊钦，黄俊钦随即创办了以房地产为主业的新恒基集团公司。

——摘编自兄弟班之骑驴找马型．新浪财经．
http://finance.sina.com.cn/roll/20030423/1154334203.shtml

2. 一技傍身

古时候，有一句话叫“学得文武艺，货卖帝王家”，形容有一技之长在身，就等于有了可靠的饭碗。如果能把这一技之长变成创造财富的源泉，又何必卖给帝王家呢？提起何恩培、何战涛兄弟的名字，很多人可能感到陌生，但要是提起铭泰科技及其产品《东方快车》《东方网译》等著名软件，知道的可就大有人在了。

【个案研究】　　一技傍身的何氏兄弟

1996 年，年仅 28 岁的何恩培从珠海来到北京。他的弟弟何战涛，已经先期到达。何恩培兄弟俩都毕业于华中理工大学，都是研究生毕业。不同的在于，弟弟学的是计算机，而何恩培学的是固体电子学。不过，大何的计算机水平可不低，读研究生时，他就承包了某软件公司的一个部门，在开发的众多软件项目中，产品《铁甲 008》通过了湖北省科委鉴定。何恩培的硕士论文则涉及汉字数据处理的深层问题。

起初，兄弟俩来到北京的一家小软件公司工作，后来在这家软件公司从不到 10 个人发展到 60 个人的时候，何氏兄弟选择了离开，原因有两个方面：一是利益机制问题，何恩培希望公司推行股份制，老板没有同意；二是何氏兄弟认为公司的发展战略不符合市场发展规律。道不同不相为谋，他们决定自己组建公司。

1997 年 10 月，一家名叫“铭泰科技”的小公司在中关村开张，包括何恩培兄弟在内只有 5 人，大何负责市场策划，小何做技术开发。吸取了在前两个公司工作的经验和教训，大何认识到“铭泰”要发展必须解决机制问题和产品问题。机制是公司的基础，产品是公司的方向。善于经营的大何将“铭泰”确定为有限责任公司，建立开放式的公司机制以吸引人才，并防止日后由于股权问题而导致经营混乱。在产品方面，经过对各种因素的综合分析后，他们发现翻译软件既符合市场需求，又切合公司实际。1998 年 1 月，小何主持的汉化翻译软件《东方快车》问世，之后四个月，销量迅速增长。2001 年年初，连同面向境外市场的海外版、港台版，《东方快车》的正版用户已经突破 600 万。其后一年多时间里，“铭泰”利用纷至沓来的大笔境内外投资迅速壮大，先后成功发售《东方网神》《东方网译》《东方不败》《东方卫士》和《东方影都》等系列畅销软件。

——摘编自兄弟班之一技傍身型．新浪财经．
http://finance.sina.com.cn/roll/20030423/1202334207.shtml

点评：

从一个 9 平方米的地下室、5 名员工的小公司开始创业，短短三年时间，将公司发展壮大到拥有上亿元资产，员工 200 余人，何氏兄弟凭借激情、智慧与技术，很容易地就实现了理想。

3. 众星拱月

李书福的大名，在中国恐怕没有几个人不知道。“吉利”的起家，其实是李书福四兄弟共同创业实现的。

【个案研究】　李书福：众星拱月

李家地处浙江，正是创业者云集之地。身处此环境之中，有心计、有才能的李书福 20 年前振臂一呼，旗下立刻应者云集。兄弟、族人们有钱出钱，有力出力，李氏一家颇有当年孙坚父子崛起于东吴的气势。其实，李氏兄弟是做小五金生意起的家，起初无非是为了改变贫穷的命运。但后来在四兄弟李书芳、李胥兵、李书福、李书通的共同努力下，“吉利”得以创建。在这个过程中，李书福逐渐成为企业的领导。但现如今，“吉利”引人关注的已经不是兄弟几人共同创业的美谈，而是家族企业频生变故的故事。

前一阶段，李氏四兄弟为争夺“吉利”而闹得不可开交，因为当初谁也没想到“吉利”会出落成一个资产数十亿元的大型民企，也就没有对产权做出明确的划分。如今四兄弟中已有两人出局，而老四李书通又欲拿新开发的“美鹿”轿车另立山头。李书福在过去一段时间内非常不愿意别人说吉利集团是一个家族企业。尽管如此，他并没忘记“家族”给予他的帮助。李书福曾说，我刚创业时，家族是我强大的后盾。20 岁出头我开始创业，那时谁也不认识我，最能支持我的也就是我的哥哥、弟弟了。我在海南给家里打电话，告诉哥哥我要生产摩托车，我哥哥有所犹豫，但是他想过后觉得这是对的；我弟弟生产铝合金搞得一塌糊涂。我首先劝说弟弟和我一起生产摩托车，他吓了一跳，说这个东西太难，后来我和一些朋友商量也没有支持我的。不过哥哥绝对支持我。短短一年左右，我们就生产出了全中国第一辆踏板式摩托车。后来我决定投身汽车业，其他人都当成一个玩笑，包括我哥哥和弟弟。我自己就领着两个人到浙江临海去准备生产汽车了。那时候，临海是一片荒地，没有电没有路没有桥，只有蚊子。我们建了避雷所，造了桥，修了路，仅填平 800 亩地就用了五六百辆汽车。这时依然没有人相信我们能生产汽车，我弟弟、哥哥也在笑话我。我就暗自告诉自己，造出一辆车来给他们看看，我的汽车生产史也就慢慢开始了，当然现在他们都非常支持我……

——摘编自兄弟班之众星拱月型. 新浪财经.
http://finance.sina.com.cn/roll/20030423/1204334209.shtml

点评：

抛开吉利集团后来的命运不计，李书福兄弟当初创业时那“激情燃烧的岁月”，的确是兄弟班创业一个最美好的例证。然而，四兄弟为争夺“吉利”而闹得不可开交也值得企业惊醒和反思——如何在创业初期就安排好产权结构。

4. 互为犄角

兄弟创业也并不一定要兄弟们绑在一块，共同“拼杀”不可。“一人水中游，一人岸上走”，相互有个照应，遇事也好从容应对。在福建闽西，提起蓝家兄弟创办的闽西招宝珍禽开发公司无人不知，哥哥蓝招衍和弟弟蓝招宝的创业故事还曾经被拍摄成电视剧。

蓝家兄弟的创业之路充满艰辛。而在整个创业过程中，哥哥蓝招衍始终在做着老本行——医生的职业。但是，大蓝对弟弟的事业不仅从精神上关心，在背后出谋划策，而且运用自己的专业知识，指导弟弟的企业选育良种，预防病害，是公司事实上的“诸葛亮”，在创业阶段为公司的发展立下了汗马功劳。1994年，哥哥蓝招衍辞去已担任多年的主治医生职务，投身弟弟的公司。蓝家兄弟的具体创业过程详见后面的白手起家案例。

兄弟创业风险分析

兄弟创业最大的风险来自兄弟情分难以取代的产权关系问题。毕竟，兄弟创业不同于父子，兄弟情再深，将来也总是要分家的，兄弟创业当以此为念。当初李书福兄弟分家时，带有倾向性的舆论指斥李书福卸磨杀驴——不顾兄弟亲情。但是若将吉利集团的内部纷争置于当代中国产权保护缺失的制度平台上来看，李书福则是无可指责的，因为他首先是个私字当头的“经济人”。

古人有训：“亲兄弟，明算账。”但这里的账，指的是兄弟之间过日子彼此来往的日常开支账，它与市场经济形态下的产权账完全不可同日而语。产权的界定不像传统的算账那样简单，这一道理已经无须细讲。但实践起来，这类问题却往往难以回避。这是欲发挥兄弟创业的优势时所必然要承受的后果，在这个问题上处理不好，极可能的结果便是“一着不慎，满盘皆输”。

二、家族创业的三个特点

家族创业是诸多创业模式中独具特点的模式，表现为以下几个特点。

（1）成员关系的伦理化。家族创业过程中的创业人员的关系，既非独立创业的单一化，也非合伙创业中的平等合作关系，而是充满了血肉相连的伦理关系、亲情关系。创业人员在创业以前就已经存在着家族伦理关系，创业活动只是这种伦理关系的强化，给这一亲情关系中添进了些许商品化色彩。创业者在创业活动中，彼此不断置换着各自的角色，他们既是合作的一方，是董事长，是老板，同时又是家庭中的一员，是丈夫（妻子），是父亲（儿子），是兄弟（姐妹）。这种企业关系的伦理化，使创业过程中的经济行为又带有家庭行为的特征。

（2）企业关系的非确定性。在家族创业中，创业人员彼此间的血缘、亲情关系是明确而固定的；而彼此在创业过程中的责权利关系，即彼此间的企业关系则是模糊而不确定的。他们或者彼此间就没有责权利的具体划分。即使有划分，往往也只是笼统地口头商定，而没有明确的文件约定。而且这种不具体、不明确的责权利关系也会随着时间的推移和形势的变化，根据家族利益的需要而经常做出变更。

（3）创业动机的非功利性。一般创业行为主要是以实现个人致富、达到特定经济指标为创业的原动力。在家族创业过程中，一个重要的，甚至是主要的经营观念就是：一切为了家庭（家族），即为了家庭的巩固，为了家族的兴旺，为了父母的安度晚年，为了儿孙的前程，为了兄弟的情谊。在家族创业的思维方式中，企业等于家业。为了家庭的幸福和家族的兴旺发达，企业成为鼓励家族成员积极创业、努力拼搏的精神动力，成为激励他们克服困难、踏平坎坷的精神食粮。企业同时也是引导他们调整工作思路与行为路线、协调彼此矛盾冲突、保持紧密团结的思想罗盘。在这里，人情的尺度与经济的尺度有着同等的效力，甚至在某些地方、某些时候，人情的尺度往往超越经济的尺度。

三、家族创业的利与弊

家族创业的优越性主要表现在以下三个方面。

（1）家族创业最大的优势就在于以情感的力量团结人、鼓励人。血缘亲情，千百年来一直是人们工作、奋斗的情感依托。从长远的历史来看，人类的发展史也是从家族开始起步的，亲情相爱如巨大的磁铁，吸引着人们不懈努力，一步一步走到了今天。家族创业作为现代创业的原始形态，考证着人类的创业史。在创建现代企业的过程中，家庭亲情所形成的凝聚力和亲和力，往往是说理教育或利益诱导所无法比拟的。家就是企业，企业就是家，它可以直接达到管理的最高境界，使创业骨干做到爱厂如家。

（2）无须雇用大量的骨干员工和固定员工。初创企业业务弹性大，忙起来 24 小时连轴转，闲下来几个月不开张，因此一般企业很难维持较大数量的骨干员工和固定员工，而家族企业一般就没有这个顾虑。

（3）创业骨干队伍稳定。创业初期往往因陋就简，工作条件相对较差，同时，也很难给员工较高的待遇，一般企业很难找到优秀的员工一起创业，骨干员工队伍也很难稳定，而家族创业一般就不会担心创业骨干在困难时期跳槽而去。

家族创业的局限性主要表现在以下三个方面。

（1）创业风险与家庭命运紧密联系在一起。由于将家庭所有的资源和人力都投入自创的事业中，事业的成败就直接决定了家庭的命运，创业者面临着双重压力。

（2）家族成员之间缺乏明确的责任、权利和义务的明文约定，容易出现各行其是，好心帮倒忙，往往造成企业经营效率的低下与高风险。家族创业的一些形态，如兄弟创业、夫妻创业，在成功创业或创业成功时，出现财产纠纷、产权纠纷影响企业的发展。

（3）伦理关系与企业关系在家族成员身上不断转换，使经营过程中的企业成员角色常常被家庭成员角色替代，影响企业的正常运转。一些品质不好的家族成员，往往滥用手中的权力，以老板自居，大手大脚，甚至大量偷盗企业财物，由于家族关系，这种“家丑”无法从根本上抑制。

四、家族创业的适用性

家族创业具有非常旺盛的生命力。各行各业都有家族创业的身影和样板，但并非所有的创业都适合家族的经营模式。家族创业较适合以下四种情况。

（1）小企业。小企业用工少，对管理水平要求不高，近乎家庭作坊，推动业务更多地依靠特殊的信任关系与责任心，而不是管理经验。因此，创办小企业，如小饭店、小服装店、小加工店等，家族经营是一种理想的创业模式，至少在创业初期是如此。许多现代的大中型企业，就是从小家族企业开始起步的。

（2）农村环境创业。一般来说，农村人的家庭伦理观念较强，血缘关系在各种社会关系中占有明显的优势，有着非常丰富的家族资源。加之农村人口长期生活在相对比较封闭的农业环境中，不可避免地会存在一些排外的思想。所以，在农村环境中采取家族创业往往是一种比较合理、可行的经营模式。

（3）中老年人创业。人过中年才开始创业，最适合家庭创业的模式。这是因为，一方面，中老年创业者有得天独厚的年龄优势，他们往往是家庭或家族中的长辈，在家庭或家族中享有权威地位，能发动自己的子女和晚辈共同参加创业；另一方面，中老年创业者的创业动机基本上是为了造福下一代，这本身就需要"子承父业"的创业模式。

（4）异地创业。创业者是以四海为家的，为了创业，许多人不得不抛家舍业、背井离乡、孤旅天涯。他们不但要面对艰苦创业的险恶环境，还要饱受思念家乡的煎熬，可以说是备受辛苦。采用家族创业的模式，与亲人在一起，特别是与妻子或丈夫在一起，既免除了他乡异客的孤单之感，又可使创业者坚定在他乡安家落户的决心。

第三节 合伙创业

主要形式：普通合伙/有限合伙；个人合伙/法人合伙。

优点：人多力量大，合伙添活力。

缺点：决策、协调、管理的难度加大，合伙人也是员工，员工也是合伙人。

前提：需不需要合伙，适不适合合伙。

慎选合作伙伴：理念、互补性、信任度。

明晰合伙契约：尤其是利益分配等。

误区：自己做不了的，合伙就一定能做。

合伙创业是指两个以上的创业者通过订立合伙协议，共同出资、合伙经营、共享收益、共担风险，并对合伙企业债务承担无限连带责任的创业模式，其创建的企业被称为合伙企业。合伙创业是一种相对"高起点、高规格、高层次"的创业模式（相对于独立创业而言），是适应相对更大的创业规模和更大的风险承受能力而产生的创业模式，也是应独立创业再发展、再提高的客观要求而产生并存在的创业形态。通常投资规模要大于独立创业，但小于创办有限责任公司的要求。在社会主义市场经济的大潮中，采取合伙创业已成为现代创业的一个普遍现象。

一、合伙创业的两类形式

根据合伙人出资的形式和承担的责任分为普通合伙和有限合伙；根据合伙人身份的特

点分为个人合伙和法人合伙。

1. 普通合伙/有限合伙

普通合伙是合伙创业的基本形式。它是指由若干个普通合伙人根据合伙章程组成企业进行合伙创业。在这类企业中，全体合伙人可以向合伙企业投入同等或不等份额的资本作为其股份，合伙人按其出资比例和对合伙企业的贡献大小分享经营利益。除协议另有规定外，每个普通合伙人都有权参与企业的经营管理活动，全体合伙人对企业的亏损和债务负连带无限责任。这是普通合伙的最大特点，也是最大风险。当合伙企业的资产不足以清偿到期债务时，其不足部分，由各合伙人按比例用其在企业出资以外的财产承担清偿责任。但合伙个人财产不足以清偿其个人所负债务的，该合伙人只能以其从合伙企业中分取的收益用于清偿。

有限合伙是合伙创业的一种特殊形式。它是指由若干名有限合伙人和若干名普通合伙人共同组成企业进行的创业活动。法律对两种合伙人的出资要求不同：普通合伙人认缴出资时，不需要把其财产直接交给合伙企业支配，而有限合伙人必须以现金或实物形式缴给企业作为其入伙的资金。两种合伙人的法律地位也不同：普通合伙人负责合伙企业的经营管理并可以代表合伙企业执行经营业务，而有限合伙人既不参与合伙企业的业务管理，也不对合伙企业的债权人承担个人责任。两种合伙人的收益分配方式也不同：普通合伙人的收益是根据企业的盈余状况确定的，因而是不固定的；而有限合伙人的收益则可在章程中事先确定，在企业盈利的前提下，其收益率是相对固定的。两种合伙人的责任范围也不同：普通合伙人对企业的债务负无限责任，并对其他普通合伙人承担连带责任；有限合伙人仅对企业的债务承担有限责任，即仅以其出资的数额为限而不需要动用出资之外的财产。

2. 个人合伙/法人合伙

个人合伙是指两个以上的自然人共同投资兴办并联合经营的企业。个人合伙企业是我国私营企业的一种主要的企业组织形式。它可以采取普通合伙与有限合伙两种具体形式。

法人合伙是指两个以上的企业法人、事业法人共同出资兴办并联合经营的合伙企业。这种合伙企业是在个人合伙企业的基础上，适应横向经济联合的客观要求而出现的合伙企业发展形式。我国法人合伙企业直接源于横向经济联合。这种合作创业形式，因其行为主体的集团化，同时具有集团创业的性质。

二、合伙创业的三个特点

合伙创业具有以下特点。

1. 合伙人地位的平等性

合伙创业是合伙人基于创办企业发展经济的考虑共同出资出力进行的创业活动。合伙人之间是纯粹的物质利益关系，而非伦理式的行政关系。双方的合作是在相互交流思想与看法，彼此就创建企业、开发产品及经营方式等方面达成共识后，通过自愿的原则，共同出资实现合伙的。各方具体的出资方式乃至出资数额会有所不同，但在法律地位、人格地位上则是一律平等的。

2. 合伙利益的相互性

促成合伙创业实现的动机是双方均有利可图，可以通过合伙弥补各自缺陷、壮大实力，圆创业致富之梦。利益总是相互的，合伙创业的过程本身就是一个互利双赢的合作理念和合理结合，而这种合作成功与否，就在于利益分配上能否始终坚持互利互惠的原则。有一方企图单独受益，合伙就难以为继。

3. 合伙人责任、权利与义务的确定性

合伙创业改变了独立创业的单一化和家族创业的伦理化，以理性的眼光明确了主要创业人员的责任、权利和义务，把合伙人之间的关系确定为物质利益关系。为了便于实施、监督各方履行义务而保障彼此利益的实现，各方都共同签订书面合伙协议，明确规定了各自出资的方式和数额，各自承担的责任与义务，利润分配和亏损分担的方法。这一具有法律效力的协议，将合伙人的责、权、利明确化、规范化，使每一个合伙人都清楚地知道自己在合伙企业中的地位、应履行的义务和所承担的责任。

三、合伙创业的优势与劣势

合伙创业的优越性主要表现在以下三个方面。

（1）资金较为充足，经营规模较大，容易产生效益。

（2）多人合伙创业，可以发挥集体智慧，取长补短，便于事业发展。

（3）多元化利益主体会自然形成企业内部的监督机制，使企业处于一种理性化、科学化的经营管理状态，在较高的起点上顺利开展经营活动，更容易承担市场压力和风险。

合伙企业的局限性主要表现在以下三个方面。

（1）由于每个人承担风险的能力和心态不同，容易影响企业的发展决策，制约企业发展；同时，合伙人是员工，员工是合伙人，容易影响企业的日常管理和协调运作。

（2）由于是几个人共同创业，对每一个创业者来说，个人成就感就差了很多；利润要在几个合伙人之间分配，也降低了创业经济利益对创业者的吸引力。

（3）每个合伙人的能力有高有低，对企业的贡献有大有小，分工合作往往会加大差异，容易出现参差不齐的现象，使合伙人在企业管理、业务开展、利润分配等方面产生矛盾，影响合伙的正常运作和发展；同时，合伙人随时有可能中途退出，这对创建的企业也是一种巨大的风险。

四、合伙创业对创业者的特殊要求

合伙企业的一大优势就在于以契约的形式确定了各合伙人的责、权、利，在合伙人之间建立起自愿、平等、公平、诚实守信的新型伦理关系，这是一种具有旺盛生命力的创业模式。然而，由于多人合作，对创业者的素质有一些特殊的要求。

1. 协作意识

合伙企业是合伙各方彼此间集中各自所长，克服各自所短的理性合作，其优点在于分工协作、优势互补。每个创业者都要有强烈的协作意识，积极搞好分工协作，从而使各方优势都得到最大程度的发挥和展现。如果缺乏积极的协作精神，就容易出现矛盾，影响工作效率和工作品质。

2. 信义品格

合伙创业是以合伙人的真诚信义为纽带将彼此联系在一起的。“人无信不立”，缺乏信义的合伙是难以持久的，不讲信用、见利忘义，注定要以散伙而告终。创业者的人格信誉不仅是黏合剂，能把合伙人牢牢地团结得像一个人一样，而且是经营活动的精神推动力，它促使各方遵守协约，履行义务，使合伙企业能够持久不断地发展壮大。

3. 宽容精神

多方合作，免不了在管理方法、经营手段、利益分配等方面出现矛盾。有矛盾并不可怕，可怕的是有了矛盾解决不了，矛盾各方各持己见，互不相让。这就要求合伙人以宽容的态度对待，牢记“和则两利，分则两损”的古训，顾全大局，从大处着眼，以和为贵，求大同存小异，多注意对方的长处，多寻找彼此的共同利益的结合点，求得问题的圆满解决。合伙人缺乏宽容精神，心胸狭隘，斤斤计较，寸步不让，必将会使合伙企业四分五裂，结果是谁也不能获取最大的利益。

五、选择合伙创业前应思考的问题

任何事情都是有利有弊的，合伙创业也不例外。因此，并不是选择合伙创业就一定更容易成功，而内耗往往是合伙创业的致命伤。所以，在选择合伙创业前，至少要思考以下三个问题。

1. 是不是需要合伙

你所要从事的项目是不是非合伙不行，如果可以独立创业干，而且能干好，就独立创业干。只有必须合伙才能干，或是合伙可以将规模和效益提高很多，才考虑合伙干。

2. 是不是适合合伙

如果需要合伙，那么就要考虑自己的性格适不适合合伙。如果适合，那么就可以确定选择合伙创业的形态了。如果不适合，千万不要勉强去合伙。因为，人的个性很难改变，易造成合伙人之间的矛盾，致使合伙企业分裂或者经营不下去。如此倒不如自己干。

3. 是不是有合适的合伙伙伴

慎选合伙伙伴非常重要。从某种意义上说，选择什么样的合伙伙伴就已经决定了合伙企业的成败。合伙创业以身家性命为赌注，因此对合伙人的诚信要求非常高。另外，在选择合伙伙伴时，要考虑创业理念、价值观是否一致，性格和能力是否互补，资源是否能相互支持等。

下面通过一个案例让读者来体会这些问题。云南过桥米线早已蜚声中外，但以前品尝过桥米线，人们需千里迢迢赶赴昆明，而如今这朵风味名吃的奇葩则四处开花——到处有分店。而且在品尝鲜嫩可口美食的同时，还能让人感受到浓浓的文化氛围弥漫四周。过桥米线的内容能够不断进化，业态能够快速扩张，这是一群热爱它的商家苦心经营的结果。其中，有一个人的名字和业绩特别显著，他就是——陶鑫国。

2001年8月初，首届中华儒商国际论坛在北京隆重举行，百余名来自海内外的华人商界精英出席了这次盛会。昆明过桥都大酒店有限公司董事长兼总经理陶鑫国，是出席首届中华儒商国际论坛的三位云南企业家之一。陶鑫国是以经营有特色、有规模、有品位的云南风味名吃过桥米线而名扬春城的民营企业家。在昆明乃至在云南省，陶鑫国和他的过桥米线引起了人们越来越广泛的关注。

1990年3月24日，《春城晚报》上刊发了一篇题为《过桥米线，应恢复本来面目》的文章。一石激起千层浪，不仅在晚报上引发了关于过桥米线的大讨论，而且在昆明市一些有识之士中，更是引起了不小的震动。这些决意重振云南过桥米线雄风的人就是陶鑫国以及后来同他展开过桥米线大战的陈宗康、李麟等人。一段时间里，陶鑫国和他们你争我斗，谱写了一部过桥米线的“三国演义”。

【个案研究】 过桥米线的“三国演义”

1990年，昆明城中一下子涌出了两三百家过桥米线馆。天天有新参战者，也天天有落马者。开始时，陶鑫国是同陈宗康打联手，每人拼凑了十多万元，合伙开了一个上档次的过桥米线馆。陶鑫国和陈宗康原来对搞饮食业都是门外汉。开业之前，为了掌握国营老字号过桥米线馆福华园的“秘密情报”，他俩先后乔装成顾客和卫生防疫站的工作人员，在福华园进进出出，跑了两个多月。从厨房用具的规格大小，到每天进料的品种、数量，到餐具的种类，在短时间内他俩就从门外汉变成了这方面的行家里手。

9月9日，他俩合伙经营的“过桥园”，在昆明闹市区的长春路上开业了。就在这之前的一天，李麟的吉鑫园也在南华街开张了。一场过桥米线大战的序幕拉开了。过桥园的开业，使陶鑫国在经营中崭露头角。一段时间里，过桥园生意兴隆，顾客盈门，最多时一天可销售上千套过桥米线。

也许是一山容不得二虎吧，过桥园开了不久，董事长陈宗康同总经理陶鑫国之间的矛盾渐渐大起来了，在宣传上、在经营中，乃至在过桥米线的配料上，两人的意见往往统一不起来。于是，只好分道扬镳。陶鑫国在晓东街开了一家名为“过桥村”的新店。这一阶段，对于陶鑫国来说，是一段积蓄力量，准备再战的时期。

1992年年底，由于长春路的搬迁，陈宗康的过桥园搬到了省体育馆，宽敞的大厅里能容纳五六百人同时就餐，大厅内树浓荫蔽，且小桥流水潺潺……再加上每天敲锣打鼓的宣传车满街游转，使过桥园创下了日销售额5万元的记录。这一切，让陶鑫国明白，商场如战场，不进则退，不争则垮。

他在思考，在寻找对策。他认为，不仅要有美好的自然风光、民族风情，还应展示历史文化的风韵，要有厚重的文化底气。他要走一条真正的有滇味文化的路，要营造出具有明显的云南特色文化的过桥米线，他把目光投向了昆明北郊的莲花池。

他从莲花池的历史背景中，掂量出了厚重的文化含量，以一个新时期饮食业专家的眼光，看到这里蕴藏着巨大的商机，决定在莲花池畔建造一个专营云南风味名吃过桥米线的“过桥都”。为此，他费尽心机，东拼西凑了三百多万元资金，作为建造“过桥都”的投资。整个过桥都工程的设计、策划全是他一手操办。那段时间，由于太忙，他连晚上都是睡在工地上。几个月后，过桥都终于矗立在莲花池畔，成了这带一道最亮丽的风景线。

多年来，过桥都的过桥米线由于讲究质量，口味纯正，给中外宾客留下了深刻的印象。应云南省政府邀请来昆访问的泰国著名的M集团总裁宋提品尝了过桥都的过桥米线后对陶鑫国说：“我到过世界上很多国家，也吃过上万元一桌的大餐，但感到你们这里的过桥米线特别可口，特别好吃，而且吃起来非常有趣。你看，我连汤都喝完了。”

陶鑫国的过桥米线事业一天天发展起来了。时至今日，过桥都已接待了世界上三十多个国家和地区以及全国各地的一百五十多万位顾客。许多游客反映，要求把过桥米线馆开到他们家乡去。为此，近几年来，过桥都已先后开办了厦门过桥轩、浙江温岭福鑫园、湖南株洲馨香园、安徽淮北盛鑫园等加盟店。近日，过桥都和昆明市烹饪协会联合开办技术培训班，与此同时，面向全国中、小投资者，开展“过桥米线全套烹饪技术”转让活动。如今，陶鑫国已跻身餐饮界的名家之列。

——摘编自中金在线BBS．云南过桥米线大王的创业成功之路

第四节　团队创业（集团创业、法人创业）

主要形式：控股、参股。

优点：众人拾柴火焰高，优势互补力量大。

缺点：决策、协调、股东是员工。

前提：需不需要合资，适不适合合伙。

慎选创业合作伙伴：理念、互补性、信任度。

误区：迷恋主导权而寻求弱小的创业合作伙伴；贪恋投资而选择实力过强的投资伙伴。

团队创业，也有称集团创业或法人创业，是适应新的更高的创业要求而诞生的新的创业形态。如今，创业已非纯粹的追求个人英雄主义的行为，团队创业成功的概率要远高于个人独自创业。一个由研发、技术、市场、融资等各方面组成、优势互补的创业团队是创业成功的法宝。对科技企业来说，更是如此。适用人群包括海归人士、科技人员、在校大学生、在职人员等。

具体来说，团队创业是创业者集体以一定章程和组织形式组织起来的以独立法人形式从事企业经营活动的创业模式。它依靠团队的力量凝聚社会的资金、技术，按照现代企业制度开展经营，凭借企业的规模获取效益。它代表了当今时代创业的发展方向，在我国大力推广市场经济的今天具有非常广阔的发展前景。

一、团队创业的两大类别

团队创业是现代社会最为普遍的经济现象，主要以公司的形态出现。公司是企业最完备的组织形态，也是团队创业的最佳结合形式。公司是指依法设立的、以营利为目的的企业法人。它有两种基本形式，即有限责任公司和股份有限公司。

1. 有限责任公司

有限责任公司是由50个以下股东出资设立，股东以出资额对公司债务承担有限责任，公司以其全部资本承担民事责任的企业法人。有限责任公司的特点是，公司不得发行股票，公司的股本一般不得随意转让；公司的股东人数较少，一般不能超过50人；股东可以作为公司的雇员参与公司的管理，也可以参与公司的日常经营。

2. 股份有限公司

股份有限公司是最典型的法人企业形式。它是由2人以上200人以下为发起人，通过发起设立或者募集设立的企业法人，股东仅以自己认购的股份对公司债务承担有限责任。股份公司的特点是，公司可以通过法定程序向社会发行股票，股份可以自由转让；股东个人资产与公司财产相互分离，出资人与管理人相互分离。

二、团队创业的四大特点

与其他创业模式相比，团队创业有如下四大特点或特征。

1. 创业主体团队化

一般由具有优势互补的若干人构成核心创业团队。

2. 投资主体多元化

除了创业团队的出资，还可以各种融资方式吸引社会闲散资金或风险投资等资金的投入，扩大经营规模。

3. 经营管理科学化

团队创业一般都实行现代企业制度，在企业中建立责、权、利分明，管理科学，激励和约束相结合的管理机制。

4. 组织形式现代化

团队创业最普遍的组织形式是公司制，这是现代社会较为科学的组织形式，具有强烈的时代气息。

三、团队创业的利弊

团队创业的优越性主要表现在以下四个方面。

（1）集合了团队，甚至是社会的财力、人力和物力，使企业的规模得到空前的发展，具有最大限度的规模效应。

（2）高起点经营，可以承担较大的市场压力与风险。

（3）投资多元化，特别是股份有限公司，使企业避免了艰苦的原始积累阶段，直接进入经营模式。

（4）可以发挥团队的优势，创业者没有孤军作战之感。

团队创业的局限性主要表现在以下四个方面。

（1）创业历史短，多数企业尚在探索、试验当中，没有成熟的经验。

（2）容易造成依赖思想，创业者个人的作用难以充分发挥。

（3）经营过程中容易发生矛盾，在取得成功时，常会出现利益冲突。

（4）企业经营费用开支较大，有时会抵消规模效益。

第五节 增员创业

主要形式：直销、寿险营销。

优点：公平、公正、公开，水涨船高，使没有管理经验和能力的人也能成功。

缺点：难以坚持。

成功要点："剩"者为王。

注意事项：区别直销与传销，不要误入歧途。

误区：混淆直销与传销；抵触保险营销。

增员创业是以团队规模取胜的一种借力创业的类型，主要包括等待政策突破的直销模式和方兴未艾的寿险营销两大类。

一、等待政策突破的直销模式

按世界直销联盟的定义，直销指以面对面且非定点的方式，销售商品和服务，直销者绕过传统批发商或零售渠道，直接从顾客那里接收订单。2005 年 8 月国务院发布的《直销管理条例》第三条：本条例所称直销，是指直销企业招募直销员，由直销员在固定营业场所之外直接向最终消费者（以下简称消费者）推销产品的经销方式。

直销是合法的，但是传销是非法的。2005 年 8 月国务院发布的《禁止传销条例》第二条：本条例所称传销，是指组织者或者经营者发展人员，通过对被发展人员以其直接或者间接发展的人员数量或者销售业绩为依据计算和给付报酬，或者要求被发展人员以交纳一定费用为条件取得加入资格等方式牟取非法利益，扰乱经济秩序，影响社会稳定的行为。

第四条：工商行政管理部门、公安机关应当依照本条例的规定，在各自的职责范围内查处传销行为。由于传销泛滥，许多大学生又缺乏社会阅历，很容易误入传销的泥潭，对自己的身心造成极大的伤害，我们经常从各种新闻报道看到这样的例子。因此，大学生在找工作的时候，一定要擦亮眼睛，切忌误入传销的魔窟。

目前我国的直销法规还只允许单层直销，不允许多层直销。然而，直销的魅力正是多层计酬，靠团队取胜。随着我国入世后与国际接轨的深入推进，多层团队计酬的直销正在等待政策突破。该模式适用人群较广，但以中青年妇女为优。

二、方兴未艾的寿险营销

寿险营销具有“起步低，坚持难，剩者为王”的特点，它是靠发展具有血缘关系的团队来成就自我的经营模式，其实质是一种多层计酬的寿险保单销售模式，由国家金融监督管理总局负责监管，这也是笔者了解到的国家唯一允许的多层计酬模式。其赚钱途径主要有三条：一是做好个人的财务安排，让钱生钱；二是靠个人做业绩可以赚取佣金；三是靠发展团队如开代理公司可以赚取更多的钱。这是一个真正公平、公正、公开的晋升系统。只要你跟着系统跑，只要你坚持，没有管理经验和能力也可以成功。该模式适用人群较广，但以 25 岁以上、40 岁左右的人为宜，尤以中年妇女为佳。

【专论摘要】　对美国寿险营销体系基本原理与设计思想的探讨

第四章　创 业 模 式

独自闯出一片事业的天空，或者集结三五个好友的力量，合力创一番大事业，是很多人都曾有过的梦想。但是，仅有梦想、希望，而没有选对创业的方式或模式，再美的梦想也难以成真。那么，创业都有哪些模式呢？小企业创业起步应该如何迈出第一步？

选择适合自己的创业模式，是创业成功的关键。根据对种种创业案例的分析发现，创业者从细小的生活细节中发现自身潜质，确立自己的创业方向，是至关重要的一步。同时，准确选择适合自己的创业方式也是迈向成功的关键一步。资金少、经验少、社会关系匮乏等诸多因素的困扰，通常使很多创业者裹足不前，其实他们忽略了一个最关键的问题：创业的模式或方法有很多，准确判断自身的优势和劣势，选择最适合自己的创业方式，很多不利因素是可以得到化解的。

下面总结了六种基本的创业模式。

第一节　白手起家模式

创业难度：★★★★★

可借鉴度：★★★

模式解读：

典型的白手起家型创业是从无到有，这种人或从基层做起，先学习一些经验。只要筹得一定资金，在主要的创业条件基本成熟后，就可以从小规模开始创业，是一种完全从零出发的创业形态。

随着越来越多的超级富豪演绎着一个又一个白手起家的神话，这种创业模式也许让更多期望效仿的人激动不已。然而，白手起家并非人人都做得到。毕竟在诸多创业模式中，白手起家是难度系数最大的一种。白手起家，即利用极少的资金，通常情况下是几百到几千元，通过艰辛的努力从而创造自己的事业，最终积累了一定的资金并走向事业成功。

一、原始的积累过程

白手起家就犹如先有了一个鸡蛋，用蛋孵出小鸡，再鸡生蛋、蛋生鸡，从而一步步积累资产的过程。这一创业模式，在今天已经被视作最原始的积累过程，但它是有效的，例如福建西部永定县蓝氏兄弟的发家故事，就是很好的诠释。

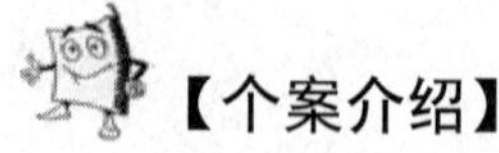

【个案介绍】　　蓝氏兄弟从养野鸡开始

1990 年的一天，蓝招衍和几位朋友在饭馆吃饭，见老板花 45 元从一个猎人手里买了只死野鸡。他想，一只死野鸡就能卖这么好的价钱，如果养野鸡岂不很快就可以脱贫致富？蓝招衍将这个想法告诉了弟弟蓝招宝，兄弟俩一合计，决定养野鸡。

第二天，他们瞒着父亲将家里仅有的两头大肥猪卖了才凑齐 2000 元钱，弟弟蓝招宝怀揣这笔钱一路啃着馒头去外地学习养殖技术。十多天后买回 10 只山鸡蛋，到家时已身无分文。"30 元一个蛋？"一辈子在穷山村度日的老父亲听了，抡起巴掌就朝蓝招宝脸上打去……

蓝招宝用家里的母鸡孵蛋，可村里的一场鸡瘟使他的母鸡都死了。蓝招衍赶紧从邻村以每天 5 角钱的代价租来一只母鸡孵蛋。可是没有几天鸡又死了，情急之下只好用热水孵化。几经折腾，前后孵出 7 只雏鸡。当蓝招宝托起毛茸茸的小生命时，泪水从他熬红的双眼里夺眶而出。

他把小鸡放在猪舍里饲养，喂五谷杂粮，就连他母亲服的中药渣也给野鸡吃，使其减少生病概率。其间雏鸡被老鼠咬死了几只，最后只剩下 3 只成鸡。蓝氏兄弟花 2000 元钱只养大了 3 只野鸡，在当时是很轰动的大事。村民们认为他们是"傻蛋"，两人成了别人茶余饭后的笑料。

一天，一位专门收购各种野生动物的广东人找到了蓝家，想以每只 65 元的价格买下 3 只野鸡。当细心的蓝招衍打听到广东那边吃野味的人很多，经营野味的酒家生意红火，对野鸡的需求量大得惊人的情况时，便无论如何也不肯卖掉这 3 只野鸡了。

他发现野鸡的抗病力特强，抵抗住了好几次瘟疫，青草、药渣、米糠都吃，而且市场前景看好。于是，他想办法贷款 1 万元，批量购进了野鸡进行饲养，成活率达 98%。结果当年产品一出来就被抢购，不但收回了投资，还净赚 2 万元钱。

由于珍禽市场火爆，效益连年翻番，经过 3 年的发展，兄弟俩积累了一百多万元资金，山下那幢风雨剥蚀的百年老屋和一排排简陋的鸡舍，已经无法容纳不断扩大规模的珍禽。随后，他们将养殖场搬迁到荒山上，并于 1993 年 5 月挂牌成立了"永定县闽西招宝珍禽开发公司"。如今其企业在福建赫赫有名。

——摘编自兄弟班之张仪相秦型. 新浪财经. http://finance.sina.com.cn/roll/20030423/1208334211.shtml

点评：

蓝氏兄弟凭借 2000 元起家并不令人惊异，最令人佩服的恐怕还是他们创业的方式：依靠最原始的蛋生鸡、鸡生蛋也可以完成第一桶金的积累。

但如果把白手起家当作最简单的资金积累过程就大错特错了。白手起家最根本的前提是，创业者必须要有市场预见性，能够看到别人尚未发现的市场空间。通常，没有被开发的市场空间就意味着进入的资金门槛较低。就像蓝氏兄弟"孵野鸡"一样，他们所看到的不仅仅是野鸡与家鸡在利润上的巨大差异，更看到了野生动物养殖的巨大市场空间。

在他们积累下第一桶金后，有一次，他们的员工送珍禽到广州，看到野猪批发价毛重每公斤 30 元仍供不应求，且野猪主食的青草、南瓜、红薯在村里的果树林遍地都是，它的抗病力又比家猪强，员工回来告诉了蓝氏兄弟，于是蓝氏兄弟马上投资数十万元发展野猪养殖。

由于饲养容易，成本极低，产品又被商家提前订购，当年就收入五十多万元。可见，眼界和预见性在白手起家中起到决定性作用。

二、最艰苦的创业方式

通常，白手起家除了意味着缺少创业资金，还意味着创业者缺乏创业必备的社会关系，必须依靠艰苦奋斗，通过一点一滴的积累和摸索，建立起广泛的社会关系。因此，白手起家的成功率也相应要低很多。白手起家的创业者必须具备超强的耐受力。

【个案介绍】　　黄明旭熬得日出见天明

深圳市明和堂药业连锁有限公司董事长黄明旭的创业过程就是充满艰辛的。他出生在广东省陆丰市南塘镇一个贫困的农村家庭，他在微弱的油灯下苦读完高中后投笔从戎，来到炮兵部队当上了连队卫生员。

1982 年年底，他带着三级伤残军人安置费 5000 元钱回到家乡。为改变家乡人民缺医少药的状况，让乡亲们健康地生活，他毅然放弃了政府安置工作端“铁饭碗”的机会，在村里办起了第一个医疗站，用自己在部队学到的医疗卫生知识服务乡亲，并且一干就是 3 年。

当时农村还处在脱贫阶段，许多乡亲缺钱看病，医疗站每年为患病者减免医药费近 10 万元。深圳特区成立后，黄明旭意识到自己医药事业发展的机遇到了。他揣着 4000 元钱告别乡亲，到深圳特区开始了新的创业。1985 年，他在深圳龙岗镇开办了个体卫生站。

在深圳创业，仅凭勇气是远远不够的。个体卫生站是办起来了，但缺少资金、技术，惨淡经营，连糊口都难。白天走街串村送医送药，晚上在地上铺张草席打地铺休息，有时三餐饭并着一餐吃。为了生存，黄明旭骑着自行车往返 400 公里，从陆丰家乡采购蜂蜜、中草药运到龙岗来卖，以赚取两地差价补充卫生站的经营资金。

三年的苦熬使黄明旭对药品经营渠道有了更加深入和细致的了解，他的创业道路也就随之越来越宽广。1988 年，黄明旭在平湖镇开办了第一家药店——旭日大药房，经营中西药品种近 2 000 个，挣到了事业发展的第一桶金。

——摘编自刘平．就业新思维：自主创业．北京：中国金融出版社，2008

三、白手起家的创业秘诀

（1）广泛的社会关系。白手起家的创业者因为自己没有资金实力，他们很难请到或请得起高水平的人才，也没有太多的钱用于广告或市场推广。所以，创业之初的生意来源大部分是靠社会关系。有了广泛的社会关系，其产品或服务就有了一个好的销售渠道。

（2）有预见性。对于白手起家的创业者来说，要想成功就要寻求一个好的项目或者产品。通常，白手起家的创业者在选择产品或项目时，一般要考虑以下三点：一是该产品或项目要顺应社会发展的潮流；二是要与众不同；三是推广时不需要或只需要很少的市场启动资金。这就要求创业者有一定的预见能力，能够把握好市场的发展趋势，从而找到并占领某一市场缝隙。否则，根本无法与其他企业或产品在竞争中抗衡。

（3）良好的信誉和人品。白手起家的创业者，只有靠自己的人格魅力，才能吸引一批与自己志同道合、愿意跟随自己的人，因为自己出不起高工资招募合适的人才。同时，白手起家的创业者，由于经营规模较小，所以商业信誉度不会很高，这时要用创业者的个人信誉和人品来担保。只有这样，别人才愿意并敢于与自己合作。

（4）吃苦耐劳的精神。白手起家的创业者要面对残酷的市场竞争。与财大气粗的竞争对手相比，白手起家者没有任何竞争优势，只有靠自己的吃苦耐劳的精神，付出比竞争对手更多的努力和辛苦。多做一些工作，多奉献一些爱心，去感动客户，这才是最有力的竞争手段。

第二节　收购现有企业模式

创业难度：★★★★

可借鉴度：★★★

模式解读：

收购现有企业是目前常见的创业方式之一，但是，在购买他人的既有企业之前，收购人必须先评估收购企业的风险及优缺点。收购现有企业的优点是企业具备基础，在所有资源，包括商誉、产品、客户、广告促销等具备一定的条件，可变因素较易掌控，因此更能节省创业者的时间及开办成本。

一、接手转卖小生意——利润也不错

在诸多关于小生意的报道中，大多数文章介绍的都是如何“做”各种小生意。但是，有一些人的小生意主要不是“做”的，而是“卖”的，即通过对小生意的买进卖出实现盈利和资本积累的。

以低价买进经营状况不令人满意的企业，或是企业主因为其他原因准备转让的企业，经过对企业进行整合、调整，使其经营状况得以改善后，再以更高的价格售出。购买现有企业是一种节省创业时间和成本的好方法。

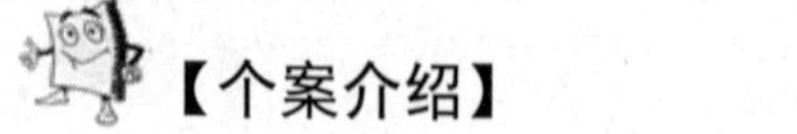

【个案介绍】　　沈小琪“倒买倒卖”利润丰

1996年，上海的沈小琪就是通过收购现有企业起家的。如今他甚至琢磨出了一种收购现有企业，进行改造后再转手的盈利模式。他说，如果运气好，买进卖出小生意要比经营小生意积累财富快得多。他甚至认为，以目前的市场行情，手里有3万元就可以入行了。

沈小琪当年是因为找不到理想的工作，而且手中的资金又十分有限才想到这一招的。七八年前，如果想做一家中等档次的街角便利店（即每周营业额在5000元左右）需要四五

万元，而当时沈小琪手中只有 2 万元，于是他找到了一家生意不好，但有发展潜质的店。

以沈小琪的经验，一个小生意是否有发展潜质，关键是看其生意不好是否是因为经营不善所致。他说，有些便利店因为附近有太强的对手，当然生意额无法做上去。而有些店则是因为品种不对路或者太陈旧，或者店面太脏太乱造成生意不好，这类店就有做好生意的潜力。另外，有些店处于正在发展中的地区，如周围正在建造新的住宅群等，将来生意额很有可能继续增大。

沈小琪在经营这家便利店一年半以后将店铺出售。由于当年他买进该店时的周生意额只有 1000 多元，但卖出时周生意额已经上升至 3500 元左右，结果是以 4 万元（不计存货价）卖出。一年半时间里，沈小琪赚了 2 万多元，且在这一年半中，他每月也有一定收入。

此事给沈小琪很大的启发，他觉得买进卖出小生意显然比自己经营小生意赚钱容易得多。接着他又以 4 万元买进一家同样性质的便利店，两年后以 6.5 万元卖出。其间他还用 1 万元在一个新开发地区“开出”一家街角便利店，一年多后又以 4 万元卖出。自 1996—2004 年的 8 年中，他转手的便利店共有 6 家，均取得丰厚利润。

——摘编自创业者赚大钱的好捷径．滨州就业网．
http://www.bzjy.gov.cn/html/jqcy/cyxm/20070824/1343.html

点评：

沈小琪认为，做这类转手买卖小生意的生意，关键是眼光要准，看准是将来可以升值的生意才下手。否则买下生意不好又无发展前景的小生意，不说日后很难脱手，眼前每天的苦撑也不好过。沈小琪说，商业眼光并非与生俱来，看多了经验自然会老到。

沈小琪收购现有企业的做法，多少有些另类。但是也实实在在地说明了一个道理，对于资金少却期望利用现有条件迅速积累资本的人来说，收购现有企业是一个可行的方法。

二、企业购并——到底该值多少钱

许多创业者拥有自己的企业，都是从购并开始的，但是要购并的企业价值到底该如何计算呢？按理说，这个问题比较简单。如果要将一家企业卖掉，其价格就是资产的变现价值。罗列一下资产的市场价格，考虑一个折扣，就是企业价值了。

例如，一家经营内容传统，预期现金流稳定的企业，交易的价格是公司税前利润的 6～8 倍，都属于一个合理的范畴，具体则要对应于供求关系。一家每年盈利 10 万元左右的企业，考虑到已经缴纳了 33%的所得税，其价值应该在 100 万元左右。

当然，由于一部分人经营的是创新企业，预期现金流是一个模糊的概念。例如，一个商业化的个人主页，或者是一个可供自由下载的共享软件，在没有现金流对应的情况下，如何来计算企业的价值呢？

其实，任何事物价值的基础是成本。可以将经营者在过去几年内相关的支出归纳统计，经营者的工资也是要考虑的一项支出，这可以参照相关从业人员的薪金待遇，最后得出的数字就是自己考虑的数字范围了。

原理很简单：如果做过投资者，你自行做研发或者制作，也要花费不少于这一数字的资金，因而价格是可以接受的。有一部分钱可能是被创业者浪费了，但是公司的价值就在于积累经验，经验则来自试错，这部分资金必须将其包括在价值评估中。

另外，不必拘泥于某一种评估方式，可以结合多种评估方式。评估本身是一种利益的诉求，关键是要充分予以表述，这和购买一件商品并无不同。

三、“零转让”——接手亏损企业变现

据了解，目前很多小企业收购采用“零转让”的方式，即收购者一揽子接收企业的全部债务。如果在收购前对企业的债务进行了深入的了解，也不失为一个创业的好办法。

创业，遇到的最大问题恐怕就是资金问题了。谁都知道，创业必须要有足够的资金，没有足够的资金是无法创业的。可是，当拿出全部积蓄还不够，向亲友借钱又借不到，向银行贷款又没有抵押品的时候，该怎么办？办法总比困难多，天无绝人之路，只要开动脑筋，善于学习，广开思路，就会找到许多巧妙而非常有效的筹资方法，实现自己的创业梦想。收购现有企业同时也可以解决创业资金问题。

在经营活动中，经常会出现一些亏损企业，这些亏损企业可以接手，然后作为抵押物向银行贷款变现而获得创业资金。当然，这种筹资方法的风险比较大，获得创业资金的代价是要先承担一大笔债务。但是，创业本来就是风险与机遇并存的，如果有足够的胆识和能力，那么这种融资的办法将能帮助自己在更短的时间内更快地走向成功。

【个案介绍】 宋凯发迹“零转让”

宋凯做了几年的外贸皮鞋生意，积累了一定的业务渠道，打算自己办一家鞋厂。他仔细算了算，办个中等规模的鞋厂需要100万元的设备和周转资金，外加一处不小于200平方米的厂房。

宋凯通过朋友在近郊某镇物色了一家负债累累、濒临倒闭的板箱厂，以“零转让”的形式接手了这家工厂，也就是该镇以资债相抵的办法，将工厂的动产、不动产以及债务一齐转让给宋凯。厂房的问题解决了，但是100万元的资金从哪里来呢？宋凯到银行贷款，负责信贷的人要他提供担保，可是上哪里去找担保人呢？正在宋凯焦急万分时，他的一位朋友一语提醒了他：板箱厂的资产就是抵押物。就这样，宋凯不花一分钱，就解决了资金和厂房的问题。当然，他因此也背上了较重的债务，这要靠他今后的努力慢慢偿还。

——摘自刘平．就业新思维：自主创业．北京：中国金融出版社，2008

四、收购现有企业的创业秘诀

天下没有免费的午餐，收购现有企业也可能带来一些负面的影响，如负债高、资金缺乏、商誉不佳、设备陈旧、商品无销售利润等。这些都是可能发生并影响整个企业运作的问题。因此，在收购现有企业之前，最好彻底了解以上负面因素，仔细评估，才不会导致全盘皆输的局面。

另外，还可以有选择性地收购现有企业的某一部分，如客户名单、商誉，而不收购其陈旧设备、机器或库存产品等，以减少资金负担。

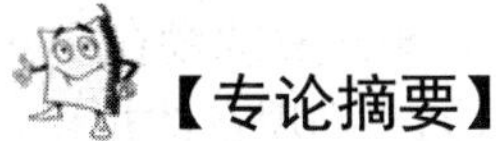【专论摘要】　　再创业也是创业

第三节　依附创业模式

依附创业包括争取经销权、做指定供应商、内部创业、特许经营、直销、寿险营销等诸多子模式，是创业诸模式中内容最丰富的一种类型。下面将对部分子模式做出解读。

一、争取经销权——做代理商

创业难度：★★★

可借鉴度：★★★★

模式解读：

一般来说，企业的经营可以分为内销和外销两种，而这种经销权或代理权可以靠争取而来。例如，如果创业者熟悉法国某种品牌的香水，不妨直接与该厂商联系，以取得中国市场的代理权，再内销到国内市场。或者，有鉴于人们消费水平已逐渐提升，如创业者熟悉当地市场现状，可以争取国内某品牌时装的经销权，将该高级时装销售至国内市场。

代理商是生产商的经营延伸，举凡影响大一点的商品都有它的代理商。做代理商虽然是为他人作嫁衣，但与此同时也是在为自己积累经验。做代理商可以借助厂家有形的商品，为自己完成资本的原始积累。与此同时，还能学习营销知识，建立渠道网络，可谓一举两得。寻找那些品牌信誉好或者发展潜力大的产品做其代理，是一桩本小利大、事半功倍的买卖。初始创业者在规模上可考虑只开一家门店，从一个县或者一个地级市做起。

不过，傍大腕却不能过分依赖大腕。做代理最大的风险是被厂家卸磨杀驴。不论是中小企业，还是一些已经颇具规模的企业，一旦深陷只有靠“傍”过日子，这是十分危险的。大树底下好乘凉，是说艳阳高照的时候，一旦刮风闪电，站在大树底下就会十分危险，随时可能遭电击，或者大风吹折了树将自己压死。

所以，小企业之于大企业、代理商之于生产商，只能依附，而不能依靠。依附是庇荫，借着大树遮风挡雨，健康成长；依靠则是藤缠于树，离开了树木，自身便立足不稳。创业者开始创业的时候，难免有一段时间要将自己托付于人，但要尽快度过这一时期，不能沉迷其中，将自己的命运始终交给别人掌握。

小企业之于大企业、创业企业之于成熟企业，最理想的状态是既有经营上的联系，又有资本纽带关系，但不是被控股，不是挂靠或下属关系。小企业在托庇大企业的时候，它仍旧保持独立，需要拥有较大的经营自主权，如果有可能，尽量同时托庇于多家大企业或成熟企业，则可以收到“东方不亮西方亮”的效果，大大提高企业的生命值。

1. 没有项目，从经销开始

韩智星的公司开在中关村，主营业务是三个国际知名品牌投影仪的中国区域代理兼营软件开发，也承接多媒体教室、会议室工程。目前，公司有 15 名员工，每月营业额在 200 万元左右。现在的办公地点是他买下的一处房产，花费了 150 万元。从创业到现在的规模，韩智星在创业路上努力拼搏了 6 年。

【个案介绍】 韩智星借力做代理

1998 年，韩智星听一个朋友说，他在一个经营办公耗材的公司工作，每月工资 3000 元。“这在当年的工资水平中是很高的，当时我就觉得我自己也可以干，因为这个行业不需要太多前期准备，但是我没有资金。”1998 年 6 月，韩智星用拼凑来的固定资产（估价 21 万元）和找来的 9 万元现金，最终注册了一个 30 万元的公司。

从公司成立起，小韩和公司唯一的另一个股东开始骑着自行车推销产品。“以前做的是技术方面的工作，对销售一窍不通，而且当时心里还存在一些抵触情绪，觉得以前的工作比较高尚，现在简直像个卖盗版光盘的。但是公司需要资金周转和生存，我们都没有后路。”

盛夏，两个人骑车穿梭在北京城里的大街小巷，四处散发报价单。“我们的成功率在 2%～3%。那个时候，为了省钱，送货从不坐车。记得有一次从中关村送一箱 10 包的复印纸到建国门，一箱复印纸非常重，我费尽力气拎起来走两步也必须休息，等我把它送到地方，手上勒出了好几道血印……那段时间我们就像现在的快递员一样辛苦，但是我现在回想，这些都是创业前期必然的艰辛。”

艰苦的状况没有持续很久，转机很快到来。当年 9 月，一个朋友问小韩的公司是否可以帮他们的报告厅安装投影仪，小韩当时的想法是这个东西很贵做不起，但他答应帮忙问问，没想到这成了日后的主要业务。“当时我打电话给投影仪的销售代理，说我自己想做，签了代理协议。后来这笔生意真做成了，赚了 3500 元。”

后续的推动力是那家投影仪的代理经常打电话询问小韩最近有没有客户，是否做了广告宣传等。“一方面是为了应付代理商，一方面是因为当时在《中关村商情》这样的刊物上做半个版面的广告才几十块钱，没料到真有客户看了广告打电话来询问，这项业务就慢慢过渡成了公司的主营业务。可以说是客户的需求让我的公司转了型，如果我们一直在低级的状态下徘徊，可能公司早已经倒闭了。”

——摘自刘平．就业新思维：自主创业．北京：中国金融出版社，2008

做“尺蠖”的好处在于：借品牌的力量发展自己，不被人注意，可避免遭到攻击，同时赢得发展时间和空间，不至于被强手消灭在萌芽状态；这种积累式的跬步发展，其实速度很快。做“尺蠖”企业的基本要求就是能过苦日子。正像任正非所说的“靠一点白菜、南瓜过日子”是否可行，才是检验企业真正动力的砝码。另外，世上固然有不少出色的资本猎手能够发现市场空间，促成机遇，初出茅庐便告成功，但是有韧性的企业才能跑马拉松，并且在不断退出、淘汰的选手面前举起奖杯。

对于创业者来说，谁都盼望着自己有朝一日可以“倚天一出，谁与争锋”。但没有“倚天”难道就束手就擒吗？好在全球化环境使企业技术成为商品的可能性越来越大，通过争取经销权将品牌的力量为我所有并非不可设想。商业嗅觉敏锐而又厌倦筚路蓝缕的赚钱之道者，不妨看准了就迅速筹资出手。

2. 创业秘诀

要成为一个成功的经销商，必须了解经销商盈利模式的形成。

第一，经营方向从“渠道运营”向“服务运营”转变。经销商和制造商相互制衡，经销商最好的出路，就是将经营方向从“渠道运营”向“服务运营”转变。“二道贩子”转型后的核心产品再也不只是换了空间的有形产品，更多的是建立在有形产品之上的“改良服务”。更多的优秀经销商将利用自身与用户、终端及当地社会资源“亲密接触”的优势，以“服务提供商”的身份连接着厂家和用户，通过对服务型产品的研发、推广，获得自己的核心竞争力。这是一块最有增值可能的业务群。例如，几年前对待空调的售后安装，经销商认为费时费力推给厂家，自己只卖不装；厂家那头是地广人少覆盖不过来，就只能委托给社会第三方。而安装一台空调的回报，在某种程度上大于销售两三台空调，商家再也不把它推之门外了，并且知道通过介入上门服务还可以产生连带销售和品牌辐射。

第二，深度分销。对于经销商来说，深度分销是一种全新的营销管理技术。以白酒为例，它的消费者在季节特性上和啤酒类似，都属于季节性差异明显的产品；但是在具体的消费动机和消费场所方面又有所不同。我们知道，国内大部分啤酒品牌的成功，就在于实施深度分销战略。而对于白酒这样特殊的情绪化、季节性以及即时性的产品，深度分销的操作手法又有其特殊性。白酒的深度分销离不开精细的管理和分销商、网络成员的全力支持。深度分销的核心是各方面的利益，建立扁平化的品牌沟通渠道。只有在经销商、分销商、网络成员相互渗透、相互支持，在物流、现金流、信息流顺畅流通的基础上分享利润，提高产品销量，深度分销才能体现出强大的力量。

第三，定位自己，明确方向。加强对新商业形态的网络建设和网络管理。超市、大卖场已经形成当前零售业的重要销售通路。加强占有这一新兴的商业形态对于经销商来说意义重大，主要体现在超市终端对市场的影响力上。调查研究显示，超市、大卖场以及连锁超市的快速消费品销售已经占据大众消费的 60%以上。因此，经销商必须在新商业形态的拓展和网络建设上形成一套完整的管理模式。以规范的管理和完善的终端维护来完成对新通路的占有，从而实现产品覆盖、产品生动化表现的最佳效果。

第四，通过资本运营形成盈利模式。最近一种新的经销商盈利模式正在逐步形成，它的核心是通过资本运营，如某公司推出一种新的厂商合作关系，由厂家派销售主管为经销商做职业经理人，一切管理和运营均由职业经理人负责，经销商是董事方，只提供资金，每月检查一两次工作，提出一些意见，坐收盈利。百龙模式、宝洁的全程助销、康师傅的“渠道精耕”等，也是经销商通过资本运营形成盈利的一种模式。

二、做指定供应商——配套与贴牌生产

创业难度：★★★★

可借鉴度：★★★

模式解读：

做指定供应商是依附创业的又一种典型形态，但要争取到做指定供应商的难度要大于做代理。只是做代理是做下游帮助厂家卖产品，做供应商是做上游为厂家提供特定部件，向整机厂卖自己的产品。

全球经济一体化时代，社会分工会越来越细，一件商品的生产和营销往往被细分为众多的环节，由此给配套生产者提供了机会。大的、复杂的整机——汽车、摩托车、家用电器固然有众多的配套厂家，就连小型的商品如桌椅、香烟、白酒、望远镜等，也有许多是分工合作的产物，如山东的白酒很多就是采用四川的原浆，当年的秦池为此还掀起了一场偌大的风波。这些配套厂家就像众星捧月般地拱卫着上游厂家。不要小瞧配套这一角色，它的起点虽然低，利润虽然薄，但投资也少（很多项目往往只需要数十万元投资即能操作），因此恰恰适合了资金不足、经验缺乏的创业者。只要你和上游厂家搞好关系，勤恳工作，保证质量，那么就可以借助这个平台，在不太长的时间内完成自己的创业过渡期和危险期。

替品牌厂家贴牌加工生产是一种较为新型的合作关系。品牌厂商为了降低生产成本，或者为了腾出手来开辟新的经营领域，往往会将热销中的商品托付给信得过的加工厂商生产。贴牌生产目前不仅在跨国公司之间流行，一些国内驰名品牌或是区域性品牌也提供贴牌生产。正所谓：一流的企业卖品牌，二流的企业卖技术，三流的企业卖产品。当然，还有超一流的企业，他们卖的是标准。在这样一个品牌争先的时代，一个品牌的建立需要大量人力、物力的投入。但品牌一旦建立，即可以产生所谓的品牌效应，品牌本身就可以用来赚钱。加工商进行贴牌生产，要的就是品牌的声誉和消费者的认同。贴牌也分两种：一种是贴牌后自产自销，这叫作借牌，需要交付贴牌费，一般只在区域市场销售；另一种就是产品生产出来后，交给原品牌所有者销售，也叫作代工。前者风险大于后者，投入也大于后者，但贴牌资格比较容易取得，一般仅限于国内品牌，国际性大品牌甚少采用此种方式，创业者可酌情选择。

【个案介绍】　　微软借力 IBM 成就操作系统霸主

20 世纪 80 年代初，IBM 开始涉足个人计算机（personal computer，PC）市场，为了在一年内使产品上市，IBM 前所未有地采用了开放式设计的决定。这个决定使得其他厂商也能模仿。由于 IBM 的名气，及采用了开放式设计，软件设计者愿意为 IBM PC 撰写应用程序，消费者也满怀信心地购买 IBM PC。每多一个客户，每多一种应用软件，就使 IBM PC 向成为产业标准更进一步，正循环开始驱动 PC 机市场。长达数年之久，企业界所使用的 PC 有一半以上是 IBM 生产制造的，其余则是和 IBM 相容的产品。三年时间，几乎所有具

竞争力的非 IBM 兼容机已经销声匿迹。IBM 制定了产业标准。1984 年 IBM 也创下了单年利润最高的世界纪录——66 亿美元。

微软正是在这一波计算机争霸战中，采用相容性策略，利用市场选定标准，走上正循环的成功典范。当时 IBM 为 PC 提供了三个操作系统供用户选择。最贵的卖 450 美元，其次的也卖 175 美元，而微软的只卖 68 美元。因为，微软在获得为 IBM PC 提供操作系统的时候，与其他两家供应商不同，提供给 IBM 非常优厚的条件，即一次缴付低廉的权利金。如此使 IBM 产生便宜促销 MS-DOS（IBM 称 PC-DOS）的动力。微软的策略不是直接从 IBM 处赚钱，而是借 IBM 将其操作系统推向市场后，从制造与 IBM PC 相兼容的厂商身上赚取授权使用 MS-DOS 的利润。因为，在微软与 IBM 的交易中，IBM 可以免费在其 PC 上预装微软的操作系统，但没有独家使用权。

由于 IBM 前期在个人计算机上的巨大成功，微软借力使力，使得 MS-DOS 成了操作系统的产业标准。微软终于借助与巨人（IBM）同行的策略和兼容性原理击败了其余的两个对手，在操作系统领域奠定了霸主地位。微软的策略获得了空前的成功。尽管 IBM 后来在个人计算机业务的发展上决策失误，但其已无法阻止 IBM 兼容机的发展脚步，也并不影响微软在 IBM PC 兼容机市场上纵横驰骋，并且成功推出革命性的 Windows 视窗操作系统。微软成了引领操作系统和软件发展方向的巨擘，无人可以撼动。

——摘编自刘平．标准创造超额利润．21 世纪经济报道，2006-01-23（30）

三、“可遇不可求”的内部创业

创业难度：★★

可借鉴度：★★★★★

模式解读：

内部创业，是指一些有创业意向的员工在企业的支持下，承担企业内部某些业务或项目，并与企业分享成果的创业模式。创业者无须投资却可获得丰富的创业资源，具有“大树底下好乘凉”的优势，因此受到越来越多创业者的关注。

内部创业主要有两种形态：一是成立互助厂商，如员工在公司所允许的范围内，由公司内部另辟企业体系的创业模式，不过，这种另辟的企业体系基本上与公司有同质性或属于上中游企业，如华为当年鼓励的内部创业。二是将企业中某个体系独立出来，以利润中心制度来成立新企业部门，而这个体系的成本、经营效益的盈亏必须完全自负，像早期宏碁公司就采用这种方式，后来衍生出明基半导体；又如东江海鲜饮食集团也采取这种方式，后来衍生出东江汽车修配厂和东江装饰工程公司。

推荐人群：大型企业中掌握高科技项目的中高层技术、管理人员。

内部创业对创业者而言，风险较低，而由于其形成方式大都是由母公司的员工独立在子公司创业，因此可以获得原来的母公司许多方面（如产品、资金、人力、技术）的支援，这些成熟的条件将有利于创业者在创业过程中取得成功。

1. 内部承包制——“创业培训学院”

承包制是分权的一种形式，通过划小核算单位将承包人的责、权、利结合起来，激发了劳动者的积极性和创造性，对于农村改革和城市国有企业改革起到非常重要的作用。但是在打破计划经济僵化体制的同时，也带来了一些弊端，如过分追求短期效益，承包人利用承包权力谋取个人私利，使国有资产大量流失等。近年来，随着问题的日趋严重，承包责任制在国有企业改革中逐渐退出历史舞台。

一些民营企业发展到一定规模后，内部管理机制也出现了问题，并开始寻求新的管理模式。在无计可施的情况下，承包制被重新挖掘出来。这些企业混淆了投资中心、利润中心、成本中心的层次区别，划小核算单位搞层层承包，结果造成管理涣散，组织瓦解。

承包制属于激励机制，对于僵化的组织体系可能有激活作用，一家已经形成了相当规模的民营计算机公司，创业初期，老板掌握了大量的客户资源。随着规模扩大，原由老板一人做业务的状况无法维持了，业务人员越来越多。由于缺乏合理的分工，大量的员工游离于业务范围之外，出现了人浮于事、效率低下的局面。于是，这位民营企业的老板为了调动员工的积极性，开始让每个业务人员独立开展业务，采取上缴管理费用的方式实行内部承包，老板坐收渔利，公司实际上成了出租执照的机构。员工的积极性有了明显的提高，最关键的是员工可以在这所“创业学院”中低风险创业。

广州有一家大型的私营电工和建材批发公司，该公司非常鼓励员工进行内部创业，老板将此作为公司发展的重要策略。因此，该公司在招聘人才时着重考察应聘者的个人能力和领导才能。

【个案介绍】　　精明老板的聪明发展方式

通常公司用半年左右的时间来培养新员工，特别是着重培养其独立工作能力和领导能力。前3个月侧重基本功的培养，熟记数千种产品的型号、性能、特点、用途、出产地、市场供求、同类产品等相关知识；后3个月侧重领导才能的锻炼，从任职小主管到任职部门主管，让他们学习一些基本的管理技巧，包括销售技巧、谈判技巧、货品管理、仓库管理、客户管理等。

经过半年左右的培养和观察，就基本可以判断新人是否值得公司栽培。当公司认为某个新人可以“放飞”时，公司的高层就会与该员工商议去其家里拜访，无论该员工的家是否远在千里之外，通常老板都会亲自前往。拜访的主要目的是了解该员工的家庭情况，包括经济状况、责任感、个人诚信、家庭成员对其评价等。当一切都符合公司的合作条件时，老板就会建议该员工考虑在公司的支持下创业。创业项目当然是在他家乡开一家经营公司产品的加盟店，资金可以由公司解决大部分，经营的货品也可以由公司支持，前提是家人或亲朋能为该员工提供担保。

作为该员工和家里人，遇到如此好的创业机会没有不动心的，有那么好的老板帮助创业，这样的机会在这个世界上真的不会太多。所以，绝大多数的员工都愿意与老板合作在当地创办一个公司的加盟店。签订好合作协议后，老板就留下几个公司高级主管协助该员工筹划新店事宜，一旦物色好店面就从公司总部按照新店所需发货，等到新店开张数周运作正常后，公司的高级主管就返回总部复命。

——摘编自科学投资编辑部. 创业赚钱宝典. 北京：科学投资杂志社，2005

点评：

那位精明的老板在充分考察了公司员工的能力和诚信的前提下，不断鼓励员工回到各自的家乡创业，开设加盟店。这样该公司的业务和销售网络也随之不断扩大。由于员工在公司的工作期间就已经对该公司的经营方针、经营特点早有认识，特别是对产品和这门生意的认识，所以双方的合作很少会不成功，因为这是一个双赢的合作，双方的合作关系也比较牢固。通过这种独特的发展模式，该公司在短短的三年间发展壮大得很快。目前，公司在全国各地建立有一百多个加盟店，构筑起了一个相对稳定和紧密的经销网络。

由于有一个庞大的销售网络，公司也取得了越来越多的产品代理权，在争取国外一些著名品牌产品的代理权时，很多外资企业的高级主管都会跟随该公司市场部人员到各地考察加盟店。每到一处，当地加盟店的负责人都无不对该公司老板表示由衷的敬意。因为，几乎每一个加盟店的老板都是由总公司的老板一手扶持成长起来的，他们对公司的忠诚度是很高的。如果总公司能多一个产品或项目的代理权，即意味着各地的加盟店也就将多一个新产品的经销权。外商看到总公司与各地加盟店的合作关系如此融洽和紧密，自然就很容易出让产品的代理权。当公司取得某些国际知名品牌的代理权后，其他品牌的代理权也相对容易获取了。

自古都是“教会了徒弟，饿死了师傅”。但这位老板却有高明之处，不得不令人肃然起敬。如果你自恃本身能力够强，同时在一家公司具备足够的资历，又获得了老板的赏识，不妨找一些志同道合、各有专长的同事，向老板提交一份“内部创业计划书”，也许可以圆你一个低风险的“老板”梦。

2. 内部创业的创业秘诀

内部创业大多是合伙创业的模式，因此，在创业之前，必须慎选合伙人，同时要事先言明各项合伙的条件，如股权、分红、事务分配等各方面都要清楚确定。如果母公司参与子公司的部分经营，也要将这方面的条件与权益清楚地制定在合伙协议书中。

四、事半功倍的加盟创业（特许经营）

创业难度：★★★

可借鉴度：★★★★

模式解读：

分享品牌金矿、分享经营诀窍、分享资源支持，连锁加盟凭借着诸多的优势成为备受青睐的创业新方式。目前，连锁加盟有直营、委托加盟、特许加盟等形式，投资金额根据商品种类、店铺要求、技术设备的不同一般从 0.6 万元到 250 万元不等，可满足不同需求的创业者。近年来，特许经营这种商业模式在国内的受欢迎程度一直上升。特许经营是懒人开店的一条捷径。对小本加盟者而言，这是风险低而又容易管理的生意；对加盟商而言，以特许经营扩展业务，也能使公司规模及盈利在短时间内获得突破。

推荐人群：各类创业者。

一份调查资料显示，在相同的经营领域，个人创业成功率低于20%，而加盟创业的成功率则高达80%～90%。这组对比数据让不少有意的创业者蠢蠢欲动，“5万元买个超市品牌”“10万元加盟一个咖啡馆（奶茶店）”的诱人广告，更是令特许经营一下子成为创业者梦想中的“奶酪”。与某家快递公司联系开一个快递驿站也是类似的模式。

【个案介绍】　　白领兼职开了洗衣店

严晓静，白领，2002年结婚后搬进了一个多为年轻夫妇居住的小区，她发现周围很难找到放心的洗衣店，于是就萌生了开洗衣店的念头。因为是兼职做，所以不想规模太大。于是就在小区里租了间60平方米的底商，由于对这个行业没有任何经营经验，为了省心，就采取了连锁加盟的方式。

开店前，严晓静用了大半年的时间，学习了与服装面料和洗涤方面有关的知识，通过采取屡次到别处洗衣服的方式，了解到这个行业容易出现的问题，例如，常因为干洗、水洗不分，洗衣质量难以保证而引出很多洗衣纠纷。

同时，严晓静还了解到这个小区多为小户型，有很多住房是空房出租，为了方便租房者，严晓静还增加了两台投币式洗衣机。白天，严晓静让自己家的保姆接待客户，因为她给保姆的待遇很优厚，所以保姆工作也很努力。

为了吸引更多的顾客光顾自己的洗衣店，严晓静在店面装饰与功能上花了很多心思。她把店里一间屋子空出来，装饰成了一个可供顾客休息用的休闲场所，有桌子和单人沙发，准备了一些杂志和报纸。严晓静鼓励顾客自己带本书，在等待时，可以在舒缓的音乐中，享受阅读的乐趣。严晓静当初投入的20万元也在开业一年半后全部收回。

——摘编自开间洗衣店. 海宁妇女网，http://www.hnwomen.gov.cn/News_View.asp？NewsID=1204

点评：

应该说，加盟特许经营不失为一种“懒人”开店的好办法。这种方式有几点好处：加盟者不用自己探索开创新事业的路子，只需向特许者支付一定的加盟费就可以经营一个知名的品牌，并能长期得到特许者的业务指导和服务。初期可以免费享受市场调查、投资风险预测、效益评估等经营策划，员工免费培训和设备的技术、维修保障，统一的物流、统一的管理模式、统一的广告宣传，这样可以降低投资风险。但是很多标准如果都统一了，就要加盟者在经营上自己发挥特色了。

【精彩链接】　　模仿，通向成功的捷径

对处于弱势的创业者来说，甘于人后，跟着别人走其实是件好事情。因为你会发现，在走了一段路以后，原先走在你前面的人，大部分早已经不见了踪影，他们很可能已经变成了别人摸着过河的石头。所以，有时候走在别人后面，不一定是弱者，其实这不失为一种战略或一项得心应手的投资策略。

特许经营的创业秘诀

客观地说，目前并非每一个加盟商或加盟者都能取得成功，失败的例子也占了不少。那么成败的关键是什么呢？有意成为加盟商或加盟者的人们，如何能避免将来可能的失败呢？

1. 加盟成功的关键因素

（1）加盟者要选择适合自己的特许经营品牌来做。

（2）凡事要亲力亲为，全心投入，要谨记“力不到，不为财”。

（3）选址是非常重要的一环，要小心挑选，千万不能因急于开业而随便妄下决定。

（4）加盟者应善用总公司的资源来配合业务上的发展，如广告、印刷品、培训和市场调查的资料等。

（5）需要具备独立处理人际关系的能力，尤其是零售业。

2. 可行性分析不容敷衍

可行性研究，即对该特许经营系统的经营构想进行客观的通盘分析，包括工作程序、市场及人员情况三个方面。对很多加盟商及加盟者而言，这一步骤的分析只是例行公事，往往敷衍了事，因为他们都会认为，一切（有利可图的）经营项目，都可以建立特许经营系统，其实这个想法是大错特错的。

一个成功的特许经营系统，与经营单纯一种商品有很多不同的地方。下面是一个简单的判断清单：

（1）是否有一套有效的、可重复的工作程序和经营模式？

（2）加盟者能否通过培训轻而易举地掌握工作程序？

（3）在不同地区、不同的店铺经理管理下，这一程序是否能够被严格执行？

（4）产品或经营方式是否能得到消费市场的认可与支持？

（5）加盟商本身是否拥有特许经营所必需的专业人员？

3. 特许经营权合同切勿草率

有很多人不重视特许经营权合同的内容。加盟商甚至不聘用律师，只是使用参考书附送的合同填写资料，而加盟者亦只重视盈利保证、加盟成本等细节，并无兴趣深究合同的其他内容。

其实，在符合现行法律的前提下制定特许经营合同，是一项十分专业的工作，律师的参与必不可少，自行拟订的合同最终会有问题产生。

合同最重要的部分，是该系统在经营与组织方面的长远策略，包括竞争、组织发展、市场开拓、原材料、市场预测、员工培训、技术支援及发展计划等诸多问题。因为律师最多只能保证合同在法律上无懈可击，但对加盟店如何发展则无能为力。

注意：目前鱼目混珠的所谓加盟太多了，要小心！

第四节 新兴的网络创业

创业难度：★★★

可借鉴度：★★★

模式解读：

互联网改变了人们的生活，同时也提供了全新的创业方式。网络创业不同于传统创业，无须白手起家，而是利用现成的网络资源。目前网络创业主要有：网上开店，在网上注册成立网络商店；网上加盟，以某个电子商务网站门店的形式经营，利用母体网站的货源和销售渠道；还有网络直播等。网络创业要注意守法经营、依法纳税。

推荐人群：技术人员、海归人员、在校大学生、上班族。

【个案介绍】 "丑小鸭"开网店，年销售额过百万

一、粉丝经济①

"粉丝"，即（运动、表演艺术或某些名人的）热心追随者或支持者。从社会学角度看，"粉丝"就是一种特殊的社会群体，它具备社会群体的一般特征：① 有明确的成员关系；② 有持续的相互交往；③ 有一致的群体意识和规范；④ 有一定的分工协作；⑤ 有一致行动的能力。

这一社会群体是"'固定的，有规律的，情绪性地投入一个流行故事或文本'。文本来自书本、电视剧、电影或音乐的形式，或者是体育或流行符号皆可"。从广义层面上看，"粉丝"是指一部分对特定话题有较大兴趣的人；从狭义层面上看，"粉丝"不仅仅是对这些话题有浓厚的兴趣，而且对其有较为深入的了解。

粉丝经济泛指架构在粉丝和被关注者关系之上的经营性创收行为，是一种通过提升用户黏性并以口碑营销形式获取经济利益与社会效益的商业运作模式。以前，被关注者多为明星、偶像和行业名人等，比如，在音乐产业中的粉丝购买歌星专辑、演唱会门票，以及明星所喜欢或代言的商品等。现在，互联网突破了时间、空间上的束缚，粉丝经济被宽泛地应用于文化娱乐、销售商品、提供服务等多领域。商家借助一定的平台，通过某个兴趣点聚集朋友圈、粉丝圈，给粉丝用户提供多样化、个性化的商品和服务，最终转化成消费，

① 粉丝经济．百度百科，https://baike.baidu.com/item/%E7%B2%89%E4%B8%9D%E7%BB%8F%E6%B5%8E/2492566?fr=aladdin.

实现盈利。

《粉丝力量大》作者张嫱对粉丝经济的定义为："粉丝经济以情绪资本为核心，以粉丝社区为营销手段增值情绪资本。粉丝经济以消费者为主角，由消费者主导营销手段，从消费者的情感出发，企业借力使力，达到为品牌与偶像增值情绪资本的目的。"

"粉丝经济"涵盖的范围十分广泛，除了显而易见的比赛门票收入、媒体转播权利金、广告收入与运动明星代言的商品，还有许多直接与间接的衍生商机，让许多厂商得以在其中赢取商机，并让许多厂商参考学习这类新的"粉丝经济"营销方式。以姚明为例，他加入 NBA 共十年时间，其间 NBA 通过商业赞助、电视转播、产品授权销售等，在中国市场的收入高达 12 亿美元。而姚明则为火箭队至少提升了 1.67 亿美元的资产，只要姚明出场比赛，中国电视台争相直播，平面与网络媒体大肆炒作，中国企业更乐于给火箭队投放广告。甚至，不少球迷只记得姚明，而常常忘记姚明所属的球队队伍。

粉丝经济最为典型的应用领域是音乐产业，在音乐产业中真正贡献产值的是艺人的粉丝，它由粉丝所购买的 CD、演唱会门票、彩铃下载和卡拉 OK 中点歌版税等收入构成，也因此有专业的机构将 ARPU（Average Revenue Per User，每用户平均收入）的概念引入粉丝经济中，即单位付费粉丝的月消费贡献值。

二、网红经济[①]

网红即网络红人，是指在现实或者网络生活中因为某个事件或者某种行为而被网民关注而走红的人。网红经济是以年轻貌美的时尚达人为形象代表，以红人的品位和眼光为主导，依托互联网特别是移动互联网传播及其社交平台推广，进行选款和视觉推广，在社交媒体上聚集人气，通过大量社会关注度，形成庞大的粉丝群体进行定向营销，从而将粉丝转化为购买力的一个过程，并围绕网红 IP（Intellectual Property，知识产权）而衍生出各种消费市场，最终形成完整的网红产业链条的一种新型经济模式。其本质是注意力延伸出的经济行为：以用户变现为方式的直接经济行为（打赏、道具、付费问答等）和间接的经济行为（广告、品牌、代言等）。

2014 年 5 月成为淘宝店主的董小飒，是直播平台的网络主播，每一次线上直播都能获得百万人次的围观。在粉丝的支持下，仅仅一年多的时间，董小飒的淘宝店已经是三个金皇冠的店铺，每个月的收入在六位数以上。

被称为"2016 年第一网红"的 papi 酱，凭借原创短视频内容融资 1200 万元，估值 3 亿元。网红经济的估值怎么造？投资潜力究竟如何？梧桐树资本合伙人童玮亮认为，网红带来流量、流量带来变现，这就是一个生意，一种商业模式，如果团队优秀，确实值得投资。

运营优势：

（1）推广成本低：网红依赖于自媒体，而大多数自媒体都是免费的，因此推广产品时

① 网红经济. MBA 智库百科，https://wiki.mbalib.com/wiki/%E7%BD%91%E7%BA%A2%E7%BB%8F%E6%B5%8E.
网红经济. 百度百科，https://baike.baidu.com/item/%E7%BD%91%E7%BA%A2%E7%BB%8F%E6%B5%8E/18551949?fr=aladdin.

成本很低。

（2）顾客忠诚度高：网红电商的顾客大多是其粉丝，这些粉丝转换成顾客的概率要远远大于陌生人，而且粉丝的忠诚度高，重复购买率远超其他店铺。

（3）产品针对性强：因为网红电商的顾客就是粉丝，所以其商铺可以通过粉丝回馈快速“抓住”粉丝的需求。

（4）库存低：网红电商不需要囤货销售，粉丝投票后再生产，生产量依据粉丝的需求量。

运作模式：

在网红经济渐渐兴起时，淘宝平台上已经出现了以莉家和榴莲家为代表的网红孵化公司。这些孵化公司原本是比较成功的淘宝商家，但在跟网红的合作中，网红负责和粉丝沟通、推荐货品，孵化公司则将精力集中在店铺日常运营和供应链建设以及设计上。这种强强联手的模式，已经显示出了威力。比如手握“呛口小辣椒”“管阿姨”等知名网红的莉家，除了打造出一个个皇冠淘宝店铺，还吸引到了风投的关注。

网红经济带来的是供应链的变革。供应链的常规模式一般为选款、上新、平销、流量；而网红模式则为出样衣拍美照、粉丝评论反馈、挑选受欢迎的款式打版、投产、正式上架。在有现成面料的前提下，这个周期只需要一周左右，粉丝就可以穿上网红同款。年轻消费者追捧网红，越来越冲动和感性消费，因为这可以让他们得到与一般网店不一样的购买体验和感受。网红通过社交媒体来诠释产品，在打造自己个人魅力之余也为产品赋予了灵魂。在开放的互联网时代，他们相当于消费者的意见领袖，并把这种粉丝文化转化为销售数字。

三、自媒体①

随着互联网的不断普及，中国互联网和移动互联网的发展逐步成熟，甚至开始出现了无限流量，用网门槛不断降低，互联网产品越发充盈着我们的生活。与此同时，移动端用户不断增加，甚至成为 PC 端用户的 2 倍多，人们对于简单、快捷、趣味性的需求也随之增加，从碎片化阅读到短视频观看，中国的自媒体也飞速发展起来。

自媒体是指普通大众通过网络等途径向外发布他们本身的事实和新闻的传播方式。“自媒体”，英文为“We Media”，是普通大众经由数字科技与全球知识体系相连之后，一种提供与分享他们本身的事实和新闻的途径。它是以私人化、平民化、普泛化、自主化的传播形式，以现代化、电子化的手段，向不特定的大多数或者特定的单个人传递规范性及非规范性信息的新媒体的总称。

在中国，自媒体的发展主要分为 4 个阶段：2009 年新浪微博上线，引起社交平台自媒体风潮；2012 年微信公众号上线，自媒体向移动端发展；2012—2014 年门户网站、视频、电商平台等纷纷涉足自媒体领域，平台多元化；2015 年至今，直播、抖音短视频等形式成为自媒体内容创业新热点。

特性模式：

（1）个性化。这是自媒体最显著的一个特性。无论是内容还是形式，创业者在创办自

① 自媒体. 百度百科，https://baike.baidu.com/item/%E8%87%AA%E5%AA%92%E4%BD%93/829414.

媒体平台时一定要给用户提供充足的个性化选择的空间。

（2）碎片化。这是整个社会信息传播的趋势，受众越来越习惯和乐于接受简短的、直观的信息，创业者在创办自媒体平台时应该顺应这种趋势。

（3）交互性。这也是自媒体的根本属性之一。其实受众使用自媒体的核心目的还是满足沟通和交流的需求，创业者要在自己的平台上给用户提供充分的分享、探讨、交流、互动等多元化体验。

（4）多媒体。一提到自媒体，大家往往首先想到的是微博，但微博仅仅是自媒体的一种模式而已，不但微博本身可以给使用者提供文字、图片、音乐、视频、动漫等多种选择，创业者也可以创办出文字之外的，以图片、音乐、视频、动漫等为主题的自媒体平台。

（5）群体性。自媒体的一个重要特点是受众是以小群体不断聚集和传播信息的，创业者可以针对专门的群体创办自媒体平台，如针对游戏爱好者、音乐爱好者、影视爱好者、汽车爱好者、学生群体等。

（6）传播性。无法有效快速传播，自媒体就没有价值和意义。创业者在创办自媒体平台时一定要为使用者提供充足的传播手段和推广渠道。

商业模式：

自媒体的商业模式，大致可以分为两类。

一类是纯线上经营，即自媒体所有人通过经营媒体内容聚集了一定数量的粉丝之后，寻找合适的广告主在平台上做广告，实现广告收益。

另一类是效仿明星、名人、大公司 CEO 等人的做法，依托前期在自媒体上积累的人气和个人影响力，通过线下渠道变现。线下变现的方式有很多，例如出书、演讲培训、企业咨询，甚至可以考虑开个网店卖书。相比之下，后者对媒体创办人的要求会高些。另外，线下变现若要发展成常规稳定的经营项目，一般需要媒体创办人具备一定的社会身份，例如畅销书作家、大学教授、媒体记者等，由此才能将线上线下的资源有机对接，实现经济收益最大化。

在自媒体运营中，要遵循以下原则：

（1）多样性。自媒体平台类型众多且不断推陈出新，这边刚刚熟悉了官方微博的运营，那边微信公众平台又应运而生了。面对多样化的自媒体形式，需要保持对新媒体的敏感度，勇于探索尝试，一旦有新的自媒体平台出现，就积极响应加入其中。

（2）真实性。在通过自媒体平台发布信息时要力求准确，与网友沟通时要客观真诚，面对网友质疑时要实事求是。

（3）趣味性。内容的真实并不影响在自媒体平台上体现一定的趣味性，包括发布趣味性的内容和策划趣味性的活动。

（4）持续性。自媒体的本质是媒体，需要获得越来越多的媒体受众。自媒体用户的增长不可能一蹴而就，只能依靠高质量且持续更新的内容，依靠不断组织的有创意的活动，才能不断积累，获得用户的稳定增长，保持自媒体影响力不断扩大。

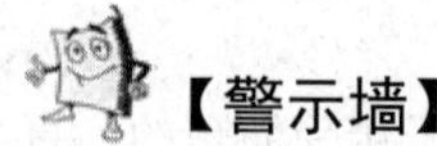

【警示墙】 薇娅偷、逃税被罚13亿元

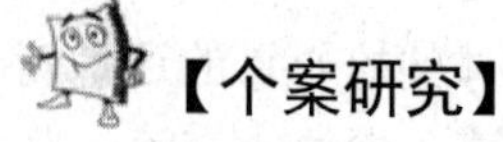

【个案研究】 俞敏洪二次创业，做带货直播

1. 俞敏洪最终还是拍板决定，做一名带货主播

俞敏洪，在朋友圈刷屏了。起因是2021年11月初，新东方悄悄向农村学校捐了近8万套课桌椅。一辆辆缓缓驶去的红色卡车，正式宣告了教培时代的落幕。捐赠背后，是一名创业者的侠义和格局，也是一代行业翘楚的无奈现状。"双减"政策落地至今，新东方股票缩水90%，业务关停、亏损和裁员成了不可避免的事实。1962年出生的俞敏洪，已经59岁了。去年刚宣布自己的退休计划，如今却重新回归，决定亲自出马，通过直播带货"救"新东方。

过去人们谈起他的人生，总爱将其说成一个出身寒门、入学北大、创业成功的逆袭故事。但事实上，众叛亲离、危机环生、几经生死，才是这个故事最真实的版本。教培时代结束了，但新东方还在。摆在他面前的，还有数万名新东方人的生计和饭碗。租好的教学点、剩下来的几万名员工该怎么办？某种意义上，这不只是一个创业者的悲情故事，更是一个将退休男人遭遇黑天鹅事件夹缝求生的故事。

2021年11月7日，俞敏洪在直播中透露，将要进军直播带货，计划成立一个大型的农业平台。自己和几百名老师通过直播带货农产品，来支持乡村振兴事业。

2. 更名东方甄选，半年业绩GMV（Gross Merchardise Volume，商品交易总额）达48亿元

2023年1月5日，新东方在线发布更名公告，拟将双重外文名称由"新东方在线科技控股有限公司"变更为"东方甄选控股有限公司"。作为站在东方甄选背后的上市公司，新东方在线以在线教育为主营业务，并在港交所单独上市。2021年12月，新东方在线推出"东方甄选"账号，目前该账号抖音粉丝已迫近3000万大关，直播带货也成为新东方在线新的"C位"业务。而在投资人看来，东方甄选已从新东方在线的孵化型项目变成主营业务，此次更名既让团队看清更长远的目标，也在二级市场上给了投资人和股东明确信号。

1月17日，更名为"东方甄选"的新东方在线科技控股有限公司（01797.HK）公布2023财年上半年（2022年6月1日至11月30日）业绩。这也是东方甄选首次披露自2022年6月出圈以来的详细财务业绩。

数据显示，东方甄选报告期内GMV超过48亿元，自营农产品订单加上第三方产品订单，两者总量达7020万单；自营农产品已达60余种，带来的收入突破10亿元，包括不同口味的黑猪肉烤肠、南美大虾、五常大米、蓝莓原浆等热门产品。就公司整体而言，持续和已终止经营业务的毛利为9.8亿元，同比增长467.9%，税前利润达7.6亿元。

此外，东方甄选抖音6个矩阵号合计粉丝数已超过3000万，直播销售商品类型覆盖农产品、食品、图书及生活用品。值得一提的是，东方甄选头部主播董宇辉近期参演了央视的网络春晚，影响力持续出圈。

3. 东方甄选看似是卖东西，实则是卖背后的文化

让外界有些无法理解的是，当其他教培机构选择转型素质教育或职业教育等教培类相关方向时，为何俞敏洪会选择跨界直播带货农产品？毕竟无论是资源积累，还是业务逻辑，各方面都相差甚远。

“新东方去年做出了东方甄选，抓住从教育走向另一个领域的重大转机。未来还会抓第二、第三个机会。” 2023 年 2 月，新东方董事长俞敏洪在亚布力论坛承办的“德胜门大讲堂”发表上述演讲内容。

俞敏洪表示：“双减颁布后，新东方第一个表态坚决不做 K12（学前教育至高中教育），25 万套桌椅全部捐献给农村地区和山区，运费就花了几千万元；新东方花掉将近 200 亿元，家底依然能再熬两三年，仍有余额给员工发奖金。”

俞敏洪指出，三年疫情、中美关系、俄乌战争等变化让企业遭遇很多挑战与困难。对此，他建议：一要面向未来，做与祖国发展同步的事情；二要做和人民生活水平提高有益的事情；三要做内心从价值观到底线过得去的事情；四要尽可能利用各领域的新技术，如 ChatGPT（聊天机器人程序）技术。

“所谓有价值的事，一定是和祖国的发展方针连在一起，如果连国家大形势、大方针都抓不住，其他一切免谈。”他认为，国有、民营企业同步发展“两个毫不动摇”的主题一定不会变，这是企业发展最重要的保障。

俞敏洪认为，面向未来发展，一定要有信心。

第一，世界合作发展的大趋势不会变，没有一个国家愿意陷入被世界孤立的地步。同理，企业家之间的横向合作也非常明显。

他预测，2023 年会出现企业家与企业家、企业家与投资者、企业家与政府之间的横向联合，密集到让很多人忙不过来。“机会一直在，关键是有没有能力抓住转机。”

第二，要有足够的耐心讨论转机在哪里。

俞敏洪提到做东方甄选的契机。2020 年，他在甘肃武威第一次直播带货，一个小时卖出 8000 箱瓜：“卖完瓜以后，我发现这是一种新的销售模式，当时就把它种在了心里。”

“双减”后，新东方内部讨论了 5 个月关于未来发展的方向，在其他人都不赞同的情况下，俞敏洪坚持直播卖货：“原因很简单，在售卖货品、介绍产品时，能说会道利于销售，而新东方员工都是老师，有能说会道的天然优势。”

俞敏洪表示：“看起来是卖东西，其实是在卖背后的文化，这是新东方的核心竞争力。”

第三，企业要思考发展的第一曲线、第二曲线、第三曲线。

“即使没有东方甄选，新东方依然很好。‘双减’后，教育领域的机会变小了，但不是完全没有，国家只限制义务教育阶段的学科教育，我们有七八个教育领域业务在蓬勃发展。”

他指出，企业家要有企业变革的勇气和担当：“新东方成立时的第一堂课是我上的，东方甄选第一批货是我卖的。带头人必须先往火坑里跳。如果企业领导人不想变革，‘变革’只是安慰手下的口头禅，那底下的人又怎么会变革？”

第四，“转机”必须朝着和祖国共同繁荣、人民共同发展的方向去做，这是每一位企业家的责任。“如果做不到，只想赚钱或投机倒把，最后就会跟电视剧《狂飙》里的高启强一

样，一定会出现无穷无尽的后遗症。”

——综合摘编自：俞敏洪二次创业，选了一条“艰难的路”. 36 氪网，https://36kr.com/p/1478955888571138；东方甄选首次披露半年业绩：GMV 达 48 亿元，自营农产品收入超 10 亿元. 腾讯新闻，https://new.qq.com/rain/a/20230118A025XC00.html；更名东方甄选，新东方在线带货业务站“C 位”. https://www.360kuai.com/pc/931699aedf cfcca94?cota=3&kuai_so=1&sign=360_57c3bbd1&refer_scene=so_1. 俞敏洪：东方甄选看似是卖东西，实则是卖背后文化. 新浪财经，https://cj.sina.com.cn/articles/view/5182171545/ 134e1a99902001idcl

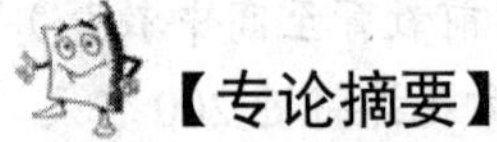
【专论摘要】　　互联网创业十字箴言

第五节　在家创业模式

创业难度：★★★

可借鉴度：★★★

模式解读：

有史以来，以家庭为基础的企业，一直是世界经济的重要组成部分，许多大型的企业都是从“在家创业”开始起步的。如今有非常多的人，包括各种年龄层次，都希望凭借在家创业先积累下资金和经验。

一、定义“在家创业”

在家创业，也称 SOHO，意思是居家办公，指那些专门的自由职业者，起源于美国 20 世纪 80 年代中后期，然后迅速风靡全球经济发达地区。美国相关资料报道，自由职业是美国求职市场中发展最迅速的一个领域，这几年以 50%的幅度增长。近年来，我国国内特别是大、中型城市已拥有相当一部分中青年追“新”族加入 SOHO 的世界。他们大多具备以下特点：有经营头脑、趋利性、良好的组织性、懂技术、有文化、有雄心壮志、有事业心、多面手。

在家创业，准确地说是独立工作，不隶属于任何组织；不向任何雇主做长期承诺而从事某种职业。比较准确的定义是脑力劳动者（作家、编辑、会计等）或服务提供者在自己的指导下找工作做，经常但不是一律在家里工作。

在家创业的优点是时间安排灵活；独立、不受外界干扰地工作；工作环境舒服；可以改善家庭生活，如照顾孩子；工作上可以有很大的变化空间。缺点则是，打开局面困难；

过度劳累；不能挣到足够的钱；需要克服孤独感；遭遇拒绝、不可靠的客户和供应商；对自由职业本人和家庭成员的压力。

二、看上去很美

奇佳创意工程设计公司成立不到两年，合伙人之一的唐添力已经将原先设在他家里的工程制图公司搬到附近更大的商业写字楼里。唐添力具有专业制图与营销经验，他放弃了大公司安定的工作和高职位，宁愿承担无法预知的风险，他找到了一位合伙人，他们将客户的对象设定为制造业。两年后，他们的客户群已经扩展到邻近珠江三角洲的几个城市。

“呵护你的宠物”，这个招牌是否让你觉得是一个值得放心托付宠物的地方？李佳薇经营这个家庭式的专业宠物照顾及接送服务已经有三年多了。她原先是一个衣来伸手、饭来张口的富婆，丈夫是一家大型企业的老板。她在生活上非常富足，但是在精神上却非常空虚。为了排解寂寞，她就养了很多宠物。因此，她积累了许多照顾宠物的经验。

一开始，她的业务量就超出了一个人的运作能力，必须请家里的保姆协助。在她的客户中，还包括几只伤残得需要细心呵护的宠物。至于她的宠物接送服务也同样热门，李佳薇说：“经营此项服务的秘诀在于，不断充实照顾宠物的专业知识，在签约之前与主人认真沟通，并熟悉所要照顾的宠物。”

【个案介绍】 **田文赢在贴心的服务**

如果说唐添力和李佳薇的在家创业利用的是自己的专长，那么田文在家创业则靠的是一份贴心的服务。孩子两岁以后，田文就在考虑寻找一个一举两得的，让事业和家庭可以同时兼顾的职业。此时，在家创业成了田文的不二选择。但是到底该从事什么行业？终于有一天她灵光一闪：“自己的孩子出生时，礼物像雪片般飞来，贩售礼物应该是个不错的生意。”就是这个简单的想法，田文利用网站开了一家爱的礼物专卖店。

卖礼物，卖的就是“贴心的感受”。为了让网上的客户可以宾至如归，田文铆足劲地“讨好”客户。网站刚开张时，爱的礼物专卖店还特别与平面流行杂志合作，在上面刊登广告，以招徕人气；此外，为了吸引网友上网一游，第一个月适逢父亲节，田文就设计了一个“父亲节礼品设计企划比赛”，让网友直接上网比拼；并且，爱的礼物专卖店更别出心裁地推出“纪念日通知”的免费服务，上网的网友可以任选 15 个纪念日，登录在网站上，届时爱的礼物专卖店就会在纪念日到来的前一周，预先寄发提醒函，提醒你佳节即将到来，而且登录在案的网友，还可以收到一张 9 折折扣券。

点评：

田文的优势策略如下。

产品新颖：田文每天都会上网更新商品，为了使网站上的礼品常保新意，她特意与离家比较近的便利店合作，引进不少限量版的商品，供网友选择。

贴心的服务：提供网友上网登录纪念日的服务可谓一举两得，既可以给网友方便，也可以顺带收集客户资料，只要和客户建立密不可分的关系，即使别的竞争者想进场，也必须耗费较多的时间。

实际上，由于资金投入小，思路灵活，因此在家创业成功的例子实在是太多了，而积极进取的创业态度、务实、自律、勇于冒险和有效的时间管理都是获取成功的要件。

以下是一些在家创业成功的实例：

- 退休教师成功在家设立家教中心；
- 下岗工人开设社区清洁服务；
- 书店老板与家人共同经营团体旅游中介服务；
- 家庭主妇主营上门厨师和宴会送餐服务；
- 年轻的木工在家从事古董家具的维修服务；
- 退休的采购主管转业从事写作和培训服务；
- 几个大学生合伙从事玩具的邮购业务；
- 失业女工在家开办幼儿园；
- ……

三、在家创业的秘诀

现在越来越多的人选择在家创业。在家创业之所以普及全因其好处多，如时间能自由安排，既能赚钱又能顾家庭。但作为 SOHO 一族也有很多方面需要遵守，才能成功。

（1）租一个邮政信箱或一个公司地址，为公司建立一个商业形象，因为家居地址会令客户感到不专业。

（2）申请独立电话线，避免家人误听客户来电，引起不便。

（3）安排电话转移或电话录音，确保客户能第一时间找到你。

（4）谨慎地重新安排家中的空间，配合商务上的需要。

（5）与客户会面应尽量安排在对方的办公室或租借一个正式的会议室，保持自己的专业形象。

（6）参加商会或一些专业协会扩展人际关系网络，并向现有客户征询意见。

（7）密切留意竞争对手的动向。

（8）小心保存一切单据及往来文件，包括出门公干、交际应酬的支出单据。

（9）保持一定数量的流动资金以备不时之需。

（10）对自己要求严格，要有自制能力和有自发性，并要像上班一样自律。

第六节　兼职创业模式

创业难度：★★★

可借鉴度：★★★

模式解读：

兼职创业既不影响本职收入，又找了一个赚外快的机会，时间上的自由与弹性，常常使得许多上班族趋之若鹜，而很多可提供兼职的行业，也大多强调可以迅速积累财富。也有一些人在所兼职的行业中表现得太过优异，因而辞掉了正式工作，由兼职改为专职，全天专心致力于原来的兼职工作，这就是时下流行的兼职创业。

推荐人群：白领族、有一定商业资源的在职人士。

社会发展的多元化让人的个性与价值有了张扬与展现。一些新兴的行业如计算机程序编写以及财会等工作的随意性和自由度较大，为人们提供了更多兼职机会。兼职已不像以前那样让公众有异样感，许多人对此已经跃跃欲试。但是，做一名成功的兼职者并不容易，包括怎样处理主业与兼职之间的关系，哪种兼职适合自己等。

【个案介绍】 兼职做老板权当娱乐

华灯初放，在上海新闸路胶州路附近的一家便利店内，电脑公司的业务主管章先生正与店里的两位员工拉家常，原来章先生就是这家便利店的老板。

章先生坦言自己是一个不安分的人。从外贸专业毕业后，在一家外贸公司干了不久，便跳槽去经营家电、百货等，前些年加入了最热门的计算机软件行业，对这个极具挑战性的行业，他非常投入。但随着年龄的增长，他感到要寻找一份属于自己的事业。

一次偶然的机会，他花了 5 万元加盟费，开了一家便利店，一开始感觉很新鲜，他形容对小小便利店的感觉如同自己新生的婴儿，而他又是一个追求完美的人，为了全身心地投入甚至辞掉了电脑公司部门主管的职务。然而，干了不久，简单而又花费很大劳动力和时间的工作，让这位抱负很大的年轻人感到用武之地实在太小。于是根据自己的实践经验，他制定了一套行之有效的操作流程和管理制度，并聘请了两位工作人员，一位管财务，一位管门店，自己便又应聘到一家外资 IT 企业，当起了白领。

做完了正职后，他往往利用休息日或晚上去看一下店，与两位员工进行沟通。他还设计了许多促销方案，如做一些卡片、设置计分制等来吸引客户。他说等到时机成熟，就将方案付诸行动。虽然这家小便利店目前还未盈利，但他还是很乐观。

——摘编自兼职创业苦与乐．http://www.51ea.com/course/faq/f57843.htm

兼职如果能借力本职工作或为本职工作服务，则会达到事半功倍的效果。

【个案介绍】 正职副职齐头并进

从小喜欢汽车的小林毕业后，先后在两家汽车销售公司负责销售，对各种国产、进口车了如指掌，开一间汽车美容店是其深思熟虑后的结果。他分析自己有两点优势：一是直接接触客户，每一个买车的客户都是他自己店的潜在客户，在卖车的同时就可以顺便对客户宣传一下自己的汽车美容服务。二是因为工作关系，自己对汽车美容保养品的一些进货渠道和行情比较了解。

小林找到了一家合适的店面，先期投资七万多元将店开了起来。店开张后，小林作为某大型汽车营销公司销售的优势开始显现。新店最大的问题莫过于客源，而小林手头恰恰具有丰富的客户资源。小林印刷了宣传页，给从前的相关客户每人寄去一张，并声明可以打折优惠。而平日里，只要是带客人试车，他总会适时告诉客人，自己的朋友开着一间汽车美容店，如果决定买车，马上就可以带着客人去包装一下新坐骑，这样就为小店直接带来了生意。头脑活络的小林会根据客人的需要，帮着客人做些简单设计，在价格和服务上又给予一定的优惠，这样客人就成了固定客户。

最妙的是，在销售指标快达到一定额度时，小林便将提供汽车美容服务作为和同行竞争的有力武器——"如果你从我这里买车，我可以为你免费做汽车打蜡"。小林算得很清楚，虽然自己的店可能会有损失，可是，正职的任务完成了，公司的销售提成有不同的额度，上一个台阶收益就大不同。反正都是自己的口袋，不管是左口袋还是右口袋，只要能赚钱就行。

——摘编自在职职工当老板 路途艰辛苦乐自知．阿里巴巴创业咨询．
http://info.china.alibaba.com/news/detail/v5003000-d5425662.html

然而，要做到上面这一点却并不容易，许多情况不仅无法借力或帮助本职工作，甚至会影响本职工作。"开店和自己的工作原来很难平衡，不是空闲时间多就可以解决的。"这是做记者的陈先生的感叹。

【个案介绍】 为了正职，不得不关店

陈先生和李先生合伙开的咖啡馆刚刚关门。陈先生原是一名记者，李先生是一位作家，他们可自由支配的时间比较多。在采访中，他们认识了很多创业者，创业者的成功经历引发了他俩的创业冲动，两人决定合开一家咖啡店。在经营中，他俩创造了一些新的服务模式，如客人可随时上网；如果客人临时遇到一些需要记录下来的事情，每张桌上有现成的纸、笔；座位边还有呼叫系统，服务人员随叫随到；续杯的咖啡仍是原汁原味。

可是开业不久，问题就出现了。首先是对咖啡经营知识的匮乏，如进货，由于没有经验，他们不知道进的货已经过了几道手，进货成本居高不下，一年经营下来，所得利润还不如将这家店面出租回报多。另外，很多事情不是空闲时间多就可以解决的，开店要和方方面面的人打交道，和不同的人周旋使他们感到非常疲惫。朋友们到店里捧场，这原是件好事，也乐得奉陪，但一些朋友常在午夜时分光顾咖啡店，也非得让他们赶到店里一聚。人的精力有限，时间一长，大大影响了白天的采访工作和写作时间，他们不想再这样疲劳作战，只好咬咬牙，关门了事。

——摘编自在职职工当老板 路途艰辛苦乐自知．阿里巴巴创业咨询．
http://info.china.alibaba.com/news/detail/v5003000-d5425665.html

点评：

在职人员创业有两个限制条件：一是一般都没有雄厚的资金积累，二是没有时间。因为首先要保证正职，不可能事必躬亲，初期创业和日常的经营管理也不可能全身心投入。所以，要降低失败风险，比较可行的有两种方式：一是依托自己在职场中多年的积累，充分利用职场资源进行自主创业；二是选择“业态加盟”，凭借加盟商多年的经验和品牌效应、完善的配套措施、培训指导体系，能够较为快速地创业成功。

兼职者首先要根据自己的实际情况衡量孰重孰轻，摆正兼职与正职两者的位置。成功的兼职者要取得主业老板和同事的认可与帮助，要有属于自己的未来计划及时间规划，并要让他们明白，自己有能力在更短的时间内，比别人能完成更多的工作。同时要让兼职单位的老板和同事明白，自己虽然只是一个兼职人员，但是有极强的职业道德和敬业精神，自己是这个团体中的一员，并且是不可忽视的一员。

兼职意味着比平时花费更多的时间和精力，比平时承受更大的压力。因此，建议最好在兼职之前，好好斟酌一下，为自己做个职业规划，根据这个规划选择适合自己的兼职。

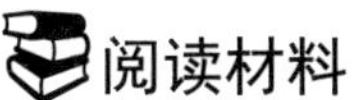

兴趣助力创业成功

本篇小结

创业类型主要有独立创业、家族创业、合伙创业、团队创业和增员创业五种。独立创业一人说了算，效率高，关系简单，但容易形成独断专行，误入歧途。合伙创业众人拾柴火焰高，优势互补力量大，但股东也是员工，决策、协调难度大。慎选合作伙伴是关键。家族创业以亲情为纽带，有利于创业打拼，然而对发展壮大容易带来一定的制约。家族创业主要有父子创业、夫妻创业和兄弟创业等形态。增员创业主要包括直销和寿险营销两大类。其优点是晋升系统公平、公正、公开，水涨船高，使没有管理经验和能力的人也能成功。缺点是坚持下来难，然而能坚持下来的人都是成功者，正所谓“剩者为王”。要特别注意的是区别直销与传销，不要误入传销的歧途。

基本创业模式有白手起家、收购现有企业、依附创业、网络创业、在家创业和兼职创业六种，而依附创业又包括争取经销权、做指定供应商、内部创业、加盟创业、大赛创业、直销和寿险营销等诸多子模式。白手起家创业难度最大，可借鉴度一般；收购现有企业创业难度次之，可借鉴度一般；争取经销权创业难度一般，可借鉴度较大；内部创业难度较低，可借鉴度最大；加盟创业难度一般，可借鉴度较大；兴趣创业难度最大，可借鉴度一般；在家创业难度一般，可借鉴度一般；兼职创业难度较低，可借鉴度一般。

清楚每种创业类型的特点，优、劣势和适用性，掌握每种创业模式的创业难度和可借鉴度，通过案例体会每种创业模式，包括诸多子模式的价值，对自己的启发性和适用性，以便选择适合自己的创业模式和创业类型。

课堂讨论

1. 分析五种创业形态的优、劣势。
2. 对比分析六种创业模式。

本篇思考题

1. 在本篇引入案例中的傅章强具备哪些创业者素质？其在创业过程中，采用了何种创业类型，又涉及哪些创业模式？

2. 在五种创业形态中，你比较喜欢哪种创业形态？为什么？

3. 在六种基本创业模式包括的诸多子模式中，你比较喜欢哪种创业模式？为什么？

第三篇　环境与商机

是时势造就英雄，而非英雄造就时势。

——作者题记

内容提要

本篇从介绍创业环境入手，首先介绍了创业宏观环境分析的 PEST 方法、地区环境因素需要考虑的问题、行业竞争分析的“波特五力模型”、创业内部环境分析的要点及创业者资源开发，在此基础上，介绍了内外部环境综合分析的 SWOT 分析方法。然后，阐述了创业机会的特征，介绍了创业商机的来源、识别方法和创业项目选择的原则与方法。

学习目标与重点

1. 深刻理解创业环境对创业的重要意义；
2. 掌握环境的分析方法及要点；
3. 了解创业机会的特征；
4. 把握产生构思的三种方法；
5. 掌握创业项目识别和选择的原则与方法。

关键术语

创业环境、创业思路、创业项目、创业商机

引入案例

80 后女大学生创办高端家政公司年入千万

1982 年出生的女大学生，毕业后创办高端家政服务公司，创业 7 年间为驻大连多家世界 500 强企业培养和输送高级保姆和高级管家，陆续在全国各地开设了 24 家连锁店，年收入上千万元。她就是 80 后大连创富达人——冯靖然。

免费给老外帮忙找到创业方向

2005 年，冯靖然还在大连外国语大学读书，她在一家外贸公司实习时学到一些外贸实战经验，于是大胆地和一个同学注册了一家外贸公司做进出口贸易。就在那个时候，她收获了人生的第一桶金。回忆起开外贸公司的日子，冯靖然说，那应该算是她参加工作后最清闲的时光，一年只需要工作几个月，且收入不菲。

因为外语好加上热心肠，冯靖然身边有一大群外国朋友，这些外国朋友需要找中国学友或者素质较高的服务人员时，冯靖然总会义务帮忙，有空还会给他们当向导。当这个需求扩大到应接不暇的时候，冯靖然灵机一动：这难道不能成为一个新的创业领域吗？

有了这个想法以后，冯靖然先后到北京、上海、广州等城市考察家政市场，尤其是高端家政市场，她还特意到香港体验和考察高级保姆、高级管家，甚至菲佣市场的管理和经营状况。一大圈走下来，她明确了自己的想法，要在大连创办一个高端的家政服务企业，为有需要的人提供帮助。

7 年开 24 家连锁店，年收入超千万

2006 年，冯靖然注册了“爱恩家政服务公司”。为真正了解这个行业，冯靖然不但认真探访大连的市场现状，甚至亲自做家政服务来体验和了解这个行业。“不少人对家政服务有误解，以为就是洗衣做饭看孩子，其实高端家政服务人员的工作并不是这样的，雇主需要他们做很多家庭的延续性工作，比如策划家庭聚会、导游、导购、处理家庭对外事务等，很多人充当的是管家的角色，帮助女主人管理家庭厨师、清洁工、家教等，是一个非常专业的职业。”冯靖然说。

由于冯靖然服务的客户多是驻大连外企高管、私企老板等高端客户，为了满足这些高端客户的需求，她招聘的员工以本科、专科学历为主，很多人还有过在大医院实习的经历，会外语，素质高。

冯靖然创业之初就确定了目标客户群体为中高端家庭，她不断尝试添加新项目，如营养配餐、家庭厨师、私人教师等，远超出了传统家政服务的范畴，培养新的利润增长点。在经营相对成熟后，冯靖然开始着手网络推广，建立了公司网站及培训团队，撰写教材，并开发了家政服务网络平台软件。

创立了成功的样本之后，冯靖然将“爱恩”申请了注册商标，又通过特许连锁经营的方式，先后在大连、沈阳、营口、鞍山、吉林、河北等地建立了 24 家连锁店，年收入上千万元。

——摘自 2013 年 4 月 1 日北国网，半岛晨报 记者陆瑶 http://ln.sina.com.cn/news/b/ 2013-04-01/073434746.html

点评：

商业机会是创业活动的根源，机会无时不在、无处不在，但真正有商业价值的大创意、大商机却需要有心人的精心挖掘与培育，这就是富有创业精神的创业者，上述案例中的冯靖然、星巴克的舒尔茨、戴尔公司的戴尔等都是这样的创业者。

动态复杂的变革环境既对已建公司产生了威胁，同时也给新建事业提供了机会。在这样的不确定性环境中，机会似乎是偶然的、捉摸不定的，但事实上是有规律可循的，管理大师德鲁克就归纳了七类商业机会的来源，极富参考价值。

发现机会并开发机会又是一个能动的过程，在这一过程中，个人的品质、经验和有利创业的外部环境等同样重要。从创业机会的识别到新创企业的建立是一个循环往复的开发过程。冯靖然从为外国朋友介绍中国学友或者素质较高的服务人员中看到了潜在的商业机会——高端的家政服务，并大胆成立了“爱恩家政服务公司”，在创立了成功的样本之后，又通过特许连锁经营的方式使规模越来越大。

在创业的过程中，有两个不确定的因素，总是在关键时刻起着举足轻重的作用，影响着创业大计的成败进退，这就是环境和机会。环境是创业的舞台，任何创业活动都必须依靠环境的支持，在环境提供的条件下进行。离开了环境，一切创业活动都成了空中楼阁。机会是创业的号角，每一次机会的来临，都会使创业者感受到生命的号召，激励他们闻鸡起舞。在创业的道路上，环境与机会就像两个飞转的巨轮，推动着致富的列车轰轰烈烈地前进。每一个创业者在踏上创业的征途时，都应该审时度势，对所处的环境和面对的机会进行了解、分析和判断，以便能把握机遇，迎接创业人生的挑战。

第五章　创业环境与创业商机

孙子曰："知彼知己，百战不殆；不知彼而知己，一胜一负；不知彼，不知己，每战必殆。"就是既要了解自己（内部环境），也要了解敌人（外部环境），在此基础上才能"出其不意""百战百胜"。作为创业者，要想成功创业就必须正确清楚地认识你的内外部环境。

环境分为一般环境和特定环境两种，一般环境是对所有人都存在广泛影响的社会大环境或者说是社会大气候；特定环境是对某一部分人或组织具有决定意义的小环境或者说是个别环境。创业环境就是一个特殊环境，是一般环境的一个特定层面和组成部分。创业环境大致有以下几种表现形式：

（1）社会环境与自然环境。社会环境也可称为国情，是指创业者所处的国家和社会的政治制度、经济制度、法律制度、思想文化、风俗时尚以及党和政府的路线、方针和政策等。自然环境是指创业者面对的地理、资源、气候等自然状况。社会环境和自然环境作为开展创业活动的宏观背景，对创业活动产生着巨大的不可抗拒的影响。创业者只能利用它们，却无法改变它们。

（2）内部环境与外部环境。内部环境是创业组织内部各种创业要素和资源的总称，如人员、资金、设施、技术、产品、生产、管理、运营等方面的情况。内部环境是创业者的"家园"，对创业活动的开展至关重要，是创业活动的根基。外部环境是创业组织外部的各种创业条件的总称，包括社会的、自然的、政治的、经济的、合作的、竞争的、远处的、近处的形势和情况，对创业组织的发展具有广泛的影响力，是创业组织发展的保证。创业组织要适应的正是这种环境。

（3）融资环境与投资环境。融资环境是指创业者为了扩大创业实力的需要聚集资金的社会条件。投资环境特指创业者资金投向的项目行业及地区的情况。融资和投资是创业活动不可分割的两个方面，同样都受特定地区人们的经济收入、消费观念、风险意识、国家政策等环境因素的影响。

（4）生产环境与消费环境。生产环境是指创业者的资金转化为产品过程所需要的各种因素，包括劳动力、生产设施、原材料、技术服务、动力供应、交通运输等状况。消费环境是指创业者的商品转化为货币的过程所需要的各种条件，包括特定地区人们的富裕程度、消费观念、消费水平、市场和竞争对手等方面的状况。

上述各种形式的创业环境相互交织，构成了完整的创业环境的概念。创业者只有全面认识和把握自身所处的环境的基本构成，熟谙各种环境所内含的共同趋向和基本要求，才能够切中时代的脉搏，进行卓有成效的创业活动。

第一节　创业的宏观环境（PEST 分析）

一个国家或者地区的市场开发程度、政府的国际地位、信誉和工作效率、金融市场的有效性、劳动力市场的完善与否、法律制度是否健全，形成了新创企业的外部宏观环境，对新创企业的创办、生存和发展产生重要的影响。具体来说，创业的宏观环境包括政治法律与政策环境、经济环境、社会文化环境、科技与教育环境，简称 PEST 分析，见图 5-1 外围部分。

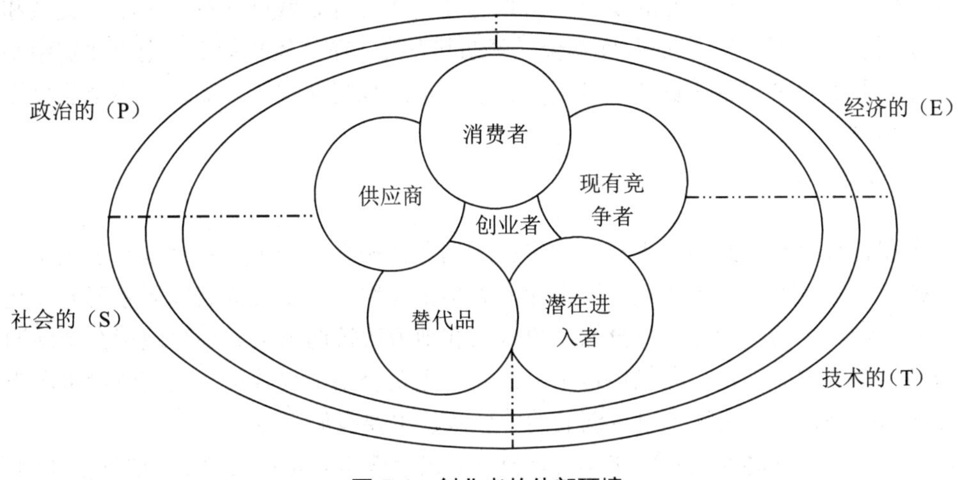

图 5-1　创业者的外部环境

一、创业的政治、法律与政策环境（简称为 P）

政治、法律与政策环境指的是党和国家制定的相关法律与政策等，可以分为大的政策环境和小的政策环境。前者是针对所有创业者而言的，后者则是针对某一特定人群，如大学生创业者。对于具体的创业者不仅要了解大的政策环境，还要了解小的政策环境。下面以大学生创业者为例。

1. 大的政策环境

大的政策环境即对所有创业者创业行为产生影响的政策，主要有以下几个方面。

一是民营企业的地位转变。非公有制企业特别是民营企业的地位发生了很大改变，非公有制经济已发展为国民经济的重要组成部分。

二是大力扶持高新技术企业。我国政府对科研机构、高等院校研究开发高新技术并将其转化为科技成果提供了如下税收优惠政策。

（1）科研机构和高等院校的技术转让收入免征营业税。

（2）科研机构和高等院校服务于各行业的技术成果转让、技术培训、技术咨询、技术服务、技术承包所取得的科技性服务收入暂免征收企业所得税。

（3）科研机构和高等院校转化科技成果以股份或出资比例等股权形式给予个人奖励，获奖人在取得股份、出资比例时，暂不缴纳个人所得税（取得按股份、出资比例分红或转让股权、出资比例所得时，应依法缴纳个人所得税）。

另外，我国还规定，被评为高新技术企业即可享有多方面的优惠，如按一般规定，企业所得税减免期满后，高新技术企业可延长三年减半缴纳企业所得税；优先提供生产经营所需的水、电、运输和通信设施；按照当地国有企业收费标准计收费用，生产和流通过程中需要借贷的短期周转资金，以及其他必需的信贷资金，经中国人民银行审核后，优先贷放等。

三是税收优惠政策向西部倾斜。为配合西部大开发战略，积极引导和鼓励西部地区个体、私营等非公有制经济加快发展，国家将在税收政策上对西部实行倾斜。

四是促进中小型民营企业的发展。2003 年 1 月 1 日起，我国实行《中华人民共和国中小企业促进法》，建立中小企业发展基金，帮助其发展。在具体政策上，则有放宽中小企业进入领域，取消对中小企业贷款、融资、股票上市的歧视性规定，简化中小企业投资项目的审批手续等。

2. 小的政策环境

国家和各级政府为鼓励和支持大学生自主创业，相继出台了一系列有利于大学生自主创业的政策，这就为有志于成就一番事业的大学生提供了一个发挥其聪明才智的广阔空间和活动的平台。小的政策环境可分为中央政策和地方政策两大类。中央政策在全国通用，地方政策由各地政府制定，在当地适用。在此，主要介绍中央政策，地方政策可向当地政府相关部门查询。针对大学生自主创业的中央政策主要有如下方面。

（1）教育部颁布政策。2000 年 4 月，教育部出台政策规定：大学生、研究生（硕士生、博士生）可以休学保留学籍，创办高新技术企业。2002 年 3 月，国务院办公厅转发教育部等部门《关于进一步深化普通高等学校毕业生就业制度改革有关问题意见的通知》（国办发〔2002〕19 号）中明确规定，“鼓励和支持高校毕业生自主创业，工商和税收部门要简化审批手续，积极给予支持”，“到非公有制单位就业的高校毕业生，公安机关要积极放宽建立集体户口的审批条件，及时、便捷地办理落户手续”。

（2）国务院办公厅下发通知。2003 年 5 月，国务院办公厅下发了《国务院办公厅关于做好 2003 年普通高等学校毕业生就业工作的通知》（国办发〔2003〕49 号），鼓励高校毕业生自主创业和灵活就业，通知规定：“凡高校毕业生从事个体经营的，除了国家限制的行业外，自工商部门批准其经营之日起 1 年内免交登记类和管理类的各项行政事业性费用。有条件的地区由地方政府确定，在现有渠道中为高校毕业生提供创业小额贷款和担保。”

（3）财政部、国家发展和改革委员会联合发文。2003 年 6 月，财政部、国家发展和改革委员会联合下发《关于切实落实 2003 年普通高等学校毕业生从事个体经营有关收费优惠政策的通知》（财综〔2003〕48 号），为切实落实国办发〔2003〕49 号文件精神，鼓励高校毕业生自主创业和灵活就业，提出了六项有利于高校毕业生自主创业的政策规定。

（4）劳动与社会保障部出台措施。2003 年 6 月，劳动与社会保障部在《关于贯彻落实国务院办公厅关于做好 2003 年普通高等学校毕业生就业工作的通知若干问题的意见》（劳社部发〔2003〕14 号）文件中，明确规定：“各地劳动保障部门要认真总结近年来开展创业培训工作的经验，积极组织面向高校毕业生的创业培训，并与就业指导、咨询服务、后续扶持有机结合起来。充分利用各级劳动保障部门远程创业培训网络和创业培训的项目，集中开发一批适合高校毕业生的创业项目库，搜集一批创业信息，为高校毕业生创业提供帮助。”

（5）国家工商总局积极落实。2003 年 6 月 18 日，国家工商总局在国务院办公厅通知的精神指导下出台了一项具体措施，即对 2003 年普通高校毕业生从事个体经营进行免除五项收费的优惠政策。除了桑拿、按摩、建筑、娱乐、广告等国家限制的行业外，大学毕业生可自经营之日起的 1 年内，免交个体工商户登记注册费、管理费、集贸市场管理费、经济合同鉴定费、经济合同示范文本工本费。

（6）团中央等四部委积极引导。2003 年 6 月，共青团中央、教育部、财政部、人事部联合下发《关于实施大学生志愿服务西部计划的通知》（中青联发〔2003〕26 号），为鼓励大学毕业生到西部地区工作和创业制定了一系列优惠政策，以多种形式引导毕业生到西部地区工作，满足西部开发对人才的需求。文件中规定了激励表彰和经费保障政策，并鼓励大学毕业生自主创业。

（7）发改委积极支持。2003 年 9 月，国家发展和改革委员会下发《关于鼓励中小企业聘用高校毕业生搞好就业工作的通知》（发改企业〔2003〕1209 号），鼓励高校毕业生自主创业。明确规定各有关部门要加强对高校毕业生创业的辅导，开展多渠道、多层次的创业培训活动，帮助他们树立主动创业的精神，掌握企业经营与管理知识，提高捕捉商机的本领和处理问题的能力。高校毕业生从事个体经营和创办企业的，任何部门不得在法律、行政法规之外设置其他登记类前置性审批条件。高校毕业生在各级中小企业管理部门组织的创业基地内设立企业的，除国家限制的行业外，自工商部门批准其经营之日起 1 年内免交创业基地收取的各项行政事业性收费。列入全国中小企业信用担保体系试点范围的担保机构，应当优先为高校毕业生创业活动提供小额贷款担保。

（8）政策又有新高度。2005 年 6 月，中共中央办公厅、国务院办公厅印发了《关于引导和鼓励高校毕业生面向基层就业的意见》的通知（中办发〔2005〕18 号）。积极鼓励、支持高校毕业生到基层自主创业。对高校毕业生从事个体经营的，除国家限制的行业外，自工商行政管理部门登记注册之日起 3 年内免交登记类、管理类和证照类的各项行政事业性收费。要加强对大学生的创业意识教育和创业能力培训，为到基层创业的高校毕业生提供有针对性的项目、咨询等信息服务，对其中有贷款需求的提供小额贷款担保或贴息补贴。有条件的地区，可通过财政和社会两条渠道筹集“高校毕业生创业资金”。

【最新资讯】

优化大学生创新创业环境

推动落实大学生创新创业财税扶持政策

加强对大学生创新创业的金融政策支持

二、创业的经济环境（简称为 E）

经济环境指的是国家或地区的整体经济状况，包括经济发展水平、社会经济结构、经济体制、宏观经济政策、物价水平、劳动力情况等。

经济发展水平通常是指一个国家或地区的经济发展规模、速度和达到的水平。创业者首先应该考虑的主要指标包括所在经济环境的国民生产总值（GNP）总额和人均 GNP、某一地区的失业状况、消费者的可支配收入等。通常在不考虑人口因素的情况下，GNP 越高，市场规模就越大；但是市场的需求主要是由人们的购买能力决定的，因此，人均 GNP 基本上决定了人均收入水平，从而决定居民的购买力，这是决定市场需求的基本因素。同样地，就业状况、可支配收入等都是影响市场环境的主要因素。近几年来，我国的国内生产总值（GDP）增长率一直保持在 8%以上，对于创业者来说，整个宏观经济因素的持续良好无疑是一个十分有力的因素。

社会经济结构通常是指一个国家的产业结构、分配结构、消费结构、技术结构及所有制结构，其中产业结构的调整最为关键。了解这一点，有利于企业在制定战略时把握长远的方向和机会，推动企业发展。大力扶持高新技术企业已被列为我国政府新时期的主要任务之一，国家已经相继出台了诸多政策扶持措施。为了扶持、促进科技型中小企业技术创新，国务院还批准设立了用于支持科技型中小企业技术创新项目的政府专项基金，该基金鼓励并优先支持产、学、研的联合创新，优先支持具有自主知识产权、高技术、高附加值、能大量吸纳就业、节能降耗、有利于环境保护及出口创汇的各类项目。这类项目应该是大学生创业具有优势的项目。

经济体制决定了国家与企业、企业与企业、企业与各个部门之间的关系，并通过一定的管理手段和方法，调控和影响社会经济活动的范围、内容和方式。它对企业生存和发展的形式、内容和途径提出了系统的要求与条件。

三、创业的社会文化环境（简称为 S）

社会文化主要指一个国家或地区的民族特征、人口状况、社会阶层、价值观念、生活方式、风俗习惯、宗教信仰、伦理道德、文化传统等的总和。社会文化环境可以细分为社会环境，主要包括人口状况、社会阶层、相关群体等因素；文化环境，主要包括文化传统、价值观、风俗习惯等。

市场是由那些想购买产品同时又具有购买能力的人构成的，这种人越多，市场规模也就越大。因为人口的多少直接决定市场的潜在容量，而人口的年龄结构、分布、密度、流动性等状况，又会对市场需求格局产生深刻影响。老年人会有着明显不同于年轻人的需求；同样，男性与女性、南方人与北方人在需求结构、消费习惯和方式上，也会有明显的差异；而且社会成员又可按一定的社会标准划分为若干阶层，同一阶层通常有相同的价值观念、生活方式和相似的购买行为。因此，大学生在进行创业时，首先应对自己的产品消费对象或服务对象有一个清楚的定位，应当密切注意人群特征以及发展动向，不失时机地辨明和利用人口状况带来的市场机会。

四、创业的科技与教育环境（简称为 T）

科技与教育环境指一个国家或地区的科技发展水平、国民受教育程度、人力资源的开发程度以及教育方式等。

科学技术是第一生产力，通过技术创新和技术进步来推动经济的发展已成为一种世界性的潮流。谁能够找到并利用新的技术，满足市场新的需求，谁就能在市场中立于不败之地。反之，如果企业墨守成规、闭门造车，必将被市场淘汰，所以创业者必须特别注意国内外最新的科技发展变化及发展趋势。作为大学生创业者，年轻有知识，学习能力强，不仅要从国内的技术环境出发，更要紧紧把握国际前沿的技术变化趋势，识别和评价技术机会与威胁。

【专论摘要】 适应环境的变化　到 2025 年，数字经济将成为中国经济的半壁江山

【最新资讯】 中共中央、国务院印发《数字中国建设整体布局规划》

第二节　创业的地区和行业环境

地区和行业环境相对于宏观环境来说，对创业者的影响更为直接，也更为具体。如省市地方政府的相关政策、社区政策等；还有公众压力集团，如当地居民、环保组织、其他利益集团的态度等。而行业分析，典型的方法是波特的五力模型。

一、创业的地区环境

所谓地区环境，顾名思义，就是相对于整个国家而言，每一个企业必须设立在一定的区域内，因而新创企业必然受到这个区域的环境影响。分析地区环境，关键在于思考新创企业相对于这个地区内其他企业的规模、影响程度，自身的发展前景有多大。

新创企业在一个地区内的重要性和影响能力，一方面取决于企业的营业额、员工数量和纳税额，另一方面与新创企业对该地区所做的其他贡献有关。地方政府总希望通过新创企业将顾客引入当地后，能够间接地为其他企业带来更多的销售额。如新创的旅游公司应能为当地商场、宾馆带来新的消费者和更多的营业额；新创的产品型企业应使当地的资源得到有效的开发利用；新创的科技公司应能充分利用、挖掘当地的技术资源，吸收和培养更多科技人才。因而，在新创企业为当地的经济、社会发展做出贡献的同时，也赢得了该地区的支持和客户的忠诚。

创业者在创业时对地区环境的评价应主要考虑以下因素。

（1）创业者对该地区的熟悉程度。

（2）创业者在该地区内有多大的影响力。

（3）拟创立的企业在该地区内会产生怎样的影响。

（4）哪些有影响的地区成员将支持或反对你要创办的企业。

（5）创业者有特别的人际关系技能来培养关键的地区关系吗？

（6）可以采取什么样的实际步骤来加强地区的支持和使当地创业机会最大化。

（7）可以采取什么样的实际步骤来减少地区的反对和使当地问题最小化。

二、创业的行业环境（波特五力模型）

任何一个新创企业都可以也必然归类为某一行业或某几个行业，因此，行业分析对新创企业十分重要。一般来说，新创企业的行业环境分析主要关注两个问题：一是行业内的竞争程度及变化趋势，二是行业所处的生命周期。如果行业内竞争已十分激烈，进入壁垒高或行业已处于夕阳阶段，新创企业成功的概率就不高，即使成功也十分艰难。美国学者迈克尔·波特的五种力量模型较好地反映了新创企业的行业环境因素。他认为现有市场竞争者、潜在的进入者、供应商、消费者和替代品生产者决定了一个产业的竞争力，构成了行业环境因素，见图 5-1 中间部分。

【个案介绍】 **“迷你裙”是机会吗**

苏州某时装店主李文，某年春节从好几份刊物上注意到夏天可能流行迷你裙，同时他还留意到由于这个信息传递得较广、较快，所以同行们也都开始悄悄地准备采办货物了。于是，李文估计了一下其所处的市场，市场里的同行前一段时间共购进的迷你裙不下 5000 条，到时一起抛出，市场一定饱和。最后，李文又找了各种最新资料，并从各地朋友那儿得到了最新信息，反复分析，最终决定以进呢料西装裙和绒线连衣裙为主，以迷你裙为辅。结果，当年夏天，由于供大于求，迷你裙不久便滞销了。这时，别的店主都一筹莫展，有的甚至不惜血本大削价，而李文却抛出呢料西装裙和绒线连衣裙，果然双重盈利。

1. 现有竞争对手分析

企业面对的市场通常是一个竞争市场，同种产品的制造和销售通常不止一家企业。多家企业生产相同的产品，必然会采取各种措施争夺用户，从而形成市场竞争。当创业者选择进入某一行业时，就要对行业内的现有竞争对手进行分析。其主要分析内容如下。

（1）基本情况的研究，包括竞争对手的数量有多少，分布在什么地方，它们在哪些市场上活动，各自的规模、资金技术力量如何，其中哪些对自己的威胁特别大等情况。

（2）主要竞争对手的研究。基本情况研究的目的是要找到主要的竞争对手，要分析其之所以能对本企业构成威胁的主要原因，是技术力量雄厚、资金多、规模大，有人才优势还是其他原因，以帮助企业制定相应的竞争策略。

（3）竞争对手的发展动向。密切关注竞争对手的发展动向就要收集有关资料，分析竞争对手可能开发哪些产品、开辟哪些新市场，从而帮助企业先走一步，争取时间优势，使企业在竞争中取得主动地位。

2. 潜在竞争对手分析

一种产品开发成功，会引来许多企业的加入，特别是那些进入壁垒不高的行业。新厂家进入某行业的可能性大小，既取决于由该行业特点决定的进入难易程度，又取决于现有创业者可能做出的反应。因而，创业者在创业时就应考虑自己的新创企业会引来多少跟风者，如何保持自己的优势。要减少潜在竞争对手的加入，创业者可以采取以下措施。

（1）加大进入壁垒。进入壁垒分为很多种：如技术壁垒，创业者拥有某种权利，从而可以限制他人生产相关产品或从事此行业；资金壁垒，新创企业的资本要求非常高，也会阻止较多的新厂家进入。当然，对于大学生创业者来说，能树起资金壁垒也非易事。

（2）产品差别。不同企业提供的产品并不是完全均质的，必然存在着某种程度的差异。创业者要使自己的产品或服务区别于其他企业，且这种差异并非能轻易模仿。

3. 替代品生产厂家分析

不同的产品，其外观形状、物理特性可能不同，但完全可能具备相同的功能。产品的使用价值或功能相同，能够满足消费者相同的需要，在使用过程中就可以相互替代，生产这些产品的企业之间就可能形成竞争。因此，行业环境分析还包括对生产替代品企业的分析。

替代品生产厂家的分析主要包括两方面内容：一是确定哪些产品可以替代本企业提供的产品，二是判断哪些类型的产品可能对本企业（行业）经营造成威胁。这里主要考虑性价比的问题，如果两种可能互相替代的产品性价比相同，其之间的竞争则会激烈；如果两种可能互相替代产品的性价比悬殊较大，则相互间不会造成实际的威胁。

4. 用户分析

用户在两个方面影响行业内企业的经营：其一是用户对产品的总需求决定着行业的市场潜力，从而影响行业内所有企业的发展边界；其二是不同用户的讨价还价能力会诱发企业之间的价格竞争，从而影响企业的获利能力。前者要考虑的问题主要有了解用户需求的内容、趋势和特点，用户的消费心理、消费习俗及层次等，既要努力满足用户的需要，又要积极引导需求，创造新的市场；后者要考虑的问题主要有用户购买量的大小、企业产品的性质、企业产品对用户的重要性等。

5. 供应商分析

供应商向行业内的企业提供原材料、零部件等投入性资源。为创业者所在行业提供产品和服务的供应商的数量、特点和态度是供应商分析中要评价的因素，数量的多少决定了供应商的垄断性及在商务谈判中所处的地位，而特点和态度则关系到相互关系的稳定性和融洽程度，也关系到创业者超过竞争对手取得与供应商良好合作关系的难易程度。

【个案介绍】 **大学生立志要做"破烂王"**

三个大学生毕业后一头钻进废品堆，要做破烂王，而且还雄心勃勃地要把收破烂这个事业做大做强。是别无选择，还是少年壮志？沈阳市于洪区大方士村卓创废品收购站的办公室内，悬挂着三个人的口号：做行业先锋，树回收典范。收购站的法人代表吴明煊说，这是他们的理想，他们要通过自己的努力和奋斗，让人们重新看待这个行业。

吴明煊是 2006 年东北大学金融专业的应届本科毕业生，两个合伙人一个叫吕明江，一个叫王羽，一个是同学，一个是室友。三个人性格各异，却是铁杆朋友，他们聚在一起，要圆自己的创业梦。

入行废品收购

吴明煊说，2006 年 4 月，曾在沈阳市委组织部高级经营人才管理中心实习过几个月，在签合同时，他却选择了人们眼中"实在不行了"才从事的职业。

做这行的想法是吴明煊先想出来的，然后他把自己的想法和吕明江、王羽说了，两个朋友都支持。在随后的两年里，他们一面搜集这个行业的相关资料，一面调查沈阳这个行业的现状。经过考察，他们发现这个行业"很有赚头"。据悉，沈阳市的废品收购从业人员的月平均收入可达 1500 元到 2000 元，这个数字要比沈阳市民的平均月收入高数百元。吴明煊坦率地说，作为金融专业的学生，他选择这个行业，是算过经济账的，不完全是凭头脑发热"作秀"。

吴明煊是大连人，父母从医，面对儿子的选择，两个老人选择了尊重和支持。"那辆车就是爸妈给我买的，他们希望我做好自己的事业，创出自己的天地。现在我们三个人都有驾照。"吴明煊指着院子里的一辆灰色中华轿车说。在轿车旁停着一辆白色的面包车，吕明江说是他家借给公司拉废品等公事用的。面对三个年轻人的选择，三个家庭都选择了全力支持。

7 月 20 日，怀揣着家人的 10 万元启动资金，名为卓创的废品收购公司正式注册。为节约资金，租用的 700 平方米库房以及办公室，是三个人自己装修的，王羽因为喷漆，还摔成了骨折。9 月 9 日，卓创公司正式开业。

给自己立规矩

一楼仓库里有废品，办公室里有一张写字台、几把椅子，二楼卧室里有土炕，院子里的这些东西就是公司的全部。"别看我们现在每天收废品、卖废品，但总有一天，我们会把我们的企业做大，所以从创业的第一天起，我们就严格地按优秀企业的管理模式来要求自己。"吴明煊说。为了让废品收购站立住脚，发展起来，他们给自己立了许多规矩。

"最重要的就是诚信"，王羽说这个行业有许多约定俗成的不良的东西，例如，以卖废铁的为例，流动收购的他们大都在好铁里面夹杂着破铁来卖，然后收购站再把买到的次品卖到铁行去；还有的就是收购时在秤砣上做文章，"你想铁行收购铁才每公斤 1.6 元，有的收购站就按 1.6 元收，他不在秤上做手脚，赚什么钱”。所以，他们入到这行后，就严格要求自己，坚决不做这些影响名声的事情，而要从长远着手。因为做生意实诚，他们现在和几个厂家都建立了良好的合作联系。

而面对以次充好的流动收购人员，他们却选择了第二条规矩，就是要微笑服务，“这些人也都挺不容易的，他们面对的是生存而不是生活，而且从事这行时间长了也油了，看到他们以次充好，我们就笑呵呵地点点他，然后以正品的价格收购，两三次后，他们就不好意思再这样做了。”王羽说。

“别小看这行，学问大了。”吕明江说，现在他们只做报纸和金属收购，因为和一个老师傅学了这两样的门道，虽然基本出师了，但在一些金属鉴别上，还是欠火候，所以还是能收到一些赝品和次品。

三个年轻人在收卖废品的过程中，如饥似渴地学习，这些知识是书本中没有的，除了学习，每天他们要不停地对废品进行整理、分类、销售，要出外谈业务，常常忙到午夜，但躺在简陋的床上，他们的眼睛依旧闪闪发光。他们知道：“看似在做些大学生不应做的事情，但只有从基础做起，才能在竞争中胜出。”

创新服务内容

“诚信和微笑虽然是企业发展的必需，但也是常规的打法，只有拥有自己的特色，才能脱颖而出。”吴明煊说，现在他们率先在沈阳的废品回收行里实行了会员制。“现在一共有 48 名会员，一元一分，每月进行统计，积累到一定的交易额，就给相应的优惠或是奖励。”会员制，不仅可以刺激流动收购人员的积极性，而且可以掌握他们的情况，因为在会员卡上要登记姓名、籍贯等。“这大学生就是不一样，不仅价格公道，还热心肠。”来自河南的谢贺兵说。他说，头一次听说卖废品也可以积分，所以成为会员后，就再没去过别人家。

吴明煊说，会员制只是自己为完成近期目标而采取的措施，他的中期和远期目标是选准目标做再生资源的深加工，并建立一种模式，即流动收购车队和固定回收亭结合，统一管理、规范这个行业。“统一”包括统一培训、统一编制、统一标志、统一着装、统一计量工具、统一收购范围、统一收购价格等。他说，当然这一切都需要政府有关部门的支持。他说，这些想法并非空穴来风，在北京等地已经有了比较成形的模式。

他说，再生资源的利用上，沈阳没有什么成功经验，回收率低，资源浪费严重，技术落后。他马上就要到乌鲁木齐去学习塑料类的再加工，他说，现在再加工这块市场主要是南方在做，他们把北方的废品拉回去加工，再送回北方，一来一走，价格可是天壤之别。他说看过一个相关统计，沈阳市场有 80%～90%的再生资源流动到外地。

他说，为提高流动收购人员的素质，我们和沈阳市再生资源办公室达成协议，在我们这儿成立流动收购人员培训基地，由他们定期举行培训，培训内容包括行业知识等，希望通过潜移默化的教育，能够重新树立行业形象。

——摘自王昕．大学生毕业后开始收废品，立志要做“破烂王”．辽宁日报，2006-09-21

点评：

事有凑巧，当年 10 月 11 日，2006 年度“胡润百富榜”揭晓。玖龙纸业董事长张茵以 270 亿元的绝对优势荣登首富宝座，同时也成为中国第一位女首富，也是世界上最富有的女性白手起家创业者。其女性身份和白手起家的传奇经历，更让我们为之感叹。然而，更巧的却是出生在黑龙江的张茵就是靠废纸回收再生产起家并问鼎首富的。

1985 年，27 岁的张茵仅带了 3 万元到香港地区创业，并以废纸回收再生产挖到第一桶金，6 年左右完成原始积累。在早期做废纸贸易时，为了弥补内地造纸原料的短缺，张茵和丈夫就把重点放在供应内地废纸市场上，并很快打开了销路，最终占领了内地 70%以上的再生纸原料市场。

1987 年，张茵开始在内地选择投资合作伙伴，第一站是她的祖籍东北。张茵和辽宁营口造纸厂合资，并很快获得了成功。随后，她又与武汉东风造纸厂、河北唐山造纸厂进行合资，使投资规模进一步扩大。1988 年在广东东莞建立了自己的独资工厂——东莞中南纸业有限公司，主要生产生活用纸，产品遍及全国各地。

然而香港地区的废纸资源不能使张茵实现“废纸大王”梦。于是，1990 年 2 月张茵到了美国，开始了新的创业。1996 年，中国的高档包装纸出现了供不应求的局面，尤其是高级牛卡纸，几乎全部从国外进口。张茵及时抓住了这一历史性机遇，决定建立东莞玖龙纸业有限公司，主要生产高档牛卡纸。目前正进行三期工程扩建，届时生产规模将超过 100 万吨，成为世界上可数的巨型包装用纸生产企业之一。

吴明煊和他的伙伴们也正是要从投资不大的废品收购切入这一领域，然后走上再生资源深加工的道路，与张茵的成功之路有着惊人的相似。分析此案例，至少有以下几点值得我们特别注意。

一是深思熟虑。他们在读书时，就用了两年时间对这个行业和沈阳的现状进行了深入调研，才在毕业时下定决心投身该行业，创立了卓创废品收购站，同时也赢得了家人的支持。

二是认清大势。我们国家正在大力倡导建设资源节约型、环境保护型的国家，对环境保护和资源再生利用非常重视，这就是机遇。同时，国家鼓励大学生自主创业，为此，他们的这一想法也得到了沈阳市再生资源办公室的支持，还在卓创设立了流动收购人员培训基地。

三是思路清晰。近期目标是“做行业先锋，树回收典范”；中期和远期目标是选准目标做再生资源的深加工。目前，沈阳市场有 80%～90%的再生资源流到外地，再加工这块市场主要是南方在做。北方的废品运去加工，再运回，一去一来，成本大大提高，因此在北方开展再加工是大有可为的。

四是他们勇于学习和创新。会员制大家已不陌生，大卖场、连锁超市等领域已广泛采用，然而在废品收购领域却鲜为人用。他们的会员制引入取得了初步成效。

第三节　捕捉创业机会——创造商机、催生商机、把握商机

我们正处在一个充满机会的年代。机会，是一个神圣的因素，就像夜空中偶尔飞过的

流星，虽然只有瞬间的光辉，却照亮了漫长的创业里程。机会对于所有的创业者都是均等的，每个创业者都不缺少机会。不同的是，有的人机会来了，抓住不放，创出了一番事业；有的人面对机会，却无动于衷、错失良机、一事无成。其中的关键就是对机会的识别和把握。创业机会具有以下特征使我们难以识别和把握。

（1）隐蔽性。机会是一种无形的事物，人们只能凭感觉意识到它的存在，而无法用视觉看到它。机会总是隐藏在社会现象的背后，其真相往往被掩盖着，通常很难找到它的踪影。正如法国文学大师巴尔扎克所说："机会女神总是披着面纱，难以让人看到她的真面目。"也正因为机会的这种隐蔽性特征，才使它在人们的心目中是如此的神秘和可贵。如果机会没有了隐蔽性，人们一眼便能看到它，一伸手就能摸到它，那么也就不称其为机会了。

（2）偶然性。机会在大多数情况下是偶然促成的。尽管它普遍地存在于人们身边的事物中，但人们并不容易捕捉到它。人们越是刻意地寻找机会，越是难以见到它的踪影，而当你在毫无精神准备的时候，它却突然出现在你的面前。在寻找机会的过程中，人们都曾有过"众里寻他千百度"的艰辛，但也有"蓦然回首，那人却在灯火阑珊处"的意外收获。

（3）易逝性。机会最显著的特征是它的易逝性，正所谓"机不可失，时不再来"。机会的易逝性表现在：一是稍纵即逝，二是一去不返。虽然天天都可能会有机会出现，但同样的机会是不会重新再来的。同时，由于机会往往是被社会所共有的，只要你稍一迟疑，机会就会被别人抢走。

（4）时代性。机会总是与时代紧密联系在一起，具有鲜明的时代特征。所谓机会的时代性，是指一定时代对各种机会打上的烙印和赋予的社会的、民族的、时代的色彩。时代是机会的土壤，好的时代能培养出大量的机会，为人们的成功提供条件；而差的时代则像碱性土壤，荒无生机，很少有成功的机会和可能。

在商战中，如果把企业实力比作杠杆，那么商机则是这根杠杆的支点。企业如果能抓住商机，就能抢先一步占领市场。

创业机会是指创业者可以利用的商业机会。创业机会识别是创业的关键之一，它是创业的起点。创业过程就是围绕着商业机会进行识别、开发、利用的过程。本质上，成功创业者就是正确识别商业机会并将其转化为成功企业的人。因此，如何正确识别创业机会是创业者应当具备的重要技能。机会识别一半是科学，一半是艺术。

美国人李维斯看到采矿工人工作时跪在地上，裤子膝盖部分特别容易磨破，于是他灵机一动，把矿区里废旧的帆布帐篷收集起来，洗干净重新加工成裤子，"牛仔裤"就这样诞生了，而且风靡全球。李维斯将问题当作机会，最终实现了致富梦想。创业需要机会，而机会要靠发现。

我们在讲授创业学这门课程的时候经常会询问同学们的创业项目，见到最多的项目有健身房、咖啡厅、补习班、饭店等，大家似乎只有这几个方向。现实的世界有太多的项目可以去发掘，只是学生生活的圈子较为局限，眼界不够开阔，这也是许多创业者的局限。这些项目可落地性强，启动资金相对不高，但面对的竞争也就很大，很难产生壁垒。

《隐形冠军》一书中介绍了很多不同行业各种各样的经营项目，或许能帮助大家开阔眼界，提供新的创业思路和经营思路。隐形冠军的含义："隐形"的意思是指这些企业几乎不为外界所关注；而"冠军"则是说，这些企业几乎完全主宰着各自所在的市场领域，它们占有着很高的市场份额，有着独特的竞争策略，往往在某一个细分的市场中进行着专心致志的耕耘。这些占据世界销售额度较大的公司有生产铅笔的，有生产医院病床轮子的，有生产伸缩狗链的，有生产车牌的，有生产胶黏剂的，有生产三脚架的，有生产大幅舞台帷幕的，有生产热成型包装机的，有专门制造过山车的，等等。

创业者如何寻找适合自己的创业机会？如何在茫茫商海之中把握创业商机？创业机会无处不在，关键是要靠发掘。本节将着重介绍识别和捕捉商机的方法。

一、创业商机的五大来源

（1）问题。企业的根本是满足顾客需求，而顾客需求没有得到满足就是问题。寻找创业机会的重要途径，就是善于去发现和体会自己和他人在需求方面的问题或生活中的难处。例如，有一位大学生发现学生放假时有交通难问题，于是创办了一家客运公司，专做大学生的生意，这就是把问题转化为创业机会的成功案例。

（2）变化。著名管理大师将创业者定义为那些能“寻找变化，并积极反应，把其当作机会充分利用起来的人”。产业结构变动、消费结构升级、城市化加速、人们观念的改变、政府改革、人口结构变动、居民收入水平提高、全球化趋势等这些都是变化，其中都蕴藏着大量的商机，关键要善于发现和利用。例如，居民收入水平提高，私人轿车的拥有量将不断增加，这就会派生出销售、修理、配件、清洁、装潢、二手车交易、陪驾等诸多创业机会。

（3）创造发明。创造发明提供了新产品、新服务，更好地满足顾客需求，同时也带来了创业机会。例如随着计算机的诞生，计算机维修、软件开发、计算机操作培训、图文制作、信息服务、网上开店等创业机会随之而来，即使你不发明新的东西，你也可能成为销售和推广新产品的人，从而给你带来商机。

（4）竞争。商场竞争非常残酷，但既是挑战，也是机会。如果你看出了同行业竞争对手的问题，并能弥补竞争对手的缺陷和不足，这就将成为你的创业机会。因此，平时做个有心人，多了解周围竞争对手的情况，看看自己能否做得更好，能否提供更优质的产品，能否提供更周全的服务。如果可以，你也许就找到了创业机会。

（5）新知识、新技术。知识经济的一个重要特征就是信息爆炸，技术不断更新换代，这些都蕴藏着大量的商机。例如，随着健康知识的普及和技术的进步，仅仅是日常的饮水问题就带来了不少创业机会，各种净化水技术派生出诸多的饮用水产品和相应的饮用水供应站，上海有不少创业者是通过加盟“都市清泉”走上创业之路的。

【精彩链接】　发掘创业机会的七种方式

二、如何识别创业商机

当你看到了创业商机之后，接下来就需要考察商机的可行性。有想法、有点子只是第一步，并不是每个大胆的想法都能转化为创业机会。那么，如何判断一个好的商业机会呢？《21 世纪创业》的作者杰夫里·A.第莫斯教授提出，好的商业机会具有四个特征：第一，

它很能吸引顾客；第二，它能在你的商业环境中行得通；第三，它必须在竞争对手想到之前及时推出，并有足够的市场推广的时间；第四，你必须有与之相关的资源，包括人、财、物、信息、时间以及技能。

【精彩链接】 成功的创业机会识别所需的条件

创业机会以不同形式出现。虽然以前的研究中，焦点多集中在产品的市场机会上，但是在生产要素市场上也存在机会，如新的原材料的发现等。许多好的商业机会并不是突然出现的，而是对于“一个有准备的头脑”的一种“回报”。在机会识别阶段，创业者需要弄清楚机会在哪里和怎样去寻找。

1. 现有的市场机会

对创业者来说，在现有的市场中发现创业机会，是很自然和比较经济的选择。一方面，它与我们的生活息息相关，我们能真实地感觉到市场机会的存在；另一方面，由于总有尚未全部满足的需求，在现有市场中创业，能减少机会的搜寻成本，降低创业风险，有利于成功创业。现有的创业机会存在于不完全竞争下的市场空隙、规模经济下的市场空间、企业集群下的市场空缺等。

（1）不完全竞争下的市场空隙。不完全竞争理论或不完全市场理论认为，企业之间或者产业内部的不完全竞争状态，导致市场存在各种现实需求，大企业不可能完全满足市场需求，必然使中小企业具有市场生存空间。中小企业与大企业互补，满足市场上不同的需求。大中小企业在竞争中生存，市场对产品差异化的需求是大中小企业并存的理由，细分市场以及系列化生产使得小企业的存在更有价值。

（2）规模经济下的市场空间。规模经济理论认为，无论任何行业都存在企业的最佳规模或者最适度规模的问题，超越这个规模，必然带来效率低下和管理成本的提升。产业不同，企业所需要的最经济、最优成本的规模也不同，企业从事的不同行业决定了企业的最佳规模，大中小企业最终要适应这一规律，发展适合自身的产业。

（3）企业集群下的市场空缺。企业集群主要指地方企业集群，是一组在地理上靠近的相互联系的公司和关联的结构，它们同处在一个特定的产业领域，由于具有共性和互补性而联系在一起。集群内中小企业彼此间发展高效的竞争与合作关系，形成高度灵活专业化的生产协作网络，具有极强的内生发展动力，依靠不竭的创新能力保持地方产业的竞争优势。

2. 潜在的创业机会

潜在的创业机会来自新科技应用和人们需求的多样化等。成功的创业者能敏锐地感知社会大众的需求变化，并能够从中捕捉市场机会。

新科技应用可能改变人们的工作和生活方式，出现新的市场机会。通信技术的发展，使人们在家里办公成为可能；互联网的出现，改变了人们工作、生活、交友的方式，网络游戏的出现，使成千上万的人痴迷其中，乐此不疲；网上购物、网络教育的快速发展，使信息的获取和共享日益重要。

需求的多样化源自人的本性，人类的欲望是很难得到满足的。在细分市场里，可以发掘尚未满足的潜在市场机会。一方面，根据消费潮流的变化，捕捉可能出现的市场机会；另一方面，根据消费者的心理，通过产品和服务的创新，引导需求并满足需求，从而创造一个全新的市场。

3. 衍生的市场机会

衍生的市场机会来自经济活动的多样化和产业结构的调整等方面。

首先，经济活动的多样化为创业拓展了新途径。一方面，第三产业的发展为中小企业提供了非常多的成长点，现代社会的人们对信息情报、咨询、文化教育、金融、服务、修理、运输、娱乐等行业提出了更多更高的需求，从而使社会经济活动中的第三产业日益发展。由于第三产业一般不需要大规模的设备投资，它的发展为中小企业的经营和发展提供了广阔的空间。另一方面，社会需求的易变性、高级化、多样化和个性化，使产品向优质化、多品种、小批量、更新快等方面发展，也有力地刺激了中小企业的发展。

其次，产业结构的调整与国企改革为创业提供了新契机。党的十六大报告指出："要深化国有企业改革，进一步探索公有制特别是国有制的多种有效实现形式，大力推进企业的体制、技术和管理创新。除极少数必须由国家独资经营的企业外，积极推进股份制，发展混合所有制经济。"因此，随着国企改革的推进，民营中小企业除了涉足制造业、商贸餐饮服务业、房地产等传统行业领域，将逐步介入中介服务、生物医药、大型制造等有更多创业机会的领域。

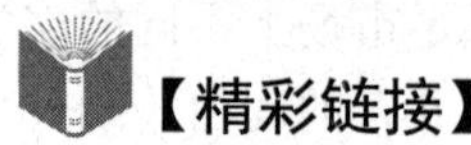

【精彩链接】　　如何培养发现商机的能力

三、选择创业项目的原则与思路①

调查显示，在我国，个人创业的成功率是比较低的。如此多的创业项目失败，不但造成创业者个人财富的巨大损失，而且浪费了一定的社会资源。究其原因，除了创业过程本身客观具有的高风险，创业者选择创业项目的方法失当也是一个重要原因。如果创业者在选择创业项目时采取科学的思路与方法，准确识别和把握市场机会，做到有的放矢，不仅能够在很大程度上降低创业风险，而且可以有效提高创业成功率。

1. 选择创业项目的原则

如果一个人确实具备创业者素质并有创业打算，那么他在创业准备期，不应该急于考察和选择具体项目，也不必考虑资金筹集、人员组织等常规性经营问题，而是要认真思考并接受一些重要的理念和行为准则。这些理念和行为准则可以帮助创业者在选择项目时不犯或少犯错误，最大程度上减少投资风险。

（1）知己知彼原则。从某种意义上讲，创业活动是一场惊心动魄的战斗，创业者本人不但是这场战斗中的战斗员，也是指挥员。为取得战斗的胜利，必须做到知己知彼。

① 杨爱平：选择创业项目的原则与思路，http://blog.sina.com.cn/s/blog_5dc0bfcf0100bj6v.html

所谓知己，就是创业者在选择项目之前，应该对自己的状况有清楚的认识和判断。例如，自己可以提供多少创业资金，有哪些从业经验和技能专长，自己的兴趣和爱好是什么，社会关系状况如何，自己在性格上有哪些优势和弱点，家庭成员是否支持等。从创业者本人的角度看，“知己”越深入，越详尽，就越容易找到扬长避短并适合自己的项目，越能提高创业成功率。

所谓知彼，就是要了解创业所在地的社会经济环境。要认真分析当地的发展政策，包括产业结构政策、金融政策、税收政策、就业政策等；当地的消费环境，如居民的购买力水平、购买力投向、购买习惯等；当地的自然和人文资源，包括具有市场开发价值的工业原料和农林牧渔产品、传统的生产加工技术、独特的自然和人文景观等；当地市场的竞争强度，包括拟选择项目所在行业的竞争者数量、规模、实力水平等。深入考察创业环境能够帮助创业者开阔视野，敏锐地捕捉到市场机会，增强项目选择的合理性。

（2）自有资源优先原则。创业者在审视了创业环境之后，应该从中甄选出重点利用和开发的资源。甄选应贯彻自有资源优先原则。所谓自有资源，就是创业者本人拥有的或自己可以直接控制的资源，包括专有技术、行业从业经验、经营管理能力、个人社会关系、私有物质资产等。相对于其他非自有资源，自有资源的取得和使用成本往往较低；同时这些资源在利用过程中也容易使项目获得标新立异优势，在将来的市场竞争中占据主动地位。我国许多老字号品牌如“北京烤鸭”“山西老陈醋”，能够历经百年而长盛不衰，与这些品牌商家在最初创业时开发并有效利用自己的专有技术有密切关系。

（3）量入为出原则。在创业行动开始之前，不少创业者对未来满怀激情，雄心勃勃要干一番大事业，于是创业时必须考虑的财务问题往往被忽略，最终发展前景很好的项目因资金周转困难中途夭折，所以量入为出是创业者必须切实遵循的一个原则。首先，创业者要考虑项目启动需要的资金量是否可以承受。在当今国内银行信用和商业信用不是很发达的情况下，有些项目即便市场前景非常看好，但庞大的启动资金投入也足以让创业者望而却步。其次，后续资金投入规模也必须考虑。后续资金投入不足很可能造成创业者中途退出，成为他人创业路上的“铺路石”。最后，要考虑项目投入中固定部分和流动部分的合理比例，不能顾此失彼。

（4）短平快原则。出于先天条件不足，创业者在创业之前普遍缺乏资金、客户等资源，因此为尽快脱离创业“初始危险期”，使项目的运作进入良性循环，在同等条件下，应优先考虑那些“短平快”项目。这样操作一方面可以迅速收回投资，降低投资风险；另一方面即便项目后期成长性不好，创业者也可以选择维持经营或后期主动退出，利用挖到的“第一桶金”另寻出路。实践中，不少富豪目前经营的产业与当初创业时的选择大相径庭就说明了这一点。

【专论摘要】　　创业项目选择六要点

2. 选择创业项目的思路

在以上四个基本原则的指导下，需要创业者开动脑筋、睁大眼睛细致搜索创业项目。

当然这种搜索不是盲目的，而是要讲究方法和技巧。下面介绍一些思路供大家参考。

（1）关注政策变化。有变化就有机会。环境的变化往往可以带来商机。当前在众多的环境要素中，各地发展政策的优化是比较频繁的。这就要求有创业动机的人在日常生活中积极收集这些方面的信息，很可能在某个时间就会出现适合自己的机会。现在相当一部分成功的民营企业家，就是在我国改革开放初期，借助国家政策的变化，找到了创业机会，顺利起步。随着近几年改革开放政策的不断深化，涌现出的商机将会越来越多。举一个简单的例子：河南省叶县的农民根据国家粮食收购政策的变化——允许个体进入粮食流通领域，当起了粮食经纪人，既方便了农民卖粮，自己又获得了不菲的收益。不少人把这项业务作为长期事业来做。

（2）搜索市场空白。搜索市场空白可能是最简单、最直接的方法了。有空白就存在着巨大的消费需求。但问题是创业者本人看到的市场空白别人往往也能看到，即便你先看到，以后也容易被后来者模仿甚至超越。因此使用这种方法适合于寻找那些“短平快”的项目。等到别人回过神来，你已经赚得盆满钵满。在温州有一个拥有千万资产的老板叫叶建林，他创业成功的秘诀就是“生意一火就转行”。从开酒楼开始，陆续做过鞋革市场、大排档，现在又在做火锅店的生意。每一次他都创当地行业之先河，而且盈利颇丰。道理就在于他能敏锐地发现并抓住市场空白，捷足先登。

（3）发挥技能专长。创业者自身具备的技能是成功创业的有力武器，也是选择创业项目的重要依据。由于技能是创业者在以前工作过程中长期积累形成的，如果创业项目的运作与此项技能的运用密切相关，那么就比较容易形成自己的经营特色，他人难以模仿，而且也有助于实现项目的永续经营，同时经营中的技术问题也便于解决。基于这些优点，选择项目时创业者应尽可能挑选与自身技能密切相关的项目。需要说明的是，这里所说的技能涵盖项目运作过程中使用到的所有技术和能力，既包括生产技术，也包括经营管理技能，甚至创意能力等。河南泌阳的张海涛拥有桶壁飞车杂技技术，就凭此，他创建了一家民营飞车杂技团，并获得了成功。试想，他的创业项目还有比这个更合适的吗？

（4）利用自然资源和社会资源。俗话说，“靠山吃山，靠水吃水”，这种选择项目的途径应该说是最方便的了。自然资源是指创业所在地具备的在现代经济技术条件下能被人类利用的自然条件，如自然风景、气候、水土、地理位置、能源等。从创业选项的角度讲，这些自然资源应该具有独特性。社会资源内涵更为丰富，包含了除自然资源之外的所有物质，如民族风俗、传统工艺、人际关系等。由于当地独特的自然和社会资源不可复制，这使得借助这种方式选择的创业项目具有独占性，客观上提高了他人进入和竞争的门槛。黑龙江有一个叫黄季霜的人用当地一种特殊的草做成草笔，其使用性能已经远远超出了毛笔。经过他的精心运作，产品顺利打开了市场并获得了广大消费者的好评。

（5）改变经营模式。长期以来，人们总是习惯于一种固有的企业经营模式。这种模式由于屡见不鲜，便使得人们觉得这是最合理、最科学的选择。实际上，只要我们转换一个角度去观察和思考，在我们面前就会出现一个全新的世界。就像切苹果，我们总是竖着切，如果横着切，就会发现结果是如此的不同。同样的道理，如果我们把这种思想移植到企业经营领域，对某个产业的经营全过程进行全部或局部的重新整合，就可能产生商业机会。管理学将之称为“价值链重构”。美国的戴尔就是将计算机产业的价值链进行了重新设计，以直销代替从前至现在普遍运用的代理制销售模式，使戴尔公司一跃成为世界最著名的公司之一。戴尔本人也可以说是最成功的创业者之一。

（6）关注外围经营项目。任何一项具体的产业都是生产某种物质产品和提供某种劳务活动的集合体。其中包括众多相互关联、相互影响的经营项目，这些经营项目有核心和外围之分。例如，运输行业的核心经营项目是交通工具运输，外围经营项目则是零配件供应、燃料供应、交通工具修理等。人们往往看重的是核心经营项目，而对外围经营项目则漠不关心。殊不知，这些不显山不露水的项目借助“一荣俱荣”的便利，获取“一人得道，鸡犬升天”的效果。安徽有个聪明人叫奚兴根，在当地政府决定大力发展养蟹的时候，他却做起了供应蟹苗的生意；大家看到蟹苗生意火爆，纷纷进入的时候，他又去做成品蟹的销售生意；别人也卖成品蟹的时候，他又去做成品蟹交易市场。总之，他在成品蟹养殖这个产业核心项目外围打转转，靠着这种方法，他的项目做一个成一个。

（7）理性“跟风”。这种项目选择的思路看上去有些矛盾，因为人们一般把“跟风”和“盲目”联系在一起，觉得“跟风”没有吃肉的福，只有喝汤的份，搞不好连汤也喝不上。其实，“跟风”本身也不是完全不好，关键在于处理好在什么情况下跟、怎么跟的问题。首先，创业者要分析一下“拟跟项目”，它是否具备发展潜力，项目的生命周期是否长久，是否具备特色经营的可能性；其次，创业者要评估自身的状况，是否具备长期与竞争者抗衡的资金实力，是否拥有将“拟跟项目”做成特色品牌的能力等。当这些条件搞清楚以后，决定“跟风”就不是盲目，而是理性的了。

当然，选择创业项目的思路还有很多，如市场重新细分、产品重新定位等。限于篇幅，这里就不再一一介绍了。

【专论摘要】　　创业项目选择的四大步骤

根据上述一系列甄别方法对创业思路与备选项目进行展开和筛选，最终确定最适合自己的创业机会和项目开始创业。如何有效实施，请看第四篇“制胜战略”。

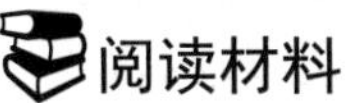

阅读材料　　产生构思的技法介绍　　把握利基市场

本篇小结

创业环境分为宏观环境和具体环境，宏观环境包括政治法律与政策因素、经济因素、社会文化因素和技术与教育因素四大方面，简称 PEST 分析；具体环境则包括地区环境因素和行业环境因素。在分析行业竞争时，美国学者波特从现有竞争者、潜在竞争者、消费

者与客户、供应商及替代品五个方面进行分析的方法（即波特的五力模型）被普遍接受。

创业商机来自创业环境，创业环境孕育着创业商机。从创业环境到创业商机，一般要经过创业思路、创业备选项目到真正的创业商机三个阶段。创业思路是创业商机之源，但只有经过筛选的创业思路才可能成为创业商机，5～10 个创业思路可能展开成为 100 个备选的生意，从中可能筛选出一个好的商机。没有大量的创业思路和备选方案，就不会有好的商机。因此，需要创业者广泛地搜集和大胆地设想，开发大量的创业思路和备选方案。

创业项目的选择要遵循知己知彼、自有资源优先、量入为出、短平快四个原则。在具体选择项目时，要把握以下要点：要选择适合自己的项目，要看准所选项目或产品的市场前景，要从实际出发，不贪大求全，要尽量选择潜力较大的项目来发展，要周密考察和科学取舍。

本篇思考题

1. 从宏观上，你如何看待目前的创业机会？从自身资源上，你又如何看待？
2. 结合本篇与前两篇的内容，谈谈你对目前大学生就业机会与挑战的看法。
3. 从具体环境，循着创业思路、创业备选项目、创业商机，挖掘一两个身边的创业机会。

第四篇　制 胜 战 略

战略没有好坏，适合自己的就是最好的。寻找适合自己的创业制胜战略是成功创业的关键。

——作者题记

内容提要

本篇从形成竞争优势的三大法宝，即低成本、差异化和专业化入手，导出第七章创业开局制胜的六大基本战略，即创意制胜战略、渠道制胜战略、与巨人同行战略、产品领先战略、跟随制胜战略和服务制胜战略；在第十章又补充介绍了利润倍增、“配电盘”、产品金字塔和战略领先四种创业盈利模式。

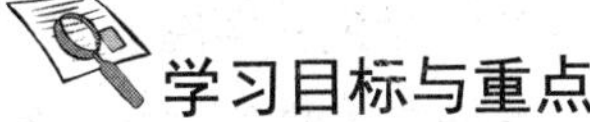

学习目标与重点

1. 理解以下概念：竞争优势、创业战略、盈利模式；
2. 深刻体会低成本、专业化和差异化的内涵；
3. 掌握创意制胜、渠道制胜、与巨人同行、产品领先、跟随制胜和服务制胜六种创业开局制胜战略的特点及优劣；
4. 熟悉利润倍增、“配电盘”、产品金字塔和战略领先四种创业盈利模式的特点和运用。

关键术语

竞争优势、创业战略、盈利模式

引入案例

贫困造就的千万奇迹

人物档案：李汉文

2003 年毕业于广东技术师范学院

创业项目：从贸易起家到成为代理商，现在与人合作研发手机

创造财富：1000 万元

李汉文生于湛江吴川市长岐镇苏村，1999年考入广东技术师范学院，从大一起做零散兼职，大三时创立“易通国际通讯有限公司”，毕业三年至今已经拥有1 000万元个人资产以及设有三家分公司的“易通国际通讯有限公司”。他先后为希望工程捐款二十多万元，2005年被中共吴川市委评为“吴川市十大杰出青年”，共青团湛江市委授予“百优青年志愿者”称号。

三年，对于许多已经工作的大学毕业生来说，可能还没有赚够钱支付买房的首期款。但在读大学期间曾经穷得要向同学借钱吃饭的李汉文，却创造了一个千万富翁的奇迹。值此广东技术师范学院50周年校庆之际，李汉文应母校之邀，回校讲述了自己的创业故事。他奇迹般的创业经历，已在广东高校中传为佳话，让许多同龄人羡慕不已。

大一：从穷得借钱吃饭到做兼职一学期赚2000元

李汉文出生于一个普通的农民家庭，家里有四个兄弟姐妹，他是长子，包括爷爷在内的一家七口生活在土砖房里，全靠父亲做点维修小生意，每月有一千多元的收入支撑着整个家。每到交学费时，就是李汉文家里最艰难的时候，父母不得不到处借钱，甚至向银行贷款。

李汉文说，自己上小学和初中都想过放弃，但父亲受过高中教育，很重视子女的学业。为了不让儿女受村里不良风气的影响，并且让他们更有把握考上大学，父亲就把他们送到镇里读书。1999年，李汉文以590分的成绩考入了广东技术师范学院（原民族学院）。

拿着向亲戚借来的几千块钱，他踏入了大学校园。起初他也像其他大学新生一样，安安分分地上课，去图书馆读书，参加学生会工作。但很快，经济的压力就逼着他必须寻求出路。“虽然每个月家里都寄两三百块钱过来，但总是不够用，有时不得不向别人借钱吃饭。而且家里老被追债，弟妹也快读大学了，我也想帮家里减轻负担。”于是，他开始到处找机会做兼职。

派传单、做社会调查……兼职挣几十元足以让他感到非常喜悦，在室友的提议下，他还和室友做起了买卖“IC卡”的生意。室友出本钱他出力，每到自修、吃饭时间，他就厚着脸皮到处敲门找同学卖IC卡。一学期下来赚了2000元，解决了自己的生活费，还有结余。努力带来的收获让他的生意触觉更加敏锐，放假的时候，他又和另一个同乡组织集体“包车”回湛江……

大二：与非洲人做“大生意”两次“受骗”使他差点放弃

大二上学期，他不再满足于做零零散散的小兼职，一个留学回国的“兄弟”给他带来了生意契机。他的“兄弟”在马来西亚大使馆工作，认识许多非洲人，见他为生活费四处奔波，就提议一起做非洲人的生意，为客人寻找旧电器、电子产品等货源。

第一个客人要买1000台空调，他以为接到了大生意，乐坏了，就逃课带着客人到海印旧货市场。但客人看过货后，却说不买了。“那时我真是头痛，他怎么就不买呢，后来才知道第二天对方自己到海印去了。我就和我‘兄弟’商量，必须找到他们入货的地方。”他四处打听后知道货源都来自南海大沥，第二天就马上买车票到南海。

“哇，那里整个仓库都是旧空调。”回忆自己的第一次大发现，李汉文兴奋得使劲拍了一下椅子：“一谈差价，比海印便宜100元！我们至少可以每台赚50元！”有了第一次经验，第二次带客人看货时，他学“精”了，特意让老板在另一个隐蔽的地方放了几十台空调，又让的士司机左绕右拐，不让客人自己找到。但没想到，这个客人只要 20 台。最后做成的第一单生意，两人只赚了 500 元。

考验接踵而来。第二个客人要买 10 万张电脑磁盘，他以为是大客户，很开心很卖力地去做，和电脑城的老板合同都签好了，客人却一去不回头。“其实他只是在打听价钱，但我那时看不出来。”客人跑了，这边老板天天催他给钱，甚至找到学校来恐吓他。最后看他穷学生一个，才不了了之。“这件事对我打击很大，很彷徨，那么辛苦，学习又耽误了，究竟有无意义？”他说，那时候想过这样太累，不如不做，回学校读书算了。

大三：赚到“第一桶金”后放胆“做大”自创公司

幸好在“兄弟”的鼓励下，他没有放弃自己的创业之路。他们的下一笔生意非常顺利，客人谈妥条件后马上付钱，让他去弄 60 台某品牌的手机。交易完成后，他们顺利赚到了 3000 元。“我觉得这笔钱才是我的‘第一桶金’，它给了我信心继续做下去。”从此他开始专做手机生意，“兄弟”找了一批客户，一个月几笔生意下来，他们就赚了一万多元，创业之门终于顺利打开。找对了路子后，“兄弟”又出国了。这时才是一名大二学生的他就和其他人合作，在三元里设立了一间办公室，正式踏入贸易行业。到了大三的时候，凭着赚到手的 10 万元资金，他干脆“做大”，成立了自己的“易通国际通讯有限公司”。

“那个时候的日子现在想起来都有点后怕。”在创业初期，他每天才睡两三个小时。半夜两三点，同学都睡觉了，他却背着书包上门给客户交货，有时书包里有两三万元现金，他却打“摩的”回来。由于经常夜归，他有时还要爬墙或哀求舍管开门。

创业和学业冲突：成绩下滑受到责备曾经彷徨痛哭

创业和学业难免有冲突，他虽然只是偶尔因为“生意”逃课，成绩却从大一的全班前十名，每年以退步十名的幅度下滑。“我是以倒数第三名毕业的。”

关于他的创业，学校的老师和同学有两派意见，有的支持，有的反对。系主任和辅导员也找过他谈话，不反对他创业，但不能影响学业。他清晰地记得，一位女同学就因他创业的事，狠狠地教训了他一顿：“你辛辛苦苦读书十几年考上大学，为什么不把学业放在第一位？这样对得起你父母吗？”

“那天我哭了一整晚。”他做事情最怕的就是别人不理解。那个时候，他很迷茫。在人生的十字路口上，他不知道自己真正的目标是什么，自己的道路在哪里，自己是回来读书还是应该继续创业。

后来我还是觉得，家里的环境这样，我完全可以提前选择我的工作。如果我不这样，我的生活都保障不了，何来继续学业？那时候读完大学本科出来就业已经不容易，还要到处面试，我还是坚定走自己的路。

大学毕业：从代理商到斥资千万研发自有品牌手机

凭着自己的真诚、不怕吃苦和勤奋，他的生意蒸蒸日上，业务很快拓展到非洲、中东多个国家以及巴基斯坦、印度等地。“大学毕业的时候，我大概有 100 万元了。”那时全班的毕业聚餐，都是他一个人“买单”，他也拥有了自己的第一辆汽车。

哈飞—现代伊兰特—三菱欧蓝德—奥迪 A6，大四到现在，他一年买一辆新车。公司现在每年为国家贡献税收 100 多万元，但他不满足于仅仅做个代理商的角色，他和中国普天集团合作，斥资 1000 万元在深圳设立了研发中心，开始研制自己的品牌手机。

“希望几个月以后，我就可以买辆宝马。”自己对于生活的追求是不会停步的。对现状的满足，意味着自己的竞争意识在消退。只有不满足，才能得到提升。

李汉文答记者问：

机会为何垂青他这样的人？在对待学业与赚钱这两件事上，他的心态如何？新快报记者与他进行了一次面对面的交流。

记者：最近有调查显示，四成受访者后悔读大学，有人认为读书并不能改变贫困的命运，你是否认同？

李：不能这么说。知识都是无价的。现在是知识经济时代，不可能像以前一样，靠打靠拼就可以出人头地。现在的成功，知识因素起码要占 90%。如果你没读过书，也有可能成功，只是机会比较小。

记者：你在大学的经历对你的成功是否具有决定作用？具体有什么帮助？

李：当然有。只有在大学里，我才有这个机会，有这样的时间去创业。如果我不是上了大学，那我一定是在外面打工，一打工就局限在里面了。如果你很聪明，也可以出头，但这种人很少。

另外，在学校我也学到了一些管理方面的知识，对现在作用很大。而且在大学中才有创业的氛围和平台。例如，我第一个兼职就是室友建议的，还有就是在学校学生会可以锻炼组织能力、合作能力。在大学里面，大家可以坐在一起讨论，看能不能这样做，各自提出自己的意见，这都是外面没有的。此外，大学生是一个“品牌”，其素质和“耕田”出来的人是不一样的，别人更容易相信你。

记者：你是否赞成大学生创业？

李：现在中国的这个环境不是很适合大学生创业，因为学校没政策鼓励，社会上也不是很认同，是比较“偏门”的那一类。我的情况比较特殊，如果没那些客人（户），那我只能在学校卖化妆品之类的东西。

大学生创业不是说不可以，但要真正形成气候还需要一段时间，这包括大学里要有政策、有风气，给予大学生一个平台，只有在这个时候，（大学生）才有精力去放手做自己喜欢的事情。而我在学校没政策鼓励，甚至是顶着批评做的，以很矛盾的心理去创业，所以说我（能成功）是很幸运的一个。

记者：你觉得自己成功的因素是什么？

李：机遇，还有就是自己从小到大的家庭环境。如果我的家庭经济条件好的话，肯定不会走这条路。还有做生意的意识，这可能就是父亲遗传的。还有意志，许多人承受不了挫折，就放弃了，但成功就肯定要经过失败。爸爸从小就教育我，一定要坚强，我受过苦，自然比别人更坚定。

记者：对比绝大部分的同龄人，你是非常出色的，你怎么看待自己今天的成就？你未来的目标是什么？

李：我还有很多做得不够的地方。虽然比很多同龄人好，生活无忧，但我有许多朋友比我更年轻，比我更出色。所以我会继续按原来的步伐，一步步走下去。有机会的话，要把公司继续做大。

——摘编自广东贫困生的创业奇迹 毕业三年赚了1000万元. 新快报，2006-08-24

课堂讨论

1. 你对李汉文的创业经历怎么看？当学业和创业发生了冲突，你会怎么办？读书、上大学到底是为了什么？

2. 李汉文身上体现了什么样的创业精神？又展示了哪些创业能力？

3. 李汉文的创业策略和路径有什么样的特点？

第六章　基本竞争模式

竞争优势说明了企业所寻求的、表明企业某一产品与市场组合的特殊属性，凭借这种属性可以给企业带来强有力的竞争地位。一个企业要获得竞争优势，或寻求兼并，谋求在新行业或原行业中获得重要地位；或者企业设置并保持防止竞争对手进入的障碍和壁垒；或者进行产品技术开发，产生具有突破性的产品，以替代旧产品。图 6-1 展示了美国战略学家麦克尔・波特的竞争优势实证研究成果。竞争优势有三种基本形式，即成本领先、集中一点和别具一格。

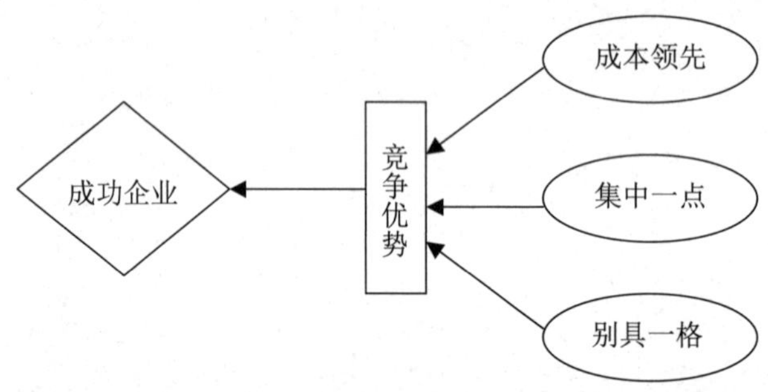

图 6-1　波特竞争优势模型

目前，市场越来越规范，同业竞争越来越激烈，一夜暴富的神话已难再有，追寻财富的人们应该怎样面对这个生意难做的“微利时代”？这个时代之所以被有些人称为“微利时代”，主要是产业竞争格局的变化、供需关系的变化、产销理念的变化、消费行为与模式的变化等因素，造成了产业整体利润水平的下降。

利润是产品的价格、销售量和销售利润率三者的乘积，在其他条件不变的前提下，价格和销售量通常是负相关的，也就是说产品价格越高，市场对该产品的需求量就越小。要想扩大产品的销售量，就要降低产品的价格。无论是依靠降价以刺激销售量增长，还是维持高价而牺牲销售量，都难以对销售利润产生太大的影响。因此，从表面看，“微利”是一个难以克服的必然趋势。英国实业家李奥・贝尔根据自己的经验，结合时代的特点，把微利时代赚钱的要点概括为六字法则，即“预测”“差异”“创新”。这六字法则是他在微利时代常胜的武器，也是当今创业打开“微利时代”赚钱之门的金钥匙。

进入微利时代，经营者除了赚钱的思路、观念需要及时进行调整、转变、更新，还需讲究赚钱的方式、方法。在买方市场的今天，从表面上看市场似乎饱和、产品似乎过剩，经营者感觉生意难做，不知从何做起。其实在市场上，经营者和消费者几乎同样痛苦：有卖不掉的，也有买不到的；有买不起的，也有没有东西可买的。出现这种局面，其根本原因就是经营者看不到市场的个性需求，不对市场进行细分，不注重产品或服务的个性差异，不去寻找市场的空隙，结果是“你有我有全都有”“你没我没全都没”。

当今时代，人们的消费呈现多元化的倾向，个性消费日趋明显。经营者在微利中取胜，除了“你有我优”，更重要的是“你无我有”，即打造产品或服务的个性差异，以个性优势占领市场、取胜市场。只有“风景这边独好”，才能吸引消费者、刺激消费者，吊起他们的胃口，激发他们的消费欲望。

第一节　成本领先（低成本）

一、低成本战略模式介绍

沃尔玛的成功，好像是高深莫测，其实沃尔玛的全部文化可以简单地概括为一个字——廉。要做到这个“廉”特别简单，说白了就是变换一种核算方式。

“尽可能少的成本付出”与“减少支出、降低成本”在概念上是有区别的。“尽可能少的成本付出”不等同于节省或减少成本支出。它是运用成本效益观念来指导新产品的设计及老产品的改进工作。在对市场需求进行调查分析的基础上，如果能够认识到在产品原有功能的基础上新增某一功能，会使产品的市场占有率大幅度提高，那么，尽管为实现产品的新增功能会相应地增加一部分成本，只要这部分成本的增加能提高企业产品在市场上的竞争力，最终为企业带来更大的经济效益，这种成本增加就是符合成本效益观念的。

【个案介绍】　聪明地抠成本，低价≠微利（一分钱优势，赢来做不完的订单）

日本人喜欢发明小玩意儿。卡拉 OK 就是始于日本，然后才风靡全球的。一次性打火机也是日本人发明的，并很快流行全世界。然而没过多久，由于广东生产打火机的价格优势，逼得日本人主动放弃了一次性打火机的生产。从此，日本市场上的一次性打火机都是“中国广东制造”。

进入 2000 年时，湖南邵东人在一次性打火机方面已走过学习、模仿阶段，没多久又完成了超越的营运体系。接下来邵东打火机凭着五厘钱、一分钱的优势，在极短的两个月内，居然将广东打火机出口市场从老大位置掀落下来。换言之，仅 60 天的时间，邵东几乎全部占据了广东的打火机出口市场。

但是，压价并不是经营者的发展出路。邵东人在这个微利产业中的竞争不再是单纯的压价，而是换了一种计算方式。

事实上，由于激烈的价格竞争，邵东人在 1998 年也交过一次学费。为争得市场，老板们在与外商谈判时，各自为政，竞相压价，结果一度使邵东打火机企业全面亏损。后来他们才发现之所以“全军覆没”，完全是自己打倒了自己。这也难怪，这些民营企业老板的最高学历也就是高中毕业，又哪里知道谈判桌上的险恶！

不压价，竞争不过广东；一味地猛压价，又是死路一条。既要从价格上打败对手，又要让自己有钱可赚。在谈判桌上吃过苦头之后的邵东人学会了开始用脑子做生意，于是 14

家出口企业联盟，并选出一个“老大”，以资本为纽带，将原来分散的生产企业，组成松散型的企业集团。通俗地讲，任何生产企业均可与外商谈价格，但定价必须“老大”说了算，这样就杜绝了竞相压价的恶性循环。从2001年7月开始，邵东人始终把利润控制在五厘、一分钱之间，这个利润，广东做不到。广东要赚钱，唯有再抬高一分钱的价格，可这样外商又不买账了。在这种前提下，外商不得不与邵东人打交道。

一个打火机的利润只有五厘、一分钱，真的能制造“暴利”吗？当然能！这就是聚少成多的简单道理。2000年，邵东打火机出口总数仅为6000万支。2002年，仅一家叫茂盛的小工厂的出口量就已高达9000万支，利润为90万元。14家出口企业中最大的出口量突破2亿支，利润200万元。

——摘编自辛保平等. 老板是怎样炼成的. 北京：清华大学出版社，2005

五厘、一分钱打天下的首要原则就是抠成本，根据自身的实际运作成本来抠，而不是盲目地缩减工人、工序。邵东人又是如何计算“微利创暴利”这笔账呢？主要一点是邵东有得天独厚的生产条件——地租便宜、劳动力集中，邵东仅占邵阳市十六分之一的面积，却有115万人口——是邵阳市人口的七分之一。显然，劳动力密集的邵东最合适“玩弄”打火机产业。这种自然环境无疑制造了“一分钱优势”，那就是体现了劳动力的资源优势。举个例子来说，夏天是打火机生产的淡季，邵东可以让部分员工回家务农，也可让部分员工“补休”，而广东却做不到这些。所以，广东打火机出口市场被邵东所取代就不足为奇了。

其实，从成本中可以挖出暴利，很多人已经明白了这个道理，但是能够做到的人很少。什么是成本控制？仅仅是“降能节耗，减员增效”吗？如今，将成本控制简单地理解为“避免费用的发生或减少费用的支出”的观点普遍流行在许多企业之中。这些企业满足于降低消耗和裁减冗员，甚至尽力降低第一线工人的工资，认为成本已得到了控制。然而，问题也随之凸显出来：如果一个企业已经将员工的数量削减到了底线，那么，这是否意味着该企业已经没有了进一步降低成本的空间呢？如果一个企业依靠削减员工待遇实现了成本的下降，却由此引发了员工的不满和人事上的动荡，那么，利与弊又该如何权衡呢？如果一个企业在产品的研发与生产上紧缩银根，导致在新产品的开发与产品的品质上停步不前，那么，企业岂不是成了“掰棒子的狗熊”，控制了成本却又丢掉了另一个企业的核心竞争力吗？因此，有专家指出，这种“以成本论成本”的成本控制观已经落伍，企业需要重新去定义成本控制的概念。

【个案介绍】 曹敬辉的意大利料理店

在人人饥肠辘辘的午餐时分，几个“粉领族”有说有笑，走进广州天河区一家门庭若市的意大利料理店。如果你跟着走进店门，你可能很难相信自己的眼睛，因为菜单上清清楚楚地写着：“米兰风味饭8元”“地中海式海鲜焖奶油饭15元”……翻遍菜单，你很难找到超过20元的东西。聪明人应该已经开始怀疑，这家店的东西不是量很少，就是很难吃。但是在这家吃过饭的顾客都竖起大拇指，因为它有平民化的价格，产品却有不输专业意式餐厅的绝佳风味。

既然品质不输专业店，价位又便宜这么多（多达三到五成），顾客盈门自然不在话下。但老板真的赚钱吗？这家店老板的经营秘诀，说穿了就是“在维持品质的前提下降低成本”。这归功于创办人曹敬辉所导入的一套“把服务业的经营，融入制造业思维”的成本管理模式。

曹敬辉毕业于理工大学理工学系，在创办意式餐厅之前，曾经顶别人的茶楼来经营，但眼见收入每况愈下，决定转型。他查询资料后，发现番茄、天然干酪以及意大利面等材料的消费额比前年增长一倍。这些都是意大利料理中常用的材料，原本就对吃的东西很有兴趣的曹敬辉决定投入意式料理的经营，而且要让人人都能在不用顾虑荷包多寡的状况下轻松享用。

由于曹敬辉的理工专业背景，他一向习惯于用数字分析经营，把效率带到自己的餐厅。例如，通过制造业的“工作分析”方式，曹敬辉把店内要忙的事分解成了 200 种，写成了一本“指示手册”，员工只要按手册操作即可，手册中包括了每道菜的调理成本分析、过去难以衡估的材料耗损信息的掌握，而通过对历史资料分析，曹敬辉也会故意把顾客容易“同时搭配着点”的几道菜设计在菜单的同一页，以提高每位顾客的消费额。在人力配置方面，他会特别注意地方上组织的活动，或是特殊节日，以安排最适合的店员或打工人数，把浪费减到最低。效率高固然好，但“厨艺”的部分该如何解决？曹敬辉把意式料理的方程式设定为：90%看材料、5%看材料管理、5%看厨艺，以对材料的重视弥补制作过程在“分解”与“效率化”后造成的减分。例如，生菜沙拉有 7 种，但番茄、小黄瓜等材料的切法、装盘方式都设计得一模一样，通过最上面所放的虾等材料来变化。意大利面的肉酱，则设计为也可以用在饭或意式烩饭上。店内也不设套餐，完全让顾客就种类繁多的菜色依心情搭配自己喜欢的组合，享受个中乐趣。

——摘编自辛保平等．老板是怎样炼成的．北京：清华大学出版社，2005

制造业的做法固然较为枯燥，但被曹敬辉以新角度适度活用后，其成本降至了同行业的三成，他又怎么可能不品尝到暴利大餐呢？

二、成本领先战略模式解读

成本领先战略在 20 世纪 70 年代由于经验曲线概念的流行而得到日益普遍的应用，即通过采用一系列针对本战略的具体政策在产业中赢得总成本领先。成本领先要求积极地建立起达到有效规模的生产设施，在经验基础上全力以赴降低成本，控制成本与管理费用，以及最大限度地减少研究开发、服务、推销、广告等方面的成本费用。为了达到这些目标，有必要在管理方面对成本给予高度重视。尽管质量、服务以及其他方面也不容忽视，但贯穿于整个战略中的主题是使成本低于竞争对手。

尽管可能存在着强大的竞争作用力，处于低成本地位的公司可以获得高于产业平均水平的收益。其成本优势可以使公司在与竞争对手的争斗中受到保护，因为它的低成本意味着当别的公司在竞争过程中已失去利润时，这个公司仍然可以获取利润。低成本地位有利于公司在强大的买方威胁中保卫自己，因为买方公司的能力最多只能将价格压到效率居于其次的竞争对手的水平。低成本也构成了对强大供方威胁的防卫，因为低成本在对付卖方产品涨价中具有较高的灵活性。导致低成本地位的诸因素通常也以规模经济或成本优势的形式建立起进入壁垒。最后，低成本地位通常使公司与替代品竞争时所处的地位比产业中其他竞争者有利。这样，低成本可以在全部五类竞争作用力的威胁中保护自己，原因是讨价还价使利润蒙受损失的过程只能持续到效率居于其次的竞争对手也难以为继时为止，而且在竞争压力下，效率较低的竞争对手会先遇上麻烦。

赢得总成本最低的地位通常要求具备较高的相对市场份额或其他优势，诸如良好的原材料供应等。或许也可能要求产品的设计要便于制造生产，保持一个较宽的相关产品系列以分散成本，以及为建立起批量而对所有主要客户群进行服务。由此，实行低成本战略就有可能要有很高的购买先进设备的前期投资，激进的定价和承受初始亏损以攫取市场份额。高市场份额又可进而引起采购经济性而使成本进一步降低。一旦赢得了成本领先地位，所获得的较高的利润又可对新设备、现代化设施进行再投资以维持成本上的领先地位。这种再投资往往是保持低成本地位的先决条件。

第二节　别具一格（差异化）

一、差异化战略模式介绍

差异化战略是企业通过提供特性服务以及优势技术等手段来强化产品的特点并树立品牌形象。因为降低成本终归是有限度的，但是差异化价值会随着品牌的深入人心而不断增大。一般来说，消费品领域的市场竞争总是十分激烈，以降价让利为主的价格战是竞争性行业商家普遍运用的竞争手段。但成功的企业总是能在这种情况下通过产品和市场创新、管理和组织创新，找到提高而不是降低价格、增加而不是减少利润、引导而不是误导市场，带领同行把竞争的注意力转向新产品开发而不是降价的发展之路，差异化战略是对这些活动的高度总结和概括。

在如今的市场上几乎没有一种产品不存在自己的竞争对手，今天有一种产品在市场上畅销，明天就有同类产品出现在市场上来与你对抗、与你竞争，构成产品同质性的较量。在这种情况下，中小企业应该努力研发和展示具有自己独特文化内涵和使用功能的产品，从产品的设计、制造、包装以及附加功能上寻找与同质产品的区别点，形成自己的产品优势，为自己的特定顾客提供特定的产品品种，表现出中小企业在发展中的差异化战略和特殊的智慧。山东临沂朱老大集团董事长朱呈的差异化思路很值得借鉴。

【个案介绍】　　从朱呈的糖葫芦看产品差异化

朱呈曾是一家国企的普通女工。1997 年下岗后，她在困惑中试探着自己的出路。她在任何人都不以为然的一串小小糖葫芦上，演绎了一个令人心动、令人惊讶的故事。

为彻底摒弃一般冰糖葫芦的质感，朱呈把山楂果的核挖掉，采用巧克力、果酱、豆沙等原料做成夹心的糖葫芦口感极佳，还可以通过塑封、冷冻的办法在夏季出售，具有雪糕所不能达到的特殊口味，投入市场后出奇地受到人们的喜爱。朱呈抓住机遇、扩大规模、迅速发展，先后在浙江、陕西、山东、河南等地创建了加工分厂，使糖葫芦的每年销售量达几千万串之多。很快发展起来的朱呈建起了大酒楼，而去那里就餐的顾客，都可以免费享受到赠送的冰糖葫芦，而这样的赠送又反映出了朱呈的差异化经营特色。

在短短四年中，朱呈由一个普通下岗女工变成了拥有几千万元资产且颇有名望的女老板。朱老大集团公司的一位负责人说："我们做某些事情就要做得最好，做出自己的品牌。我们的糖葫芦在同类产品中首屈一指，我们的水饺获得了12个国家高级营养师的认可，我们把一些商品已经注册成商标，成为深受消费者欢迎的产品。"

——摘编自老板是怎样炼成的（3）. 教育手拉手网. http://www.jysls.com/thread- 304242-1-7.html

差异化战略，就是"你无我有，你有我精"的特色经营，是经过细分市场后制胜的奇策。最近美国政府颁布了一条法规，对那些死缠烂打的电话推销说"不"！电话推销的确是一种快捷方便的营销方式，在相当一段时间内对产品推销具有特殊意义。然而，当人们都在采用这种方式的时候，它就成了令人讨厌的聒噪和搅扰了。一位中小企业的经理非常苦恼地说："每天推销产品的电话不下十几个，对工作和情绪影响很大，这样的推销方式烂透了！"因此，有些人一拿起电话听到又是推销的，连个"不"字都懒得说就把电话挂断了。这就是电话销售已经成了一种大众销售方式，没有了差异化可言的原因，它不被人们欢迎自然是情理之中的事了。市场营销也应该选择一套独特的方式，要努力发现和挖掘自己的优势和潜力，要从天时、地利，从消费者特殊需求的角度，找到营销的兴奋点，充分发挥自己的长处，最大限度地满足客户需求。北京东郊边缘上的一家便利店实行的销售差异化是耐人寻味的。

【个案介绍】 从田春鸣的便利店看销售差异化

四十多岁的小店经理田春鸣，原来是一家工艺厂的技术人员，1998年下岗后在家里待了两个月就坐不住了，他想开一个零售店来维持生计。可是跑了大半个月也没有跑出个名堂，原因是在闹市区开一个店要花很大的一笔租金，一向靠工资生活的他没有那么多本钱。他也曾想把自己的临街房子改成一个小店，可是看看周围都是这样的店，开了也是白搭工夫，因为他看到那些小业主们闲得都快把脚跷到柜台上去了。

市区看来是不行了，他就往郊区跑，他发现郊区南端的通马公路上有几间闲置的简易房，周围是几个村庄，当时那里还没有公交车，交通很不方便。他骑着自行车在几个村子里转了转，只看到几家零零星星的小卖部，卖的都是些油、盐、酱、醋、卫生纸之类的"救急"货，是不成气候的，于是他决定在这里开一个便利店。

这几间简易房是村里建造的，第一年建成后就"三易其主"，第二年干脆无人问津了。田春鸣找村委会主任商谈租房时，村委会主任说可以租三年，每年3600元。田春鸣考虑时间有些短，刚刚开铺，摊子还没有暖热就得走人，那基础不是白打了吗？他向村委会主任提出租赁八年，租金可以提高一些。村委会主任说现在城市发展这么快，他保证不了这么长的时间。后来他们协商到国家用地拆除为止，每年租金为5000元。

小店开张后田春鸣将油、盐、酱、醋等这些“救急”商品的价格略微下调，为的是让村里人有个比较，而其他商品，如电池、学生练习本等价格不但不降，有的还略微高一些，他说这些商品价格很不敏感。为了“巴结客户”，在交通不变的情况下，田春鸣特意在店里放一些信封和邮票，并且免费发送信件。为了向消费者坦明自己免费服务的项目，田春鸣做了一块黑板，上边写着：代买《北京晚报》、代缴电话费、水电费；代发邮件、代买本店没有的小商品。田春鸣说，他这些办法一下子把消费者拉到了自己身边，使小店逐渐红火起来了。后来房地产开发项目陆续在这里展开，外地民工一天天多起来，田春鸣就在小店里增加了胶鞋和一些耐用耐磨的工作服，安置了公用电话，并免费为民工代接电话，传达其亲友的来电内容，大大方便了民工的日常生活。他算了算，就近开工的工地上民工有上千人，这是一个规模可观的消费群体。田春鸣的店也由过去的一间，改为现在的三间，即使把整个货架全部开放，晚上到那里购物的人还是显得拥挤。

田春鸣就是靠着这种差异化经营使自己壮大起来的。他说，他现在看中了市区离物美与家乐福两大超市不远的一个地方，他要在那里开一个便利店，他将会为消费者提供更为便利特殊的服务，他自信他会成功的。他说沃尔玛就是由农村“包围”城市最后占领城市的，只要给消费者提供的服务有特色，设身处地地为他们着想，把他们看作自己忠实的伙伴，你就会得到他们优厚的回报。当记者问他如何与这些超市巨头竞争时，田春鸣神秘地说，他要把营业时间延长到晚11点，先从时间上取得优势；把销售区分为老年区、儿童区和其他销售区域，使老年、儿童这些特殊的消费者一进店，就很轻松地找到自己所需的东西。当然，他还将已经成熟的免费为消费者提供方便的那些经验，在新店内进一步推广，并根据一些新的情况，附设一些新的服务内容。“我们没有理由与它们（指物美、家乐福这样的超市）产生冲突，我们完全可以在夹缝中发展自己。”田春鸣信心十足地说。

——摘编自辛保平等. 老板是怎样炼成的. 北京：清华大学出版社，2005

一些商家一边唯恐被强大的竞争对手吞没，一边在苦苦地寻找自己的市场定位而不得的情况下，便心灰意冷了，他们似乎被死死地“封”在了市场之外，前景渺茫得很。其实市场的差异化无处不在，只要细心观察就会发现有很多商机在等着你。上海鳞次栉比的大商场、大卖场和星罗棋布的小商店，让人有一种透不过气的压抑感，然而，谁也没有想到，一家特殊的女性用品专卖店却很快吸引了人们的眼球，而且很快风靡了大上海。它的特殊性就是这家女性用品专卖店的经营者，是三个风华正茂的小伙子，叫人即刻产生另类的感觉。谁不想看看由三个小伙子开的女性用品专卖店是个什么样子？这是其一。其二，这家女性用品专卖店里的用品大多是质地与款式均为上乘的高档货。他们曾经对不少商场的女性用品专卖柜进行过多次的调研和“蹲点”观察，发现那些收入颇丰的男人，偏偏喜欢购买高档的女性用品，而且不讲价，买了就走。这种情形又使他们发现，许多男人不管是作为礼品还是作为一种特殊的纪念，把这些高档、高雅、柔靓，能够一展女性风姿的女性用品送给自己心爱的女人，但由于受中国传统观念的影响，感觉男人做这些事情有碍于脸面，并不愿意在这样的柜台前多停留，即使要买某种东西，往往也需鼓起很大的勇气。如果买东西时后边再跟着一位絮絮叨叨的女服务员，那就更让人尴尬。基于这种现象，三个小伙子决定开一家女性用品专卖店。结果不出所料，开业后前来购物的男性非常多，而且也用不着那么拘谨了。这家专为男性消费者开设的女性用品专卖店之所以大受欢迎，就是实施了差异化销售战略，这种战略强调的就是“鹤立鸡群”“与众不同”的销售风格。菲利普·科特勒对这种成功营销的解释是：特色化，独一无二的营销方式。

企业的差异化经营还表现在诸多方面。例如，以对环境进行解剖和细分的环境设计差异化；对资金的不同需求所产生的资金来源差异化；根据不同的销售现场进行的销售方式差异化；针对不同的产品而采取的营销模式的差异化，还有组织形式差异化、运行机制差异化等。只要有一种事物的存在，就可以找出事物的多个侧面，以及事物与事物之间的不同性，这就要求创业者有敏捷的市场眼光，灵活机动的应变能力，从差异中寻找出创新契机，从可持续发展中准确把握自己的定位。

二、差异化战略模式解读

差异化战略是将公司提供的产品或服务标新立异，形成一些在全产业范围内具有独特性的东西。实现差异化战略可以有许多方式：设计或品牌形象、技术特点、外观特点、客户服务、经销网络及其他方面的独特性。最理想的情况是公司使自己在几个方面都标新立异。当然，差异化战略并不意味着公司可以忽略成本，但此时低成本不是公司的首要战略目标。

如果差异化战略可以实现，它就成为在产业中赢得超常收益的可行战略，因为它能建立起对付五种竞争作用力的防御地位，虽然其形式与成本领先不同。差异化战略利用客户对品牌的忠诚以及由此产生的对价格敏感性下降使公司得以避开竞争。它也可使利润增加而不必追求低成本。客户的忠诚以及某一竞争对手要战胜这种“独特性”需付出的努力就构成了进入壁垒。产品差异化带来较高的收益，可以用来对付供方压力，同时缓解买方压力，当客户缺乏选择余地时其价格敏感性也就不高。最后，采取差异化战略而赢得客户忠诚的公司，在面对替代品威胁时，其所处地位比其他竞争对手也更为有利。

实现产品差异化有时会与争取占领更大的市场份额相矛盾。它往往要求公司对于这一战略的排他性有思想准备，即这一战略与提高市场份额两者不可兼得。较为普遍的情况是：如果建立差异化的活动总是成本高昂，如广泛的研究、产品设计、高质量的材料或周密的客户服务等，那么实现产品差异化将意味着以放弃低成本地位为代价。然而，即便全产业范围内的客户都了解公司的独特优势，也并不是所有顾客都愿意或有能力支付公司所要求的较高价格。

第三节　集中一点（专业化）

一、专业化战略模式介绍

专业化的意思就是专精一门，也就是俗话说的“一招鲜，吃遍天”。在这样一个诱惑多多的年代，要静下心来专精一门是不容易的，要不然几年来就不会有“多元化”在国内企业界的甚嚣尘上了。

也许你认为指甲钳太“小器”了吧？指甲钳是很小，但你想过没有，只要有五分之一的中国人使用你生产的指甲钳，你的利润会有多大？要是全世界五分之一的人都用你生产的指甲钳呢？如果这样的利润空间还不算大，你不妨再想想，普通档次的指甲钳利润空间的确有限，但是如果是高档产品呢？如果是专业化生产的全套指甲修护工具呢？

梁伯强就是紧紧抓住指甲钳这个主业不放，在指甲钳上做精做强，所以他顺利进入了利润区。借助“非常小器”的指甲钳，使得圣雅伦牌成了中国第一、世界第三的指甲钳品牌，梁伯强也成了亿万富翁。

【个案介绍】　　　　非常小器·圣雅伦

1998年4月，梁伯强从茶几上用来包东西的旧报纸上读到一则名为《话说指甲钳》的文章，文中提到朱镕基以指甲钳为例，要求轻工企业努力提高产品质量开发新产品的讲话。他便产生了一个念头：做一个响当当的中国品牌指甲钳。

很快他便赶去广州“555”国营指甲钳厂，但该厂已经停产。后来他又去了天津、北京、上海和苏州的四家具有代表性的国营指甲钳厂，这些工厂全都已经关门。国企不行固然可惜，但也给民营企业腾出了市场。于是，梁伯强开始学技术，把目标锁定在韩国著名的“777”牌指甲钳上。

梁伯强从韩国订了30万元货，然后组织人员研究“777”的技术，再把买来的指甲钳卖出去，研究人员一遇到什么不懂的地方，梁伯强就飞去韩国。由于梁伯强是以中国经销商的身份前去考察的，韩国人不仅详细解释了梁伯强提出的问题，还亲自带他去厂区参观。这样梁伯强仔细了解了他们的自动化生产技术和设备。

一年里，梁伯强飞了二十多次韩国，买进了一千多万元的货。这段时间，他的研究人员基本上把“777”的技术学到了，通过做“777”经销商，他也逐渐铺开了自己的销售网络。不久，他的第一批名为“圣雅伦”牌的指甲钳新鲜出炉。

梁伯强不惜重金请来各方专家，数次拿着精心改良的样品飞赴沈阳五金制品检测中心接受检测。2000年6月，“圣雅伦”得到了全国五金制品协会有史以来颁发的第一张“指甲钳质量检测合格证书”。

当然，真正成就了“非常小器”在中国指甲钳制造业专家地位的，并非这一纸证书。做品牌必须增加产品的附加值，梁伯强就在产品的细节和文化含量上下功夫，强调产品的个性化和环保概念。仅仅一个小小的指甲钳，就开发出了两百多个品种。这奠定了“圣雅伦”在指甲钳的专业地位。梁伯强始终循着专业化模式发展，不但让“圣雅伦”成为全世界的名牌，最关键的是让小器终成大器，凭借小小的指甲钳获得了巨大的财富。

——摘编自梁伯强：朱镕基一句话，让他赚了一个亿．聊城门户网．http://www.lc365.net/html/renwu/5000.htm

专业化为什么可以成为自己的竞争优势？一个最简单的解释是，因为它精，所以它深，深就提高了门槛，别人不容易进来竞争，而专业化的生产，其组织形式比复合式生产要简单得多，管理也相对容易。在市场营销方式上，一旦市场打开，后期几乎不需要有更多的投入。成本降低的另一面，就是利润的大幅度提高。而在通常情况下，专业化生产一般最后都会形成独占性生产，至多是几个行业寡头同台竞争，行业间比较容易协调，从业者较易形成相互保护默契，有利于保持较高的行业平均利润。这是一个封闭或半封闭式市场，不像开放市场上的产品，一旦见到有利可图，大家便蜂拥而入，利润迅速摊薄，成本迅速攀升，本来有利可图的产品很快变成鸡肋，人人都觉得食之无味，同时又觉得弃之可惜。

经测算，普通产品的生产者，如果其利润是 15%，那么，一个专业化生产的产品，它的边际利润通常可以达到 60%～70%。当一个企业进行专业化生产时，其多数成本都用在解决方案的开发和创意阶段，一旦方案成立，就可不断复制，并依照自己的意愿，确定一个较高的市场价格，因为你是唯一的或少数能提供该解决方案（或产品）的人，所以市场对你的高定价根本无力反对。专业化生产的另一个方式是，以简单化带动大规模，迅速降低行业平均利润，使小规模生产者根本无利可图，从而不敢也不愿与你进行同台竞争。格兰仕用的就是这种办法。

梁伯强采用的方法则是使产品个性化。在德国的索林根市，梁伯强见过世界上最好的指甲钳，就是德国“双立人”指甲钳，但就是这样一家企业也只把指甲钳当作一个附属产品生产。“双立人”的主业是做厨房用品。日本的绿钟、玉立等品牌，也是依附在卡通产品上，进行代理生产。这几个著名指甲钳品牌的利润率都远超过梁伯强的“非常小器”，但它们所赚取的是依附性利润，即依附于其他产品，借助其他产品而产生的利润，而并非指甲钳本身所产生的利润。这是一种很好的生产形式，也是一种有效的利润生产方式，但它们都称不上是专业化生产。

梁伯强是专业化生产，因为他只生产指甲钳一项，所有利润都来源于指甲钳。所以他有兴趣研究男人的指甲是什么样，女人的指甲又是什么样，小孩的指甲是什么样，老人的指甲又是什么样，脚趾甲和手指甲有什么不同，并针对不同人群设计专门性产品。例如，专门针对婴儿的指甲钳，指甲钳面是平的，比成人的要短一半，这样的设计充分考虑到婴儿指甲的特点，避免因器具对婴儿造成伤害。产品一经推出就成为妈妈们的爱物。从产品研发到生产组织，再到市场营销，因为面对的都是同一产品，只是外形的变化，实质完全一样，所以，同一过程可以反复重现，不断复制，基本不会增加什么新的成本。相反，随着各个环节熟练程度的加深，成本反而会悄悄下降。这就是专业化生产的优势，简单而优雅。

专业化利润的另一个来源是专家，不但有研发方面的专家，还有生产和组织管理方面的专家、市场营销方面的专家。专业化生产，反复重复的过程，有利于迅速培养专精于一个环节的专业人员。这里所说的专家与人们通常意义上所理解的专家有所不同，但这是一种更能产生和带来利润的专家。一般来说，这种专家型员工会比普通员工给企业多带来 10%～15%的利润，这是专业化生产独有的好处。

二、专业化战略模式解读

专业化战略，也即集中一点战略，是主攻某个特定的客户群，某产品系列的一个细分区段或某一个地区市场。正如差异化战略一样，专业化战略可以具有许多形式。虽然低成本与产品差异化都要在全产业范围内实现其目标，专业化的整体却是围绕着很好地为某一特定目标服务这一中心建立的，它所制定的每一项职能性方针都要考虑这一目标。这一战略的前提是：公司能够以更高的效率、更好的效果为某一狭窄的战略对象服务，从而超过在更广阔范围内的竞争对手。结果是，公司或者通过较好地满足特定对象的需要实现了差异化，或者在为这一对象服务时实现了低成本，或者两者兼得。尽管从整个市场的角度看，专业化战略未能取得低成本或差异化优势，但它的确在其狭窄的市场目标中获得了一种或两种优势地位。低成本、差异化和专业化三种基本竞争战略之间的关系与区别如图 6-2 所示。

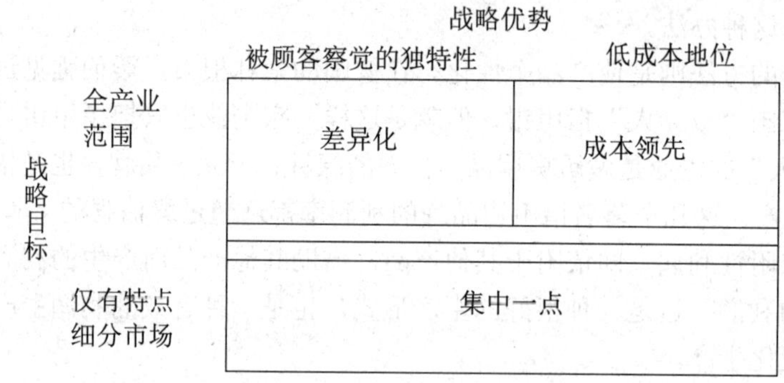

图 6-2　三种基本竞争战略

专业化战略常常意味着对获取的整个市场份额的限制。专业化战略必然包含着利润与销售量之间互为代价的关系。正如差异化战略那样，专业化战略可能会也可能不会以总成本优势作为代价。

第七章　开局制胜战略

不要以为自己当老板很容易！有人创业第一年找不到半个客户，100 万元创业资金一下子就花光了；有人自行创业后，没有大公司的庇荫，“感觉自己好像流浪狗”。更多创业者已经意识到，创业先要创势，创造出了良好的开局，形成了自己的气势，创业才有可能顺利进行下去。

《曹刿论战》有云：一鼓作气，再而衰，三而竭。用兵之道如此，创业者开办企业也同样讲究这个道理。近年来，很多创业成功学的研究者都提出，开局对创业者非常重要。一个屡战屡败的人，也许终有一天能够看到成功的希望，但是相对而言，他的历程会更坎坷，创业过程会有很多磨难。同时，失败的经历会磨损一个人的意志，消耗一个人的斗志，也会一而再、再而三地误导一个创业者的决策力和判断力，更重要的是在屡战屡败的过程中，创业者也极容易产生赌博心理，以致在失败的路上越走越远。

创业之初，谁不想开门红呢？创业者拿出最大的勇气去开创事业，同样也期望自己的努力可以迅速得到回报。然而很多创业企业都遇到这类问题：申请营业执照前，意气风发、认为事业前景无限好，然而当攥着营业执照、搬入办公室后，却发现万事开头难。难在哪里？项目的开展不顺利、资金的运转不流畅、业务始终推广不开、产品少人问津。创业的激情在种种问题中被渐渐消磨，创业者的万丈豪情也一天天低落。

可见，在创业之初，足以使创业企业生存下来的开局尤为关键。事实上对一个创业企业来说，生存是第一位的。创业是一个系统的、复杂的体系，从创业之前、创业之初到企业规模不断发展，都是需要创业者凭借智慧和勇气，不断寻找出每个阶段的关键点并迅速突破的过程。而创业初期的智慧更为关键，它将使创业企业在诸多不利因素中或在边缘罅隙中取得自身的资本收益，从而使创业者的创业激情保持高昂，创业头脑始终保持活跃，使企业步入良性循环的创业成功阶段。

通过对数百个创业案例进行深入、细致的研究后发现，企业创业实现良好开局并非高不可攀。本章从诸多创业成功企业的案例中抽丝剥茧，寻找出六大创业开局制胜战略。下面通过案例分析的形式，将这六种创业开局制胜战略展示在读者面前。当然，战略并不是一成不变的，只有掌握这六种战略的精髓，并且学会将之组合，才可以使自己的企业迅速迎来良好的开局。

第一节　创意制胜战略

创意创业，也称概念创业，顾名思义，就是凭借创意、点子、想法创业。当然，这些创意必须标新立异，至少在打算进入的行业或领域里是个创举，只有这样才能抢占市场先机，才可能吸引风险投资的眼球。当然，这些超常规的想法还必须具有可操作性，而非天方夜谭。

研究发现，对于绝大多数在激烈竞争中初创的企业来说，通过精巧构思推出的新招数、新想法，不仅可以使自己的企业之路展开一线生机，而且在短时间内见到利润。所谓新招数、新想法，从其运作思路上看未必出奇，一旦被点拨开了，谁都可以做得到，但其根本却是创业者具备的功力。

一个日本人从菲律宾进口了一种在热带海洋中长大的虾——进口价格仅 1 美元，在日本把它们装入盒子，取名“携老同穴”，这种既谈不上生产成本，也没有复杂工艺的商品，一下子就卖到 260～270 美元，而且供不应求。实质上，它不过是自幼从石头缝里进去，然后在里面成长为无法出来的雌、雄虾，只能在石头里度过它们的一生。这位商人的高明之处在于，他敏锐地捕捉到这种商品可以为人们提供精神上的安慰，并附加一种天才的创意：以这种爱情专一、从一而终的虾，作为永远美满幸福的结婚礼物送给新婚夫妇，因为想到了一般人所想不到的商机而抢占了创业先机。

一、排列组合出创意

创意，说穿了不过是将原本存在的要素重新加以排列组合而已。

——詹姆斯 · W.杨格

金莎巧克力就是创意制胜的典范。它借助突破常规的创意表现，成功地在业已成熟、竞争激烈的香港糖果市场异军突起，迅速占据第一品牌的地位。我们不妨看看金莎巧克力的广告创意。

在寂静宽敞的教堂中，一位长相清纯的少女低头走进告解室，期期艾艾地向神父坦白，说因抵挡不了诱惑，后悔发生了第一次（观众至此已被故事情节吸引，免不了想到少男少女最不该犯的过失上去）！但画面一转，少女竟解释是抵挡不了金莎独特口味的诱惑而第一次将整盒巧克力吃光了（此刻观众从女主角向神父忏悔所营造的紧张气氛中突然解脱）。少女继续描述金莎的产品结构及特质，这是她抵挡不住诱惑的主要原因（这样一来，观众通过故事认识了金莎独特的产品结构，而且印象极其深刻）。广告到尾声时，画面上突然出现刚才聆听少女忏悔的神父，他（在吃完金莎后）向另一位神父开始坦白他的第一次……

詹姆斯 • W.杨格说，创意不过是存在的东西重新加以排列组合罢了。这就好比是找来了许多木块，能不能搭出一个漂亮的房子，就看你有没有一个活络的脑子了。上例中教堂与巧克力这两个风马牛不相及的元素在金莎广告片中兼容和谐，制造了一个出人意料的情节，确属精彩之极。

如果说上面的创意你不敢奢望，那么下面的创意则是人人可及的。

二、新招未必出奇

“新”，通常意味着创业竞争压力的减轻，创业空间的拓展。事实证明，很多创业者在创业初期都巧妙地运用了这一方法，从而使自己先站住了脚。称其为新招数、新想法，而不是新技术，是因为与后者相比，新招数、新想法更容易萌生，特别是创业者自己可能瞬间闪现出的新思路，也更容易根据自身的条件进行完善并加以运作。借助巧妙的运用，创业者在创业初期的日子通常都会过得比较滋润，开门见喜，利润得来也轻松了很多。

认真分析每一个“新”创业的案例，可以发现，很多时候寻找一个新的经营项目、一个新的行业、一个新的产品，并不需要搜肠刮肚去想，但是一定要会去利用。

【个案介绍】 “蒋嫂”的营养汤

蒋瑞颖，一位很普通的南京市民，很长一段时间里，一直在苦苦寻觅创业之路。没有想到一碗汤让她的名声远扬，当上了创业明星，大家都亲切地叫她“蒋嫂”。靠熬汤创业并不新奇，但蒋嫂的思路明确而且有针对性。她专门给自己家对面南京妇幼保健医院的产妇熬营养汤。产妇是一个极大的消费群体，她们最集中的消费就是营养。绝大多数产妇的家属为了产妇的身体和未来的宝宝，也为了产妇生产时能够更顺利，生产后恢复更快，通常对只认为好的、有营养的食品是不计金钱的。蒋嫂这一新招数恰好准确抓住了产妇及其家属的这一心理，开门红自然手到擒来。

——摘编自创业开局六绝招．百度创业吧．http://tieba.com/f?kz=190184395

【个案介绍】 “哭”吧，哭来滚滚财源

上海刘琳娜的“哭吧”从名字上就透着新鲜，而这个项目的由来既得益于她身为女性的细腻，也与她的从业经历有关。在经营“哭吧”之前，刘琳娜在上海一家法治类媒体担任咨询顾问，名为“婚恋处方”的栏目是她为别人排忧释疑的一方阵地。在那段为期两年半的时间里，通过热线、书信等一系列手段，得到刘琳娜帮助的人超过千人。“在工作当中，我发现需要倾诉，需要进行心理咨询的人并不在少数，而我在长时间的实践当中已经积累了一定的经验，并形成了一套自己独特的辅导别人的模式。接受我的心理辅导的人绝大多数是伴有眼泪的。既然如此，我何不自己创业，开一家‘哭吧’。”刘琳娜诉说着当初创业的想法由来：“有了这样的想法之后，我便就可行性找到上海心理协会的张震宇等老师进行咨询。他们认为，哭不能解决问题，但是在心理指导下的哭有助于问题的根本解决。老师们的肯定更是鼓舞了我开办‘哭吧’的信心。”

——摘编自几万元开哭吧催泪催出生意经．百度创业吧．http://tieba.com/f?kz= 190184395

从两个人的创业项目选择看，从自己身边寻找，从自己的特长寻找，出“新”并不难。蒋嫂由于打工住在妇幼保健医院，平日里总有不少产妇家属拎着冷汤找她帮忙热一下。时间长了，蒋嫂还曾经专门竖过一个牌子：“收费热汤菜，每位一元！”在不断替人热汤的过程中，对产妇爱喝什么汤、什么汤更有营养也就心知肚明了。加之守着一个如此好的地理位置，蒋嫂的“新招”得来也就极为自然了。而刘琳娜也是极好地利用了自己的特长和专业，发掘出了自己的新生意。

三、出新，需求是关键

说起来不难，但寻找新招数、新想法也不是人人都可以做到的。对于创业企业，新招数、新颖构思乃至新产品的开发，需要的是巧劲，而不是拙力。当自己的脑子里激发出来一个重要的创意，自己肯定会无比激动与兴奋，这时候，不要着急马上就付诸实践，创意可不是盲目地标新立异，它要以企业实际为基础，要适合企业自身的发展要求，自己应该对新的创意冷静思考，放在市场的基础上，审视它的可行性与科学性，经过反复考证，思路成熟了，第一个环节就完成了。

确定一个招数、想法是否有前景，不在于这个招数或想法的本身是否够新奇、够独特，而是它的存在是否有需求。很多创业者也曾经新奇特招数不尽，但最终不是无人喝彩，就是过早夭折，原因就在于创业者将这些新思路和新招数孤立在了自己的想象中，没有考虑到人们对之是否存在需求。

浙江农民汤百忠养殖苍蝇说出来恐怖，很多人听到都会连连摇头，甚至觉得恶心。但汤百忠从中赚到了钱却正是因为苍蝇养殖蕴含着巨大的市场需求。汤百忠在杭州打工时，曾利用工余时间到浙江农业大学向一位教授咨询苍蝇养殖。教授肯定了他的想法，告诉他苍蝇养殖是一种新兴的前沿致富项目，目前国内还无人问津，并把苍蝇的作用和价值向他做了一番介绍：苍蝇在昆虫家族中占有很大的比重，是人类尚未开发利用的动物资源之一；蝇蛆中含有丰富的蛋白质、维生素和人体所必需的微量元素，将会是人类未来的一种食物；蛆皮可以提取珍贵的甲壳素和壳聚糖，可广泛应用于医药、食品、化妆品、纺织和环保等领域，其中，壳聚糖在治疗癌症方面药效独特；蛆浆可分离出具有高效、强力杀菌作用的“抗菌肽”，将会取代目前广泛应用的抗生素；另外，养蝇同其他养殖业相比，具有周期短、见效快、产量高和抗病能力强的特点，从蝇卵发育成成虫仅需 10 天时间，基本上属于无风险投资项目，市场前景广阔，一笼苍蝇等于 10 亩良田的收入，可谓一本万利。

听完专家的介绍，汤百忠的疑虑顿时烟消云散，更加坚定了养苍蝇的信念。而教授也十分欣赏这位有闯劲的打工汉，热心地将汤百忠介绍给浙江省农科院的有关专家。恰巧浙江省农科院正在推广“优质动物高蛋白无菌蝇养殖技术”，但少有人尝试，见汤百忠找上门来，就把这项技术无偿地传授给他，并无偿地为他提供了优良的无菌蝇种，鼓励他好好干，将来做大了形成产业规模，就在他那里设置养蝇的厂房。在他的精心呵护下，那些产业终于在他家“安家落户”了。

所以，新项目、新招数、新思路，是否可以存活，可以经得住市场的验证，唯一的衡量标准就是其中是否蕴含市场需求。

新项目、新招数、新思路乃至新产品的出现，都等于开辟出了一个相对空白的市场。这种相对空白的市场，即使有着较大的需求，也需要有一个让市场认知、了解的过程。这一过程也常常是创业者最为难过的一关。

【个案介绍】 餐饮湿巾的成功面世

白俊辉原是上海一家小毛巾厂的业务员，一次和朋友聚餐的时候，白俊辉偶然听到无纺布发展很快。白俊辉知道现在的毛巾大多都是化纤的，而无纺布与化纤相比，具有不掉毛，自然降解，成本低廉等优点，用无纺布生产毛巾有一定的前景。经过对上海各大餐馆、饭店的调查，他发现小毛巾大都是普通化纤制作成的，而全国每年用在餐桌上的一次性小毛巾大约有 100 亿元。

白俊辉像发现新大陆一样高兴，他赶紧找来毛巾技术人员，将自己的想法与他们进行了交流，并得到了大家的认可。于是，白俊辉聘请了毛巾设计和制造方面的专家，经过苦心研究，终于在 2002 年研制成功了一种新型的一次性餐饮用品——餐饮湿巾。

与许多创业者不同的是，白俊辉在推销产品时更多花了一些心思。新产品再有市场，但对于一个初创且一文不名的小企业来说，从零开始的推销却不容易，很多创业者都面临这样的结果，新产品推出后，需要一点点地普及知识，慢慢地培养市场，但创业企业本身资金匮乏，偏偏又经不起长时间的等待。要想让自己的产品迅速"蹿红"，除了产品本身"新"外，还要在迎合需求上做点巧功夫。

白俊辉的做法是，先对餐厅做了一番调查。结果他发现，到餐厅饭店吃饭的大多数是朋友、亲戚，相互聚餐以融洽感情。但是，仅仅靠吃饭还不能满足这种需求。如果使小餐巾成为一种烘托气氛，融洽感情的工具，不仅自己的产品在同类竞争中不愁销，而且餐厅、饭店也会增加客流。但是，如何才能让自己的餐饮湿巾达到这种功能呢？他左思右想，突然闪现一个念头：在湿巾外包装上印刷幽默笑话、漫画。

2002 年 6 月，白俊辉带着餐饮湿巾，敲开了他的第一个客户——上海崇明岛的乐岛大酒店的大门。成本更低廉，卫生更有保证，同时包装袋上印有幽默的笑话、漫画等活跃气氛的内容，不但增添了餐厅气氛，还可以掩盖服务上的不周到：如客人太多，上菜不及时，客人通过阅读幽默笑话打发等待时间。一席话一下子就打动了这家店的老板，他当即定下了两箱。

5 天后，白俊辉接到了这个老板打来的电话，急需 10 箱餐饮湿巾，还再三叮嘱白俊辉马上送过去。老板说："这种湿巾消费者反映特别好，用着舒服、放心，特别是包装袋上的幽默笑话、漫画引人入胜，别有一番风味。"第一个客户就这样稳定了。随之，第二个、第三个，白俊辉逐步将餐饮湿巾推广到了上海十多家餐厅、饭店，迅速在创业伊始就站稳了脚跟。

——摘编自创业项目以"新"制胜．慧聪网．http://info.biz.hc360.com/2008/08/ 12071577010-2.shtml

可见，奇妙的创意，精巧的新思路，如果没有科学地转化成利润，就像一辆昂贵的名牌轿车被弃置于农舍。如果创业者想利用"新"开始自己的创业，就一定要解决三个问题：第一，新招数、新想法是否与自己的特长、经历有着巧妙的契合，是否可以利用自己的专长将这个"新"从简单的想法转变为现实中的产品；第二，新招数、新想法、新产品是否可以生存下去，首要考虑的是是否有需求，是否有人愿意掏腰包购买；第三，真正可以利用新招数、新想法使自己的创业“开门红”的，除了项目与产品，其和消费心理的巧思也极为关键，要使用巧劲儿叩开市场之门。

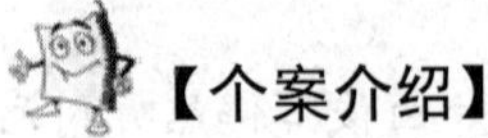

【个案介绍】　　画出的利润

杭州的苏红1998年时开了一家礼品店，每月从广东进货。刚刚开店的时候，因为商品的样式很新颖，虽然价格不菲，但销量一直都不错。不过这样的好日子没过多久，2000年10月开始，苏红的礼品店生意越来越淡。原来，她开店的一条街上一下子冒出了七八家礼品店。客源分流还在其次，价格竞争使得苏红的毛利润骤然从原来的60%一路降到了20%。减去成本和成本分摊后，利润已不足8%了。苏红一度想关掉店铺。

2001年，苏红经人介绍认识了谢靖，美术专业毕业的谢靖当时在一家儿童出版社做美编。一天谢靖对苏红说，现在随便往实用的商品上印个卡通或小动物的图案，就特别受欢迎，不如在这方面动动脑筋。积压了大量货品的苏红此时已经没有别的办法了，决定就按这个方法试试。于是，她与谢靖一起将库存的商品一一摆弄、挑选，最终选了一种彩色外壳的保温杯。谢靖拿着保温杯回家，琢磨了两天后，设计了一个很可爱的图样，图样上是一对线条极简单、形态亲密的卡通狗。图样设计好后，两个人找到了一家不太景气的塑料加工厂，花了八百多元，让工厂将手中积压的400多个保温杯印上了卡通狗的图案。

保温杯加工好后，苏红在店门口制作了卡通狗图案的宣传板，并以每个38元的价格出售。果然效果不错，第二个星期开始，竟然就有人找上门商量批发了。积压了一年多的保温杯，仅用了两个月的时间就销售完了，而且利润增加很多。

苏红看到这是一个不错的方法，于是，她与谢靖一起再次挑选了一批彩色塑料的烟灰缸、镜框等，很快制作出了卡通狗系列的成品，并且在店铺门口打出了独家货源的字样。苏红的店铺生意马上红火了起来。到2002年年底时，苏红的礼品店已经成为卡通系列的批零兼售的店铺，利润也从先前的不足8%再次增长到了40%左右。

到2003年时，苏红干脆专门组建了一个设计工作室，聘请了四个专业设计人员，对礼品进行再设计，然后拿到附近的小加工厂进行再加工。苏红之前根本不敢想象，一个小礼品店就这样成为她的聚宝盆，每年有三十多万元的收入。

——摘编自辛保平等．老板是怎样炼成的．北京：清华大学出版社，2005

四、抢先机，得厚利

能不能抢占先机事关创业的获利能力。对于创业者来说机会无时不在、无处不在——变化就是机会。环境的变化会给各行各业带来良机，人们通过这些变化，就会发现新的前景。变化可以包括：产业结构的变化；科技进步；通信革新；政府放松管制；经济信息化、服务化；价值观与生活形态变化；人口结构变化。

抢占先机的突破口其实并不难找，可以从“低科技”中把握机会，机会并不只属于“高科技领域”。在运输、金融、饮食、流通这些所谓的“低科技领域”也有机会，关键在于开发。抢占先机也可以盯住某些顾客的需要，这样就会有机会。机会不能从所有顾客身上去找，因为共同需要容易认识，基本上已很难再找到突破口。在寻找机会时，应习惯把顾客分类，如政府职员、菜农、大学讲师、杂志编辑、小学生、单身女性、退休职工等，认真研究各类人员的需求特点，机会自现。也可以从追求“负面”中找到机会。所谓追求“负面”，就是着眼于大家“苦恼的事”和“困扰的事”。因为是苦恼、是困扰，人们总是迫切希望解决，如果能提供解决的办法，实际上就找到了机会。

众所周知，蔬菜的销售实在不是什么暴利的行当，而且由于近年来各地对蔬菜种植的重视，因此蔬菜的销售早已进入微利时代。在这种情况下，从蔬菜中获取暴利还有可能吗？

【个案介绍】　“龙乡菜”：创业成功在于抢占先机

1996年春天，邯郸的王山海在一本杂志的一个很不显眼的位置看到一个故事。故事说的是上海市有一位姓庄的老太太，退休在家没有多少事可做，那些来不及买菜的双职工经常请她帮忙。庄老太太为人热情，每次把菜买回去之后还要择洗干净，时间长了，人们过意不去，主动给老太太一些报酬。开始老太太不收，经大家一再解释，她便按分量收取少量的手续费。托她帮忙的人越来越多，后来这位老太太成立了一个“庄妈妈净菜社”，生意非常红火，一时传为佳话。王山海从这个故事中认识到：大千世界千姿百态，在这个缺乏标准答案的时代，人们的消费意愿、消费需求五花八门，层出不穷，而每一种新意图、新需要的背后，又都蕴藏着一个可以让人一展身手的新商机。能否与机遇撞个满怀，关键就看是否有见微知著的“生意眼”，是否能够敏感地去发现，并且抓紧不放，乃至借题发挥。

王山海萌发了学习庄妈妈的想法，他计划在邯郸市也开办一个面向工薪阶层，专门加工净菜的服务机构，其找来几个朋友一商量，大家一拍即合。他们通过深入的市场调查进一步认识到，邯郸市是一座富有悠久历史文化的名城，是冀南地区的政治文化中心，有着丰富的矿产资源和发达的加工工业。随着人们物质生活水平的不断提高以及工作节奏的加快，如何尽量节省在厨房操劳的时间，已经成为许多家庭所考虑的问题。天天“下馆子”毕竟不是大多数人经济上所能承受的，而且卫生状况总让人有点儿不放心。尤其是一些年轻的夫妇，烹饪手艺不高明，家中来了客人，切几盘熟食做凉菜还可以，炒热菜就犯愁了。切洗得干净齐整、配料齐全、价格适中的“方便菜”有着非常广泛的市场需求。几个志同道合的朋友一致认为，有消费需求就有商机。他们决定合伙创办一家公司，生产集“方便、味美、卫生、经济实惠”于一体的方便菜，下决心要在这个行业中闯出一条路来。

经过精心策划，他们给自己的公司起了一个乡土味很浓的名字——龙乡食品公司，把产品定名为“龙乡菜”，让人一下就能记住。他们转遍了邯郸市的大街小巷，经过反复比较，选定一个工薪阶层居住比较集中的小区，租赁了一家原食品加工厂的厂房，门口挂起了一个写着“龙乡菜”的大灯箱，亮堂堂的，照红了半条街。

他们请全市有名的厨师拟定了上百个菜谱，经过严格考核，招收了60多人分别担任配菜师、摘洗工和送货员。开业不久，他们的产品就在那个小区站稳了脚跟，不到半年，凭借普通、廉价、富有个性化的产品和服务项目，龙乡食品公司就创造出了一个红红火火的崭新局面。年底结账时，一起创业的几个朋友都舒心地笑了。

——摘编自辛保平等. 老板是怎样炼成的. 北京：清华大学出版社，2005

点评：

由于龙乡食品公司切中了市场脉搏，“龙乡菜”的市场在那个小区四周开始了墨浸宣纸式的扩张。1997年年底，在邯郸市出现了大量的追随者，然而此时龙乡食品公司给后来者留下的只是一杯残羹。

到底是什么才能创造意外的财富呢？最重要的已经不是技术和资本了，技术和资本等都可以外包，唯有独特的创意，在“第一时间”把握创业机会是必不可少的甚至是至关重要的。“雅虎”的创始人提出了一个互联网应用的新概念，于是使“雅虎”就像神话中的一粒种子一样，几乎在一夜之间成长为参天大树。

无数人看到苹果落地，却只有牛顿能产生地心引力的联想。所谓的机缘凑巧第六感的直觉，主要还是因为创业者平日培养的敏锐观察力，因此，能够先知先觉形成创意构想。管理大师杜拉克主张可以通过有系统的研究分析，发掘可供创业的新点子。这种以科学方法进行系统化分析，进而产生大量创业点子，正是知识经济时代社会创业活力的主要来源。所谓经由有系统研究分析，大致可以分为六种方式。

（1）经由分析特殊事件，发掘创业机会。例如，美国一家高炉炼钢厂因为资金不足不得不购置一座迷你型钢炉，而后竟然出现后者的获利率要高于前者的意外结果。

（2）经由分析矛盾现象，发掘创业机会。例如，金融机构提供的服务与产品大多只针对专业投资大户，但占市场七成资金的一般投资大众，却未受到应有的重视。这样的矛盾，显然提供一般大众投资服务的产品市场必将极具潜力。

（3）经由分析作业程序，发掘创业机会。例如，在全球生产与运筹体系流程中，就可以发掘极多的信息服务与软件开发创业机会。

（4）经由分析人口统计资料的变化趋势，发掘创业机会。例如，单亲家庭快速增加、妇女就业的风潮、老龄化社会的现象、教育程度的变化、青少年国际观的扩展等，必然提供很多的创业机会。

（5）经由价值观与认知的变化，发掘创业机会。例如，人们对于饮食需求认知的改变，造就美食市场、健康食品市场等新兴行业。

（6）经由新知识的产生，发掘创业机会。例如，当人类基因图像获得完全解决，可以预期必然在生物科技与医疗服务等领域，带来极多的新事业机会。

虽然大量的创业机会可以经由有系统的研究来发掘，不过，最好的点子还是来自创业者的长期观察与生活体验。

第二节　渠道制胜战略

渠道即血管，抢在别人前面把血运送到需求者的眼前，就是胜利。渠道同样是一个重要的传播过程。

销售渠道是小企业创业的命门，对创业企业来说，由于产品和企业的知名度低，很难进入其他企业已经稳定的销售渠道。因此，很多企业都不得不暂时采取高成本低效益的营销战略，如上门推销、大打商品广告、向批发商和零售商让利，或交给任何愿意经销的企业销售。这种渠道开拓的方式通常见效比较慢，很难使创业企业尝到“开门红”的喜悦滋味。

一、公关策略

利润从哪里来？人人都知道是从客户的钱包里来。任何企业的运行，都离不开客户关系的把握。但对创业企业来说，获取客户是最难跨出的一步。可以利用“无中生有”将原本不存在的销售渠道借助造势呈现出来，将原本不属于自己的客户借助造势吸引过来，变被动寻找经销商、代理商为经销商、代理商自己找上门来。这并非简单的谋略，它需要对市场有着深入的了解，有着深刻的体会，并且抓住关键环节。

【个案介绍】　　蓝平广告策划公司的崛起

1992年王蓝平大学毕业时，北京、上海等地出现了策划业。他敏锐地感觉到，在宁夏这块策划业处女地上，宣传和营销策划会给企业发展插上腾飞的翅膀。由此，他选定在策划上干出一番事业。于是，蓝平广告策划公司成立了，公司小得可怜不说，当地企业对于广告策划的陌生，也让蓝平广告公司的业务拓展难上加难。

在20世纪90年代，很多广告公司的所谓业务都是通过招聘大量业务员，挨门挨户找企业软磨硬泡，越是小广告公司，业务越难开展。1993年，全国有广告公司三千多家，也是在这一年，由于找不到客户，撑不下去的广告公司也多达五百多家。

在这种状况下，蓝平公司前景就更加不被看好。王蓝平给手下们鼓励：“企业要发展，必然会注重公关礼仪，现在市场潜力巨大，我们抢先一步，定能一举成功。机不可失！同时，开展礼仪大赛，也能为社会的发展进步做出一份贡献。”王蓝平拿出了自己仅有的3万元，在报纸、电视上做广告。一时间，机关单位、街头巷尾，到处都有人议论礼仪大赛的事，俊男靓女则蜂拥报名。活动进展顺利，最后在宁夏电视台大演播厅举行了决赛，取得了圆满成功。利用这次活动的造势，王蓝平和他的公司一举成名，并在银川掀起了一股“礼仪热”。为了进一步扩大在当地的影响，礼仪大赛落幕不久，蓝平公司又精心策划开展了一场大型现代集体婚礼。在以后几年中，他们还举行过几场大型现代集体婚礼，以及“百家礼仪服务大赛”“广告明星大赛”“公务员礼仪大赛”等活动。几个活动下来，蓝平广告策划公司在当地成为一家赫赫有名的公司，很多厂商、广告客户也自动找上门来。

——摘编自智慧的光焰格外绚丽——大学生自主创业追踪报道. 宁夏日报，2004-08-20

二、广告策略

经过深入研究，我们发现，无中生有的关键就是给自己的产品加以明确的定位，并从定位中找到渠道开拓的突破口。从孤家寡人式的沿街叫卖，到10天后300家代理商组成亚琪 MIS 企业信息管理系统销售体系，没有一分钱的投入，一个账面资金只有 10 万元的小公司玄机百变，很快成为全国著名的 IT 企业，可谓将无中生有开拓渠道运用到了极致。

【个案介绍】 亚琪的反其道而行之

1997 年，只有六七个人的大连亚琪公司开发出一套企业信息管理系统软件，虽然这个 DOS 环境下的版本并不成熟，但当时的市场需求潜力巨大，对于亚琪来说，如何把现有的不是很优秀的产品卖出去成了当务之急。

虽然亚琪 MIS 也在自家店面零零星星卖着，但没有代理体系、没有销售班子的事实，几乎已经宣判了这个草创之初的小公司死亡的命运。作为亚琪的创始人，胡诚深知，要打开市场，只有通过各地的软件代理商才能最快速地把产品送到用户手中。而要打开市场，渠道战是别无选择的首要战役。

胡诚把不同软件公司的广告搜集了厚厚一摞，他发现，中国所有软件的代理商就是那么几百家。换句话说，如果这几百家代理商能够代理亚琪的 MIS，亚琪将如鱼得水，一呼百应。但这需要的时间、投入将非常巨大！事实的确如此，因为按照业内通行的做法，发展代理商只有两种方式：登门游说，或者电话游说。登门游说，即使不算老板不在家等特殊原因，就算一天可以谈下一家代理商。要拿下 300 家代理商至少也要 300 天。况且，连续 300 天的机票、住宿费，甚至包括额外的交际费用，亚琪怎么可能承担得起？那么电话沟通呢？按照理想情况计算，即使两小时谈一个代理商，一天说服 4 家，也要连续 75 天，一天耗费 8 小时长途电话费，才能拿下 300 家。再说，谁能保证两小时就一定能说服人家都进你的货？这两条路都不理想，耗时长，费用高，且亚琪将全面陷入被动，甚至只有赊货才能打动代理商。如果僵陷于此，代理体系将成为制约亚琪发展的无法逾越的障碍。亚琪所面临的问题，正是创业企业发展过程中都无法逃避的问题。

兵法有云：未战而庙算胜者，得算多；未战而庙算不胜者，得算少。多算胜，少算不胜，而况无算！那怎样才能以最小的代价让这些代理商成为协助亚琪的翅膀，而且最好是代理商主动来找自己，而不是自己去找他们？胡诚经过彻夜的思索，一个“无中生有”的渠道计划呼之欲出——同一个上午，《计算机世界》《电脑报》《中国计算机报》《软件报》《中国电脑教育报》五大 IT 媒体广告部先后接到来自大连的电话：“我是大连亚琪电脑公司总经理胡诚，我们计划最近一个月内每期在贵报刊登一期整版广告，同时希望与贵报建立长期的良好合作。作为合作的起点，我们唯一的要求是每个月底刊后支付广告费。如果可行，请您将广告发布合同传真给我。请相信，作为中国知名的 IT 厂商，大连亚琪有足够的资金和实力，并愿承担一切违约责任。”

1997 年，在中国软件市场，除了微软这样的外资企业，国内软件厂商限于资金、限于胆量，也限于略显沉闷的市场需求，几乎没有启动像样的广告。企业即使在全国性媒体上打广告，一般也都是“豆腐块”，突然杀出一个大连亚琪公司，而且一上来就要做连续的整版广告，这样的大客户，怎能不让人心动？更何况刊后付款是优惠老用户的行业惯例之一。胡诚情真意切，理由充足；五大媒体正中下怀，亦步亦趋，于是这一广告无一例外被所有媒体接受，亚琪的广告大战就此拉开序幕。

现在看来，胡诚的广告战并没有什么新意。当时，很多厂商认为IT业是高科技产业，一定要请著名广告公司设计，可这些广告公司强调的往往是广告本身的创意和美感。例如，画面上倾斜而立一个手提电脑，甚至旁边什么话也不多说，大有一切尽在不言中的味道。可这究竟是什么？薄？轻？跳芭蕾舞？运用自如？读者不得不费尽脑汁去猜，像猜谜语一样。这些外国人普遍接受的广告，当时的中国人却不熟、不懂。在刚刚起步、远未成熟的中国软件市场，告诉目标用户确切、翔实的产品信息才是第一位的。为此，胡诚决定亲手撰写广告。这些后来被软件业人士笑为“傻大黑粗”的广告，上面没有好看的画面，没有高深莫测的夸张，甚至没有普通广告必不可少的煽情，他只是用大篇文字详细介绍亚琪MIS的功能和优点：如亚琪MIS是干什么用的；它能替你做什么；它能让你的企业在管理的哪方面上台阶。说穿了，胡诚这些广告不过大白话而已。可就是这些“广告不是广告、文章不是文章”的文字，却让用户一目了然，知道自己为什么需要它，并且由此产生购买冲动。

但是，这些连篇累牍、篇幅巨大的广告和亚琪的代理体系有什么直接关系吗？它除了能花掉亚琪40万元广告费用之外，真能给亚琪带来胡诚期盼的销售渠道吗？事关整个战役成败的点睛之作是这样的：在这些广告的结尾，胡诚把事先精心挑选、涵盖全国的三百多家软件代理商的信息硬生生复制了下来，所有代理商的详细名称、详细地址、具体联系方式都一一开列。胡诚在广告中最后强调：“亚琪MIS全国有售，如有需要，请致电我公司各地代理商查询、购买。”胡诚的逻辑是这样的：其实中国老百姓最喜欢的购物方式，还是一手交钱一手交货。即使他们对产品再感兴趣，也没多少人愿意千里迢迢打长途电话，反复询问产品详情，再到邮局汇款，然后一直等到半个月后才能取货。而这些正是胡诚“无中生有”开列代理商名单的最大目的——他要把整个销售过程反其道而行之，让用户主动发动代理商，让用户催促代理商进货！与此同步进行的，是亚琪MIS软件的生产。一切如法炮制，胡诚和加工商、印刷厂，甚至录像带销售商一一签下正规合同，当然，唯一的要求同样是延期30天付款。亚琪资金一分未动，胡诚计划如约展开。一周后，第一轮广告全面刊出，第一批亚琪MIS准备就绪。在广告刊出后的第四天，第一家代理商就主动找上了门。至此亚琪仅用10天的时间就迎来了创业的“开门红”。

——摘编自辛保平等. 步步为赢：高效突破创业7关. 北京：清华大学出版社，2006

三、系统推广策略

在“红桃K”鼎盛时期，其在全国两千多个县每县设有100名员工建制。数万名员工走向农村天地，见人发报纸，见墙刷墙标，使“红桃K”的业绩发生了核裂变式的飞跃，成为保健品市场老大。“红桃K”的意图非常简单，永远不能责怪消费者不懂、无知、不靠近，而应主动靠近消费者，告诉自己为他准备了什么产品和价值。

《封神演义》中写闻仲与姜尚大战岐山，由于商朝军队得到申公豹一帮道友相助，西周军队渐渐不支。关键时刻，姜尚得到燃灯古佛相助，撒豆成兵，反败为胜。这一概念如今被许多企业运用自如。但在很多小企业的思维方式中，撒豆成兵是需要资金堆砌的，因此往往不敢企及。

【个案介绍】“娃娃屋”遍地开花

北京有一个专门经营陶瓷娃娃的店铺，最初的时候仅仅是在西单选择了一个小小的门脸。店铺由于经营的全部是出口欧洲的精致陶瓷制作的各种形态的娃娃，销路一直很好。但是，西单这样一个北京市一线繁华地带的店面，租金高昂可想而知，经营一个店铺能够有多大的发展前景，如何才能将投入的几万元尽快赚回来呢？店主想了一个办法，在店内布置妥当并开张后，马上开始了全国的招商。由于控制了货源的渠道，因此招商效果极好。加盟店只需交纳 1 万元钱，就可以获得店主固定的货源提供，而开一家三十多平方米的小店，第一次进货费用两三万元就足够了。这样一来，店主从零售顺利转为批发。随着加盟店铺的增加，加盟费用、批发的收入，让这家小店很快就收回了成本，继而进入了轻松的盈利阶段。

——摘编自撒豆成兵：小买卖如何发大财.
http://newscn.mmimm.com/SRD1074270/XIAOQIYE.HTML

所谓撒豆成兵，就是通过推广体系组织的功能推展经营活动，达到接受产品的目的。这里面有两方面的含义：一是要经营好组织，也就是要组建、管理好一个有特色的根据地；二是要善于发挥组织的功效，两者相辅相成。社会发展史告诉我们，人，只有组织起来，才能产生倍增的效应。例如，1 万个无组织、无纪律自行其是的人，必然是一盘散沙，毫无战斗力。但当 1 万人按一定的组织原则和秩序排列成方阵时，则可以产生气壮山河、震天撼地的伟力。我们常说团结就是力量，实际上就是讲组织起来的力量。一定的组织都是一定的社会成员为了达到特定的共同目标而自觉形成的有一定秩序和功能的排列组合体。

对于小资本运作的小型企业来说，只要项目有特色、有需求，利用连锁迅速扩张市场，获得利润并非难事。袁小萍，41 岁，一个走在街上毫不起眼的上海女人。8 个月前，她还在为没有一份固定工作而困惑烦恼，现在却已是拥有二十多个连锁店的“无水洗车佳佳服务社”的老板了。而且，她的连锁店正在以平均每周增设一个的速度迅速膨胀着。

【个案介绍】无水洗车也能连锁

一个偶然的机会，袁小萍在《新民晚报》上看到“车洁灵”环保无水洗车 4050 项目的招标广告。由于这个项目投资少，又有政府扶植，再加上她曾经做过汽车、摩托车的生意，她觉得眼前豁然一亮。此外，与汽车打交道也很符合她好强干练、男子汉一样的性格。但她没有盲目进入，而是花了整整两个月的时间进行了市场调查。那一年的寒冬腊月，上海许多大停车场、商务楼以及物业小区里，都出现过袁小萍的身影。终于，袁小萍得出结论：这一行有得干！于是，袁小萍报名参加了上海市政府专门为下岗职工开设的创业培训班，免费享用了金融、财政等方面的“充电”。在交纳了 4500 元材料费和 3 万元启动资金后，袁小萍的第一个洗车点开张了。

开一个无水洗车服务社能赚多少钱？她的洗车点刚刚开张时，袁小萍捋起袖子，自己上阵洗车。让她喜出望外的是，10 天后的洗车数量就从每天 10 辆猛增到 70 辆。但是即使她每天洗 100 辆车，收回 3 万多元的启动资金也要半年多。好在袁小萍脑子活泛，她看到了无水洗车的市场前景和不断增大的需求，于是迅速又开了一个店，并且随着送洗的车越来越多，连锁店也越开越多。很快，她就收回了全部投入。

——摘编自撒豆成兵：小买卖如何发大财.

http://newscn.mmimm.com/SRD1074270/XIAOQIYE.HTML

小企业经商，建立推广体系，其首要问题是要根据自身产品的性质，选准加盟对象。人是构成组织的基本条件，角色定位不准，往往一无所获。

在这方面，许多小企业很容易陷入一个误区，即亲情误区。一说要建网点，赶忙打开自己的关系联络图，找老同学、老战友、老熟人、老朋友或三亲六眷。但这种网点建得越多，也如沙上垒塔，一触即垮。结果是产品没推出去，货款也收不回来，最终友情也受到破坏，赔了夫人又折兵。所以，建立在友情基础上的所谓网点，就如草上霜、瓦上霜，太阳一出不久长。例如，北京的某厂当初依靠关系建立了一百多个点，的确也热闹了一番，但到年终，不但产品销不出去，还陷入了债务危机，产品很快报废了。最关键的是，并非所有的企业都适合复制这套“撒豆成兵”的战术，这需要跃跃欲试的小企业做出清醒的商业判断。

四、根基来自市场调查

你可以将无中生有的利用理解为创新之举，但是不可以简单地认为这只是要小手腕就可以做到的。准确定位，寻找到市场需求的切入点才是决定成败的关键。而是否有需求、需求的特点等诸多因素，必须经过周密的市场调查得出。所以，在准备利用“无中生有”使自己的企业迎来“开门红”之前，一定要做好市场调查。而且市场调查工作必须有计划、有步骤地进行，以防止调查的盲目性。

【精彩链接】　　如何做好市场调研

第三节　与巨人同行战略

模式安全指数：★★★★★

持续盈利指数：★★★

创新能力指数：★★★

所谓企业的共生或共栖，也是从自然界中两种都能独立生存的生物但又以一定的关系生活在一起的现象，借喻企业与企业之间的优势互补、共同存亡的经营模式。找到与大行业或者大企业的共同利益，主动结盟，将强大的竞争对手转化为依存伙伴，借船出海，借梯登高，以达到争取利润的第一目标并使企业快速壮大。

如果我们把企业视为生物种群，不同种类的企业与企业之间，就像生物种群之间可能存在着寄生或共生的关系。所谓企业的寄生，是根据生物中的“寄生”定义推理出来的，借喻一个能依法独立经营的公司而不独立经营，专门从另一个独立经营的公司获取利益的一种“经营”方式。所谓企业的共生或共栖，也是从自然界中两种都能独立生存的生物但又以一定的关系生活在一起的现象，借喻企业与企业之间优势互补、共同存亡的经营模式。

相对于独立生存能力很强的大公司来说，中小企业的孤军作战能力较弱，巧妙地利用“寄生”或“依附”的原理，显得尤其重要。当企业初创时，力量还不够大，势单力薄，靠自己单枪匹马奋战，且不说不会看到“开门红”的良好局面，很多企业会由于一直生活在“巨人”的阴影下，而难以得到长足的发展，甚至会因为互相撞车而自取灭亡。硬拼不行，创业企业应当怎么办呢？只有以巧取胜，凭借自身的优势，取长补短，依附大企业成长，充分利用大型企业的资源发展自己。

一、借船出海

海边的渔夫，如果只在海边撒网，是无法捕到大鱼的，下到海里去又太危险，如何才能安全可靠地捕到大鱼呢？他当然可以开上一艘大船，借船出海。大企业有通畅的产品流通渠道，有广大的客户群体，就像一艘牢固的大船。而创业企业无论在资金、技术方面，还是在人力资源和管理经验等方面都存在许多不足，就像海边的渔夫。如果创业企业能找到与大企业利益的结合点，与他们结成联盟，借大船出海，也可以跟随他们一起捕到大鱼，获得丰厚的利润。

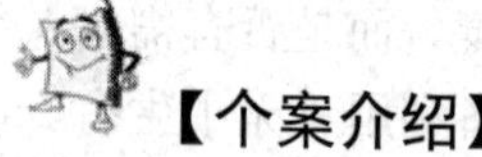

【个案介绍】 **蓝点——借船出海**

蓝点在深圳注册信科思科技有限公司时，注册资本只有20万元。很快，他们研发出了自己的产品 bluepoint（蓝点）。装了 bluepoint 后，所有软件都可以读写中文，字体非常漂亮，一点不亚于 Windows 98。蓝点预览版在网上一公布，立即成为 BBS Linux 论坛上的明星。为了把产品很快地推出去，蓝点看准了与长城、TCL、厦华等电脑大牌明星的共同利益所在，找到了与它们的结合点，于是借大船出海，在长城公司的主打产品——金长城“巨幅699”系列和“居易”系列电脑、厦华三宝的主打产品“状元一族”及TCL精彩600、610、718系列电脑中全面预装上蓝点 Linux，依附它们的成长，使蓝点的产品很快打入了市场，在极短的时间内销售呈现良好的局面，也为其以后的壮大发展打下了坚实基础。

——摘编自王唤明．企业成长：寄生、共生、超越．广东培训网．http://www.gdpx.com.cn/news/20061117101340723721/

我国沿海的许多中小企业，在短时间内迅速崛起，采用的也是依附成长的策略，通过为大企业的出口产品生产相关的配套产品，达到出口的目的，赢得了较为丰厚的利润。对大企业来讲，出口产品有小企业的附加产品，在国际市场上竞争能力更强；对小企业来说，在大企业产品出口的同时，自己的产品也随之出口国外，双方都有利可图。

此外，他们还通过代工生产的方式，借助大公司的强大销售网络进入国际市场。或者与外商合作，借用外商的资金、技术、渠道和管理，搭乘“顺风车”，通过借东风来提升品牌，把前期开拓和最艰苦的事情让别人去做，而自己依靠个体优势摘取别人已有的成果。这些企业都是聪明的渔夫，懂得利用海船的强大和牢固，在大海里最安全地捕获，赢得满船的金银财宝。

二、利益共享

借船出海，也要有眼光辨别，有能力把握。要是选择了一艘破船，就可能船沉大海，一切尽失；要是碰到一艘海盗船，甚至有可能被别人丢到海里喂鲨鱼，性命不保。那么，怎样才能成为成功的“搭乘者”，“坐享渔利”呢？

没有共同的利益和目标，是不可能走到一起的。共享盈利，是依附成长的前提，必须找到利益的切合点，才能和人家去合作。另外人家是大企业，你不找他，他可以找到千万个你，所以小企业要学会主动和大企业交流、沟通。

【个案介绍】　　是超商，不是超市

成立于2000年6月的泓远软件（上海）公司在上海只能算是个“小不点”，但最近却接下了上海星巴克咖啡连锁的大单。泓远软件的生存之道就是定位于连锁系统，称为“超商”。“我们关注的是超商而不是超市，超商不是单纯地卖东西，而是提供各种便利，如市民缴费等服务。顾客因为要去超商缴费而顺便买点东西，买东西变成了附带，这个革命就产生了。”

泓远软件在对超商进行发展分析时发现，这是一股不可忽视的市场力量，由此他们找到了公司的定位。然而，即便是在超商的投标中，泓远软件也常常是最小的公司，其他竞争对手一般都是上市公司。按通常的做法，小公司主要靠价格取胜，但泓远软件没有这么做。他们给顾客三大保证：第一，绝不追加价格，这是一些大公司常用的伎俩；第二，赔偿责任损失；最厉害的是第三招——你没想到就是我的错。而最能打动顾客的是这家公司核算的成本相当经济，很多竞争对手都是开高级轿车参加招标，而这家公司是打车去的，并且他们告诉客户：“我们把你们支付的钱都用在了为你们服务上，你们不必支付我们昂贵的轿车费。”客户对此很感动。公司的“小”也因此变成了优势。

——摘编自一个小软件商的生存之道. 点子俱乐部.

http://www.myoic.com/IdeaMsg/MsgDetail_Q_AUTOID_E_596_A_Catalog_E_001005002.html

泓远软件的营销策略是：让各种连锁店应用自己提供的系统，让别人的成功成为公司成功的一部分。泓远软件先从“超商”切入，因为“超商”能拿到许多大的合约。之后从“超商”做到各种“通路”上，包括连锁咖啡店、连锁花店、连锁服装店。目前的客户有上海的喜之多、全佳便利店、星巴克、多样屋、仙踪林、好佳好等。

三、保持自我

对于很多小企业来说，既然没有希望与行业龙头企业竞争，可以干脆参加进去，成为行业龙头企业经营集团中的一员。但要注意的是，这里所说的“依附”是指参与大型企业集团的生产经营，作为大型企业生产经营网络上的一个环节，企业在产权上还是独立的。

是依附而不是归并，这是最重要的一点。依附的小企业处在大型企业的松散层，与大型企业集团只是生产经营上的联系，仍然享有较大的经营自主权，并可以同时依附几家不同的大型企业集团。这样，由于大型企业集团的生产经营相对比较稳定，因此，小型企业就有相对比较稳定的生产经营环境，并且能够随着大型企业集团的发展而得到发展。

【个案介绍】 **琦璐文具与山城超市**

杜健创办的重庆琦璐文具连锁公司是坐落在重庆市渝中区大坪虎头崖 1 号的一家专业从事文具连锁店的企业。重庆琦璐开业之时仅仅只有一个 10 平方米的小门面，以经营小百货为主，靠卖烟酒、饮料、副食等小商品获取微利生存，有时还入不敷出。一个偶然的机会得到了山城超市招租文具门面的消息，杜健从小巷子里面的小店搬迁进了山城超市，“正正规规”地营业了。由于山城超市门面大、地理位置好，人流量也大，琦璐第一个月就开始盈利，以后逐月攀升。

山城超市正处于“青壮年”时期，从渝中区开到了大坪，再开到了杨家坪，接着又是石坪桥、沙坪坝、观音桥、上清寺、牛头角……连锁店一家接着一家地开，然而这时的琦璐只是刚刚学会走路的孩子，能不能像山城超市那样分店一家接着一家开呢？这时，琦璐果断地将自己依附在山城超市上，不但吸取他们的管理经验，也吸取他们的管理模式，山城超市开在哪里，琦璐就开在哪里，依托山城超市的发展，琦璐现在已经发展成了拥有 30 多家连锁店，员工 200 多人，年销售收入近 5 000 万元的文具连锁公司。

——改编自中小企业的繁殖模式：寄生、共生与超越. 大学生论文网. http://www.zstuda.cn/article/sort02/sort042/sort055/info-7418.html

事实上，琦璐的“依附”行为就像孩子在婴幼时期需要哺育一样，需要不断地吸取营养。如果站在小企业的角度研究企业的发展历程，依附甚至是任何一个小企业发展的必经阶段。小企业审时度势，可依附核心企业，借势生存。小企业也可以接纳大企业转移出的部分产品生产线，在大企业的技术指导与质量监督下，其成品以大企业的品牌包装进入市场，这对于力量薄弱的小企业不失为一种积累实力、谋求生存空间的捷径。

仔细分析发现，不管是小企业依附核心企业的发展模式，还是小企业“借船出海”的营销模式，对大型企业和核心企业来讲，小企业的“依附服务”要么具有附加价值，要么具有分工专业化的收益。所以准确地说，这应该不算是纯粹的寄生，而是半寄生半共生行为。

在琦璐与山城超市的寄生、共生中，还存在一个从寄生到共生的过程。先期，由于琦璐什么也没有，缺乏资金、缺乏管理、缺乏人才、缺乏渠道、缺乏人流量，这时琦璐“合法”地依附在山城超市，不断地学习、不断地吸取，在吸取过程中也在不断地消化，同时，资金积累了、知识丰富了、业务扩大了，这时琦璐就将自己积累的优势和山城超市共享，形成了共生关系。

山城超市在发展过程中遇到了困难，琦璐首先帮助解决，原因很简单，一旦山城超市垮了，店面没了，琦璐也就跟着垮了。同理，一旦琦璐有什么困难，供货中断了，山城超市的文具也就空缺了，而以文具为主要业务的山城超市的利润也就枯竭了，所以山城超市也要帮助琦璐解决困难，因为它们是共生的关系，谁也离不开谁。

四、依附市场

依附大企业可以制胜，依附市场也可以制胜。近年来，随着高校的扩招，每年从全国各地来武汉就读的大学生成了一个庞大的消费群体，越来越多的单位和个体都在争抢这块诱人的大蛋糕。从武汉车辆厂下岗的赵大佑师傅凭着灵活的头脑，依托市郊大学分校集中地，走出了一条“靠校吃校”的经营路子。几年来，尽管只面对大学生，但他择机而变，几经转行，生意越做越大，成了业内闻名的“学生王”，积攒了近百万元的资产。

老赵创业的一个重要体会是：任何消费群体都有它特定的地域性和共同点，是一座挖不完的金矿。“傍”就是立足于根本，发现其服务上的空白点，提供便利，从中盈利。如果能“傍”出“名分”，借船出海，由散兵游勇发展成正规军，那就达到了经商的更高境界了。

【个案研究】　　赵大佑“傍”高校发财

1. 开学生餐馆赚得笑哈哈

分校选址后，老赵就敏锐地发现了它所潜在的巨大商机。他关掉了在市区的杂货店，移师到远离都市的“荒凉之地”开餐馆。按他的预计，各分校每年进来的新生不下一千人，再加上老生和教职员工，几千师生是个巨大的“聚宝盆”。虽说学校有食堂，但一般来说，里面供应的品种肯定有限，价格也不会低。

开学生餐馆无须豪华装修，供应常见的热菜，上足分量，管吃饱吃好，为学生提供“聚会”的场所就行。此外，每年送新生和看望子女的家长也是一个重要的客户源。小店开张后，由于位置离学校前门近，老赵的餐馆成了学生在外就餐的首选。最高峰时，老赵一天做了近2500元的生意。虽然只有30%的毛利，但已让他心满意足。

随着竞争的加剧，老赵又适时推出了电话送菜和配菜业务。他雇了两个帮工，下课和周末时骑着摩托不停地在学校和餐馆之间接单、送菜。方式活了，他的餐馆生意比别人好出了很多。

2. 收老生用品倒手出差价

随着周围餐馆越来越多，竞争加剧，利润越来越薄。正当老赵为自己以后的生意寻找出路时，校园内的拍卖市场激发了他的灵感。他退掉餐馆，另租了一间更大的门面，平常主要供应价廉物美的生活用品，但生意的着眼点主要放在每年毕业生离开学校这段黄金期。

2004年夏季，依照这个思路，他采用优价现金收购毕业生学习和生活用品的方法，又猛赚了一笔。毕业生离校大都图轻松简便，很多东西不想带走。老赵早在学生毕业前，就四处做广告，上门收购有价值的各种用品。这一招果然有效，毕业生的物品当场估价后，不仅得了现金，还省去了清理上的麻烦。东西收完后，老赵又雇人进行了分类整理，第二年新生入校时，店里像暖水瓶、台灯、电扇等价廉物美的商品成了“畅销货”。

3. 与学校“联姻”拓宽致富路

由于老赵总能先人一步，这里的商户把他看成了赚钱的风向标，他做什么，别人就跟着做什么。因此，就出现了这样一个有趣的现象：大家见老赵做某种生意发了，就蜂拥而上，使竞争更趋激烈。

一次偶然的机会，老赵结识了学校后勤部的“头”，双方都有扩大业务的想法。老赵通过入股，成了学校后勤公司的主要股东。当他又以“合法的身份”从外围开进校园内办企业时，又让同行自叹不如。

通过联营，老赵在学校内办起了第一家超市，又合资建起了两排门面房，使约60%的师生采购和消费留在了校内。另外，他还引进了十台电瓶车作为“校际巴士”，穿梭于附近的几个大学校区和公交车站。稍远的路程收费两元，近距离的票价仅为一元，受到了师生们的“追捧”。现在，服务公司为学生办的开水房、网球房、溜冰屋、家长招待所等，生意都十分红火。

——摘编自傍高校发财：大学生是一个庞大的消费群体．中国证券报，2006-08-21

五、“䲟鱼模式”

“䲟鱼模式”是依附创业和与巨人同行战略的具体体现，其本质在于，大企业有通畅的产品流通渠道，有广大的客户群体，就像一条庞大凶猛的鲨鱼，而中小企业无论在资金、技术，还是在人才等方面，都存在着诸多先天不足。如果中小企业能找到与大企业的利益结合点，与大企业结成联盟，就可以有效弥补自身的短板，自然也就可以分享大企业的利润大餐。“䲟鱼战术”对中小企业来说，可借鉴程度较高，是一种有效的盈利模式，是与巨人同行战略的具体表现；而其方法可以多种多样，如做代理、做指定供应商、寄生/共生、专卖店/特许经营等，可参阅第四章中依附创业部分。

在大海之中，鲨鱼是一个十分凶狠的家伙，非常不好相处，许多鱼类都是它们的攻击目标。但有一种小鱼却能与鲨鱼共游，鲨鱼非但不吃它，相反倒为它供食，这种鱼就是䲟鱼。䲟鱼的生存方式就是依附于鲨鱼，鲨鱼到哪儿它就跟到哪儿。当鲨鱼猎食时，它就跟着吃一些残羹冷炙。同时，因为它还会为鲨鱼驱除身体上的寄生虫，所以鲨鱼不但不反感它，反而十分感激它。因为有鲨鱼的保护，所以䲟鱼的处境十分安全，没有鱼类敢攻击它。这种生存方法和生存哲学，说起来让人十分泄气，却十分有效。正是基于这种“适者生存”的自然启示，聪明的温州人从中悟出许多道理：弱者借助强者生存，不但是智慧的，而且是有效的。

【个案介绍】 立峰摩托

温州立峰摩托车集团的前身只是一个生产摩托车车把闸座的小厂。但这家企业最初开发的产品具有独特性，其表面防腐性能超过了日本企业的标准，填补了国内空白，从而成为摩托车生产企业用来替代日本进口原件的替代品。企业最初通过推销争取到中国一家著名摩托车企业的产品配套，之后又与这家大型企业进一步合作。1992 年，双方共同出资在瑞安建立了一家摩托车配件有限公司，注册资金 600 万元，立峰占股 70%，这家企业占股 30%。立峰专为这家企业生产摩托车把闸等零配件。由此立峰成为依附于“大鲨鱼”的“鲫鱼”，几年时间产值就翻了三番，规模与效益较之与该企业合作前扩大了十多倍。

随后，立峰利用赚到的钱，不断进行外延扩张，产品由把闸到轮毂、到油箱……最后发展为整车生产。开始为贴牌，后来发展到独立运作，并获得了国家颁发的摩托车生产许可证。时机成熟后，立峰脱离了与大企业的合作关系，成为一个独立的摩托车整车生产企业，“鲫鱼战术”大告成功。

——摘编自方铭. 弱者借强者生存（案例解析）——温州立峰摩托车集团发展模式解析. 市场报，2005-11-02

这种模式在加工企业集中的长三角、珠三角一带十分流行，在广东东莞、江苏昆山，类似的小企业随处可见。实践证明，这是初创小企业走向成功的一条捷径，风险小而成功概率高。类似立峰这样最后发展到“全面”生产的企业较少，更多则走向了专业化，走“专、精”的路子。如江苏江阴的曹明芳为上海一汽专业化生产汽车保险杠，甚至成为《福布斯》的中国富豪。

第四节 产品领先战略

模式安全指数：★★★★★

持续盈利指数：★★★★★

创新能力指数：★★★★

举凡做生意的人都有体会：在市场上先人一步往往左右逢源，灵动异常；滞后一步则步履维艰，困难重重。而先人一步可分为两个层面：一是做在前面，二是想在前面。创业者要突围微利，就一定要是“先知先觉”的人，他们把市场中丰厚的“油脂”蚕食掉之后，留给“后知后觉”人的只有一杯残羹。

小企业千万不要想着做大池塘里的小鱼，一定要做小池塘中的大鱼。因为一些大企业看不上这些小池塘，不愿意和你竞争，而这正好可以成为让自己成功获取创业“开门红”的巨大空间。对于小企业来说，如果那些大企业说这个市场前景非常大，将来肯定不得了，那自己就干脆不要做了。因为一旦被大企业看中的市场，自己又怎么可能拼得过呢？唯一的生存之道就是独辟蹊径，开创自己的独有市场。

在我们的现实生活中，常有一些只得到局部满足，根本未得到满足或正在孕育即将形成的社会需求。这样的需求盲点构成了潜在的市场空间。发现和预测潜在需求，是一项难度极大、艺术性极强的工作。小企业一旦发现前景良好的潜在市场空间，就应着手开发、生产、销售、管理工作，以迅速扩大自己的优势，加固经营壁垒，提高后来者的进入障碍，提高垄断能力，延长中小企业垄断这一市场区域的时间，以期获得丰厚的经济效益。

一、造就无竞争空间

一位经济学家在飞机场的高档酒店里喝了一杯咖啡，喝完之后一结账，要价98元。经济学家一核算，这不是牟取暴利吗？于是对机场的有关部门进行愤怒声讨，一时引发了众多媒体讨论应和，最后结果怎么样呢？一切依然如故，没有丝毫改变。原因就在于，机场、宾馆、游乐场等地方，本来就是高档消费场所，他们拥有独享的资源，你能奈何得了人家吗？反过来看，小企业在创业之初也可以让自己享受到这种独享的暴利，只要可以找到一个属于自己的生存发展空间。

在山东沭河岸边有一个柳编之乡，这里拥有丰富的柳编资源。由于气候和地域原因，这里的柳树枝韧性强、洁白度高、质地优良，是柳编的绝好材料。一家小企业看好了这一独特的资源优势，在此投资建厂，投资并不大，但回报丰厚，几年下来利润成倍增长，企业也越做越大。

所谓资源独享，就是要占有稀缺资源，或开发独家产品，把竞争对手排除在外，建立起买方的独家市场。有了偷不去、买不来、拆不开、带不走、溜不掉的独家资源，谁还能在该市场上胜得过你呢？

【个案介绍】　　降氟牛奶

河北沧州乡谣公司是一个奶制品小厂，由于遭遇娃哈哈、乐百氏等大品牌的冲击，销售艰难，处境非常危险。为此，这家小厂专门找到了专家进行分析。专家经过考察后发现，娃哈哈、乐百氏在当地影响很大，要想翻身必须有特别鲜明的独特卖点，否则将很难生存。通过大量阅读资料，专家们发现，河北沧州是我国最严重的高氟区之一，当地的引用水源含有过量的氟，对人体健康非常不好，很多沧州人得的地方病就和当地的水质有关系。这个资料搞清楚以后，专家马上产生一个大胆的想法：能不能生产一种降氟牛奶？只要消费者知道他们的病和高氟水有关，降氟牛奶就有戏！于是乡谣公司马上和北京食品工艺研究所合作，开发具有降氟功效的新产品。现在乡谣牛奶在沧州已经全面上市，并且在当地引起了较大的反响。公司从以前的日销3000袋，到现在的2万袋，不但很快打开了市场局面，而且已经盈利近30万元。

——摘编自做小池塘中的大鱼．柳州中小企业网．http://www.smelz.gov.cn/news/164752.htm

最为关键的是，由于降氟牛奶是只针对河北沧州市的水源情况专门设计的牛奶，因此，一些大品牌绝对不屑于为了一个小市场而改变产品加工的整个流程。乡谣公司反而乐得在这个小小的池塘中，过起了大鱼的轻松日子。

二、独有连锁

1993 年，“煌上煌”还不过是一家前店后坊的熟食小店。而今天，“煌上煌”已是资产近亿元的集团公司。公司旗下的煌上煌烤禽连锁店仅在南昌市内就有约七十家，在全国共有一百五十多家，这样的业绩不仅在江西省首屈一指，在全国熟食行业也算得上佼佼者。从家庭式作坊到现代化企业，徐桂芬完成了一次成功的嬗变，这其中到底有何奥秘？

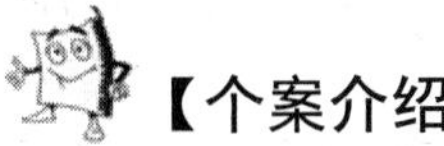

【个案介绍】 “煌上煌”酱鸭

1993 年，徐桂芬遭遇到人生中的一次重大考验。由于食品公司不景气，徐桂芬下岗了。由此，徐桂芬迈出了创业的第一步，她身揣几千元钱从小生意做起。创业必须吃苦，但多动脑筋才能将生意做大，徐桂芬开始思考有什么商机可以将生意扩大。徐桂芬在食品公司待了多年，对食品市场非常熟悉，于是她从南昌市的菜市场入手做了一番调查。“我发现，不少菜市场内都有卤菜店，卖卤菜的人较多，但偌大的南昌市竟没有一家本地人开的卤菜店。”徐桂芬说：“当时南昌市的卤菜生意大多由温州人和潮州人垄断，温州人加工制作的卤菜品种比较丰富，但美中不足的是较清淡，而潮州人的卤菜大多是一些海产品和卤鹅，品种显得单一。我想，如果集这两家之长，去两家之短，制作适合南昌人口味的卤菜食品肯定受欢迎。”

仅仅是这一更适合南昌人口味的改变，让徐桂芬从创业初期就拥有了一个罅隙中的庞大市场。1993 年 2 月，徐桂芬在绳金塔附近创办了南昌煌上煌烤禽社，烤禽社面积不过二三十平方米，员工也只有两三人。徐桂芬做的卤菜口味符合南昌人嗜辣的习惯，因此在烤禽社开张的近半年时间里烤禽社生意一直不错。那时南昌的卤菜店已有很多家，相互之间的竞争也十分激烈，在煌上煌烤禽社附近就开了好几家卤菜店。徐桂芬意识到，自己的店应该推出独家的拳头产品才能喜迎更多的顾客，才能在竞争中取胜。

1993 年夏，徐桂芬远赴浙江、广东等地，登门求教技术精湛的卤菜师傅和技术名家，请他们传授配料秘方和烹调技法。回到南昌后，她做出一个选择——把酱鸭作为煌上煌烤禽社的主打产品。让徐桂芬始料不及的是，这只小小的酱鸭竟最终让“煌上煌”坐上了南昌乃至江西熟食品牌的“头把交椅”，成就了煌上煌烤禽社的成功。

谈起酱鸭的历史，徐桂芬劲头十足。“不要以为一只酱鸭很容易制作，当年我为做出这只酱鸭，进行了数百次试验。”徐桂芬说：“一只酱鸭要加入三十多种中药，经过几十道工序，约二十个小时才能制成。”“在酱鸭做出来后，我把一千多斤酱鸭切成小块，分放在十几个大盆之中，在南昌的闹市区和一些大街小巷分给过往的行人，让他们免费品尝，并要他们提出意见，根据反馈情况，我再改进酱鸭的口味。”通过不断改进，徐桂芬调制出了具有独特风味的煌上煌酱鸭。

免费品尝这招以前还没有哪家卤菜店做过，徐桂芬的做法不但完善了酱鸭的口味，还让路人吃过后留下了深刻的印象，很快提高了酱鸭的知名度，南昌人逐渐知道了煌上煌酱鸭，不少人被酱鸭的味道迷住成为“煌上煌”的回头客。

从1994年开始，煌上煌酱鸭的魅力日渐大起来，慕名而来购买的人越来越多，在一些节假日的前夕，买酱鸭的顾客甚至排队排到了马路中间。酱鸭的热销也带动了店内其他卤菜的销售，煌上煌烤禽社开始加速发展。

——摘编自下岗女工以鸭为本闯天下．兰州晨报，2005-06-21

一只酱鸭不过十几元，徐桂芬历经9年却能在手中生出一个近亿元资产的现代化企业，这样的成功似乎让人感觉不可思议。徐桂芬说：“要善于抓住身边的机会，敢于冒险，敢于实践。”当初徐桂芬敏锐地抓住了市场的商机，用一只鸭子打天下，并最终在竞争激烈的卤菜熟食市场取胜，徐桂芬的创业历程就是这么简单。

社会的转型时期，市场商机数不胜数。“煌上煌”的故事说明，即使在鸭子这种看似不起眼的东西上做出独家的文章，找准市场的空白点，将其做大做强，也完全可以成就一番大事业。

三、独有限产

独家优势只有独自享用，才能在竞争中取胜，赢得比别人更多的利润。那么怎样才能把独家优势变为自己的孩子，独自享受他的孝顺呢？显然最关键的是利用这种优势，开发出自己的独家产品，做成唯独我有，把竞争对手排除在外，构建自己的独家市场，才能产生较大利润。

【个案介绍】　　黄季霜草笔

20世纪80年代初，黄季霜还是一名煤矿职工。因为书画特长，每天工作之余写写画画，便成了他生活中最有意义的事情。因为长期使用毛笔，黄季霜发现：毛笔由于不透气，画出来的线条容易发腻，极大地限制了作画人的创造性。于是，他就琢磨，能不能用其他材料制作笔，写完后，既合乎传统的艺术审美理念，同时又富有特色。

毛笔在某些方面的缺陷，或许就是一个潜在的商机，黄季霜恰恰看到了这点。他辞掉了工作，开始专心做起了草笔的研究工作。九年后，黄季霜终于拿着用草做好的第一支笔，做了一幅画。

草笔制作的成功，让黄季霜兴奋不已，因为事实证明，草笔的使用性能已经远远超出了毛笔。当黄季霜想将其推向市场的时候，他却发现了新的问题：他的草笔从外观上看，和毛笔十分相似，没有明显的个性特征，同时也就失去了卖点。

为了使草笔与毛笔从外观上可以有明显区别，黄季霜又在笔杆上动起了脑筋。最后，他选择了当地特产的一种铁杆草，铁杆草通身泛绿，不论在市内还是强光照射下始终是绿色。

此时黄季霜的草笔已名副其实，因为不仅草笔笔头用的是当地特产的野生茅翎草制作而成，就连笔杆也选用了东北特产的旱地苇秆以及苇秆与铁杆草结合制作而成。草笔的使用性能与外观设计确定后，黄季霜开始营造自己的草笔市场。

黄季霜认为，一个新产品上市，100 个外行人说 100 个好，不如一位专家说一句好，同时专家的评价也是草笔市场价值定位的关键。他首先想到的是中国书协、中国美协的名家们。于是，黄季霜先是拜访了书法大家大康先生，并得到大康先生对草笔的高度赞扬和认可。接着，他又拜访了书画家沈鹏、欧阳中石、李成业、程中元等，无一例外，均得到了他们的认可。

2002 年，黄季霜将草笔投放市场后，收到了较好的效果。按说应扩大规模，集中上市了，但他的做法却与常规不同，黄季霜不但不去扩大生产投资规模，却常常有意识地限制草笔的生产数量。他深谙物以稀为贵的道理，而且大批量生产，势必导致质量不稳定和价格的下滑。

——摘编自辛保平等．步步为赢：高效突破创业 7 关．北京：清华大学出版社，2006

点评：

黄季霜之所以能够成功地运作这种销售方法，原因在于他实施之前就已经为草笔申请专利，从而才能自如地限制草笔的生产数量。现在尽管草笔的价格远远高于毛笔，卖到了 160 元一支的高价，但产品仍然供不应求。

四、独创产品

这里的独创产品是指具有非同一般的生产工艺、配方、原料、核心技术，又有长期市场需求的产品。鉴于该模式的独占性原则，掌握它的企业将获得相当高的利润，如祖传秘方、开发难度很大的新产品等。

独创产品模式是产品领先战略的具体再现，实际上也是很多创业企业在创业之初可以大力借助的模式。“独创”的魅力所能带来的高额利润早已不是什么秘密，但是独创产品模式并不是进入利润区的“万能钥匙”，它也有很多局限性。

第一，因为独创，即意味着“前无古人”，所以往往需要很高的研发费用和很长的研发时间。

第二，因为独创，即意味着市场认知度不高，也意味着打开市场，获取市场认同需要花更多的钱。

第三，尽管事前可能做过很细致的调查，但一个独创产品在真正进入市场之前，是很难测度市场是否最终会接纳它的。常常发生的一种情况是：自己花了很多钱，花费了很大的力气拿出了产品，结果却得不到市场认同。这样，自己所有的投入就都打了水漂。所以说，依靠独创产品打开市场具有很大的风险性。

第四，由于对产品缺乏细致的了解和认知，国家有关部门很难对某一种独创性产品提供完善的保护，生产者将面临诸多带有恶意的市场竞争，这种竞争经常会使始创者陷入困境。

保护和延长独创性产品的生命周期，延长利润产出周期的办法如下。

第一，提高专利意识，积极寻求国家有关部门的保护。

第二，增强保密意识，使竞争者无隙可乘。

第三，进行周期性的产品更新，提高技术门槛，使后来者难以进入。

第四，使企业和产品更加人性化，增强消费者的忠诚度。

第五，有饭大家吃，在产能或投入不足的情况下，积极进行授权生产或技术转让，让产品迅速铺满市场，不给后来者机会。这一点一般不为经营者所注意，却是一种十分有效的办法。

【个案介绍】 **蔬菜脱毒也致富**

一个偶然的机会，胥定国遇到了一位因吃了有毒蔬菜而中毒晕倒的老人。晚上，胥定国回到家中和房东老伯说起白天碰到的事情，老伯告诉他说，他的一个亲戚，也曾因吃了有农药的蔬菜中毒，抢救不及而死亡。老伯的话再一次触动了他的神经。当天晚上，胥定国在网上泡了一个通宵，搜索有关“农药蔬菜”的信息。结果他发现，“农药蔬菜”除了可能造成人们急性中毒或死亡外，更为可怕的是一些“农药蔬菜”所造成的慢性中毒，具有致癌、致畸、致突变的“三致”作用，甚至通过遗传危害后代（已得到科学公认）。通过检索相关资料他还发现，国家质检总局对全国23个大中城市的蔬菜抽查结果表明：市场上农药残留量超标的“问题菜”高达47.5%……

面对令人生畏的“农药蔬菜”，市民通常采取的方法是“一洗二浸三烫”，但专家认为这种方法作用不大。也有人采用洗洁精洗涤，但洗洁精本身就是一种化学物质，用多了对人体一样有影响。胥定国由此想到，能不能研制出一种可以除掉蔬菜中残留农药的机器呢？他觉得这是一个机会。

胥定国第二天就专程到厦门大学请教了有关的专家教授，得知利用臭氧技术可以脱掉蔬菜中的残留农药，不过因为技术原因当时还没有企业将之运用到民用仪器上。得知此信息，胥定国兴奋不已。

胥定国很快就完成了“果蔬脱毒机”的方案，经深圳的一位朋友引见，他找到了目前中国最具权威的臭氧专家李忠汉教授，并和李结成了生意上的合作伙伴，两人分工合作：李负责产品研发，并在胥拥有的品牌下组织生产，而胥则负责销售和推广。

2002年4月，在与李教授商谈合作的同时，胥定国通过朋友帮忙，筹借资金50万元，在厦门注册成立了“厦门百事特科技发展有限公司”。一个月后，李教授在多年积累的臭氧应用技术基础上，很快研制出了“果蔬脱毒机”，并顺利通过了由国家质检总局组织的产品质量鉴定。“果蔬脱毒机”采取纯物理原理，不添加任何药物，在20分钟内就能强力除掉残留农药、化肥，无毒副作用，无二次污染，无营养损失。通过农药残留检测仪器检测，其蔬菜残留农药去除率达93%～99.23%，是一种真正能为消费者提供干净卫生“无公害”蔬菜的机器。

拥有独创产品并不意味着就自然可以拥有市场。胥定国开拓市场的第一步是打广告。广告刊登后，来了很多人要求做产品代理。为了尽快回收资金，胥来者不拒。可是很快他就发现这样做弊端丛生。一些没有实力的代理商，在分销了少部分产品后，便减少进货数量或干脆停止了进货。表面看起来这虽然对双方都没有损失，但实际上胥却丧失了不少有潜力的市场，因为他在一个地区指定了一个代理商，就不能再发展别的代理商，而如果这个代理商不得力，那么这个地方市场也就丧失了。面对这种局面，胥很快调整了销售策略，只选择有实力和开拓能力的商家作一级代理，实力较弱的则发展成为分销中心，由总部派人协助开拓市场；对一些小本经营者，推出“百事特蔬菜脱毒配送中心”，提供加盟。这些方法有效满足了不同层面的投资者需求，也使胥定国很快就掘到了第一桶金。

——摘编自程欣乔．八种创业盈利模式．科学投资，2004（6）

点评：

在胥定国开发“果蔬脱毒机”的时候，臭氧技术的应用还是一个很独特的概念，所以他的产品也称得上是高科技产品，具有很强的独创性。目前随着科学技术的迅猛发展，一些具有独创性的科技产品的寿命正在迅速变短。两年前还很新鲜的臭氧脱毒技术，两年后就已经失去了新鲜感。随着后来者的不断进入，这个市场的竞争日趋激烈。

胥定国的精明之处在于，他利用不同手段迅速拓展市场，在跟进者到来之前，就赚取了大量利润，落袋为安。从目前状况看，大家都在寻找赚钱的机会，一种有利可图的产品，很难长期保持它的“独特”性。每个人都在寻找它的弱点，或克隆，或改造，所以高效率地利用市场空白期迅速赚取利润是这种模式成功的关键。

第五节　跟随制胜战略

模式安全指数：★★★★

持续盈利指数：★★★

创新能力指数：★★

会做“老二”并非真的是甘居人后，而是可以从做“老二”中尝到更多的甜头，从而使自己的创业在一开始就可以借“蹭车”获得利润。策略跟进即跟随强者，与“跟风”的盲目性、哪里热闹就往哪里钻不同。策略跟进需要经营者对自己做出正确评估，并分析清楚自己的优势、劣势之后，对未来的走向做出判断。跟随战略与前面讲的抢占先机、产品领先战略各有利弊，并不存在哪个更好的问题，重点在于分析什么情况适用抢先机、产品领先战略，什么情况适用跟进策略，以及如何运用这些不同的战略，如此更有意义。

在我国台湾企业的经营管理概念中，有一种叫“老二哲学”的说法，就是不做第一，不做第三，而只是紧紧跟在排名第一的后面做老二，瞄准机会再冲刺第一。或许是暂时不愿做“出头鸟”，或许是想挂在后面搭个便车，但最终是没有一家会甘居第二的，“老二”也只是个过渡。创业者在创业之初，要学会做“老二”。事实上，会做“老二”并非真的是甘居人后，而是可以从做“老二”中尝到更多的甜头，从而使自己的创业在一开始就可以“蹭车”获得利润。

一、跟随策略

1. 找对“火车头”

不做火车头，就是人无你有的不要做。最典型的例子就是万燕做 VCD 行业的龙头，最后钱都让步步高、爱多赚去了。当年万燕花了大把的钱，告诉消费者：VCD 是好东西。直到市场培育好了，大家都知道 VCD 是个好东西时，步步高、爱多出手了，建立了自己的品牌，完善了自己的营销网络，再把价钱降下去，成功了！而万燕呢？却一把鼻涕一把泪地当“革命先烈”去了。

生存第一，对于小企业来说，“慢半拍”才是捷径。例如，一个投资 12 万元的餐饮店，“硬件要上水平”“服务要领先”，而且要“全方位导入企业形象设计”这种“星级酒店水平”，对它合适吗？一家年销售十几万元的初创企业，有人建议它技术领先，成立“单片机”研究开发部门，申请 ISO 国际质量认证，要知道这个公司目前连个专业技术人员都没有。一个市场，10 年以后的前景被描述得非常好，的确也不错。问题是怎么让这个企业挺过这两三年？

眼下，不少企业经营者认为开发新产品应采取“先人一步”的战略，此种先发制人的举措无可厚非，而“步人后尘”者则不应视为落伍者。这类“落伍者”之中，大多是处于创业之初的中小型企业，它们在开发新产品中，由于受到资金技术力量、人才储备等诸多因素制约，新产品开发艰难，很难尽快形成规模生产效应，这些也正是它们所苦恼的和刻意加以解决的难题。而有些小企业本无“先人一步”的能力，也拼命向前冲，不仅新产品开发没有形成气候，投入市场后难免存在这样那样的问题，结果使企业陷于困境。“先人一步”必须具备一定的实力方可行事，“慢人半拍”也非无能，尤其是那些技术力量单薄、资金不雄厚、技术人才缺乏的初创企业，更应令企业当家人三思而后行。

对于那些创业者来说，在开发新产品时，创造较好的经济效益关键不在先人一步和慢人半拍，而在谁抓准了、抓住了开发新产品的“时间差”，打出好的“落点”，从别人的产品中吸取优点和长处，不断改进自己的缺点和不足，扬长避短，在市场上也能唱响后发制人的好戏。也就是说，小企业不做火车头，却一定要找对火车头，也就是找对新兴的市场。对于创业企业来说，准确寻找火车头，就意味着准确寻找到利润的方向，并且可以及时搭上这趟列车去迎接“开门红”的到来。

2. 学会“蹭饭”

请客吃饭，来的人中通常有两种：一种是应邀前来的，另一种是硬要前来的。初创的小企业，要资金没资金、要技术没技术，因此在品尝市场大餐时，很少能够被“邀请”。不过，这并不意味着这顿饭就吃不到嘴里。在大企业“应邀”时，小企业学着“蹭顿饭”也未尝不可。而且不要小看了这“蹭顿饭”，小企业专门为这顿饭而去，就只管埋头吃饭，到最后吃到嘴里的反而比大企业还要多。

【个案介绍】 别样红蹭了红牛的美餐

日益发达的交通和通信设施，正在成熟的网络经济时代，正在改变人类的生存状态，也使得企业间的竞争变得越来越残酷。第二也好，第三也好，只有先生存、找出路，才可能再谋发展。毕竟登上塔顶浪尖的企业少之又少，对于大多数公司来说，在第一、第二名的光环外找到自己的生存空间，无疑是更现实的解决之道。

二、跟随种类

1. 市场跟随

陈方的“前卫越野俱乐部”并不是国内第一家，但是他看准了两点：第一，国内私家车消费市场日趋成熟，会有越来越多的人购买私家车，这其中包括很多的越野车爱好者。并且随着车价的下降，买车人数迅速增加，这将是一个非常庞大的市场。第二，大漠孤烟，长河落日也仅仅是沧海一粟。想聆听大自然最真实的心跳，仅走走景点是不够的，要真正了解西部，只有亲身投入它的怀抱，感受它。因此西部旅游业也日渐红火起来。两个成熟因素同时存在，让陈方找到一个不可多得的商机——场地是大自然免费奉送的，整个地区的市场是空缺的，更重要的是谁能抵挡得住在古丝绸之路上风驰电掣一回的极度诱惑？

【个案介绍】 前卫越野俱乐部

创业之前，陈方一直在从事旅游业，作为一名忠实的爱车族，凭着自己在旅游业多年闯荡的经验，陈方觉得自己找到了一个全新的创业方向。四驱车的最大好处就是，能够在其他车辆难以通行的地方顺利行驶，使驾驶者更能贴近大自然的原始状态，享受克服障碍、勇往直前的驾驶乐趣。西部开发的大环境，也使越来越多的人将目光投向西部。将汽车越野与旅游业结合起来的新兴体育休闲运动，也容易引起人们的兴趣。天时、地利、人和兼备，陈方满怀信心地踏上了创业征程。

人员到位了，车辆购齐了。“甘肃前卫越野俱乐部”在兰州正式挂牌营业。兰州是通往古丝绸之路和雪域高原西藏的最佳起点，也是前往广阔无限的内蒙古大草原和神秘苍凉的周边大漠的必经之地。其特殊的地理位置为越野运动提供了得天独厚的便利条件，而且成本也相对较低。

由于自驾车野外探险旅游是一种高消费娱乐活动，陈方将目标客户锁定在了白领和四驱车爱好者两个群体。不过，在实际运营中，他发现来自普通收入阶层的顾客也不在少数，于是，他立即对经营策略做了调整，推出两档后勤服务类型——普通档和豪华档，以适应

不同客户的需求，同时，还为没车的顾客提供租车服务。

俱乐部采取的是会员制，会员每年要缴纳一定数额的费用，可享受免费提供的旅游咨询信息及行程计划、车辆信息咨询、驾驶技术咨询，以及车辆维修和改装的咨询。为了扩大俱乐部的影响，陈方在宣传方面也下了很大功夫，定期组织会员们参加各种联谊和公益活动，吸引了更多热爱旅游和热衷于寻求刺激的潜在顾客。

——摘编自学会做“老二”. 黄石就业信息网. http://labour.huangshi.gov.cn/Article_Show.asp? ArticleID=2974

在随后的日子里，登上了西部旅游这个高速列车的陈方和他的越野俱乐部，几乎是一路畅通地发展至今。

2. 技术跟随

《孙子兵法》曰：不战而屈人之兵，善之善者也。技术创新“跟着走”便是不战而屈人之兵的上策。近年来，我国一些企业在技术创新中，也开始使用这一策略。日本索尼公司在不久前曾向外界公布了一个秘密，带给我们很多启示。过去，索尼在研发上投入很大，但往往只开花不结果，花了九牛二虎之力将新产品推出后，别的公司却每每已经掌握了相关技术，所以，索尼公司成了冤大头，为他人作嫁衣。为此，索尼公司改变了策略，紧跟市场，待别人推出新产品后，索尼马上研究其不足，通过进一步的技术创新，开发并迅速推出其第二代产品，在性能、价格、设计等方面都优于对方的第一代，结果取得了“青出于蓝而胜于蓝”的技术创新和市场竞争效果。显然，这种“跟着走”的技术创新策略是相当巧妙的。它所具有的“螳螂捕蝉，黄雀在后”的市场竞争之利也不言而喻。

技术创新“跟着走”虽然是条捷径，但也并非一蹴而就的易事，要求“跟着走”的信息一定要灵，动作一定要快，否则，就会跟不上。我国的国产手机，也曾采取在发达国家同行后“跟着走”的技术创新策略，但由于在“跟踪”的过程中犯了大公司病，反应迟缓，动作不快，结果产品出厂时已届市场饱和点，致使事倍功半，留下了长久的遗憾。这一教训十分深刻。小企业在实施“跟着走”策略时应该认真吸取。

3. 品牌跟随

对于创业者来说，不仅是技术创新，就是品牌战略，也要学会做“老二”。“老二”如何制定和发展自己的品牌战略并建立品牌竞争优势，需要综合审视自身实力、竞争者情况以及市场变化。首先，“老二”应明白自身品牌在市场的地位以及在顾客心目中的位置，再针对“老大”相对较弱的环节，确定相应的进攻战略，进行有足够攻击力的产品、服务、渠道创新，并实施整合广告营销传播，向“老大”发起一场卓有成效的品牌竞争战役，从而赢得顾客，赶上甚至超过“老大”品牌的认知度、美誉度及客户忠诚度。从百事可乐挑战可口可乐的佳绩、佳能在复印机市场超越施乐，以及计算机行业戴尔的崛起，我们看到了“老二”们的希望。创业者学会做“老二”并不是目的，而是一种手段，目的是成为“老大”。不积跬步，无以至千里；不积小流，无以成江河。创业者不学会“扫一屋”，就难以顺利地“扫天下”。学会做“老二”，是一种现实选择，是生存的需要。有限的资金，捉襟见肘的实力，技术及人才资源的不足，创业者如果不学会做“老二”，被雄心勃勃、豪情壮语、大干快上的“创业激情”冲昏了头脑，无疑是不自量力，“以卵击石”。学会做“老二”，是一种经营谋略，“上兵伐谋”就是这个道理。

【案例研讨】　　姜贵琴的成功跟随策略

1995年，山东省一中型城市的姜贵琴到城里的亲戚家小住几日。看到副食店中卖酱鸭翅的柜台前竟然排着长长的队伍。亲戚说，这个副食店中的酱鸭翅就是姜贵琴所在的郊区县里一个小工厂生产的。因为酱烧得十分入味，所以在城里特别受欢迎。一连几天，姜贵琴每每经过这家副食店，就会看到那条排队的长龙，而且经常是晚到的人买不到。

姜贵琴看着别人像开印钞机一样赚钱，很羡慕。她也想照着做。但是，她很清楚虽然自己能吃苦、肯学习，可最大的弱点是对市场一窍不通，而且市场敏感度差，又没有任何经营管理的体验。这些都是做生意忌讳的事。该怎么做呢？她希望在动手之前先搞明白，怎么做才能让自己获取利润。

于是，她就找到了这个小工厂，软磨硬泡、托人送礼进了厂子，当了一个车间工人。姜贵琴共工作了两个月，白天将小厂的货源、制作工艺、酱料的调配、送货渠道了解清楚后，晚上再回家偷偷试着制作。终于等她将自己的酱鸭翅调弄得差不多了，请来品尝的人都说好吃后，她马上辞职回家，开始着手准备自己生产。

这家厂子不是做得很好吗？不是已经在城里打出名气了吗？不是已经有了现成的模式了吗？干脆在创业时全部向小厂看齐。小厂从哪里进鸭翅，她就去哪里进，这样可以保证原料品质和小厂一致；小厂生产的酱鸭翅味道是什么样的，她也向着靠拢，这样可以缩短消费者认知的过程；小厂在城里的哪个街道铺货，她就尽量选同一个街道的另一家副食店，这样可以省下自己开拓市场的成本；唯一不同的是她总比这个小厂晚一个小时送货，这么做的目的，是告诉这个小厂，自己仅仅是一个无关紧要的尾随者，不会因此而对她加以防范，甚至采取破坏性举动。跟进的结果使她的创业过程特别省心、顺利。由于很多人想买而买不到，所以姜贵琴这种跟着铺货的方式正好让她捡了一个漏，省下了她开拓市场的成本。最关键的是，那家小厂厂长知道后，根本没放在心上，还和姜贵琴开玩笑说：“您就跟着吧，我们吃肉，也不能拦着你喝碗汤啊。”

看到对方根本没把自己的小作坊放在眼里，姜贵琴心里踏实了。开始时，她每天只送一家，后来慢慢发展到了5家、10家。不到一年的时间，只要是这个小厂在城里选的销售点，走不出二三百米就一定可以找到姜贵琴的酱翅售卖点。仅仅一年时间，姜贵琴靠跟在人家后面卖酱鸭翅赚了17万元。

后来，那家小厂又开始增加了一些类似酱烧鸭掌、酱烧鸭头等其他产品。姜贵琴并没有马上跟进。她知道跟在后面的人最大优势就是在后面能清楚看到前面所发生的事情，以及这些事情所带来的后果。而且既然是跟，那就不能心急，等等看，人家什么好卖，再决定跟什么。所以，她交代送货的伙计，让他们每天送完货后不要马上返回，一定要等到小厂的售卖点商品卖完后才许回来，晚上再统一向她汇报“侦察”的结果。例如，哪些售卖点是最先上新产品的、哪些新产品畅销、哪些新产品不太受欢迎。姜贵琴将伙计们的反馈一一记在小本子上。等到小厂的新产品销售半个月之后，姜贵琴才考虑是否要增加新品种，先增加哪些品种，增加的品种先送到哪个售卖点。就这样，不紧不慢地跟在小厂的后面，姜贵琴轻轻松松地发着自己的财。

到1997年时，姜贵琴最初依靠一口锅开出的酱食小作坊已经发展得与那家小厂不相上下。她开始小规模地着手拓展那家小厂以前没有铺货的街道和社区。此时她也已经琢磨出了一种新鲜的酱料，生产的鸭翅味道更香浓。但是，她并不急于将这种鸭翅推向市场。她一边等待时机，一边继续研制着新品种。

1998年春节前，姜贵琴的资金积累已经达到了将近50万元，新厂房也已经竣工，而姜贵琴对市场销售渠道、销售环境等更是烂熟于心。她准备发力，一举超过那家小厂。

农村很多小厂在春节期间都给工人放假，停止生产，姜贵琴则将厂里的工人组织到一起让他们加班，每天多付3倍的工资，当天的加班费当天就结清，年三十加班每人再另发500元奖金。同时，姜贵琴又将那家小厂放假回家的工人招来了15个，承诺在放假的这段时间里，每天的工资是那家小厂的2倍。从阴历腊月二十到正月十八，姜贵琴将产量提高到了平日的5倍，产品品种由5种增加到了11种，其中不但有老品种，还新增了她自己研制的新品种。同时将送货的时间进行了调整，不但每天下午的送货时间提前了整整两个小时，而且还专门增加了一次上午的送货。

春节期间是副食消费的旺季，大家无事在家，亲朋好友难免要喝点酒助兴，而姜贵琴生产的酱货成了最好的下酒菜。春节前后短短一个月，姜贵琴工厂的利润相当于平时的6倍还多。

春节过后，市场依然红火。姜贵琴的工厂每天保持的送货品种在11种以上，并且不断有新的品种推出。每天上、下午各送一次货的制度也得以保留，从此，消费者随时都可以享受到姜贵琴厂生产的新鲜食品。那家小厂等春节后再恢复生产时，发现顾客都跑到姜贵琴那边去了。

如今，姜贵琴当初紧跟的那家小厂，早已不是姜贵琴的对手。现在姜贵琴盯上了城里的一家酱食连锁店。她悄悄地跟到后面，慢慢地积蓄着力量，等待时机成熟时一举超越。

——摘编自程欣乔．八种创业盈利模式．科学投资，2004（6）

三、策略解读

在马拉松比赛中，经常可以看到运动员会形成“第一方阵”和“第二方阵”。一个有趣的现象是：最后取得冠军的往往是开始时居于“第二方阵”的运动员。因为“第二方阵”的运动员在大部分赛程中多处于“跟跑”的位置。所以可以清楚看见第一方阵运动员的一举一动，并根据其变化很好地把握赛程，调整自己的节奏。此外，作为“第二方阵”的成员，他们所承受的心理压力也相对较小，又因为一直处于引弓待射、蓄而不发的状态，积蓄的体能有利于在最后冲刺阶段爆发。所以，“第二方阵”中的运动员获得冠军并非偶然。

姜贵琴在创业的过程中重复了马拉松比赛中经常发生的这一幕：在成长的道路上，瞄准一个目标，紧随其后，时刻关注对方的一举一动，学习他的长处，寻找其弱点，等待时机成熟时一举超越。

甘居人后是大赢家的制胜谋略。前面的人最怕有人超过他，因此也最痛恨紧跟其后的人，甚至会不惜一切手段打压后者。这时，如果自己懂得“示弱”，表现出不能也不想和前面对手竞争的态势，对手就可能放过你，而且可能反过来帮你。姜贵琴总是比对手晚一个小时送货，希望传达的也就是这样一个信息，即我所追求的仅仅是你们剩余的空间，根本无心也无能力与你们抗争。因此从一开始对手就没将她放在眼里。这给了姜贵琴成长的空间和时间，使她能够在对手的眼皮底下悄悄地壮大。

从策略上讲，“跟跑”实际上是压缩投入成本的最好方法。姜贵琴可谓将“跟跑”策略发挥得淋漓尽致。第一，她不用费心去考虑市场环境，消费者爱好什么，厌弃什么，因为对手已经为她做了这一切。初出道者因为经验不足，对于市场的需求往往把握不住，采取观望态度，审慎地注视对手的一举一动，进行跟随，是一种明智的策略。像姜贵琴，她只需要跟在对手身后，对手在哪里卖得火，她就在哪里卖；卖的同时，讲究策略，丝毫不引起对手的注意。姜贵琴巧妙利用了前者开拓的市场，一步就跨越了新产品上市消费者所需的认知过程，将风险降到了最低，节省了大量市场开拓的成本，同时也减少了产品反复试验所带来的损耗，相应提高了利润。第二，在实力逐渐累积之后，如何有策略地攻占对方市场也有大讲究。这表现出了姜贵琴精于心计的另一面。在与对手发展得旗鼓相当时，她先采用侧面迂回的方法，在对手尚未来得及涉足的市场试水，利用开拓新市场空间的办法，在实力不济或尚未有完全把握得胜之时，避免与对方在有限的市场空间里正面交锋。等到时机成熟，再进行强力反扑。因为蓄势而来，待机而动，对手根本无还手之力。

从利润角度讲，“跟跑”者向来比跑在前面的要省力，因此利润率也相对要高。在商业活动中，每一个商业行为都有成本的代价，拣取胜利果实等于将成本最小化，从而也就等于获得了最大化的利润。

“跟进”哲学是一种应变哲学，绝不是懦夫哲学，甘当“第二方阵”目的在于在次位上充分谋求利润，避免自身劣势，充分发挥优势。

第六节　服务制胜战略

所谓服务制胜，说白了就是一种感动消费者的服务。以商品为道具，围绕着顾客，创造出值得顾客回味的活动，通过触及顾客的心灵共鸣来实现。这其中，商品是有形的，服务是无形的，新创造出的服务过程体验是顾客难忘的。当顾客的体验超过顾客的期望时，顾客才能感动。因此做好感动服务可以从三个方面考虑：① 顾客没想到的，企业为顾客想到、做到了；② 顾客认为企业做不到的，企业却为顾客做到了；③ 顾客认为企业已经做得很好了，企业要做得更好。

在微利时代，资源是有限的，甚至是相同的。对创业企业来说，怎样运用资源将直接影响到企业的获利能力。换句话说，在盈利模式的设计上，“有限的资源”是一个边界条件，谁能把有限的资源放在最有效的地方，谁就能从微利中突围，甚至胜出。

在市场上，我们经常发现一些企业的产品，甚至知名品牌的产品，其性能和质量都很好，价位也合理，但营销效果不理想；而一些同类型的产品，却能吸引顾客，走俏市场。

对此市场专家研究认为，产品的营销效果，除了与自身的质量和性能等因素相关，其附属特质对产品的营销起着重要的诱发作用。产品附属特质的有效发掘，并不是所有企业经营者都能做得到的，只有那些有心的人时时追踪与评估目标消费者的需求与产品的特质之间的动态组合，才能设计出理性的产品营销策略。通常情况下，这一招只要指对了地方，不但可以让消费者很痛快地掏腰包，也可以使企业利用这种超值的服务突破微利的包围。

一、服务创造新利润

一个产品的价格，实际上是由“生产成本+附加值”构成的。为什么同类型的产品，如手表，有的价值仅几十元，而有的却可以卖到数万元？而同样工艺质量的产品，如西装，有的仅能卖到 800 元，也有卖到 2000 元的？这其中就是“附加值”起着关键的作用。产品的“附加值”，既可以是核心技术，也可能是品牌信誉；既可能是经营手段，也可能是企业文化。

如果不做任何的限定，通过“附加值”给产品增值的方法，可以说非常之多，如开发自己的核心技术、培育顾客对品牌的美誉度、细分市场带来的差异化服务等。然而，社会和市场发展到今天，人们发现原来所能用的方法，在今天似乎已经非常艰难了。现代企业的生产和管理技术水平，已经使企业间在产品实体方面的差距缩小到了可以忽略不计的程度，能够取得差异优势的只能是产品销售过程中的服务范围和质量。

在今天，我们已经不知不觉地进入了后物质时代，消费者已经越来越关注个性化的服务。对于这样一种变化，制造业远不如信息业这一新兴产业敏锐，似乎反应得很迟钝。也许空调业能够让我们看到这种迟钝。空调产品的同质化已是不争的事实，为了使同质化的产品尽快获得消费者的认可，空调企业不是从提供个性化的“服务”入手，而是打起了昏天黑地的价格战，或是认为消费者是弱智，绞尽脑汁地编着各种各样的、天方夜谭式的新名词和新故事。

以“服务”作为产品附加值，会让我们看到在现在的竞争环境下，“服务”是多么的重要。传统的纸箱包装业，已经几乎是透明的、没有秘密可言的行业了。然而，沿海的一家纸箱企业，却用“服务”做出了高利润。一家需要做五层瓦楞纸箱的企业，带着他们自己的技术设计，找到了这家纸箱企业。但经过分析他们发现，客户自己设计的这种包装箱存在缺陷。这并非无意中发现的，而是他们把给客户的“服务”提前到了企业的第一道工序——设计！为客户的服务从设计就开始了。

此时，他们并没有为了短期利润而照单生产，而是派专人到客户那里进行实地调研，得出的结论是用五层纸箱并不是理想的选择，相反，由于包装设计的性能指标及成本都已经超过了实际的需要，反而造成了不必要的浪费。他们对客户提出，把原来的五层瓦楞纸改为三层，并使用国外高强瓦楞原纸在进口生产线上生产的建议，这样既满足了客户的要求，节省了包装成本，又为企业带来了利润。这样一个由“设计服务”引出的建议，不但使产品以优质的性能获得了客户的认可，同时使用户的纸箱包装成本降低了 30%。

他们不仅仅是把设计变成了服务，而且把“技术”也变为了“服务”。把技术变为服务的关键点就是要找到满足客户需要的技术，为客户提供优质的服务，从而也使自己有了更大的市场占有率。他们对企业的一条柔印生产线进行了改造后，使之能生产出“高清晰彩色柔印瓦楞纸箱”，印刷效果可与胶印机效果相媲美。这是一种不但能提高客户产品包装精美程度，同时也能使企业的纸箱包装成本大幅降低的技术。结果是不言而喻的。

以“服务”作为产品的附加值和主要竞争手段，并非权宜之计。如今的市场竞争环境，已经是拥有核心技术越来越难，生产环节渐趋同质，生产缝隙越来越少，竞争手段渐趋透明；企业的理念，也已经由“我生产什么、你就买什么”，进入了“你需要什么、我就生产什么”的阶段。现在和将来，企业最主要的竞争手段，最有可能是“服务”，而不是其他什么。

二、超值服务，超级利润

超值服务，顾名思义，就是对消费者的购买动机进行探讨和研究，从而发觉消费者的消费习惯，并创造他们想得到的价值。说来令人难以置信，一种名为比萨饼的意大利快餐在必胜客被卖到了 60 元一块，再大一点的 120 元一块。这些比萨饼不过是九寸餐盘大小的大饼，加上鱼、菜、肉末儿烤制而成。如此昂贵的饼却依然要天天排长队等座位，为什么？

在必胜客可以享受比萨饼处处体现的一种温馨的异域情调。选择比萨饼，无论中号、小号，可以一张饼要两种口味。买了饼，你可以在那里泡上半天，体味居家休闲的气氛。若是打包，一个纸盒，中间还有一个托架，不但保温又不会使饼与盒子粘到一块，而且外表像一个精致的装饰品。美国必胜客在中国的总代理称这是“一本万利”的赚钱秘诀。所谓“本”不是做生意的“本钱”，“利”也不是利润的“利”，而是一个以顾客为上帝的“基本”的服务模式被一万次地“利用”。

可见，这种超值服务套餐的理念很值得商家研究。虽说现在是微利时代，生意越来越难做，有人甚至戏言“一台计算机现在只有一把大葱的利润”，但缘何必胜客的比萨饼就能一块卖到 60 元，还顾客盈门呢？市场研究人员通过调研发现，引发消费动机、产生消费行为的产品特质，可能是产品本身或者包装的一部分，也可能与产品没有关系，而是与消费者购买产品的体验有关。

对创业企业，超值服务是突围微利竞争的良方，特别是对于没有树立自己品牌、尚未形成自身市场的产品来说，超值服务所起到的作用是在原有成本不增加或仅仅少量增加的情况下，以更为贴心的服务观念赢得消费者的青睐，并且脱离原先的微利竞争环境，从而达到利润的成倍增长。

【个案介绍】 小小喜糖做出大名堂

今年 49 岁的余根川是一名下岗工人，1999 年从杭州地毯厂下岗后，他曾经为生计问题而到处奔波。2001 年杭州市劳动管理局针对下岗工人举办了首届创业培训班，要求参加培训的人必须带有创业的项目。余根川经过多方考察和调研，看中了婚庆喜铺这一新兴的行当。经过认真分析，他发现，近几年结婚的人多，老百姓对有品位、上档次的喜糖需求缺口不小。人们在大商场里买喜糖，品种不够丰富，价格较高，而且不同档次的喜糖混在一起，难以满足消费者对喜糖档次不同的需求。老余想，如果有专门提供喜糖的喜铺，应该会受到消费者的欢迎。于是，以喜糖为主打商品的“花嫁喜铺”就这样诞生了。

卖喜糖并没什么特别的，而且当时市场中喜糖的利润极低。要想从微利中突围，就要在喜糖的服务上打主意。“喜糖的包装绝不能马马虎虎。”在这方面余根川也是很有心计的。他用晶莹剔透的玻璃瓶把喜糖一瓶一瓶地包起来，搁在灯光灿烂的玻璃柜上，这些喜糖顿时美得像装饰品一般。余根川就像嫁女儿一样，把“花嫁喜铺”里的每一种喜糖都打扮得漂漂亮亮，难怪顾客看到这里的喜糖都会爱不释手。

而最为关键的就是喜糖的外包装盒就像“嫁衣”一般重要，目前“花嫁喜铺”经销的喜糖已有100多款造型别致的包装盒，但余根川并不满足。他发现，糖果生产厂家提供的原包装虽然都很漂亮，但里面的喜糖品种太单一。于是他就想到自己配糖，这就需要从社会上采购外包装盒，但从社会上采购来的外包装盒款式又比较落后，且由于没有印上喜糖的生产厂家，顾客信任度较差。于是他就自己设计了几个喜气洋洋的款式，糖盒上不仅有“花嫁喜铺”的店址电话，还有一句独具匠心的“借问糖家何处多，嫂嫂遥指潮王村”。这样一来，“花嫁喜铺”便有了自己独特的定配喜糖。

——摘编自辛保平等. 老板是怎样炼成的. 北京：清华大学出版社，2005

点评：

换个包装就可以财源滚滚，这可绝对不是什么歪点子或突发奇想的结果。早在20世纪70年代初期，百事可乐公司针对消费者购买与可乐类饮料相关的情况进行了仔细的研究。他们惊讶地发现，消费者购买碳酸饮料的数量，并非以口味喜好而定，而是根据数量上合适、重量上能带回家多少而定。由此，百事可乐公司认为，重量是影响消费者的一项重要特质，因此决定用塑料瓶代替玻璃瓶，以多瓶包装代替6瓶装的形式，挑战市场的领导者可口可乐。百事可乐换新包装的做法，在那个时代取得了极大的成功。

“花嫁喜铺”靠的也正是仔细观察、创意性地思考消费者的购买行为。分析产品附属特质的发掘路径，主要有以下几个方面：找出消费者的其他需求，消费者购买的是商品的使用价值；分析消费者的购买方式；观察消费者使用产品的情形。

本篇小结

竞争优势说明了企业所寻求的、表明企业某一产品与市场组合的特殊属性，凭借这种属性可以给企业带来强有力的竞争地位。竞争优势有三种基本形式，即成本领先（低成本）、集中一点（专业化）和别具一格（差异化）。

在六大开局制胜战略中，创意制胜战略是凭借创意、点子、想法创业并取胜的战略；渠道制胜战略则是通过打通并掌控销售渠道而取得成功的战略；与巨人同行战略是一种借力成长的战略，如做代理商、经销商、加盟店等；产品领先战略是靠具有非同一般的生产工艺、配方、原料、核心技术，又有长期市场需求的独创产品而取胜的战略；而跟随制胜战略则是策略地跟进强者并取得成功的战略。跟随战略与产品领先战略各有利弊，并不存在哪个更好的问题，重点在于分析什么情况适用抢先机、产品领先战略，什么情况适用跟进策略，以及如何运用这些不同的战略，如此更有意义。服务制胜战略就是通过一种感动消费者的服务来取胜的战略，即以商品为道具，围绕着顾客，创造出值得顾客回味的活动，通过触及顾客的心灵共鸣来实现；这其中，商品是有形的，服务是无形的，新创造出的服务过程体验是顾客难忘的。在产品日趋同质化的今天，服务已成为企业成败的关键因素之一。

后面第六篇第十章涉及的企业盈利模式是近年来企业界和学术界经常谈论的一个话题，也是风险投资者在投资决策时非常关注的要点之一。所谓盈利模式，说白了就是企业赚钱的方法，而且是一种有规律的方法。它不是那种东一榔头、西一棒槌的打游击，更不是抖机灵。它是这样一种东西：能够在一段较长时间内稳定维持，并为企业带来源源不断的利润。

创业开局战略与企业盈利模式二者紧密联系，但又有区别。创业开局战略主要解决的是企业如何创业生存并在竞争中脱颖而出的问题，涉及的范围和内容较广，其中当然包含如何使企业获利的问题；而企业盈利模式则比较具体，主要回答的就是企业如何赚钱的问题，是开局制胜战略在如何使企业获利方面的具体体现，因此显得更具体、更有针对性。

本篇思考题

1. 什么是企业的竞争优势？如何形成企业的竞争优势？
2. 开局制胜战略有哪些基本形式？各有什么特点？难易程度如何？
3. 开局制胜战略与企业赢利模式有什么联系和区别？

第五篇　规划与融资

夫未战而庙算胜者，得算多也；未战而庙算不胜者，得算少也。多算胜，少算不胜，而况于无算乎？

——孙武

内容提要

本篇第八章从介绍创业规划的含义、特征和作用入手，重点介绍了创业规划的制定过程和基本内容，然后介绍了创业计划书的编制原则、基本要素、格式与基本内容和注意事项，接下来简要介绍了“挑战杯”中国大学生创业计划竞赛。在本章阅读材料中给出了生产型企业和服务型企业两种创业计划书的参考格式和一个获得第三届“挑战杯”金奖的作品。在本篇第九章首先介绍了基本融资渠道与融资方式，然后介绍了创业融资的渠道与方式，最后介绍了风险投资的含义与特征、风险投资者类型、投资目的和投资期限、投资对象与方式以及如何吸引并选择风险投资。在本章阅读材料中给出了一个融到资却走向深渊的反面例子。

学习目标与重点

1. 掌握创业规划的含义、特征和作用；
2. 了解创业规划的制定过程和应遵循的基本原则，掌握创业规划的基本内容；
3. 了解创业计划书的编制原则、基本要素、格式与基本内容和注意事项；
4. 了解“挑战杯”中国大学生创业计划竞赛；
5. 了解基本融资渠道与融资方式，掌握创业融资的渠道与方式，了解风险投资。

关键术语

创业规划、创业计划书、创业竞赛、创业融资、风险投资

引入案例

北大学子与“壹号土猪”

2012年3月广东十大新闻人物举行颁奖典礼。壹号土猪创始人暨广东壹号食品股份有

限公司董事长陈生获此殊荣。他以“研究生卖猪肉”打响了壹号土猪的名声，建立了国内首家“屠夫学校”，专营店增长速度处于全国领先地位，2012 年广东壹号土猪引入风投，估值达 40 亿元。前几天，北京大学原校长许智宏曾邀请他和北大另一位著名的“卖肉才子”陆步轩一起参加了在北大举办的一场讲座，与学子们交流。

嫌丢人，岳父怕他上电视

陆步轩，2003 年因媒体报道“北大才子街头卖肉”而一炮走红。3 年后，北大师兄陈生在广东悄悄盖起了猪舍。如今，陆步轩重回政府部门，陈生却将“卖肉”做成了事业。目前，在广东各个城市分散着 500 多家“壹号土猪”档口，2012 年销售量近 20 万头，销售额近 6 亿元；2013 年新年伊始，陈生迈开扩张步伐，强势挺进上海，计划跨过长江北上。

想当年，陈生从北京大学毕业，被分配到一个地方政府的秘书科当公务员。照常理，能够担任公职是很多人羡慕的事情。然而陈生却毅然决然地放弃了那份令人羡慕的工作，下海了。理由是“穷怕了”。下海后，他卖过菜、卖过白酒、卖过房子、卖过饮料、养过鸡，最终决定卖肉。

当时北大经济系高才生陈生以“劣币驱逐良币”的理论分析当时的猪肉市场格局。“自由市场竞争下，好猪肉都被劣质品替代，鱼龙混杂。”他说。2006 年，他在广东做了大量实地调研，结果显示广州土猪肉仅占 1%，湛江市占 30%，县城占 50%，而乡镇一级则几乎是 100%。

他意识到机会来了。2005 年年底，他开始涉足养殖业，准备卖猪肉。为了了解行情，戴着眼镜一副书生气的他曾操刀剁排骨、卖猪肉，引来不少顾客诧异的目光。当他决定学陆步轩时，曾遭到母亲的激烈反对：“我养了一辈子猪也没赚到钱，你一个读书人能养出什么猪来！”岳父甚至让女儿告诉陈生，接受电视采访时“不要让乡亲们看到”。连跟着他养过鸡、做过饮料的高管们也委婉地劝他做一点“城里人熟悉的事”。但这一切都无法改变这位理想主义青年。他回到湛江老家，果断撤了鸡栏，开始投建猪舍，先期投入几百万元买了 2000 头猪。

做品牌，亲自卖肉办连锁

不幸的是，他的第一步被母亲言中。在与猪打交道的过程中，知识分子显得捉襟见肘。按照现代企业制度，陈生实施 8 小时工作制，导致猪种成活率只有 85%。“员工实行三班倒，交接时恰逢母猪生崽，稍不注意种猪就死了。”陈生说，坐在城市写字楼里的人都觉得养猪是件简单的事，其实他们不懂。2011 年，网易创始人丁磊高调宣布“养猪计划”，有人高呼第二年就可以吃上丁磊的猪肉，陈生同样以“不懂”揶揄他们。

为提高成活率，陈生转向“公司+农户”模式。公司租农民土地集中建猪舍，再以承包方式交给农民，成活率迅速达到 98%，当时土猪瘦肉 33.8 元每斤，依然火爆。

陈生与陆步轩的相识极具戏剧性。2008 年，在广州的一次北大校友聚会上，几位媒体界校友得知陈生做猪肉生意，便当场给陆步轩打电话：“广州也有一位北大才子在卖猪肉，赶快飞来一聚。”不久，北大毕业的两位“猪肉佬”在广州会面。

陈生第一次见到陆步轩时，陆步轩已经因“卖肉”的名声备受打击。陆步轩 1999 年开始卖猪肉，之后获得北大校友投资，曾扩张至数家连锁店，但多数以关张告终，最终收缩至两三家。在陆步轩看来，卖猪肉只能以个体户业态存在。

“你这样干不行。”陈生劝他。当时，他的壹号土猪在广州的连锁店已超过100家。对壹号土猪搞连锁，大家都不怎么看好。一个有趣的插曲是，当年被收购的老板完成交易后留下一句话：“如果你做不下去了，告诉我一声。”一个同乡也举出自己的例子，劝他放弃，“开第一家时很赚钱，两家还行，第三家时还有得赚，第四家肯定赔本。”

但是，做零售品牌必须做连锁。为了找出失败的症结，他开始了一段艰苦的一线生活。每天亲自操刀卖肉，与员工同吃同住，“臭烘烘的，很血腥”。就这样，他一家一家地跟了最初的23家档口。

半年后，陈生针对店员私吞钱款等各种问题，创造出一整套规范化流程。为保证各个环节的顺利实施，他甚至成立了“秘密警察”制度，十几名成员只有陈生和总经理两人知晓，其他员工一概不知。一旦档口出现问题，调查程序将自动启动。

搞营销，据传给猪喂虫草

13个月后，陈生的数十家店终于首次实现1万元盈利。当连锁模式初见成效时，有员工说：“我们的模式成功了，可以起飞了。”但此刻的陈生依然保持冷静，他当面泼了一盆冷水：“三个月后，投诉肯定会汹涌而来，不信你看。”

三个月后，果然有顾客投诉“猪肉没有以前好吃了”，那名员工拍手称奇，“你太神了”。而这背后的逻辑，陈生早已了然于胸。“味觉适应是科学规律，什么东西吃三个月，都感觉和刚开始不同。”

陈生抓住了销售的第二个要害——营销。他告诉员工不要再宣传产品“有多好吃”，现在必须改变策略，集中推广壹号土猪的健康与安全。陈生说，卖猪肉这个行业，营销是最难的。“会养猪的不一定会销售，会销售的不一定会养猪，而要从两者间找到最佳结合点，我觉得我们公司两者兼具。”

陈生采取“定制”的方法来满足不同顾客的不同需求。针对学生、部队等不同人群，他选择不同的农户，提出不同的饲养要求。为部队定制的猪可肥一点，学生吃的可瘦一点，为精英人士定制的肉猪，据传每天吃中草药甚至冬虫夏草，使公司的生猪产品质量与普通猪肉“和而不同”。他认为即使是卖猪肉也要卖得和别人不一样，要将“歪门邪道”进行到底。

蓄人才，企业创办屠夫学校

随着连锁店数量增加，陈生必须解决团队尤其是一线员工不足的问题。传统行业的现代化运作需要相对较高的高素质人才，而受过高等教育的学生谁又能接受得了“卖猪肉”这份工作？

每家连锁店开始经营时，陈生只能依靠前老板留下的员工；等规模稍大一点后，他也尝试从高校招聘一批大学生。“大部分留不住啊，舆论压力太大，有人说种地的都比杀猪的容易娶媳妇。”他说。就这样，最早一批卖猪肉的研究生被家长强行拉了回去，有一名员工的舅舅甚至承诺，只要这名员工不再干这个事了，马上给他几十万元。

卖肉行业很缺乏优秀的“刀手”，一个优秀的“刀手”分割一头猪可以多卖100元。于是陈生开始从超市挖人。但好景不长，随着他的档口逐步进入超市，超市称如果再挖人，便封杀壹号土猪。

走投无路的陈生突发奇想：为什么不自己培养一批高素质的团队？2009 年，陈生在广州创立屠夫学校，邀请陆步轩担任名誉校长，并编写教材，为学员授课。

屠夫学校成立之后，陈生再次投入上千万元，成立研究院，用于研发新品种。至此，陈生构建了“生产+终端+团队培训+研发”的一套完整的商业模式。凭借如此独一无二的运作方式，他率先在广东市场打响了壹号土猪的品牌。

在近两年的几次“瘦肉精”事件中，壹号土猪成为猪肉行业中的最大赢家。不仅每日的猪肉销售一空，而且每次曝光“瘦肉精”事件，壹号土猪的价格便会提升 5%左右。

在陈生的规划中，未来的广东壹号食品股份有限公司将涵盖猪肉连锁、鸡肉连锁、牛肉连锁、蔬菜连锁、海鲜连锁，形成一个庞大的农产品连锁帝国。

“北大就出了我们两个卖猪肉的。”陈生对记者说，“你去告诉在校的学子们，实在不行，卖猪肉也可以干。”正如北大老校长许智宏的赠言：“我们北大学生卖猪肉也能卖到最好！”

陈生非常洒脱乐观。他说：“我就是卖我自己的壹号土猪，让别人说去吧！而且我早晚要让世人知道，卖猪肉也能上福布斯！”

——改编自：企汇网“北大第二猪倌陈生：打造壹号土猪品牌有玄机”．来源：环球企业家，http://news.qihuiwang.com/figure/2013031432173-2.html

点评：

为了使创业成功，创业者必须从实际出发，在认真分析内外部环境因素的基础上，通过周密的思考，制定出一个实现理想目标的行动方案，这就是创业规划。如果没有这张导航图，创业之舟就不能或很难到达成功的彼岸。

有人说，计划没有变化快，走一步算一步。这是盲目主义的撞大运思想。固然，有创业规划不一定就能成功；但是没有创业规划虽然不能说一定不能成功，然而成功的概率却非常小。就像天上掉馅饼，首先是天上要能有馅饼，其次还要能掉到你的头上，最后还不能把你砸晕。有创业规划虽不能保证你必然成功，却能大大提高你的成功机会。

当然，还有一种值得注意的倾向就是受创业计划竞赛的影响把创业规划神秘化和复杂化。其实能参加创业计划大赛的毕竟是少数，能拿到创投资金的更是少之又少。几十页甚至上百页的创业计划书也许是为获取创投资金所必需的，但对于大多数甚至是绝大多数创业者来说，简直就是无法完成的任务，也是没有必要完成的任务。然而，创业规划或曰创业策划是必需的，只是没有必要搞得那么复杂。为此，第八章给出了创业规划的基本内容和要求，这是所有创业者都应该掌握的。

同时，第八章也给出了创业计划书的模板格式，主要是为了满足有参加创业计划竞赛意愿的人的需要，同时也是为了开拓所有读者的视野及获得必要的启发；但并不是每一个创业者都要这样做规划。

第八章　创业规划（策划）

尽管人们常常将创业规划称为“闪光的梦想”，但对创业者来说，创业规划确实是企业创业阶段最为重要的文件。潜在的投资者只有在看到一个较为完善的创业规划之后，才可能考虑投资于一个新的风险企业。更重要的是，创业规划能使创业者保持对其所要奋斗的事业的把握，考察已经完成和将要完成的任务。

第一节　认识创业规划与创业策划

一、创业规划与创业策划的含义

作为名词，创业规划是由创业者准备的一份书面计划，用以描述所要创办企业的所有相关的外部和内部的要素，以及企业所要达到的目标和实现目标的方法与途径等。如果把创业规划当作行路图，就能够更好地理解它的含义。假设我们试图决策如何驱车从沈阳到上海，这里有很多可能的路线，走海路、走陆路和走航空，每条路线所花的时间和成本不同。旅行者必须做出一些重要的决策，然而在做出决策和制定规划之前必须收集足够的信息。例如，一些外部的因素，如紧急状况下的汽车修理、气候条件、路况等，这些因素是旅行者所不可控的，但又必须在规划中考虑；同时旅行者还要考虑手中有多少钱、多少时间以及对高速公路、铁路班次、民用航班的选择等。这些反映在创业者这里，就体现在创业规划之中。

作为动词，创业规划是一个策划过程，即创业策划，是指创业者在充分分析内外部环境因素的基础上，特别是对自己所拥有或能使用的人力资源、市场资源、技术资源、资金资源、原材料资源、信息资源等关键资源充分挖掘的情况下，制定出未来的发展目标、战略和策略的全过程。

【精彩链接】　　自主创业的筹划

二、创业规划的特征

从内容本质上讲，创业规划具有以下典型特征。

（1）总体性。形象地说，创业规划就是创业者创办企业的发展蓝图，制约着企业经营管理的一切具体活动。

（2）长远性。创业规划考虑的是企业未来相当长一段时间内的总体发展问题，通常着眼于未来3～5年乃至更长远的目标。

（3）指导性。创业规划确定了企业在一定时期内的基本发展目标，以及实现这一目标的基本途径，指导和激励着企业员工努力工作。

（4）现实性。创业规划建立在现有的主观因素和客观条件的基础上，一切从现有的起点和基础出发。

（5）竞争性。创业规划也像军事战略一样，其目的是克敌制胜，赢得市场竞争的胜利。

（6）风险性。创业规划是对未来相当长一段时间发展的规划，然而环境总是处于不断地变化中，处于不确定的、变幻莫测的趋势中，任何创业规划都伴随着风险。

（7）创新性。创业规划的创新性源于创业生存发展的需要，因循守旧的创业规划是无法适应时代的发展的。

（8）稳定性。创业规划一经制定后，在较长的时期内要保持稳定（不排除局部调整），以利于上下员工贯彻执行，除非环境发生重大变化。

（9）综合性。创业规划是战略与战术、策略与手段、方法与技巧的结合，一个好的创业规划如果缺乏实施的力量和技巧，也不会取得好的效果。

从形式上讲，由于创业者的创业思路、创业方式以及创业所涉及的领域不同，创业规划本身也表现出各自的独特性。但是，作为创业规划尤其是比较成功的创业规划还是具有很多共同点的，主要有以下几点。

（1）循序渐进。创业规划的制定往往要经过几个阶段并在每个阶段进行多次修改，循序渐进而成。

（2）一目了然。创业规划应该重点突出创业者和投资者所关心的议题，对关键的问题进行直接明确的阐述，好的创业规划给人的印象往往是意思表达明确、文章脉络清晰。

（3）令人信服。创业规划在内容表达方面应注意运用比较中性的语言，保持客观的态度，力求对规划中所涉及的内容进行不加主观倾向性的评论，尤其不能使用广告性的语言。

（4）通俗易懂。在创业规划的编写过程中，不应该对技术或工艺进行过于专业化的描述或进行过于复杂的分析，而应力求简单明了、深入浅出，对必须引用的专业术语及特殊概念在附录中给予必要的解释和说明。

（5）风格统一。创业规划的编写如果是由多人协作完成的，那么最后应由一人统一修订成文，力求创业规划编写的风格统一，同时对规划中引用数据的来源给予明确的记录，并统一标明出处。

（6）严谨周密。创业规划是以客观表述拟创企业状况为宗旨的，因此格式必须严谨统一，必须有完整的格式。

简而言之，创业规划应该提供一个清晰的容易被人理解的画面，显示着商业投资的机会和风险。

三、创业规划的作用

1. 创业规划指明了创业的目标和方向

创业目标的不同决定着创业企业的未来发展与走向的不同。对希望建立可持续机构，并将创办的企业看成自己毕生追求的事业型创业者，可能会不管有人出价多少都拒绝被收购；而对追求迅速盈利的投资型创业者，则不会潜心于构建一家持久经营才能长远获利的公司；同样对那些谋生型创业者，他们只管赚取足够的现金来维持自己的某种生活方式，谋划着不断扩大自己的公司。因此，不同的创业目标决定着企业的不同走向，也决定着创业者不同的生存方式。

2. 创业规划为创业者提供了创业指南

具体包括：认识并关注客户；认清企业在产业价值链中的位置；熟悉企业所在的行业；善于利用外部资源；加强管理团队建设和企业文化建设；关注财务管理和企业的现金流；正确对待技术；等等。值得特别提醒的，一是关注现金流，这是以前被我们经常忽略的；二是不要过分注重技术。在技术人员占主导地位的创业企业，往往会陶醉于自己技术的先进性，而对客户需要和消费习惯不注意研究。有很多技术和产品俱佳的企业却失败，而技术水平一般的企业大获成功的例子。我们建议刚起步的创业者把 50%的精力放在营销上，把 30%的精力放在团队建设上，而只把 20%的精力放在技术和其他方面。

3. 创业规划使创业活动有序发展、持续进行

面对纷繁复杂、瞬息万变的市场经济汪洋大海，创业者不能依靠自己的想象任意而为，也不能只凭兴趣大胆妄为，或凭自己的感觉摸着石头过河，这样的成功概率很低。要想取得创业的成功，既要讲究艺术，也要讲究科学。根据创业的需要，制定适合自己的创业规划就是讲究科学的体现。只有这样才能保证自己的创业活动不受外界变化的干扰，更有把握地使创业获得成功。

4. 创业规划使创业活动落到实处

创业规划不仅包括创业的战略规划，也包括策略规划、竞争规划和职能规划，如组织规划、营销规划、生产规划、开发规划等。因此，创业规划不仅告诉创业者做什么，也告诉创业者怎么做，分几个部分、几个步骤、采取哪些措施方法去做等。所以，一个好的创业规划可以使创业的各项活动和事务落到实处，具有可行性和可操作性，最终物化为人的具体活动，取得预期的结果。否则，创业项目可能只是镜中花、水中月，可望而不可即。

5. 创业规划是有效的沟通工具

创业规划将企业的发展潜力、所面临的机会，以及以一种明确的、有效的方式来开发这个机会等清晰地展现出来，发挥着强大的与人沟通的作用。沟通的对象包括内外部的利益相关者。创业规划可以将创业者与内部员工凝聚起来并指导他们的行动；也可以引起外部投资者的兴趣，吸引他们投资；还是向亲朋好友集资的有力武器。没有可信和有吸引力的创业规划，不能吸引到优秀的员工和谨慎、精明的投资者。因此，创业规划是获取人力资源、资本和运作资金的有效工具。

四、创业规划的制定过程

创业规划的有效制定是在充分了解并掌握前面各章内容的基础上进行的综合性、创造

性工作，同时也是一个相对复杂的过程。从狭义上讲，创业规划的制定过程主要包括创业战略环境分析阶段、创业战略选择和创业规划制定三个阶段；从广义上讲，还可以包括创业规划实施与反馈阶段，如图 8-1 所示。

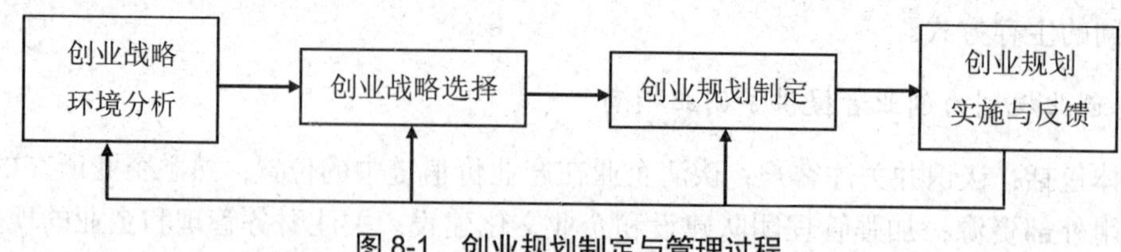

图 8-1　创业规划制定与管理过程

1. 创业的战略环境分析

创业首先要明确创业企业的战略性问题。在确定创业战略之前，需要对创业的环境进行战略分析。具体内容和方法重点参阅第五章第一节和第二节的内容，主要有宏观分析的 PEST 方法、行业竞争的波特五力模型、创业者资源开发方法和内外部因素综合分析的 SWOT 分析方法等。

2. 创业战略选择

根据企业生命周期理论，企业在其发展的不同阶段所进行的战略选择是不同的。在这里仅就初创企业的战略选择做一些概括性的简要介绍，具体读者可参阅第四章和第五章的内容。

（1）资源战略。所谓资源战略，即以企业所在地的特定资源（如自然资源、经济资源和人文社会资源）为依托，为社会提供主要由这种资源构成的产品或服务，从而确定企业的战略。中小企业实施地区资源战略，应处理好以下关系。

① 眼前利益与长远利益的关系，将资源的开发利用与资源的培植养护结合起来，维护企业可持续发展的条件。

② 资源开发利用与环境保护的关系，不能因为企业赚钱，使社会环境受到损害。

③ 不能因为企业拥有一定技术或资源优势，就忽视了产品和服务的品质与技术的改进。

（2）依附战略。简要地说，就是小企业为大企业产品进行配套加工，提供零部件或其他服务，或作为代理商等，最终在大小企业之间形成密切而稳定的分工协作关系，使其专业优势或地区优势得到发挥。

（3）夹缝生存战略。是指小企业可以利用自己规模小、经营灵活的特点，进入那些目标市场狭小、市场容量较小、大企业不便或不愿进入的行业或领域，求得生存，图谋发展。

（4）局部市场战略。是指企业根据所在地市场的特点，利用小企业接近市场的优势，向局部市场提供产品或服务的战略。

3. 创业规划的制定

创业规划的制定是指在上面的分析和选择的基础上，遵循创业规划的一定格式和要求，将战略选择及配套的政策、措施落实到书面上的创业规划或创业计划书的过程及结果。具体内容会在本章后面陆续介绍。

4. 创业规划的实施与反馈

创业规划只有付诸实际行动，才有可能实现创业规划的战略与目标。一般来说，需要从三个方面共同推进创业规划的实施：其一，制定相应的职能策略，在这些策略中要能够体现出策略推进步骤、采取的措施、具体任务及大体的时间安排等；其二，对组织机构进行构建，以使构建出的组织及架构能够适应创业规划的要求，为规划实施提供有利的环境和组织保证；其三，使创业者的素质及能力与规划要求相匹配，这一点切不可忽略。

在规划的具体化及实施过程中，为了保证达到预期的目标，必须对规划的实施进行控制和反馈，以纠正实施中产生的偏差，或重新审视环境，制定新的方案，进行规划修订。

五、创业规划制定应遵循的基本原则

1. 长期性原则

创业规划虽然要立足现实，但一定要从长远来考虑，只有这样才能给自己设定一个大方向，使自己集中力量紧紧围绕这个方向做出努力，最终取得成功。

2. 清晰性原则

创业规划一定要清晰、明确，能够把它转化为一个可以实行的行动。创业各阶段的线路划分与安排一定要具体可行。

3. 可行性原则

创业规划要有事实依据，要从创业者的个人实际情况，从企业的实际情况和发展需要，从社会的发展需要来制定，不能做不着边际的梦想。

4. 挑战性原则

创业规划要在可行性的基础上具有一定的挑战性，实现规划要付出一定的努力，成功之后能有较大的成就感。

5. 适应性原则

规划未来的活动，牵扯到多种可变因素，因此，创业规划要有弹性，以增强其适应性。

六、创业规划的基本内容

一个规范性的、全面的创业规划至少应包括以下几个方面的内容。

1. 确立企业的目标、经营模式及产品服务市场

一位名人曾说过：成功=计划（目标）+正确的方法+有效的行动。因此，在创业前，根据外部环境和自身的实际情况，企业的发展目标、经营模式和产品服务市场是首先要回答的问题。

（1）明确企业的发展目标。在创业者的理想目标和价值观的指导下，结合企业内外部

环境的条件，确定创业企业的宗旨、使命任务、发展哲学和愿景、目标等。企业使命是创业规划最先应该回答的问题，它不是企业经营活动具体结果的表述，而是为企业提供了一种原则、方向和哲学。企业使命的定位包括企业生存目的定位、企业经营哲学定位和企业形象定位。企业使命是创业规划制定的前提，为创业规划指明了方向，是创业规划的行动基础。

发展目标是具体化、时间化的企业使命，是制定创业规划的前提和关键。发展目标包括总体战略目标、市场目标、盈利目标、创新目标和社会目标等，根据具体情况，可以是定量的指标，也可以是定性的指标。

发展目标对企业行为有着重大指导作用：首先，它是创业规划的基本依据和出发点，发展目标明确了企业的努力方向，体现了企业的具体期望，表明了企业的行动纲领；其次，它是创业规划实施的指导原则，发展目标必须能使企业中的各项资源和力量集中起来，减少企业的内部冲突，提高管理效率和经济效益；最后，它是创业规划控制的评价标准，发展目标必须是具体的和可衡量的，以便对目标是否最终实现进行比较客观的评价考核。如果没有一个适合企业的发展目标，则势必使创业规划和企业的经营活动陷入盲目的境地。

（2）产品、服务市场选择。选择产品或服务市场是接下来必须考虑的问题，主要从投资方向和投资项目两个方面来把握。高科技企业和参加创业计划竞赛的创业规划的特点和内容主要在第二节至第四节介绍，本节较多地侧重于大量存在和大量诞生的小本生意的创业规划上。

① 小本生意把握投资方向应从以下几个方面考虑。

一是较容易起步的生意。有些生意，特别是服务业，要起步很简单。例如，房屋中介公司、维修服务公司、小餐馆及一些专业服务等都是容易起步的行业，但是这些行业在业务成长上要花点心思。或者，如果自己有十分独特的点子或是拥有得天独厚的条件，那么创业这条路是绝对值得考虑的。所谓得天独厚的条件，是指拥有某项专利权、有绝佳的生意地点，或者是有现成的顾客基础。除此之外，要是自己能掌握别人所没有的资源，如好的货源，或是拥有一些保证成功的人际关系，都是值得好好利用的创业条件。当然，最好是做自己熟悉的行业和项目。

二是清楚认识创业的风险。“5 年内，10 个新店倒 7 个。”这句话可能让你大吃一惊。事实上，一个企业若能撑到 5 年以上，就表示其产品、价格、地点以及经营方式已获得消费市场的肯定。而这些成功的基本要素对初创企业来说，还是有待考验的未知数。资金不足和技术缺乏是导致新公司关门的两大因素，这两者都是创业初期难免要遇到的现实。相对地，要创建一个高盈利的运营中的企业可能花费不菲，但比起创业所承担的风险要小得多了。

三是充分挖掘创业点子。创业点子不在其新颖与否，也不必是自己独有，甚至不需要是什么好点子。重要的是，这个点子要具有市场潜能。以下是几个帮助自己验明好点子的问题。

这个点子是否合乎实际的需求？目前或未来会不会有生意可做？

产品的销路是否足以维持生计？目前市场的发展空间怎样？是否已布满了竞争对手？

这个点子是否能转化为可做的生意？是否有相关的技术配合？产品或服务的成本是否

在消费者能够或愿意负担的范围之内？

自己是否有所需的知识及技术？这个点子有没有人试用过？其结果如何？为什么？

要回答这些问题势必要经过一番深思熟虑、详细研究才行。但很多时候，还要靠个人的直觉来判断。

② 选择投资项目应考虑以下基本准则。

在符合法律法规的前提下，选择投资项目时，小本投资应尽量遵循这些准则：一是资金周转期要短，且留有一定的周转资金。如果缺乏周转资金又想开业，最好选择一种可以借助大企业的行业。二是通常应做一般人都能做的行业。小本创业应尽量避免技术性过高的行业，因为技术行业对小本创业是一种负担。三是选择需要库存商品少的行业，既能减少对资金的需求，也可降低因降价带来的风险。四是选择普遍性的行业。个人投资者最怕从事太“冷门”的行业，最有眼光、最理想的是做各阶层的人都需要的日常生活用品的行业，有助于资金迅速回收。五是选择成长性的行业。六是选择需要人手少的行业。七是能对利润做出预估。小本创业要能提前对利润做出预估，利润的估计发生错误或偏差，将使创业蒙受极大的损失，甚至是倒闭。

在选择投资方向和具体项目挖掘上，采用第三章第二节至第四节的方法，同时参考其他章节里的内容和丰富的案例。

（3）选择适合的创业经营模式。参阅第二篇的内容。

2. 企业组织规划

组织和管理对创业的成败至关重要。一个人才结构合理、组织设计适宜、管理与技术及营销水平较高的团队，一般来说，更容易获得创业的成功。从创业来看，一个创业团队至少需要以下三方面的优秀人才：优秀的管理者、优秀的营销人员、优秀的技术人员。因此，创业者需要认真考虑创业团队，并在创业规划中很好地描述出来，这样既能获得更多人的支持，也能够提高创业者本身成功创业的信心。

组织规划主要包括组织结构、绩效考评制度、奖惩制度、任用标准、培训、工作描述与职务分析、领导者的标准、董事会的作用、关键的外部顾问等内容。在组织设计上要遵循以下基本原则，即精简原则、责权利对等原则、统一指挥原则、灵活性原则、效率效益原则、管理宽度原则、目标明确与分工协作原则、弹性原则。

在组织结构设计和人才选用上应依据以下程序。

首先，要对创业项目进行科学的分析，把创业项目分解为相关的子项目和子目标，再分析这些子项目和子目标所要做的各项事务和要处理的各种关系，以此为依据选择合适的组织架构、管理跨度和管理梯度。再依据各部门的结构和职能设置相应的职位，做到“因事设岗”。

其次，对各职能部门要完成的任务进行分析，了解各岗位对担当者知识、能力和素质等方面的要求及各要求之间的关系，制定出用人原则和标准，依据该要求即可选拔与之相符的相关人才加以任用，做到“因岗用人”。

最后，依照各种事务和各部门之间的相互关系，制定出协调各部门责、权、利关系的有关典章制度及工作规范，选择和设置适合各层次人员特质及符合项目目标的特定的管理方式。协调各种关系，使其责、权、利关系分明，各部门和各主管之间既能各司其职，又能相互沟通协作，使组织处于与内外环境的良性循环之中。

初创小企业一般适合采用结构比较简单的直线结构，不设部门或只设必需的少量部门。初创企业创业者常常既是管理者，又是技术人员和市场营销人员。创业初期，为了节约成本，往往是一人多职。伴随企业的发展，组织结构也要适时地进行变革以适应企业发展的需要。

3. 财务规划

财务规划包括资产流动性、收益预测与资产负债预测。资产流动性主要考虑未来 3～5 年现金的流入和流出、筹资安排和现金储备等；收益预测主要考虑销售收入、成本及费用、净利润等；资产负债预测主要考虑某几个时间节点上的资产与负债的情况。

编制财务规划需要做资本需求预算、预期年度收入表、现金流量估计表、资产负债估计表、资金回报计划和盈亏平衡分析等。资本需求预算应包括以下项目：完成开发项目费、购买设备费、引进生产线的费用、流动资金投入、资金使用计划、筹资渠道等。对于小本生意，如不向创投融资，可以做简洁的概算。

除此之外，还要做风险分析，主要包括对最好、一般、最差三种情况的预测，因素变动下的盈亏平衡分析和敏感性分析。风险分析的编写方法，一是确定主要的机会和风险；二是改变不同的参数，看结果如何变化。

第二节　编写自己的创业规划——创业计划书

创业计划书，也称创业者的商业计划，是创业者就某一项具有市场前景的新产品、新服务向风险投资家或潜在的投资者游说以取得投资的可行性报告。创业计划书是参照一定的标准格式，细化了创业规划，用来阐述新办企业或拟办企业的背景、产品、市场和营销、营运、组织机构、管理方法与理念，而且要对财务、风险回报做出定性与定量相结合的分析，其主要目的是说服投资者对新企业进行投资。

创业计划书不仅是一种业务构思策划、信息披露和吸引投资者的宣传书，更是以后公司运作的指导书。创业计划对创业者、潜在的投资者甚至新员工都很有价值，他们通过创业计划来了解创业企业的目标。创业计划书既是一项新创业活动前期工作的总结，也是一项创业活动新的开始。

在美国，创业计划书起源于商业包装，旨在吸引私人投资者和风险投资家进行投资。在制定创业计划书的过程中，创业者必须思考和分析创业企业创建和运行初期的各个方面，并准备有效的策略去应对会出现的不确定性。从某种意义上说，一份好的创业计划书能够帮助创业者避免或减少企业在今后运作中的失败。

一、编写创业计划书的基本原则

要使投资者或潜在的投资者对一个新的创业项目充满信心，并非要创业计划书写得如何复杂，而在于计划书是否能提供准确的分析、周密的实施方案和步骤、可行的管理办法和技术、理念及管理上的创新点。一般情况下，一个没有创新的、简单重复别人的经营项目的创业计划书是不会得到投资者关注的。通常，编写创业计划书要遵循以下原则。

1. 立题新颖，富有创意

一个成功的创业计划往往与新颖的立题密切相关。传统西方经济学存在着一条普遍规律，那就是边际收益递减规律，即随着投资的增加，获得的边际收益将减少。21 世纪是知识经济的时代，在知识经济社会出现了一条新的规律，那就是收益递增规律，即提高智力资源效率的投资越多，获得的边际效益越多。自主创业要注意知识资本的使用，这是标新立异、独树一帜创业项目的源泉，一个新颖独特的项目往往会更容易引起投资者的注意。

2. 简明扼要，层次清晰

创业计划书的编写要条理清晰、简明扼要，累赘、大篇幅的创业计划书是不可取的。要做到计划书编写的简明扼要，最好的方法是将计划书分成几个层次，每个层次中都要有明确描述概括性信息的主题，一些详细的计算过程或分析步骤可以放在计划书的附录中。这样可以使读者能够尽快地掌握创业计划书的基本要点，了解支持创业主题成立的要素。

3. 战略性和战术性决策分析相结合

对于任何一个创业项目，通常都有创业项目相关背景的详细介绍，也有目标市场和今后应用前景的分析。由于创业计划实质是创业实践活动的路线图，因此，在创业计划编写时要求针对不同时间段进行不同职能的决策分析和实施计划，尤其是在市场营销、投资与财务管理、人力资源等方面，既要有战略性的决策分析，又要有战术性的决策分析。

在创业计划书的编写过程中，这些战略、战术决策的分析，可以避免使计划书成为一个“内部文件”。从不同的角度对创业计划书进行远期与近期、外部与内部、潜在与现实、整体与局部的策划分析，会使读者和投资者感受到创业计划实施成功的可能性增大，也使创业者能够全面、充分思考那些阻碍创业成功的问题。

除此之外，创业者要关注政府和行业近期与未来可能的政策导向与发展战略，关心国家和地区的产业结构、经济发展趋势，并将自己的创业计划融入这些大环境中，使创业计划获得成功。

4. 目标明确，重点突出

创业计划书一般是以某个创业公司为创业主体而撰写的，其主要目的是为潜在的投资者描述一个完整的企业蓝图，使他们对新的企业及风险有所认识，对新创业公司的项目充满信心。因此，在创业计划书中，应有创业公司明确的经营目标，包括远期的和近期的，如市场份额、生产和经营规模、投资回报率等财务和非财务指标。企业目标的确定要求创业者对企业类型及竞争环境有相当充分的了解，目标应该具体、明确，应该是可度量的，而且是可控制的。其重点突出表现在两个层面上：一是指整个创业计划有鲜明的特点，如产品或服务、市场竞争优势、创业团队的组成、独特的管理方法等，能给投资者留下深刻的印象；二是指创业计划书中的主要构成部分要有明确的重点，计划书的编写具有分明的层次。

5. 营运评估

通常投资者都是以投资回报或者潜在回报来评价创业计划书的，因此，计划书中的财务决策数据要经过慎重考虑和精心准备。对于特定环境下不确定性导致的营运预算结果，要进行专门的讨论。在营运评估中，不仅要进行财务数据的预测，还要进行非财务数据的预测。

二、创业计划书的基本要素

创业计划书的编写形式有多种，以下基本要素一般是应该必备的。

1. 人员

人员指组织和经营创业企业的人，也称创业团队。一份创业计划书应有创业管理层每位人员职责的描述，这些管理人员应具备某一方面（技术或管理上）的专长，创业团队最好由互补型人员组成，并要求团队成员具备良好的协作精神和对创业公司保持高度忠诚。在创业计划书附录中，最好有创业团队主要成员的基本情况介绍，包括工作经历、受教育程度、具备的专业特长、在职业和个人素质方面曾取得的成就等。

2. 机遇

在进行投资项目评估时，投资人最关心的就是创业企业的产品、技术和服务能够在多大程度上解决现实生活中的问题，市场份额为多少，能创造多少利润，成功的可能性有多大，企业的竞争对手是谁，企业控制了什么资源，企业的优势和劣势是什么等。计划书中要对以下问题进行回答：准备新开的创业公司的竞争对手是谁，你们可以控制的资源有哪些，你们的优势和劣势是什么，你们对竞争对手采取怎样的应付手段等。每一个机遇都存在成功或失败的可能性，创业计划书中要实事求是地阐明可能出现的各种情况，并提出相应的应对措施。

3. 环境

环境是指不可避免发生的周围各种情况的变化但创业者又无法左右的因素，如法律法规、利率变化、人口发展趋势、通货膨胀以及其他因素等。每份创业计划书中都应包括对创业企业所处环境情况的介绍，对不利环境所采取的措施以及对有利环境积极作用的详细说明。

4. 风险与回报分析

风险与回报分析指创业者对各种可能变化因素的评估，创业团队面对可变因素所采取的措施，以及对收益进行定量和定性的分析。那些高科技、高成长的创业项目在很大程度上会获得风险投资家的投资。大学生创业项目中有许多是以科研成果转化为主题的，所以对可能发生的技术风险、知识产权风险、财务风险和管理风险等都要进行较详细的分析。

对创业项目的投资回报率、项目的投资回收期和风险投资的退出机制分析是创业计划书必不可少的部分，这往往是投资者和潜在投资者在关注风险之前应关注的问题。

三、创业计划书的格式与基本内容

创业计划书通常没有固定不变的格式，但它一定要包括创业者的创业目的、对创业企业和环境的描述、创业团队的组成、创业项目的风险和回报分析等重要内容。创业计划书可以为潜在的投资者描绘一个完整的创业企业的蓝图，并帮助创业者进一步深化对创业企业经营的思考。

创业计划书与投资建议书是有区别的，后者篇幅较短且较少涉及细节问题；而前者可能长达几十页，甚至几百页，涵盖的内容包括多方面。因此，可以粗略地说，投资建议书是创业计划书的节略本。如表 8-1 所示为创业计划大纲。

表 8-1　创业计划大纲

1	导言	企业的名称和地址 企业的性质 负责人的姓名和地址 筹措资金陈述 机密陈述
2	计划执行概述	是整个创业计划的浓缩和精华
3	行业分析	本产品的开发意图和市场前景 竞争者分析 市场划分 行业预测
4	生产计划	生产环境（厂房、机器和设备等） 劳动力组合搭配 生产能力估计 原材料供应情况
5	营销计划	定价 分销 促销 产品市场预测 控制
6	组织计划	所有权的形式 合作伙伴的描述 管理团队的背景 组织成员的角色和责任
7	财务计划	损益预估表 现金流预测 资产负债预估表 盈亏平衡分析 资金的来源和运用

续表

8	风险企业描述	产品 服务 企业的规模 办公设备和人员 创业者的背景
9	风险预测	企业弱点评价 新技术 应急计划
10	附件	市场调研表（包括原材料报价） 相关法律法规 合同

本章后面阅读材料 8-1 和 8-2 分别提供了生产型企业与服务型企业两种创业计划书的格式供读者参考。实际上，创业计划书的格式并不是固定的，最好是根据创业公司的特点编写适合自己公司特点的创业计划书。在具体编写创业计划书时，创业者可以根据自己的选题内容，选择适合自己选题的创业计划书格式，并可根据实际情况对计划书格式进行前后次序和内容增删的调整。阅读材料 8-3 为荣获第三届“挑战杯”天堂硅谷中国大学生创业计划竞赛金奖获奖作品，以供启发读者思路。

四、创业计划书编写注意事项

创业计划书的编写水平是获得风险投资或者创业投资的重要因素。如果你的创业计划中所描述的企业给人的感觉只是勉强维持，或者说你对新创企业的论证依据不够充分，那么你的创业计划很难获得成功。

创业计划书可以是创业者自己编写，也可以委托专门机构帮助编写。创业者在自己编写创业计划书时，应组织创业团队一起起草。由于创业者熟悉自己的任务和职责，又非常了解自己产品、服务的特点，在充分考虑投资环境和外部市场等重要因素的情况下，自己编写出来的创业计划书更具有可操作性。如果委托他人制定创业计划书，计划书的编写者要充分得到创业者的支持，并要详细了解创业企业的内外部环境。

1. 编写创业计划书时要强调的事项

虽然创业计划书的形式大同小异，但不同形式的计划书中都应包括创业计划书的基本要素。编写创业计划书时要注意以下内容的提示，其目的是能给投资者留下深刻的印象。

（1）执行总结或前言。这部分是对计划书的高度概括，通常是在创业计划书完成后编写这部分，这部分内容的主要作用是引起投资者或者读者的兴趣。其主要概述“是什么、怎么样、为什么、在哪里”等问题，篇幅不要过长，一般不超过两页。

（2）公司基本资料或背景描述。这部分内容要清楚描述本企业的独特性或者与众不同的特征，说明创业企业未来的潜力和发展能力。

（3）营销策略和市场。这部分内容要明确目标市场、市场定位和市场份额，充分论证自身优于竞争对手，使投资者相信你有能力实现销售计划、有能力应对竞争。

（4）管理体系。这部分详细说明创业企业的组织形式，介绍公司管理层关键人物或创业团队主要成员的履历。具有丰富阅历和实践经验的管理者以及一支精干的创业团队是创业公司组织机构和人力资源的重要保证，也是投资者关注的重点。

（5）投资和财务分析。这部分做出符合实际的资金需求和使用预测，编制预计财务报表，对投资报酬率、投资回收期等关键财务数据进行预算。这些指标是对将要付诸实施的创业计划的最好支撑。如果有风险投资，要说明风险投资的退出方式。

（6）风险分析。这部分要说明当外部环境发生变化时，创业企业所在的行业的调整和同业间的竞争可能会出现产品削价、生产或服务成本提高、生产计划或销售计划不能完成、研发费用提高等风险，在创业计划书中应对上述风险的应对措施或方案给予预测和分析。

（7）风险投资的退出。这部分要说明风险投资的退出方案，包括对退出时间、所有权的转移方式、企业战略的延续性和高级领导层的变化做出说明。

2. 编写创业计划书时要注意的事项

通常编写创业计划书可参考本章后面格式或者根据具体情况进行适当的调整，以下事项提醒创业计划书编写者注意。

（1）计划书应适当简洁。创业计划书除了要求对创业计划的目的、过程和结果进行描述，还要求简洁，尽量避免长篇幅的赘述。由于创业计划书的读者大都是投资家、金融资产管理者和政府、企业的关键人物，他们都不愿意看到一篇主题不突出、篇幅冗长的创业计划书。

（2）创业计划书的结构要有逻辑性，并需要进行适当的包装。创业计划书中的目录、执行摘要、正文、图表和附录等部分要有连贯性和逻辑性，前后内容要相互呼应，不能相互矛盾。计划书的装订要进行适当的包装，体现庄重、大方的风格。

（3）计划书中的关键数据要面向未来，避免夸大。计划书应说明创业企业的趋势，指出创业企业未来将实现的数量指标。例如，投资回收期、投资报酬率和风险的预测和计量，而且这些预测数据的提供要有根据，令人信服，防止夸大其词，对重大风险应有足够的估计。

（4）提供创业团队取胜的证据。创业团队关键人物的技能和团队人员之间的互补功能对创业企业取胜至关重要。通常，投资家在审查创业计划书时，非常重视创业团队的人员构成。创业计划书中应提供团队关键人物的能力证明资料，如专利发明、获奖证明、工作技能和主要经历等。

（5）确定目标市场，避免过度多样化。为了说明创业企业产品或者服务的销路，计划书中要明确强调目标市场，充分说明商业机会，避免试图创造多样化的市场或者多种投资，因为一个企业开办初期应首先集中力量开拓明确的目标市场。

（6）起草计划书要使用合适的人称。创业计划书可以由创业团队自己编写，也可以委托咨询公司编写。通常参加创业大赛是创业团队亲自参加，这时的计划书中使用的称谓通常是“我”“我们”等第一人称。如果计划书是委托咨询公司起草，而且该计划书不是以竞赛形式递交，最好从第三人称的角度措辞，使用“他”“他们”等人称。无论使用何种称谓，都要避免使计划书带有个人色彩，努力做到内容客观、公正。

第三节　“挑战杯”中国大学生创业计划竞赛

放眼今天的创业大军，迫不及待启动航程的比比皆是。在如今的校园里，大学生也同样放飞着创业的梦想。然而，大学生创业普遍缺乏实践经验和创业资金，他们拥有的更多的是激情、梦想、知识和活力。“挑战杯”竞赛给了大学生这样一个机会，让他们获得拟定项目、组织团队、制订商业计划、进行市场化的运作等课本上没有涉及的知识，缩短了与社会的距离。

一、“挑战杯”竞赛简介

“挑战杯”竞赛是中国大学生科学技术的“奥林匹克”，彰显的是大学生在面临时代和社会挑战的同时，勇敢挑战自我的精神风貌。这样一种经历足以影响人的一生，也激励着在校的莘莘学子。

1. 创业计划竞赛的历史背景

创业计划竞赛又称商业计划竞赛，起源于美国，是借用风险投资的实际运作模式，要求参赛者组成优势互补的竞赛小组，提出一个具有市场前景的技术产品或者服务，围绕这一产品或服务，以“获得风险投资家的投资”为目的，完成一份完整、具体、深入的商业计划。

商业计划竞赛在美国高校中由来已久，自 1983 年美国德州大学奥斯汀分校举办首届商业计划竞赛以来，美国包括麻省理工学院、斯坦福大学等世界一流大学在内的众多大学每年举办这一竞赛。雅虎、Excite、Netscape 等公司就是在斯坦福大学校园里的创业氛围中诞生的。麻省理工学院的“五万美金创业计划竞赛”已有多年历史，影响力非常大。从 20 世纪 90 年代到现在，每年都有 5～6 家新的企业从这一竞赛中诞生，并且有相当数量的“计划”被附近的高新技术企业以上百万美元的价格买走。这些由“创业计划”直接孵化出的新企业中，有的在短短几年内就成长为年营业额达数十亿美元的大公司。一批批的创业者在比赛中得到锻炼和成长。风险投资家涌入大学校园，寻找未来的技术经济领袖。从某种意义上说，高校的商业计划竞赛已经成为知识经济时代美国经济的直接驱动力之一。

在美国等西方国家正在分享“创业计划”带来的巨大蛋糕时，中国的大学生创业还处在一个“可行”还是“不可行”的激烈争论之中。对大多数中国人来说，大学生创业仍是新鲜事物。它到底能否像在美国等国家那样带来经济腾飞的驱动力量，还有待用事实证明。1998 年，第一届“清华创业计划大赛”正式拉开了中国大学生创业的帷幕。随后，1999 年，由共青团中央、中国科协、全国学联主办，清华大学承办的首届“挑战杯”中国大学生创业计划竞赛成功举行，在全国高校中掀起了一轮创新、创业的热潮。

由成都市人民政府、四川大学承办的第六届“挑战杯”中国大学生创业计划竞赛于 2008

年 11 月 18 日在蓉城落幕。此次竞赛启动以来，全国共有 600 多所高校的数十万大学生参与其中，356 所高校的 600 多件作品入围全国竞赛，最终确定 150 件作品进入终审决赛。经过竞赛评委会的评审，四川大学的“超临界二氧化碳流体制革工艺推广与应用产业化创业计划书”等 30 件作品获得金奖，中国人民大学的“北京鉴东方文化纸品有限责任公司创业计划书”等 120 件作品获得银奖。

2. “挑战杯”竞赛的创建

“挑战杯”中国大学生创业计划竞赛的创始与民营企业的成熟化发展、风险投资概念的推广息息相关。1999 年，共青团中央、中国科协、全国学联在清华大学举办了第一届“挑战杯”中国大学生创业计划竞赛。竞赛旨在宣传风险投资理念，以“崇尚科学、追求真知、勤奋学习、锐意创新、迎接挑战”为宗旨，传播自主创业意识。该竞赛的举办在大学生走出校门前为他们提供了一个创业实践的平台、一条争取风险投资的途径。

“挑战杯”竞赛借助风险投资的运作模式，由在校大学生自由组成学科交叉、优势互补的竞赛小组，围绕一个具有市场前景的技术产品或服务概念，以获得风险投资为目的，完成一份包括企业概述、业务与业务展望、风险因素、投资回报与退出策略、组织管理、财务预测等方面内容的创业计划书，最终通过书面评审和秘密答辩的方式评出获奖者。

从 2002 年起，教育部也以积极的姿态成为主办方之一。至此，“挑战杯”竞赛成为由共青团中央、中国科协、全国学联主办，在国家教育部支持下组织开展的全国性竞赛活动。“挑战杯”竞赛旗下有两项重要赛事，分别是“课外学术科技作品大赛”和“创业设计竞赛”，为不同的大学生学术作品提供展示的舞台。如今，这两项赛事已经形成两赛隔年举办的格局。

二、“挑战杯”竞赛的组织和体系结构

由共青团中央、中国科协、全国学联主办，国内著名大学和新闻单位联合发起，在国家教育部支持下组织开展的“挑战杯”竞赛，是一项具有导向性、示范性、群众性和权威性的全国科技竞赛活动。此项活动旨在全面展示我国高校育人成果，激励广大在校学生崇尚科学、追求真知、勤奋学习、迎接挑战，培养跨世纪创新人才。“挑战杯”竞赛在程序上参照国际上类似大赛的经验，并结合我国的实际，基本做法如下。

1. 竞赛的组织工作

（1）主办。竞赛以共青团中央、教育部、中国科协、全国学联名义主办。

（2）协办。政府机构、科学家组织、企业家组织以及法律、会计和专利事务组织受邀作为竞赛协办单位，为竞赛产品或服务项目的选择与专利事务、竞赛的评审事务、竞赛的成果转让事务、竞赛所涉及的科技政策事务、企业家参与等提供支持。国家级报纸、广播电台、电视台等新闻单位受邀作为竞赛的协办单位，制造竞赛的舆论宣传氛围，推广创业意识和创新精神，引导活动开展。

（3）参赛。以高等学校为单位，自愿报名，经省级共青团和科协组织推荐参加本项竞赛。

2. 竞赛的运行过程

（1）参与。学生须以竞赛小组的形式参加。参赛者提供一项具有市场前景的产品或服务，组成一个优势互补的竞赛小组，在深入研究和广泛的市场调查的基础上，完成一份把产品或服务推向市场的完整、具体、深入的商业计划；同时，创造条件，吸引风险投资家和企业家注入资金，推动商业计划真正走向市场。所提出的产品或服务应为参赛者的发明创造或经授权的发明创造，也可以是一项可能实现开发研究的概念产品或服务。所组成的竞赛小组人数不限，可以跨校组成。所完成的商业计划书应可以直接应用。商业计划书要同时提供文字版和电子版。

（2）赛制。"挑战杯" 竞赛采取学校和全国两级赛制，分预赛、复赛、决赛三个阶段进行。参赛者向学校申报参赛作品，每所学校通过省市团委向全国竞赛组委会申报五件以下作品参加预赛，预赛选出 200 件作品参加复赛，同时对参赛作品提出更进一步的完善要求。决赛将采取秘密答辩和公开答辩相结合的方式进行，通过决赛评出获奖作品。通过三个阶段的竞赛，使竞赛活动成为一个连续和水平不断提高的过程。各省、市也可以组织本地的创业计划竞赛。

（3）奖励。竞赛共评选金奖 20 项，银奖 40 项，最佳团队表现奖 1 项。

（4）转化。竞赛吸引企业家和投资商参加参赛作品的投资合作洽谈，以投资的方式入股，促使创业计划竞赛目的的真正实现。

三、"挑战杯" 中国大学生创业计划竞赛的意义

经过几年的市场洗礼，"挑战杯" 竞赛使得大学校园创新意识、创业能力的教育与培训工作得到了进一步发展，成为广大学生参与素质教育的新载体和科技活动的新形式，同时也成为高校之间彰显办学水平、教育质量和学生综合素质的一个重要窗口，并引起了各高校的关注和重视。"挑战杯" 竞赛从真正意义上来说，不仅仅是一次大学生之间的创业竞赛，它的意义至少有以下四个方面。

1. 促进大学生就业和深化高校教学改革

在当前大学生就业形势日趋严峻的形势下，高校毕业生自主创业将成为就业的重要形式。另外，大学生通过自主创业的过程，可以不断完善自己的知识结构，提高综合运用知识的能力，培养创新意识、创新能力和团队协作能力。

2. 加强产学研结合，促进科技成果转化

大学生通过与相关部门、机构的合作，努力发掘拥有自主知识产权的技术产品，把成果转变为对投资者有吸引力的创业计划。这本身就是一个科研成果走向市场并转化为生产力的过程。由创业计划竞赛到创新企业的这种崭新模式，为造就一批拥有自主知识产权的高新技术企业开辟了新的方向。

3. 培养自主创业意识

高校学生要转变过去对创业过程反应不灵敏的状况。普遍来说，我国大学生缺乏创新

与创业意识，这无疑会导致他们对市场变化的反应迟钝，不能适应未来经济发展和社会竞争的要求。现在的经济发展已经提出了发展高新技术企业的紧迫要求。面对这一时代要求，我们应该努力地培养青年学生自主创业的意识，鼓励和支持他们在合适的学业阶段或毕业之后用自己的智力优势创办对社会经济发展有利的创新企业。创业计划竞赛的举办不仅为学生自己描绘和创造了未来，还将为社会提供新的就业机会，为中国的发展创造新的经济增长点。而且，学生的创业热情也必定会影响和号召一大批有志青年走上自主创业、服务社会的成长道路。

4. 推进技术创新和促进“科教兴国”战略的实施

当前我们国家正处于迈上全面建设社会主义现代化国家新征程、向第二个百年奋斗目标进军的关键时期。21 世纪是知识经济的时代，习近平总书记指出：“创新是一个民族进步的灵魂，是一个国家兴旺发达的不竭动力，也是中华民族最深沉的民族禀赋。在激烈的国际竞争中，惟创新者进，惟创新者强，惟创新者胜。”[①]因此，以“挑战杯”竞赛、“互联网+”创新创业大赛、电子商务“创新、创意及创业”挑战赛（三创赛）等大学生创新创业竞赛为契机，有助于加快推进中小型企业的技术创新，促进“科教兴国”战略的贯彻实施，提升我国在国际上的竞争实力和地位。

【最新资讯】　办好中国国际“互联网+”大学生创新创业大赛

【个案研究】　饿了么 CEO 张旭豪的创业故事

2008 年在宿舍开始创业，2015 年获得 E 轮融资，拥有了几千名员工，服务范围也从上海交通大学周边快速扩展到全国 250 多个城市，这便是全国最大的在线外卖订餐平台“饿了么”的快速发展轨迹。

叫外卖未果激发创业梦

2008 年，还在上海交通大学机械与动力工程学院读硕士一年级的张旭豪认为，只要自己做的东西被市场认可，个体就是有价值的。一天晚上，他和室友一边打游戏一边聊天，突然饿了，打电话到餐馆叫外卖，要么打不通，要么不送。创业就这样从不起眼的送外卖服务开始了。

张旭豪和康嘉等同学一起，将交大闵行校区附近的餐馆信息搜罗齐备，印成一本“饿了么”的送餐广告小册子在校园分发，然后在宿舍接听订餐电话。接到订单后，他们先到餐馆取快餐，再送给顾客。这一模式完全依靠体力维持业务运转，没有太大的扩张余地。唯一的好处是现金流充沛：餐费由他们代收，餐馆一周结一次款。

2008 年 9 月，“饿了么”团队开始研发订餐网络平台，张旭豪先通过校园网络论坛（BBS）招来软件学院的同学入伙。半年左右，他们开发出了首个订餐网络平台。在网址注册时，

① 引自习近平在欧美同学会成立 100 周年庆祝大会上的讲话（2013 年 10 月 21 日）。

他们用“ele.me”（“饿了么”的汉语拼音）注册，网站订餐可按需实现个性化功能，比如顾客输入所在地址，平台便自动测算周边饭店的地理信息及外送范围，并给出饭店列表和可选菜单。网络订餐系统初运营时，已有30家加盟店支持，日订单量达500～600单。可那段时间，张旭豪和康嘉却因为过于奔忙劳碌而“后院起火”：先是窃贼光顾宿舍将电脑等财物一掠而空；接着，一位送餐员工在送外卖途中出车祸；随后，又有一辆配送外卖的电动车被偷。重重压力下，张旭豪不得不撤销热线电话和代店外送，让顾客与店家在网上自动下单和接单。

不停参赛给网站造势，“饿了么”引来风投青睐

2009年10月，“饿了么”网站在上海慈善基金会和觉群大学生创业基金联合主办的创业大赛中，获得最高额度资助——10万元全额贴息贷款。12月，网站在欧莱雅大学生就业创业大赛上，获得10万元冠军奖金……通过创业竞赛，团队总共赢得了45万元创业奖金，获得资金的“饿了么”网如鱼得水，到2009年年底，订餐平台已拥有50家餐厅进驻，日均订餐交易额突破万元。为了网站的发展，张旭豪招来了网站技术总监汪渊，汪渊专门编写了一个小软件，可在校内BBS上给每个会员用户群发站内消息，其中规模最大的一次发了6万条。“饿了么”网站因此访问量大增。靠线上和线下广告吸引学生订餐容易，但吸引更多饭店加盟绝非易事。多数店家保持半信半疑的态度：“我在你的网上开个页面，放几份菜单，你凭什么就要抽8%～25%的利润。”对此，张旭豪的策略是：“谈，不停地谈。”他们每天出门“扫街”，最忙时一天要“扫”100多家饭店，最难谈的饭店，“谈”了40多个回合才拿下。2010年5月，网站2.0版本成功上线。“饿了么”不仅攻下华东师大，连附近紫竹科学园区也被纳入自己的“势力范围”，顾客群从大学生拓展到企业白领。

仅隔一个月，“饿了么”就推出了超时赔付系统和行业新标准。9月，“饿了么”上海版上线，合作餐厅超过千家，单月最高交易额达到了百万元。2010年11月，手机网页订餐平台上线，订餐业务不仅覆盖了全上海，目标还直指杭州、北京等大城市。2011年3月，“饿了么”注册会员已超过两万人，日均订单3 000份。这一战绩，很快引起了美国硅谷一家顶级投资公司的高度关注，接洽数次后，“饿了么”成功融得风险投资100万美元。

E轮融资后钱怎么花

2011年7月，“饿了么”相继成立北京和杭州两大城市分公司，风投紧随而来，2013年完成B轮和C轮融资，2014年完成D轮8 000万美元融资。

2015年1月27日，“饿了么”召开新闻发布会，张旭豪宣布获中信产业基金、腾讯、京东、大众点评、红杉资本联合投资3.5亿美元。

过去几年来，高校的学生群体是饿了么的主力消费群体，从去年的扩张轨迹中，可以看到饿了么仍然在延续这种从高校开战的打法，新增的100多个城市基本都是从高校扫街开始。但学生群体的消费能力和忠诚度都很难令人满意。除了在三、四线城市的快速铺开，饿了么也在筹谋在几个比较成熟的市场中，实现从高校到办公楼，从学生到白领的另一种扩张。

2014年8月，饿了么在上海10万块分众楼宇显示屏投放免费午餐广告，共送出了20万张20元代金券。从学生宿舍楼的传单到楼宇广告的投放，获取白领用户的成本显然更加昂贵。但对饿了么来说，白领及住宅市场是不得不攻下的据点。据介绍，这轮融资除了资本层面的合作，饿了么也将与腾讯、京东、大众点评等合作伙伴达成资源方面的深度合作。通过集合合作伙伴在不同领域的优势资源，饿了么将逐步搭建一个全新的在线外卖领域的生态系统。

五轮融资

2011 年完成数百万美元的 A 轮融资，投资方为金沙江创投；

2013 年 1 月，B 轮融资，投资方为金沙江创投、经纬中国，融资规模为数百万美元；

2013 年 11 月，C 轮融资，红杉中国领投 2 500 万美元；

2014 年，D 轮 8 000 万美金融资，大众点评领投；

2014 年 12 月，E 轮融资，融资金额 3.5 亿美元，投资方为中信产业基金、腾讯、京东、大众点评及红杉资本。

创业感悟

张旭豪在接受媒体采访时，敞开心扉，道出了自己创业的一些感悟。

1. 其实基于互联网的创业产品还是最重要的，创始人一定要花很多的心思在自己的产品上面，对很多的痛点需求一定要想明白，一定要解决好。

2. 团队非常重要，一个团队真正的形成要经历几次大的挫折以后，才能真正稳固起来。一个比较有战斗力的团队，一般可能需要一到两年才能形成。

3. 现在资本很热，大家大多为了一个“idea”去融一笔钱，然后再想怎么样，好像没有人想创业的初心。虽然融了很多的钱，但还是要清楚自己做的是什么产品，服务的是谁，怎么去完成。

最新进展

到了 2016 年，最大的投资方变成了阿里巴巴。2017 年，阿里的持股已经超过了三分之一，而张旭豪握在手中的股份被稀释到 2%，这个时候的张旭豪明显已经不是“饿了么”的实际掌控人。在经过商量以后，张旭豪等人决定将“饿了么”卖给阿里巴巴。2018 年 4 月，阿里用 665 亿元全资收购了饿了么，张旭豪则作为董事长继续在“饿了么”任职。执行力很强的张旭豪，在商业判断上也是高于普通人的，因此他才会将“饿了么”卖给阿里巴巴。

——摘编自：饿了么 CEO 张旭豪的创业故事. 职场指南网，https://www.cnrencai. com/goldjob/story/141039.html. 两年前，把“饿了么”卖给马云的张旭豪，赚 665 亿元后如今在干啥. 搜狐网，https://www.sohu.com/a/648437083_121618206

阅读材料

创业计划书格式 1（适用于生产型企业）

创业计划书格式 2（适用于服务型企业）

上海思忆殡葬服务公司创业计划书

模拟演练

撰写创业计划书

自由组合创业团队撰写简版创业计划书。如果条件成熟，可以举办创业计划竞赛。要求：每个创业团队5～7人，最好能知识、能力、性格互补；遵循编写创业计划书的基本原则，符合创业计划书的基本格式与要求，包含创业计划书的基本要素与内容；文字简洁、语言流畅，能够做到自圆其说。

第九章　创业理财与创业融资

在制订创业计划之后，创业者需要第一批资金开始他的创业计划，这时往往就需要进行融资。创业融资就是指，一个初创企业或拟创企业资金筹集的行为和过程，即根据自身资金拥有的状况、未来经营发展的需要、通过科学的预测和决策，采用一定的方式、从一定的渠道筹集创业资金、保证创业期间资金供应的理财行为。

第一节　基本融资渠道与融资方式

企业融资活动需要通过一定的渠道并采用一定的方式来完成。把两者合理地结合起来，以使公司达成最佳的资金来源结构。

一、融资渠道

所谓融资渠道，是指筹措资金来源的方向与通道，体现了资金的源泉和流量。认清融资渠道的种类和特点，有利于充分开拓和正确选择融资渠道。目前，我国企业融资的主要渠道和特点如下。

（1）国家财政资金。国家财政资金在企业资金来源中占有相当大的比重。国家对企业的直接投资是国有企业最主要的资金来源，特别是国有独资企业。从产权关系上看，企业产权归国家所有。一般自主创业很难拿到这部分资金。

（2）银行信贷资金。银行对企业的各种贷款，是我国目前各类企业最为重要的资金来源。我国银行分为商业性银行和政策性银行两种。商业性银行是以营利为目的，从事信贷资金投放的金融机构，主要为企业提供各种商业性贷款；政策性银行是为特定企业提供政策性贷款。银行贷款方式灵活多样，可以适应各类企业的多种资金需要。但对于新创企业不太容易拿到银行贷款，成功创业后发展到一定规模时，可以成为继续发展的重要融资渠道。当然，目前各地也在纷纷尝试创业小额贷款，值得关注。

（3）非银行金融机构资金。非银行金融机构主要指信托投资公司、保险公司、租赁公司、证券公司、企业集团所属的财务公司等。它们所提供的各种金融服务，既包括信贷资金投放，也包括物资的融通，还包括为企业承销证券服务，可以为一些企业直接提供部分资金或为企业融资提供服务。

（4）其他法人单位资金。主要是指企业为提高资金收益率或其他目的将生产经营过程中部分暂时闲置的资金进行投资而形成的资金，包括企业法人单位资金和社会法人单位资金。目前，随着我国上市公司的增多，许多公司用上市融来的资金进行投资和收购。

（5）民间个人资金。我国城乡居民个人的结余资金，作为游离于银行及非银行金融机构之外的个人资金，可用于对企业进行股票、债券形式的投资，甚至用于创业投资等。随着人们生活水平的提高和投资意识的增强，这部分资金会越来越多，也会形成创业资金的一个重要来源。

（6）境外资金。主要是指外国投资者以及我国港澳台地区投资者投入的资金，是我国外商投资企业和境内外资企业的重要资金来源。目前，境外资金也开始介入我国的创业投资领域，成为一支活跃的力量。

二、融资方式

融资方式是指，企业筹集资金所采取的具体形式。研究、认识各种融资方式及其特点，有利于正确选择筹资方式和进行筹资方式的组合。目前，我国企业主要的融资方式及特点如下。

（1）吸收直接投资。这是指企业以协议等形式吸收国家、其他单位、民间或外商直接投入的资金，并由此形成企业全部或部分资本金的融资方式。它是非股份有限公司筹措资本金的基本方式。融资规模可大可小。

（2）发行企业股票。这是股份有限公司筹措自有资金的基本方式。同吸收直接投资相比，股份有限公司可以将其所需筹集的自有资金划分为较小的计价单位，如1元、10元等面值的股票，符合上市条件的股票还可以在证券市场上流通转让，这就为社会上不同层次的投资者进行投资提供了方便。目前，成立股份有限公司并不是很难，只要符合股份有限公司登记成立的条件即可；但要运作股票上市还是有不小的难度，同时也需要较长的时间。以上两种融资方式都属于股权融资。

（3）银行贷款。这是企业根据借款合同从银行借入的资金。银行贷款分为长期贷款和短期贷款、人民币贷款和外币贷款、固定资产贷款和流动资金贷款等。它是企业取得借入资金的主要方式。一般适合中、大规模的融资。

（4）发行企业债券。这是企业取得借入资金的重要方式。企业债券分为长期债券和短期债券。同银行借款相比，它可以向企业、单位、社会团体和个人发行，符合条件并可以在金融市场上流通转让。但获得发行债券的资格并不容易，需要证券监管部门的审批，适合较大规模的融资。

（5）融资租赁。这是指由租赁公司按照企业的要求购买设备，并在合同规定的较长期限内提供给企业使用的信用性业务，是企业借入资金的又一种形式。主要适用于需要购买大型设备而又缺钱的企业。

（6）商业信用。这是指企业在商品购销活动中因延期付款或预收货款所发生的借贷关系。延期付款（如应付账款和应付票据）同预收账款都是在商品交易中因发货或预付款在时间上的差异而产生的信用行为，从而为企业提供了筹集短期资金的机会。应善加利用这样的机会筹集并扩大可不断周转的短期资金。

（7）民间借款。这是向非金融机构的民间资金取得借入资金的一种重要方式，同银行贷款相比，这种方式更加灵活快捷，但筹资成本可能较高，适合中、小规模的融资。能否获得借款主要看自己的社会关系及口碑信用。以上几种融资方式都属于债权融资。

三、融资的分类

融资的途径和方式是多种多样的，根据不同的口径和特点可以有不同的分类方法。

1. 债权融资与股权融资

债权融资，也称债务融资，是指通过增加企业的债务筹集资金，是一种包含了利息支付的融资方式，主要有银行贷款、民间借款、发行债券、融资租赁等。股权融资是指通过扩大企业的所有者权益，如吸引新的投资者、发行新股、追加投资等方式筹集资金，而不是出让现有的所有者权益或转让现有的股票。出让或出卖现有的股份是转让行为，没有增加权益。股权融资的后果是稀释了原有投资者对企业的控制权。

2. 内部融资和外部融资

内部融资可以来自公司内的若干渠道，如利润、出售资产收入、减少的流动资本量、延期付款、应付账款等。外部融资包括吸引直接投资、家庭成员和亲朋好友的借款、银行贷款、发行债券、融资租赁、民间借款等。

3. 风险资本融资

顾名思义，风险投资是一种投资风险较大，但投资成功了收益也较高的投资行为。一般来说，风险投资介入企业投资的阶段比较早，这是由风险投资追逐高收益、承担高风险的特性所决定的。风险投资是一种权益资本（equity），而不是借贷资本（debt）。对于创业风险较大，一旦成功价值也很高，即具有高成长性的高科技创新企业，风险投资是一种昂贵的资金来源，但是它也许是唯一可行的资金来源。银行贷款虽说相对比较便宜，但是银行贷款回避风险、安全第一，高科技新创企业很难拿到银行贷款。传统行业虽然风险性相对较小，但成长性也很有限，风险投资一般也很少光顾这类新创企业。因此，在风险投资的参与下，诞生了微软、思科、雅虎等著名的高科技企业。

第二节　主要的创业融资渠道与方式

第一节介绍了基本的融资渠道与融资方式，其中一些融资渠道与方式只会锦上添花，却不会雪中送炭。但是对于初期的创业者来说，恰恰需要的是雪中送炭。下面将分阶段介绍一些创业融资的渠道、方式与方法。

一、创业初期的融资

1. 自筹资金

自筹资金主要包括业主（或合伙人、股东）自有资金、向亲戚朋友借用资金等。创业者在初创阶段通常使用自己的资金，或通过抵押自己的私人财产（如房子、汽车等）获取银行贷款，或通过信用卡借款等方式获取创业资金。向亲朋好友借钱是许多小本创业都经历过的事情，但这种借款金额一般都不会太高。善于吸纳有一定资金实力的合伙人或股东是值得重视的融资渠道和方法。还有通过重视并扩大客户的预付款、向供应商延期与分期付款等方式可解决部分经营性资金。

2. 获取“天使”资金

所谓“天使投资”，指的是用自有资金投资初创企业。天使投资虽然是创业融资市场上的“新面孔”，但由于门槛比风险投资低许多而备受创业者的青睐，甚至大有青出于蓝而胜于蓝的势头，成为创业融资的新渠道。天使投资往往是创业者求遍亲朋好友、转向风险投资前的一个选择。一笔典型的天使投资往往只是区区几万或几十万美元，是风险投资家随后可能投入资金的零头。还有一些专业公司提供“种子资本”。大多数创投公司（创业投资公司）在考虑为创业企业投资的时候，都要求创业企业已经度过了构想阶段。

3. 小额创业贷款

目前各地正在尝试解决创业贷款难的问题，不同地区情况不同，解决办法也不同。一些地区推出小额创业贷款服务，一些地区由政府出面组建中小企业创业担保公司，为新创企业贷款进行担保等。具体要查询当地的政策。

4. 创业租赁

创业租赁兴起于20世纪80年代末，是专门针对新创企业而开展的一种特殊形式的融资租赁方式。其运作机制起源于融资租赁，但通过创业投资又对一般意义上的融资租赁进行了改造，是一种将一般融资的灵活性与创业投资的高收益性有机结合的新型融资方式。当新创企业缺乏资本无力购买所有的设备时，创业租赁便为解决这一难题提供了捷径。在创业租赁合同中，承租人可以在资产使用寿命期间获得设备的使用权；而出租人可以以租金形式收回设备成本，并获得一定的投资报酬。

与一般融资租赁相比，创业租赁有以下特点：一是创业租赁的资本金来源是创业投资资本，出租方多数是创业投资公司，少数是创业租赁公司；二是承租方是新创企业；三是创业租赁风险较一般租赁融资高，因而租金也较高；同时，为了防范高风险，出租方通常要派一名代理进驻承租方；不仅如此，为了获得足够多的风险补偿，一般还可以获得认股权。

与典型意义的创业投资相比，两者有以下区别：一是权益，典型意义的创业投资是一种股权性质的投资，对新创企业有相当大的管理权；创业租赁不属于股权融资，虽然也可以派代理进驻企业，但通常不加入管理层，对新创企业没有管理权。二是风险，创业投资一旦失败，将可能血本无归；创业租赁则可以从设备变卖中获得部分补偿，因为设备是属于出租方的，因而风险相对较小。三是时间，创业投资的期限较长，一般为5～7年，而创业租赁期限通常为3～5年。

创业租赁对新创企业有以下意义：一是解决资金短缺问题，有助于尽快形成生产能力；

二是租金支付的可计划性，可以与出租人协商安排租金的支付，有助于安排经营计划和财务计划，这对初创企业而言是十分重要的；三是既可以改善资本结构，又可以减少企业所得税的税负。因此，创业租赁很适合初创企业。例如，在筹备初期，可短期租赁办公设备、运输工具等，暂时解决资本不足的问题，待所需资本到位后再做购买的打算；此外，在短期租赁中，设备的维修保养工作一般由出租人承担，这样可以克服新创企业专业人员不足的困难，并能节约成本。

5. 政府扶持资金

“科技型中小企业技术创新基金”（简称创新基金）被誉为创业企业的“奖金”，它奖励给那些“品学兼优”的创业企业，使其可以得到“无偿”的资金帮助。很多创业企业以能得到创新基金的支持为莫大的荣耀，因为它的确像我们上学时获得的奖学金那样，除了取得资本的欣喜，还意味着对自身的肯定和褒奖，意味着企业在向别人推介自己的时候，可以拿出有力的证明。但金额一般不会太大，其象征意义远远大于资金价值。如在获得创投资金前得到创新基金，对获得风险投资也会有一定的帮助作用。

申请创新基金的条件如下：

（1）属于科技型中小企业。

（2）具有自主创新、技术含量高、市场前景好的研究开发项目，如软件、生物、医药等。

（3）是科技成果的转化项目，特别是“863”计划、攻关计划的产业化项目。

（4）是利用高新技术改造传统产业的项目。

（5）具有传统优势，加入 WTO 后能带来更多市场机遇的项目。

（6）具有一定技术含量，在国际市场上有较强的竞争力，以出口为导向的项目。

（7）是科研院所转制，特别是原国务院各部门的研究院所转制为企业的项目。

（8）是科技人员，特别是海外留学人员回国创办的科技型中小企业的项目。

（9）是孵化器里的初创项目。

（10）有良好的、符合要求的申报材料。

二、创业中后期的融资

1. 风险投资

天使投资或种子资本主要投资初创企业，金额一般不大，审核相对不那么严格。典型意义的风险投资一般于创业中期前后的阶段投资，金额一般较大，可达几百万甚至几千万美元，审核非常严格。具体将在后文专门介绍。

2. 直接融资

直接融资包括发行债券和公开发行股票。两者都对企业的规模、盈利能力、管理水平等有较高的要求，监管部门审核严格，能获得通过的企业较少。一般融资数额都较大。理论上说，债券融资（发行债券）一般适合所有类型的企业，证券融资（公开发行股票）通常仅限于具有高成长性的企业。两者比较而言，债券的融资成本相对较低，证券的融资成本较高，但如果企业受欢迎，其发行溢价也很大，权益收益较大。对投资者而言，债券的风险较低，有相对稳定的利息收入，但投资收益相对较低；股票的风险较大，没有固定的收益，但潜在的收益可能很高。两者分别适合不同风险偏好的投资者。目前，我国的资本市场虽然发展很快，但对中小企业直接融资的支持仍然很弱，随着三板市场的即将推出，建立多层次的资本市场，必将为中小企业的直接融资带来更多的机遇。

3. 间接融资

间接融资主要是指银行贷款等。银行贷款主要有抵押贷款、担保贷款和信用贷款等。对于初创企业几乎是不可能拿到银行贷款的，因为既无抵押物，也无人愿意担保，更无信用历史与记录；发展到创业中后期，可以先由抵押贷款开始尝试银行贷款，但还是很难拿到。总的来说，目前中小企业普遍存在着贷款难的问题。

为了能顺利地拿到银行贷款，民营企业应未雨绸缪，提前做好以下工作：一是建立良好的信誉；二是严格依法经营；三是提高员工素质；四是建立健全财务制度；五是慎重选择所从事的行业；六是注重企业积累。需要提醒的是，贷 10 万元与贷 100 万元流程都一样，除非是小额创业贷款的“快速通道”，否则只贷几万元不仅所花时间不菲，费用也不低，不值得，不如考虑其他融资渠道。如果想贷一笔大额的贷款，倒不妨一试。

第三节　风险投资介绍

风险投资作为主要针对创业企业的新型投资值得特别介绍一下。

一、风险投资的含义与特征

风险投资（Venture Capital，VC），也称为创投，是指风险投资者（投资公司、风险投资家、天使投资者等）寻找有潜力的成长型企业，投资并拥有这些被投资企业的股份，并在恰当时候取得高资本收益的一种商业投资行为。风险投资是在市场经济环境下支持科技成果转化的一种重要手段，其实质是通过投资一个高风险、高收益的项目群，将其中成功的项目进行出售或上市，实现所有者权益的变现，这不仅能弥补失败项目的损失，而且还可以使投资者获得高额回报。

风险投资通过购买股权、提供贷款或既购买股权又提供贷款的方式进入这些新兴公司。风险投资具有两大典型特点，即“创新+金融”和“投资+管理”。

“创新+金融”，是指风险投资以金融的手段帮助企业实现创新，使创新从“萌芽”阶段飞跃至“实现价值”阶段，使利润得以提前实现。

“投资+管理”，是指风险投资不仅仅为项目提供资金，更提供一系列的增值服务，在管理上帮助企业克服经营或者管理瓶颈，使之得以长远发展。这也是为什么风险资本总是被称为“smart money”（指那些有经验的投资商或善于赌博的人投的资）的原因。

二、风险投资的资金来源与风险投资者

风险投资的资金来源有很多，包括金融保险业、政府资金、企业资金、民间家庭与个人资金等；多为拿出占其资产比例不高的一部分资金，为追逐超额利润的、比较激进的投资行为。政府资金的目的主要是鼓励和引导高科技企业的发展，促进经济的健康快速成长。

风险投资者主要包括风险投资家、风险投资公司（创业投资公司）、产业附属投资公司和天使投资者等。

（1）风险投资家。其是指向其他企业投资的企业家，与其他风险投资者一样，他们通过风险投资来获得利润回报。所不同的是，风险资本家所投资的资本全部归自身所有，而不是受托管理的资本。

（2）风险投资公司。其种类很多，但是大部分公司通过风险投资基金来进行投资，这些基金一般以有限合伙制为组织形式。

（3）产业附属投资公司。这类投资公司往往是一些非金融性实业公司下属的独立风险投资机构，他们代表母公司的利益进行投资。这类投资者通常主要将资金投向一些特定的行业。

（4）天使投资者。这类投资通常投资非常年轻的公司，在公司产品和业务成形之前就把资金投入进来，以帮助他们迅速启动。这类投资金额一般不会太大。

三、投资目的和投资期限

风险投资虽然是一种股权投资，但从根本上说，投资的目的并不是获得企业长远的所有权，不是控股，更不是经营企业，而是通过投资和提供增值服务把投资企业做大，然后通过公开上市、兼并收购或其他方式退出，在产权流动中实现投资回报。

风险投资者帮助企业成长，但他们最终是寻求渠道将投资撤出，以实现增值。风险资本从投入被投资企业起到撤出投资为止所间隔的时间长短就被称为风险投资的投资期限。作为股权投资的一种，风险投资的期限一般较长，一般为5～7年。

四、投资对象与投资方式

风险投资的产业领域主要是高新技术产业，包括计算机、网络和软件产业、医药、医疗保健产业、通信产业、生物科技产业、航天科技等。从投资性质来看，风险投资主要有三种方式：一是直接投资购买企业股权；二是提供贷款或贷款担保；三是两者的结合。从投入方式来看，分为分期投入和一次性投入。分期分批投入比较常见，既可以降低投资风险，又有利于加速资金周转。一次性投资方式并不常见，一般风险投资家和天使投资者可能采取这种方式，一次投入后，很难也不愿提供后续资金支持。

五、如何吸引与选择风险投资者

如何与风险投资者对接，这是一个复杂的博弈过程，最终取决于双方的经验、信任、胆略甚至直觉。有人比喻，在创业的新时代，风险企业与风险投资者就像两个独翼巨人，

他们渴望相互捆绑在一起飞翔，但只有在风险企业具备强壮的右翼后，风险资本才愿意把它强大的左翼绑过来。因此，创业者需要思考并解决好以下问题。

1. 了解风险投资者的所思所想

任何一家投资公司都不会选择那些不具备成功条件的企业去投资，风险投资者将努力寻求基本素质高的创业者。创业者的“诚信正直、有成就、精力充沛、天资过人、学识渊博、领导素质、创新能力”这七种素质对风险投资者很有吸引力。

2. 考虑风险投资者的偏好

风险投资者容易偏好具有领先优势的公司。如果风险企业有一项受保护的先进技术或产品，那么该企业就会引起创投公司更大的兴趣。这是因为高技术行业本身就有很高的利润，而领先的或受保护的高技术产品可以使风险企业更容易地进入市场，并在激烈的市场竞争中立于不败之地。因此，这些企业常常可以筹集到足够的资金以渡过难关。

3. 地域与技术领域因素

一般的风险投资公司都有一定的投资区域，既包括地理区域，也包括技术区域。对技术领域而言，风险投资通常只对自己所熟悉行业的企业或自己所了解技术领域的企业进行投资。对地理区域而言，风险投资所投资的企业大多分布在公司所在地的附近区域或集中在某一选定区域，这主要是为了便于沟通和控制，节约成本。一般地，投资者自己并不参与所投资企业的实际管理工作，他们更像一个指导者，不断地为企业提供指导和经营建议；但也有可能为风险企业推荐有经验的管理者。

4. 公司规模

大多数风险投资更偏爱成长性高的小公司，这是因为：小公司技术创新效率高，有更多的活力，更能适应市场的变化；同时，小公司的规模小，需要的资金量也小，创投公司所冒的风险有限。从另一方面讲，小公司的规模小，其发展的余地也更大，因而同样的投资额可以获得更多的收益。另外，通过创建一个公司而不是仅仅做一次投资交易，可以帮助某些风险投资家实现他们的理想。

5. 经验

现在，风险投资者越来越不愿意和一个缺乏经验的创业者合作，尽管他的想法或产品很有吸引力。一般来说，投资者会要求创业者有从事该行业工作的经历或成功经验。如果一个创业者声称他有一个很好的想法，但他没有在这一行业的工作经验，投资者就会怀疑这一建议的可行性。组建一个经验丰富、知识能力互补的管理团队是获得风险投资的关键。

大多数年轻创业者所常犯的一个错误就是，没有去寻找足够的帮助，怕与别人分享成功，没有和已在该行业取得成功的企业家或职业经理人进行交流。一个意识到自己缺乏经验的聪明创业者会主动放弃总经理职位，而聘请一位已有成功经验的管理者来当 CEO。多数没有经验的创业者都很年轻，这就使他们有足够的时间成长为一名卓越的管理者和企业家。

6. 耐心和毅力

由于寻求资金的人很多，风险投资也需要一个筛选的过程。有人引荐非常有效，只要有这样的资源，就要尽量利用。如果风险企业能够得到某个创投公司信任的律师、会计师、行业内“权威”或其曾投资企业的推荐，那么他获得投资的机会就会提高很多。其实风险投资者并不像人们想象的那么难接近。一些创业者经常抱怨自己找不到风险投资者，试想，如果一个创业者甚至找不到一个方法去和投资者接触，那么又怎能期望他会成功地向顾客推销产品呢？因此，在寻找并接触风险投资者的过程中，创业者还要有一种坚韧顽强的精神。

发电子邮件仍然是有效的，尽管 80%甚至 90%以上的电子邮件会被否决，但是找风险投资者本身就很难，只要得到了一个回复就很成功了，何况关系到自己要实现的理想。风险投资者的名片要充分使用，那些名片上的邮箱都是风险投资者本人接收的。第一次发送的电子邮件内容不要超过 100 字，而且最好在邮件标题上就注明具体字数。这是一种换位思考，风险投资者的时间都非常宝贵，而且他们会经常收到很多的投资申请，没有时间和精力去看长篇大论。

与创业计划竞赛不同，此时的商业计划书不要太长，做成 PPT 演示 10 页足够了。计划书需要向对方传达三点：一是市场有多大，也就是所选的商业模式的“饼”有多大；二是我能啃到多大的饼，仅有大饼，而自己只能吃到一小口，肯定是不行的；三是要告诉对方为什么我能吃到饼，这个时候要首先向对方介绍自己的团队，其次才是经营策略，因为经营策略再好，没有执行力强的团队来执行，也是没用的。另外，就是适度“纠缠”，如打电话是不受欢迎的，但是也要尝试，要多主动出击。

【精彩链接】　　如何与风投谈“恋爱”

上面重点关注了如何寻找并吸引风险投资者，下面简要介绍一下选择风险投资者需要注意的方面：首先是风险投资者在业界的口碑和信誉，这关系到能否顺利完成从创业到资本运作的过程并实现价值最大化；其次看其运作程序是否完善，了解风险投资者的运作程序可以判断其商业经验和能力；最后看其管理团队，是不是不懈努力的专业人员，在资本市场、金融市场以及与自己相关的高科技领域具备丰富的经验，能否给本企业提供最佳的解决方案，并提供个性化的服务。

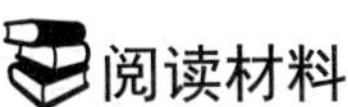

阅读材料　　智能集团是如何拿着钱走向失败的深渊？

——一段刻骨铭心的创业经历

本篇小结

作为名词，创业规划是由创业者准备的一份书面计划，用以描述所要创办企业的所有相关的外部和内部的要素，以及企业所要达到的目标和实现目标的方法与途径等。作为动词，创业规划是一个策划过程，即创业策划，是指创业者在充分分析内外部环境因素的基础上，特别是对自己所拥有或能使用的人力资源、市场资源、技术资源、资金资源、原材料资源、信息资源等关键资源充分挖掘的情况下，制定出未来的发展目标、战略和策略的全过程。

从根本上讲，创业规划具有总体性、长远性、指导性、现实性、竞争性、风险性、创新性、稳定性和综合性等典型特征；从形式上讲，创业规划应具有循序渐进、一目了然、令人信服、通俗易懂、风格统一和严谨周密等特点。简而言之，创业规划应该提供一个清晰的容易为人理解的画面，显示着商业投资的机会和风险。

创业规划对成功创业具有重要作用。创业规划指明了创业的目标和方向，为创业者提供了创业指南，使创业活动有序发展、持续进行，使创业活动落到了实处。创业规划还是有效的沟通工具。

创业规划制定与管理过程主要包括创业战略环境分析、创业战略选择、创业规划制定和创业规划实施与反馈四个阶段。创业规划制定应遵循长期性、清晰性、可行性、挑战性和适应性等基本原则。一个规范性的、全面的创业规划至少应包括以下基本方面的内容：确立企业的目标、经营模式及产品服务市场；企业组织规划和财务规划。

创业计划书，是创业者就某一项具有市场前景的新产品、新服务向风险投资家或潜在的投资者游说以取得投资的可行性报告。创业计划书是参照一定的标准格式、细化了创业规划，用来阐述新办企业或拟办企业的背景、产品、市场和营销及营运、组织机构、管理方法与理念，而且要对财务、风险回报做出定性与定量相结合的分析，其主要目的是说服投资者对新企业进行投资。

创业计划竞赛又称商业计划竞赛，起源于美国，在美国高校中由来已久，是借用风险投资的实际运作模式，要求参赛者组成优势互补的竞赛小组，提出一个具有市场前景的技术产品或者服务，围绕这一产品或服务，以“获得风险投资家的投资”为目的，完成一份完整、具体、深入的商业计划。

我国的创业计划竞赛，是由 1998 年第一届“清华创业计划大赛”拉开的帷幕。随后，1999 年，由共青团中央、中国科协、全国学联主办，清华大学承办的首届“挑战杯”中国大学生创业计划竞赛成功举行，在全国高校中掀起了创新、创业的热潮。从 2002 年起，教育部也成为主办方，目前已举办了十三届。

“挑战杯”中国大学生创业计划竞赛具有非常积极的意义，主要表现在：一是促进大学生就业和深化高校教学改革；二是加强产学研结合，促进科技成果转化；三是培养自主创业意识；四是推进技术创新和促进“科教兴国”战略的实施。

创业融资是指，一个初创企业或拟创企业资金筹集的行为和过程，即根据自身资金拥有的状况、未来经营发展的需要，通过科学的预测和决策，采用一定的方式、从一定的渠道筹集创业资金、保证创业期间资金供应的理财行为。目前，我国创业融资的渠道和方式还相对比较狭窄。风险投资是高科技企业创业融资的重要途径。

本篇思考题

1. 阐述创业规划的重要意义；简述创业规划与创业计划书之间的联系与区别。
2. 按照创业规划的基本要求，制作一份简洁的创业规划。
3. 寻找一下你能利用的创业融资渠道与方式，并谈谈自己对风险投资的看法。

第六篇　走向创业成功

内容提要

本篇第十章首先介绍了注册企业类型与企业组织形式选择、成立新公司的流程，然后介绍了商业（盈利）模式设计以及典型案例，最后简要介绍了新企业的生存管理。第十一章首先分别从创业前、创业中和创业后三个角度介绍了创业失败的若干误区，然后给出了化解创业后失败危机的七大对策。

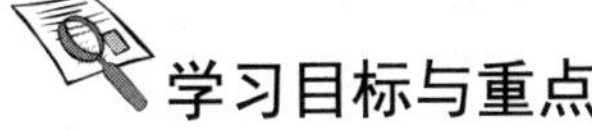

学习目标与重点

1. 了解注册企业类型，掌握企业组织形式的选择与成立新公司的流程；

2. 掌握商业模式的含义与商业模式设计方法，掌握创业风险的来源与分类；

3. 体会创业前的两大失败误区，掌握创业中的三大失败误区，重点掌握创业后的四大失败误区，同时掌握化解创业后企业失败危机的七大对策。

关键术语

企业登记、商业模式、创业管理、创业风险、企业危机、危机对策

引入案例

无人机之王汪滔：让世界都羡慕中国的科技创新

人物档案：汪滔（80 后）

毕业于香港科技大学

创业项目：无人机

创造财富：450 亿元

进入 20 世纪末及 21 世纪以来，随着中国自身实力的不断进步，以及加入世贸组织之后对外交流的日益增多，中国也出现了一批参与全球化竞争中的企业，例如腾讯、阿里巴巴等，但是这些企业要么是布局广泛，要么是在某个行业占据领先地位，但是如果说是差不多占据这个行业 90%的市场份额，产品出口到了 100 多个国家和地区，这些平时大众熟知的企业就几乎没有了。而中国有一家制造企业，在它自己的行当绝对做到了行业龙头，

而且是几乎没有竞争对手的那种，它就是大疆，中国乃至世界无人机行业当之无愧的王者。

胡润研究院发布的《2019 胡润全球少壮派白手起家富豪榜》，统计了全球 40 岁以下（含 40 岁）且白手起家的 10 亿美元富豪。

在这份年轻而又多金的富豪榜单中，黄峥以 1000 亿元的财富登顶榜首，他才 39 岁。还有一位富豪，比黄峥还要年轻几岁，他用了 9 年时间生产无人机，如今已经坐上了行业里的头把交椅，还拥有了 450 亿元的巨额财富，他就是大疆无人机创始人汪滔。

在消费无人机市场，汪滔无疑是开天辟地的第一人，也是全球无人机行业唯一一位亿万富翁，他所创立的大疆被称作是全世界都在追赶的公司。但在公众面前，我们却很少听见这位“无人机神话”的创造者，大多数情况下，汪滔都是低调的技术极客。26 岁在宿舍创业，7 年成为全球无人机第一，他是如何做到的？

天才少年追梦

汪滔自小就喜欢天空，他读了一本《红色直升机的探险故事》漫画书后，就憧憬天空的奥妙。身为工程师的父亲，并没有干涉他的爱好，反而给了他一架遥控直升机。他想象着直升机如可以随意操控的精灵一样，任意在天空中飞舞。事实上这架从父亲那儿得到的玩具并没有满足汪滔的愿望，甚至飞了不久就掉下来了。

从那时起，汪滔就有一个梦想，自己做一架能随意遥控的直升机。为此，在杭州读完高中后，他就报考了华东师范大学电子系。进入大学的汪滔还是念念不忘自己的航模梦，最终在大三的时候，他选择了退学，向国际一流大学斯坦福和麻省理工学院发出了申请，想要完成自己的航模梦，但是美国的几所顶级高校都拒绝了汪滔的申请，在汪滔绝望之际，香港科技大学伸来了橄榄枝，他得以继续他的无人机梦。

出于对航模的热爱，汪滔的本科毕业设计也选择了航模方向，汪滔找来了两位同学担任自己的助手，三个人一起研发无人机的飞行控制系统，但是很可惜的是这个毕业设计并不完美，在最后答辩展示的时候出现了纰漏，汪滔只得到了一个及格分数，正当他愁眉苦脸的时候，幸运之神再一次眷顾了他，汪滔的天赋被李泽湘教授看中，让汪滔当了他的研究生。在研究生阶段，汪滔不断完善着自己原来的设计，终于在 2006 年实现了成功，这也为汪滔后来的创业打下了基础。

也正是这一尝试开启了他的创业之路。拿着学校给的 1.8 万元港币，汪滔全身心扑在了无人机的研发上。一次次的失败，一次次的重新来过，终于第一台无人机样品刚刚挂在航模爱好者论坛上，就备受好评，也因此收获了人生中的第一笔订单。在老师的帮助下，汪滔拉上一起做研发的同学，在深圳创立了大疆创新科技公司，从此走上了一条艰苦的“研发”历程。

爱好是最好的老师。在兴趣爱好的指引下，汪滔愿意付出一切去实现梦想。他经常熬夜到凌晨 5 点，在创业刚开始的时候，没有人才没有资金，团队只有五六个人，办公地点也选在一个 20 平方米的民房里。因为办公场地简陋，团队小，很多优秀的人才招不到。汪滔只能自己手把手教团队的人，创始团队的几个员工，跟着他研发了两年，公司还是没有任何订单，员工都纷纷离开了，甚至在这期间还发生了员工盗窃公司内部成果贩卖的事。

眼看第一次创业就要奄奄一息了，危难之际，他的导师李泽湘教授加入了团队中，帮助他解决了资金和人员问题，为其提供了技术支持，让其度过了最为艰难的时刻，大疆才迎来了转机。

为了能让研发没有后顾之忧，一向倔强的汪滔接受了外部资金。他家族的世交陆迪向他投资了 9 万美元，但同时要求持有大疆一部分的股份，作为早期投资人身份进入企业。

2008 年，汪滔研发的第一款较为成熟的直升机飞行控制系统 XP3.1 面市。自此，公司逐渐走上了正轨，而汪滔的商业天赋才真正被挖掘出来。

汪滔一直说自己是一个“笨人”，这种笨也体现在很多方面，例如在创业的时候汪滔没有选择其他容易上手的行业，而是选择了在当时市场前景不明，技术门槛高的无人机，并且坚持走了自主技术研发的道路，一度让公司陷入经营困境，最为艰难的时候，大疆的公司账户只有不到两万元，汪滔面临两难选择，要么停止研发，公司还能支撑一段，但是汪滔不甘心，想要赌一把，试着出售大疆的产品，汪滔赌对了，大疆就此活了下来。

不赚容易的钱

在国内，汪滔和他的大疆是第一个吃螃蟹的人。大疆飞行控制系统打磨好后，公司的后期盈利已经不成问题。

汪滔带着大疆的产品走访各个国企，很多国企都为他的研发点赞，并表示采购大疆的产品，产品基本上不愁销路。但汪滔并不想仅仅做一个在国内销路大好的无人机产品，他的梦想是将无人机推广到全世界。“公司做得越大，越要警惕赚容易的钱。”

彼时，年纪轻轻的汪滔已经展现出过人的商业天赋，凡事都会看得更长远些，不被眼前的利益而诱惑，带领团队继续苦熬转型。

从 2010 年开始，他先后推出了一系列的与无人机相关的飞行控制模块，并不断完善产品在硬件和软件上的技术实力。还先后推出了大疆精灵无人机，成功撬开了消费级无人机市场。

正是这种持续的研发，为大疆带来了一些与众不同的客户。

2011 年，汪滔结识了位于印第安纳州曼西市的奎恩，这是一位在当地从事航拍业务的创业公司的负责人，他的公司刚好需要汪滔的无人机拍摄稳定视频的技术，两人一拍即合，敲定了合作。

在得克萨斯州奥斯汀市，大疆北美分公司成立，分公司的负责人正是奎恩，自此大疆开拓了北美地区的广阔市场，这也为大疆带来了“无限可能”。

2014 年，大疆已经售出了约 40 万架无人机，到 2015 年，大疆的净利润已经增长至 2.5 亿美元。飞速增长的盈利收入令业内刮目相看，当然也对他背后神秘的掌门人产生了好奇，为何这位 80 后能够在荒无人烟的无人机领域一举成名？

大疆之所以能够迅速发展，汪滔是关键的灵魂人物。他从创业之初，就认定了一条路：注重研发。无论公司是否盈利，他都在持续不断地进行产品研发。

对从未有过职场经验的汪滔来说，这一点难能可贵。很多人评价他是商业天才，从创立大疆开始，他就展现出惊人的管理和战略布局才能。保持产品技术竞争力的同时，他还愿意与同样有梦想的合作伙伴分享股份和金钱。

狼性工作法

成功不仅仅是走对路、做对事，还少不了极度的努力。

从大学宿舍创业那天起，汪滔每周就工作 80 多个小时，至今为止，他都保持这个工作强度。他的办公桌旁边永远放着一张单人床。在他的办公室门上还写着两行字："只带脑子、不带情绪"。

在工作中，汪滔非常理性，性格也非常强硬，时常会因为产品设计问题而破口大骂，言语激烈。熟知他行事风格的员工都觉得，汪滔的管理过于严厉。一位已经离开大疆的员工曾回忆："在公司，如果设计的产品不精，他就会大骂'这是什么垃圾'。遇到愚蠢和懒惰的员工也会非常愤怒。"他经常和员工说，既然选择了大疆，为了做出更多更好的产品，就必须放弃安逸。

在大疆内部，一直都提倡加班，如果跟不上公司发展的步伐，就会直接被淘汰掉。尽管这种狼性文化让很多员工觉得有压力，但也确实让员工得以快速成长。在大疆，玻璃心永远不可能存在。

汪滔信奉乔布斯所说的那句话："我的成功得益于发现了许多才华横溢、不甘平庸的人才。不是 B 级、C 级人才，而是真正的 A 级人才。他们会不愿再与平庸者合作，只召集一样优秀的人。所以你只要找到几个精英，他们就会自动扩大团队。"

对待这样的人才，汪滔也毫不吝啬，他对能够付出努力的员工给予丰厚的待遇，甚至年终奖会给员工奖励奔驰汽车。他的原则很简单："不辜负付出辛勤努力的员工，但前提是你必须有所付出。"

汪滔对待大疆产品的每一个环节都极其认真，无论大事小事，汪滔都要亲力亲为。这种真正做实事的态度，吸引了不少相同文化理念的人才加入，很多人才直言，在研发无人机这件事情上，汪滔是偏执狂。

即便如今，汪滔以 450 亿元的巨额财富杀入胡润富豪榜单前列，但他依然很少露面，极其低调，埋头做事，不问结果。

别人问他，创业成功的秘诀是什么？汪滔说出这样一段话，送给每一个心怀梦想的人："没有不需要埋头苦干就能获得的成功，没有只靠 PPT 就能得到的财富，没有从天而降的高科技。追求卓越，需要无数苦思冥想的深夜，需要连续工作 72 小时的执着，更需要敢于大声说出真相的勇气。"

汪滔的经历证明，一个初出茅庐的年轻人不去曲意逢迎、不去投机取巧，只要踏实做事，就一定能取得成功。我们相信，那些回归常识、尊重奋斗的人，终将洞见时代机遇，并最终改变世界。

——综合摘编自：股融易，https://www.guronge.com/p/24628.html

搜狐网，https://www.sohu.com/a/477149529_120653117

第十章　开办新企业

认识了创业的主体——创业者，又了解了创业的客体——创业企业，还知道了创业的环境与商机、创业制胜战略，以及创业规划与融资，下面就该真正创办企业大显身手了。

第一节　成立新企业

一、企业登记注册类型与选择

企业登记注册类型是以在工商行政管理机关登记注册的具有法人资格的各类企业为划分对象。其共分三大类：第一类是内资企业，主要有独资企业、合伙企业和公司制三种类型，具体包括国有企业、集体企业、股份合作企业、私营企业、股份有限公司、有限责任公司、联营企业和其他内资企业。第二类是港、澳、台商投资企业，包括合资经营企业、合作经营企业、港澳台商独资经营企业、港澳台商投资股份有限公司。第三类是外商投资企业，包括中外合资、中外合作、外资企业和外商投资股份有限公司。由于个体经营不属于企业，因此在《关于划分企业登记注册类型的规定》中，未将个体经营列入，但国家明确规定其仍属于国家统计范围，并在分类中单列。

1. 内资企业

内资企业包括国有企业、集体企业、股份合作企业、私营企业、股份有限公司、有限责任公司、国有独资公司、其他有限责任公司、联营企业和其他内资企业。

（1）国有企业，指企业全部资产归国家所有，并按《中华人民共和国企业法人登记管理条例》规定登记注册的非公司制的经济组织。不包括有限责任公司中的国有独资公司和联营企业中的国有与国有联营企业。

（2）集体企业，指企业资产归集体所有，并按《中华人民共和国企业法人登记管理条例》规定登记注册的经济组织。不包括股份合作企业和联营企业中的集体与集体联营企业。

（3）股份合作企业，指以合作制为基础，由企业职工共同出资入股，吸收一定比例的社会资产投资组建，实行自主经营、自负盈亏、共同劳动、民主管理、按劳分配与按股分红相结合的一种集体经济组织。

（4）私营企业，指由自然人投资设立或由自然人控股，以雇佣劳动为基础的营利性经济组织。包括按照《中华人民共和国公司法》《中华人民共和国合伙企业法》《中华人民共和国私营企业暂行条例》规定登记注册的私营有限责任公司、私营股份有限公司、私营合伙企业和私营独资企业。

（5）股份有限公司，指根据《中华人民共和国公司登记管理条例》规定登记注册，其全部注册资本由等额股份构成并通过发行股票筹集资本，股东以其认购的股份对公司承担有限责任，公司以其全部资产对其债务承担责任的经济组织。

（6）有限责任公司，指根据《中华人民共和国公司登记管理条例》规定登记注册，由两个以上，五十个以下的股东共同出资，每个股东以其所认缴的出资额对公司承担有限责任，公司以其全部资产对其债务承担责任的经济组织。有限责任公司包括国有独资公司以及其他有限责任公司。

（7）国有独资公司，指国家授权的投资机构或者国家授权的部门单独投资设立的有限责任公司。

（8）其他有限责任公司，指国有独资公司以外的其他有限责任公司。从2006年1月起新的《中华人民共和国公司法》规定，允许1个股东注册有限责任公司，这种特殊的有限责任公司又称“一人有限公司”（但公司名称中不会有“一人”字样，执照上会注明“自然人独资”），最低注册资金10万元。如果你和朋友、家人合伙投资创业，可选择普通的有限公司，最低注册资金3万元；如果只有你一个人作为股东，则选择一人有限公司，最低注册资金10万元。

【知识链接】 **普通有限责任公司和一人有限责任公司**

（9）联营企业，指两个及两个以上相同或不同所有制性质的企业法人或事业单位法人，按自愿、平等、互利的原则共同投资组成的经济组织。

（10）其他内资企业，指上述内资企业之外的其他内资企业。

2. 港、澳、台商投资企业

港、澳、台商投资企业包括合资经营企业（港或澳、台资），合作经营企业（港或澳、台资），港、澳、台商独资经营企业，港、澳、台商投资股份有限公司。

（1）港、澳、台商独资经营企业，指依照《中华人民共和国外资企业法》及有关法律的规定，在内地由港澳台地区投资者全额投资设立的企业。

（2）港、澳、台商投资股份有限公司，指根据国家有关规定，经对外贸易经济合作部依法批准设立，其中港、澳、台商的股本占公司注册资本的比例达25%以上的股份有限公司。凡其中港、澳、台商的股本占公司注册资本的比例小于25%的，属于内资企业中的股份有限公司。

3. 外商投资企业

外商投资企业包括中外合资经营企业、中外合作经营企业、外资（独资）企业、外商投资股份有限公司。

4. 个体经营

个体经营指资产归劳动者个人所有，以个体劳动为基础，劳动成果归劳动者个人占有和支配的一种经济组织。包括按照《中华人民共和国民法典》和《促进个体工商户发展条例》规定登记注册的个体工商户和个人合伙形式。

关于企业登记注册时具体企业组织形式的选择可参阅第三章等相关内容，并结合自身实际情况来确定。企业组织形式涉及税收、利润的分配方式，亏损的承担方式，资本和信用的需求程度，企业存续期限等，应引起创业者的重视。至于相关注册文件的编写可到当地工商局（所）查询，一般会有参考格式或样本。

【知识链接】　　注册企业必须考虑的法律与伦理问题

挑选合格的律师能够帮助创业企业在初期避免法律纠纷、解决法律问题。选择律师的重要标准：① 熟悉创业过程；② 能对企业筹资有帮助；③ 能够准时完成工作；④ 过去有指导创业的成功经验；⑤ 所收费用；⑥ 直觉。

二、企业登记注册程序

按现行法律法规，公司登记注册程序包括两种具体程序：一是公司进行的申请登记注册程序，二是公司登记机关对公司进行的核准登记注册程序。

法律、行政法规对设立公司规定必须报经审批的，在公司登记前应依法办理审批手续；公司的经营范围中属于法律、行政法规限制的，应当依法经过批准。因此，公司登记注册程序有时包括第三种程序，即设立审批程序或审批程序。

1. 公司申请登记程序

公司申请登记程序是指公司向登记机关申请登记的程序。根据《中华人民共和国公司登记管理条例》规定，公司申请登记分为设立登记、变更登记和注销登记三种，登记程序也相应地分为三种。

（1）申请设立登记程序。设立公司应当申请名称预先核准。

① 有限责任公司设立登记。设立有限责任公司，应当由全体股东指定的代表或者共同委托的代理人向公司登记机关申请设立登记。设立国有独资公司，应当由国家授权投资的机构或者国家授权的部门作为申请人，申请设立登记。法律、行政法规规定设立有限责任公司必须报经审批的，应当自批准之日起90日内向公司登记机关申请设立登记；逾期申请设立登记的，申请人应当报审批机关确认原批准文件的效力或者另行报批。

② 股份有限公司设立登记。设立股份有限公司，董事会应当于创立大会结束后30日内向公司登记机关申请设立登记。

③ 分公司设立登记。公司设立分公司的，应当自决定作出之日起30日内向公司登记机关申请登记；法律、行政法规规定必须报经有关部门审批的，应当自批准之日起30日内向企业登记机关申请登记。分公司的经营范围不得超出公司的经营范围。设立分公司，应当向公司登记机关提交有关文件和证件：公司法定代表人签署的设立分公司的登记申请书；公司章程以及由公司登记机关加盖印章的《企业法人营业执照》复印件；营业场所使用证

明；公司登记机关要求提交的其他文件。如经营范围中有法律、行政法规规定必须报经审批的项目，应提交国家有关部门的批准文件。

（2）申请变更登记程序。公司变更登记是指公司改变名称、住所、法定代表人、经营范围、企业类型、注册资本、营业期限、有限责任公司股东或者股份有限公司发起人的登记。公司变更登记事项应当向原公司机关申请变更登记。未经核准变更登记，公司不得擅自变更登记事项，否则应当承担相应的法律责任。

（3）申请注销登记程序。按照《中华人民共和国公司登记管理条例》第三十六条的规定，公司注销登记的申请由公司的清算组织进行，公司清算组织应当自公司清算结束之日起30日内向原公司登记机关申请注销登记，并提交有关文件和证件。

2. 公司登记机关核准登记程序

公司登记机关核准登记程序是指公司登记申请人向公司登记机关提交登记申请，公司登记机关受理申请、审核公司登记文件，直至核准或者驳回申请，核发、换发或者收缴营业执照的工作过程。

公司登记核准程序有法定程序和工作程序，公司登记核准程序的主要内容是法定的，不可随意更改。公司登记机关可根据实际工作情况，规定内部工作程序，内部工作程序应体现提高工作效率、责权明确的原则，并应符合法定程序的要求。

（1）公司核准登记法定程序。公司登记机关收到申请人提交的全部法定文件后，发给申请人《公司登记受理通知书》。该通知书是在公司登记机关收到申请人提交的符合《中华人民共和国公司登记管理条例》规定的文件的情况下发的。按照《中华人民共和国公司登记管理条例》的规定，公司登记因登记情况的不同，提交的文件也不同，即按照公司设立登记、变更登记、注销登记、分公司登记的不同要求提交有关文件。

公司登记机关自发出《公司登记受理通知书》之日起30日内作出核准登记或者不予登记的决定。否则，申请人可以依据行政诉讼法的有关规定向人民法院起诉。

公司登记核准登记的，应当自核准登记之日起15日内通知申请人，发给、换发或者收缴《企业法人营业执照》或《营业执照》，并办理法定代表人或其授权人签字备案手续。

公司登记机关不予登记的，应当自作出决定之日起15日内通知申请人，发给《公司登记驳回通知书》。

公司登记机关发给、换发或者收缴《营业执照》，或者发给《公司登记驳回通知书》，标志着法定登记程序的结束。

（2）公司核准登记工作程序。公司核准登记的工作程序是指由各级公司登记机关根据上级机关的规定和工作实际制定的具体工作规程。一般应包含三个步骤。

受理、审查：公司登记机关受理公司登记申请后，由审核人员对申请人提交的登记文件进行审核，并提出具体审核意见。

核准：公司登记机关的法定代表人或者授权的人员，根据审核意见，决定核准公司登记或驳回登记申请。

发照：公司登记机关根据核准结果，核发营业执照或发出不予核准的通知书，并将有关公司登记材料整理归档。

【经验交流】　　账务与纳税

第十二届全国人民代表大会第一次会议批准了《国务院机构改革和职能转变方案》，方案提出，改革工商登记制度。对按照法律、行政法规和国务院决定需要取得前置许可的事项，除涉及国家安全、公民生命财产安全等外，不再实行先主管部门审批、再工商登记的制度，商事主体向工商部门申请登记，取得《营业执照》后即可从事一般生产经营活动；对从事需要许可的生产经营活动，持《营业执照》和有关材料向主管部门申请许可。将注册资本实缴登记制改为认缴登记制，并放宽工商登记其他条件。①

【新闻链接】　一天就可拿执照，工商登记改革将"宽进严管"

【知识链接】　新企业选址策略和技巧　　如何测算创业所需资金？

三、新企业的社会认同

进入 21 世纪以来，社会责任与企业公民意识受到了企业界的普遍关注。很长一段时期以来，企业高层管理者普遍持有的看法是：关注社会责任对企业成长不利，会牺牲企业的经济效益，所以，企业界更愿意投身于见效快、经济效益明显的活动，而不愿意切实履行社会责任，不愿意自觉地践行企业公民的行为。

但是，伴随着人们生活水平的提高，消费者需求性质也在迅速发生改变，"和谐社会"成为人类共同的理想追求，企业更应当将社会责任、企业公民等意识纳入企业愿景和使命中，进而制定出具有长期利益追求的战略方案。

国内著名的战略管理专家项保华教授把战略管理过程分解为三个阶段，即战略形成、战略实施和战略评价，并可以进一步分解为五项基本活动：构想战略愿景和使命、设定目标、形成战略、实施战略、评价战略（见图 10-1）。我们可以进一步发现的是：企业的社会责任，乃至能够体现企业社会责任感的战略决策者的直觉和偏好将影响战略管理的全过程。

① 摘自工业与信息化部网站，http://www.miit.gov.cn/n11293472/n11293832/n13095885/15284650.html

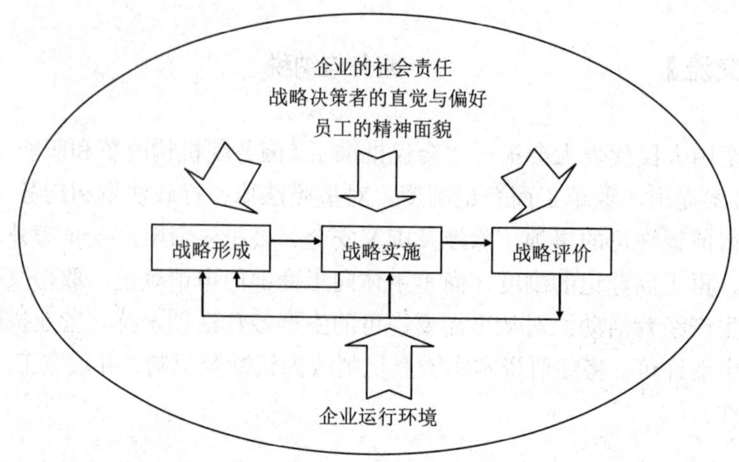

图 10-1　企业社会责任对战略管理过程的影响①

社会责任源于对社会环境的关注和变化了的社会契约关系，尤其是利益相关者关系管理的实践又不断地使企业家切身地感受到了社会责任与经济效益并不永远是矛盾关系。企业主动地承担责任，完全可以有效地提高对社会的回应能力和绩效，处理得好，还可以带来丰厚的经济效益，从而共同造就出一个更令人满意的和谐社会。

1. 社会责任的层次性

完整的社会责任应当分为四个不同的层次（见图10-2）：经济责任、法律责任、道德责任和慈善事业责任。它们四者之间既有区别，也有联系，并不是相互完全独立的，其中经济责任与慈善事业责任的冲突最为明显，集中体现出“关注利润”与“关心社会”之间的冲突。

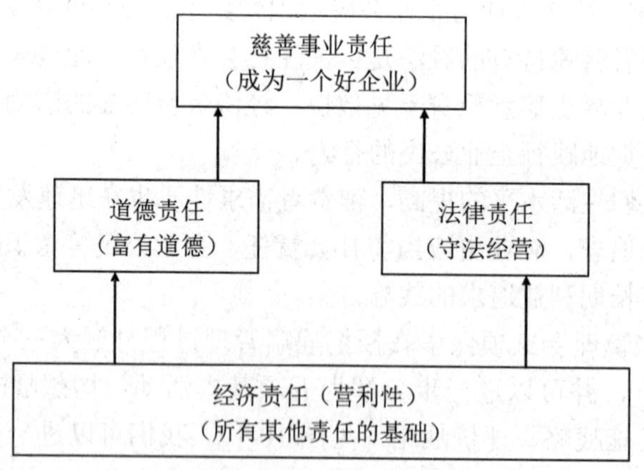

图 10-2　社会责任的层次性

（1）经济责任。这是社会对企业的要求，它要求企业能够把收入最大化和成本最小化作为基本的目标，通过明智的战略规划来实现营利性目标。

① 项保华. 战略管理——艺术与实务[M]. 北京：华夏出版社，2001：46.

（2）法律责任。这也是社会对企业的要求，它要求所有的企业能够共同遵守法律和规章制度，切实履行所有的契约责任。企业之间的不诚信或者不遵守法律，极易产生类似“三角债”、盗版横行的商业氛围，进而形成有法不依的局面，阻碍良好的商业竞争环境的形成。

（3）道德责任。这是社会对企业的希望，虽然在商业竞争领域可能存在法律不健全之处，但如果所有的企业能够坚持道德底线，避免不良现象的出现，商业竞争环境就能够得到净化和优化。这种道德责任包含了一系列的惯例、准则，反映了利益相关者的愿望，体现了公正、正义的概念。

（4）慈善事业责任。这是社会对企业的希望，甚至远远超出了社会对企业的期待。慈善事业纯粹是企业的一种自愿选择，既不是法律上的规定，也不是道义上的要求，它完全体现了企业也是社会进步中重要的一分子。

2. 企业公民行为

企业是社会财富的创造者，但往往也是直接和间接浪费资源、损害环境的责任单位。为了在全社会倡导企业成为一个负责任的主体，人们又在坚持社会责任这一核心理念基础上，提出企业公民的评价标准。

“企业公民”（corporate citizen）是指一个公司将社会基本价值与日常商业实践、运作和政策相整合的行为方式。一个企业公民认为公司的成功与社会的健康和福利密切相关，因此，它会全面考虑公司对所有利益相关者的影响，包括雇员、客户、社区、供应商和自然环境等。

作为一种新的指导理念，企业公民将为成功企业提出不同的定义和新的标准，国内媒体 21 世纪报系从 2004 年起在中国率先推出了“中国最佳企业公民”行为的评选，越来越多的企业家和公众也开始接受这一理念。

目前所确立的关于企业公民行为的参选范畴确定为以下六个方面。

（1）公司治理和道德价值。其主要包括遵守中国法律、法规的情况，防范腐败、贿赂等交易中的道德行为准则问题，以及对公司小股东权益的保护。

（2）员工权益保护。其主要包括员工安全计划、就业机会均等、反对歧视、生育福利保障、薪酬公平等。

（3）环境保护。其主要包括减少污染物排放、废物回收再利用、使用清洁能源、减少能源消耗、共同应对气候变化和保护生物多样性等。

（4）社会公益事业。其主要包括员工志愿者活动、慈善事业捐助、社会灾害事件捐助、奖学金计划、企业发起设立公益基金会等。

（5）供应链伙伴关系。其主要包括为供应链中上、下游企业提供公平的交易机会。

（6）消费者权益保护。其主要包括企业内部执行较外部标准更为严格的质量监控方法，对顾客满意度的评估和对顾客投诉的积极应对，对质量有缺陷的产品主动召回并给予顾客补偿等。

第二节 商业（盈利）模式设计

从起点出发，受尽苦难周折，却又回到起点。这是很多创业企业面临的最大困扰。是什么原因导致大量的创业企业甚至连进入利润区的大门都找不到呢？《科学投资》历时数月，对多年建立的创业企业案例库中的数百家企业进行统计，得到了这样一组数据：在创业企业中，因为战略原因而失败的只有 23%，因为执行原因而夭折的也只不过是 28%，但因为没有找到盈利模式而走上绝路的却高达 49%。

商业模式，也称盈利模式，是近年来企业界和学术界经常谈论的一个话题，也是创业者和风险投资者的一个常用词，是在投资决策时非常关注的要点之一。几乎每一个人都确信，有了一个好的商业模式，成功就有了一半的保证。那么，到底什么是商业模式？它包含什么要素，又有哪些常见类型呢？

一、商业模式的含义

所谓商业模式，简单来说就是企业通过什么途径或方式赚钱。换言之，就是企业赚钱的方法，而且是一种有规律的方法。它能够在一段较长时间内稳定维持，并为企业带来源源不断的利润。

饮料公司通过卖饮料来赚钱；快递公司通过送快递来赚钱；网络公司通过点击率来赚钱；通信公司通过收话费赚钱；超市通过平台和仓储来赚钱等。只要有赚钱的地方，就有商业模式存在。

商业模式或称盈利模式，就像人体的血管。血管有毛病，血液通行就不可能顺畅，一个人就不可能活得健康、舒适。企业也一样，没有一个合理的商业模式，不管这个企业名气有多大，多么能折腾，所能做的，也只是苟延残喘。

企业盈利有没有规律可循呢？答案是肯定的。经过对大量案例和对众多成功创业者的走访，发现在企业战略与企业运营之间存在一个容易被人忽视的规律。这个规律就是企业的盈利模式。寻找到这个模式，并根据企业自身的情况进行改造，企业就可以找到自己的盈利点。

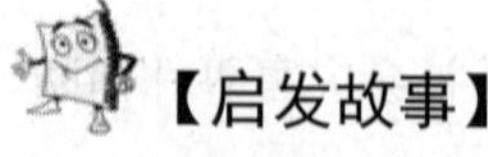

【启发故事】 究竟什么是盈利模式呢？

商业模式是一个比较新的名词。尽管它第一次出现是在 20 世纪 50 年代，但直到 90 年代才开始被广泛使用和传播。今天，虽然这一名词出现的频率极高，但关于它的定义仍然没有一个权威的版本。目前相对比较贴切的说法是：商业模式是一种包含了一系列要素及其关系的概念性工具，用以阐明某个特定实体的商业逻辑。它描述了公司所能为客户提供的价值以及公司的内部结构、合作伙伴网络和关系资本等借以实现（创造、推销和交付）这一价值并产生可持续盈利收入的要素。

李振勇[①]为商业模式下的定义：为实现客户价值最大化，把能使企业运行的内外各要素整合起来，形成一个完整的高效率的具有独特核心竞争力的运行系统，并通过最优实现形式满足客户需求、实现客户价值，同时使系统达成持续盈利目标的整体解决方案。

人们在文献中使用商业模式这一名词的时候，往往模糊了两种不同的含义：一类简单地用它来指公司如何从事商业的具体方法和途径；另一类则更强调模型方面的意义。这两者实质上是有所不同的：前者泛指一个公司从事商业的方式，而后者指的是这种方式的概念化。后一观点的支持者提出了一些由要素及其之间关系构成的参考模型，用以描述公司的商业模式。

商业模式是一个非常宽泛的概念，通常所说的跟商业模式有关的说法很多，包括运营模式、盈利模式、B2B（Business-to-Business，企业对企业）模式、B2C（Business-to-Consumer，企业对消费者）模式、“鼠标加水泥”模式、广告收益模式等，不一而足。商业模式是一种简化的商业逻辑，依然需要用一些元素来描述这种逻辑。

二、商业模式设计方法[②]

出海需要船，同样，设计和完善企业商业模式，需要借助有效的分析手段。商业模式的五大要素包括：① 利润源，即企业顾客；② 利润点，即企业提供的产品或服务；③ 利润渠，即产品或服务的供应和传播渠道；④ 利润杠杆，即生产产品或服务的内部运作；⑤ 利润屏障，即保护产品或服务的战略控制活动等。商业模式就是以上述五大要素的某一个或两个要素为核心，五大要素相互协同的价值创造系统。无论是设计还是完善企业商业模式，都必须遵循商业模式设计完善的五步法。

第一步，界定和把握利润源——顾客。

企业利润源是指购买企业商品或服务的顾客群，它们是企业利润的唯一源泉。企业利润源及其需求的界定，决定了企业为谁创造价值。企业顾客群分为主要顾客群、辅助顾客群和潜在顾客群。好的目标顾客群，一是要有清晰的界定，没有清晰界定的顾客群往往是不稳定的；二是要有足够的规模，没有足够的顾客群规模，企业的业务规模必然受到局限；三是企业要对顾客群的需求和偏好有比较深的认识和了解。

设计商业模式的时候，首先需要分析顾客需求，目的就是要为产品寻找能够比较容易呈现价值的顾客群。一般来说，企业盈利的难度并非在技术与产品端，而主要还是在顾客端。有时纵然是把握好企业顾客的一点点需求，也可能产生巨大的顾客价值。

在复印机行业，施乐公司的利润源主要是大型企业与专业影印公司，因此它看不到个人客户对于影印便利的需求，所以失去开发桌上型复印机的先机。佳能在资源规模上无法与施乐竞争，因此采取差异化策略，重点对个人客户这一利润源进行了系统分析和研究，根据个人客户的价值需求，发掘尚未被满足的特殊顾客群，最后才促成开发简便型桌上复印机的创新构想。

---

① 李振勇，中国创新商业模式理论体系建立者、中国成功商业模式设计系统创始人。清华大学、北京大学、浙江大学、武汉大学等 EMBA/总裁班课程教授。主要著作有《商业模式——企业竞争的最高形态》等。

② 摘编自：栗学思．商业模式设计五步法，http://www.cyease.com.cn/a/75246.shtml

佳能在 1976 年推出简便型桌上复印机，这项新产品的技术创新程度较为落后，不但影印速度慢，影印品质不佳，提供的影印功能也极为有限。不过在顾客看来却是一项能带来重大价值的成功产品，因为它能提供经理人与个人工作者在工作上极大的方便，这些顾客不需要为影印一页文件，专程跑到影印中心，只需要简单的操作，在家中或个人办公室中即可满足影印需求。

如果商业模式无法找到相对明确的顾客需求，那么这项新事业将会遭遇无法创造利润的潜在风险。利润源不清晰，也就是企业顾客和顾客需求不明确，是导致企业商业模式不健全的首要原因。

大量经营实践表明，设计和完善商业模式时，分析和把握顾客需求，并寻求产品在市场中的最佳定位，是设计商业模式的一项首要工作。

第二步，不断完善企业利润点——产品。

利润点是指企业可以获取利润的、目标顾客购买的产品或服务。利润点决定了企业为顾客创造的价值是什么，以及企业的主要收入及其结构。

好的利润点是顾客价值最大化与企业价值最大化的结合点，它要求：一要针对目标顾客的清晰的需求偏好，二要为目标顾客创造价值，三要为企业创造价值。有些企业的产品和服务或者缺乏顾客的针对性，或者根本不创造利润，就不是好的利润点。

微软的商业模式是国际公认最为成功的商业模式，但回顾微软不断完善企业利润点的历史，就会发现微软并不是一开始就能设计出具有竞争力的产品。看一看微软的开发图形及操作系统就会发现，根据顾客的需求对产品持续改进是微软商业模式的竞争力所在。

当微软推出 Windows1.0 时，这个产品比数字研究公司的 GEM（图形环境管理器）图形用户界面好不到哪去。只有在 1990 年 Windows3.0 发布时，微软才拿出了内存管理方面的改进成果，从而可以让用户利用 286 和 386 微处理器的能力。1993 年微软又用了三年时间改进了与 Windows95 界面类似的 NT，新产品强大的管理控制功能使得 WindowsNT 在 IT 社区中流行起来。

在网络浏览器业务上，微软又用了三次长期的努力才赶上网景。微软建立了伟大的商业模式，原因是微软倾听客户反映的问题，修复了产品中的不足，微软成功的原因并不是它开发出了“轰动一时”的技术，而是微软完善了一个整合客户反馈和改进企业利润点的系统，这可以解释为何微软长期以来成为这个领域的第一号企业。

第三步，打造强有力的利润杠杆，构筑商业模式内部运作价值链。

打造利润杠杆，规划企业内部运作价值链是商业模式设计与完善的重要内容，它决定了产品或服务能否为企业带来价值和带来多少价值。企业利润杠杆主要包括以下几种：组织与机制杠杆、技术与装备杠杆、生产运作杠杆、资本运作杠杆、供应与物流杠杆、信息杠杆、人力资源杠杆等。这些内部运作活动可以清楚界定企业的内部运作的成本及其结构以及计划实现的利润目标。

设计优良的利润杠杆可以使商业模式极具竞争力。美国西南航空公司创下了连续 29 年盈利的业界奇迹。能取得这样的成功，在于西南航空始终坚持“低成本营运和低票价竞争”策略，在竞争对手不注意和不注重的内部价值链上下功夫，找到了属于自己的财富增长点。

将没有竞争优势的企业内部价值链外包，是打造利润杠杆的一条有效途径。很多公司意识到在一个非常长而复杂的企业内部价值链上，它们也许只能在价值链的 3 至 4 个环节具有高度竞争力，但要想在所有环节上都具有竞争力是不太可能的，而一旦认识到企业内部价值中的优势环节，就应该把公司定位在那个位置，将其他部分以签约方式外包给其他公司，从而使利润杠杆更加有力。

十几年来，耐克在美国运动鞋行业中一直处于领先地位。对于耐克而言，营销和新颖的设计是其专长，而对于制造，耐克则采取外包策略，耐克还外包部分财务运作。

劳斯莱斯将其主要精力集中于发动机的核心竞争力上，而对于车身等部分则完全外购，从而取得价值最大化。宝马（BMW）公司控制着与其核心竞争力密切相关的关键部件，如发动机、车辆平台的设计，其他非关键零部件则外包出去。

同样的产品，由于利润杠杆不同，或者说由于企业内部运作价值链的差异，导致了产品的成本迥异，一个企业可能赚钱，另一个企业可能亏损。这足以说明，利润杠杆决定了企业利润的多寡。

第四步，疏通拓宽利润渠，构筑商业模式外部运作价值链。

利润渠，即企业向顾客供应产品和传递产品信息的渠道，是商业模式得以正常运作必不可少的外部价值链。产品或服务的价值传递是企业把产品和服务传递给目标客户的分销和传播活动，目的是便于目标客户方便地购买和了解公司的产品或服务。

戴尔构建了成功的商业模式，它的利润渠本身就为戴尔创造了巨大的价值。首先，直销模式大幅降低成本，戴尔的“直销模式”实质上就是简化、消灭中间商，这样避免了庞大的渠道成本。戴尔因直销而减少了 20%左右的渠道成本。其次，直销模式加快了戴尔的资金周转速度。利用代销商销售电脑的各大电脑公司从制造到销售一般需要 6～8 周。而戴尔从订单到送货到客户手中的时间为 5 天，从发货到客户电子付款的时间在 24 小时以内，戴尔的资金周转天数已降到 11 天。

1963 年，家乐福在巴黎郊区创办第一家超级市场。在 30 年内，家乐福发展成为一个年销售额 290 亿美元、市值 200 亿美元的国际连锁超市集团。其成功的关键是为客户提供了优异的渠道。家乐福、沃尔玛的成功是因为它为众多商品生产企业构筑了高效的流通渠道，而这对几乎所有的商业模式都是必不可少的。

第五步，建立有效保护利润的利润屏障。

利润屏障是指企业为防止竞争者掠夺本企业的目标客户，保护利润不流失而采取的战略控制手段。利润杠杆是撬动“奶酪”为我所有，利润屏障是保护“奶酪”不为他人所动。

比较有效的利润屏障主要有建立行业标准、控制价值链、领导地位、独特的企业文化、良好的客户关系、品牌、版权、专利等。

利润屏障对商业模式的价值从 Beta 与 VHS 对行业标准的争夺战可见一斑。20 世纪 70 年代中期，索尼发明了 Beta 摄像制式，技术领先，先期进入市场，还拥有强大品牌支撑，但索尼坚持“不让其他厂商作 OEM（原始设备制造商）”，埋头单干，结果最终成了市场上的孤家寡人。1985 年，索尼不得不退出家用摄像市场。

JVC（日本胜利公司）在索尼之后创建了 VHS 摄像标准制式，性能及价格在当时都不具备竞争优势，但 JVC 信奉“优秀技术大家共享”，在摄像机产业链的上游与彩电行业强强联盟，在下游与录像带租用店和音像制品商广泛合作。JVC 的 VHS 最终被市场逻辑性地选定为行业标准。

另一个不能让人忘却的例子是苹果电脑。在 20 世纪 80 年代的大部分时间和 90 年代早期，苹果拥有一个图形界面的使用系统，比微软先进得多。然而竞争的结果是，1 000 亿美元的股东价值从苹果转移到微软，因为微软全力以赴使自己的操作系统成为行业的标准。

商业模式也是一种企业创造利润的思维方式，虽然有许多不同的创造利润的方式，但每个企业最终只会从中选择一种方式，而企业的主导思维架构将是决定商业模式的主要因素。许多技术创新面对的是一种不确定性极高的未来环境，而市场信息也无法全盘获得，因此没有一种商业模式能确保未来利润一定会被实现，也没有所谓最佳的商业模式。经理人在设计与执行商业模式的时候，一定要保持未来需要弹性调整的心态。也就是说，商业模式的内涵需要因应环境变动，在执行时保持高度的弹性。

第三节　商业盈利模式案例

有多少企业就有多少赚钱方法，但只有最优秀的（而不一定是最大的）企业才谈得上模式。因为模式有规律性，所以可以把握、可以学习、可以仿效、可以借鉴。第四篇介绍的低成本、专业化和差异化三大竞争法宝和创意制胜、渠道制胜、与巨人同行、产品领先、跟随制胜和服务制胜六大基本战略都是典型的商业模式，下面再介绍四种基本商业模式。

一、利润倍增模式

模式安全指数：★★★★

持续盈利指数：★★★★

创新能力指数：★★★★

借助已经广为市场认同的形象或概念进行包装生产，可以产生良好的效益，这种方式类似于做乘法。利润倍增模式是一种强有力的盈利机器。关键是如何对你所选择的形象或概念的商业价值进行正确的判断。

1999 年，几个中国人倒腾出了网上即时交流平台 ICQ 的中国版 QQ。随后 QQ 以迅猛的速度得到发展，注册用户超过 1 亿人，每天独立上线人数达到 1 200 多万，独占中国在线即时通信软件市场份额的 95%以上，几乎覆盖所有中国网民。而 QQ 的卡通形象——一只憨态可掬的小企鹅也渐渐被数以千万计的网民所熟知和喜爱。此时，以经营礼品进出口业务起家的广州东利行公司，看准了 QQ 小企鹅形象在商业领域拓展的前景，在 21 世纪初与 QQ 的所有者腾讯公司签署了为期 7 年的 QQ 形象有偿使用协议。

一个企鹅的形象能够带来多大的利润空间？这对一直经营礼品进出口的东利行来说再清楚不过。所以从一开始，它就已经有了一个清晰的盈利设想。这个盈利设想或曰盈利模式的“专利”并非属于东利行。它的思路来源于运用卡通形象获得最大利润的迪士尼公司，他们需要做的只是将模式移植，这样可以更好地保证他们的成功。

美国迪士尼公司是这一模式的缔造者和忠实实践者。它将同一形象以不同方式包装起来，米老鼠、米妮、小美人鱼等卡通形象出现在电影、电视、书刊、服装、背包、手表、午餐盒上，以及主题公园和专卖店里。每一种形式都为迪士尼带来了丰厚的利润。

【个案介绍】　　东利行与 QQ

在签署协议前，东利行对 QQ 用户进行了深入调查，发现通过 QQ 聊天的用户以年轻人为主，而他们对时尚产品的购买能力极强。于是，东利行提出“Q 人类 Q 生活”的卡通时尚生活概念，把衍生产品消费群定位在 14～26 岁青少年。

随后，东利行相继开发出精品玩具系列、手表系列、服饰系列、包袋系列等 10 大类 106 个系列，约 1 000 种带 QQ 标志的产品。

如果你以为东利行会拿自己的钱进行投资，生产这些产品，那你就错了。多年从事进口业务的经历，使它很清楚在国外十分流行的一种创造利润的手法：形象授权。实际上，东利行正是凭借这个授权而掘到了他们在 QQ 上的第一桶金。所谓的授权生产，就是将某一形象或品牌的使用权通过收取一定的使用费授予生产厂家。厂家得到的好处是，可以通过已经为人们所熟知的形象或品牌迅速打开市场。

东利行在 QQ 上的获得是累加式的，先通过授权获得一笔收入，当授权产品种类达到一定数量后，东利行的第一家“Q-Gen”专卖店在广州最繁华的北京路步行街开业。专卖店铺一开张就受到 Q 迷们的大力追捧，日营业额已逾 10 万元，超过了同一条街的原有“铺王”佐丹奴专卖店。

东利行还有第三步，即广招加盟。开专卖店并不是东利行获取利润的最终方式。在它的计划中，最大的利润将来源于加盟商店。说白了，广州北京路上的专卖店不过是东利行的一个样板店，它的用处是向潜在的加盟者展示可观的商业效益。换句话说，广州北京路上的专卖店不过是东行利抛出的一个饵，它的目的是钓后面更多的鱼。短短数月，“Q-Gen”已经拥有了 100 多家加盟商，遍布全国各大城市。

一个小小的卡通形象，就让东利行在极短的时间内尝尽了甜头，由于 QQ 的知名度，部分 QQ 商品的毛利率达到 50%以上。

——摘编自程欣乔．八种创业盈利模式．科学投资，2004（6）

利润倍增模式解读

利润倍增模式的利润来源十分广泛，可以是一个卡通形象，可以是一个伟大的故事，也可以是一个有价值的信息，或者是一种技巧，甚至是其他任何一种资产，而利润化的方式，则是不断地重复叙述它们，使用它们，同时还可以赋予它们种种不同的外部形象，如世界上最昂贵的猫——Hello Kitty（凯蒂猫）、世界上最著名的狗——Snoopy（史努比）、世界上最受欢迎的熊——Winnie Pooh（维尼熊）等卡通形象，都是利润乘数模式最经典的案例。

凯蒂猫、史努比狗、维尼熊之类卡通形象是如何使企业实现利润的呢？仔细研究不难看出，对人们所熟知的卡通形象的使用，使企业得以降低产品研发或开发成本，缩短研发或开发的时间。最关键的一点是，通常大多数研发都生产不出任何有价值的适应市场的终端产品，而使用这些形象则不存在这个问题。借助为人们所广泛熟知的形象，可以使产品更迅速地深入市场，降低企业的风险，提高企业的成功率。东利行正是运用了这种利润乘数模式，得以迅速发展。

这是创业成功的一条捷径，但也存在种种问题。正如我们前面所言，此类形象或概念授权一般范围都比较广，产品线往往拉得很长，这需要注意以下几点：第一，要清楚容易接受该形象或概念的人群集中在哪些地方，并关注这些人的喜好。如果当初东利行把 QQ 产品定位于中年消费者，或是做成一个实用而非时尚产品，肯定是死路一条。第二，由于同质产品的泛滥或将来可能的泛滥，你需要将你的产品极度个性化，并保持这种个性化。要不你就要有能力创造出一种别具一格、别人难以模仿的经营方式。此外，你还可以有一个选择，就是将产品迅速铺满某一个细分化的市场，不给后来者提供机会，但前提是需要有相当大的投入。第三，借助某一流行形象或概念进行产品生产和市场营销，这在国外已经十分成熟，但对于国内的企业经营者还是一个十分陌生的领域。它需要有一些很专业的人才，同时还要有一些专门的或独属的手法。如果你打算在这方面发展，那么，最好寻找到这样一些专业人才来帮助你。第四，流行形象或概念大多属于“易碎品”，你需要对它们精心呵护，尽量避免将其应用到可能威胁其形象或概念的产品中去。

二、“配电盘”模式

模式安全指数：★★★★☆
持续盈利指数：★★★★☆
创新能力指数：★★★★

配电盘模式说白了就是吸引供应商和消费群两方面的关注眼光，并为两方提供沟通渠道或交易平台，从中获取不断升值的利润。这个模式对于操作者来说要求很高，而且前期的投入成本很大，风险也很高。

配电盘模式是对渠道制胜战略的延伸和具体运用。那么，究竟什么是配电盘模式呢？配电盘模式的作用类似于配电盘，其功能是在不同的供应商与客户之间搭建一个沟通的渠道或交易的平台，从而降低买卖双方的交易成本；而提供中介业务的企业，以及身在配电盘中的供应商都可以获得较高的回报。

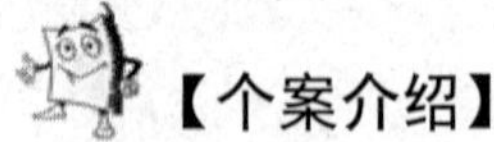

【个案介绍】　　方轶与气质美人店

方轶酷爱时尚，而且是那种喜欢自己从头到脚的每一个细节都带上精致女人标签的女孩。大学毕业后在上海的一家外企公司工作了 3 年后，因为母亲身体不好，她这个独生女不得不放弃在上海都市的时尚生活，回到了广西老家。

不久母亲去世，留给她两处房产和 20 万元的积蓄。方轶也想过再次回到上海，可是就在她准备回上海前，她参加了一次中学同学的聚会。聚会上，方轶的容光焕发让在场的女性都十分眼红，她们纷纷问方轶，怎么让皮肤这么细腻？为什么你的头发看上去这么好？同样的衣服怎么你就可以配出不同的感觉？你的指甲怎么做得这么漂亮？怎么让自己的举止如此得体？

当方轶一一作答后，她看到的竟然都是茫然的表情。她所提到的 SPA、香浴、发膜、形体培训等词汇，对这个小城市中的女性来说都是闻所未闻的东西。这次聚会让她在家乡发现了一个潜在的庞大市场。

回家后，她将自己这几年在上海每月最主要的美容消费一一罗列出来。突然眼前一亮，对呀，何不将这些项目都集中在一起，开一家专门打造美女的店呢。而这个店的名字也马上就脱口而出：气质美人店。

可是怎么运作这家店呢？仅仅是从各地进货然后销售吗？这不是她所擅长的，她甚至厌烦每天盘货、记账、计算库存这样琐碎的工作。但是如果做零售业，这些工作不到位就根本不可能赚到钱。她想，气质美人店应该是可以满足女性装扮最全面的店铺，是一个女性主题的小百货商场。

只要是想将自己装扮得更加漂亮的女人，都会到这家店得到专业指导，选购商品。这样的话，就可以吸引各类女性商品的品牌代理到这个店租专柜。方轶要做的只是在收取各品牌代理的租金外，利用她的专长让更多女性关注这个店，并且到这里购物就可以了。于是，一个“配电盘”模式的雏形在她脑海中形成了。

她很快在繁华的市中心花 20 多万元买下了一个 500 平方米的底商。然后就赶赴上海、广州、北京、深圳，寻找各种适合气质美人店的商品。方轶意识到，这种做法前期的风险很大，第一，她所在的是一个小城市，很多大品牌还没有进入这个市场；第二，她必须要做到确保店铺的流量和消费量后才能吸引这些品牌的加入。而要做到这些，仅仅凭她向品牌代理们描述是不成的。她必须先做出一个规模。所以，第一步得自己先进一些货，将店面推广开。

在方轶的概念中，气质美人店不是简单的美容店、服饰店或者是服装鞋帽店，它是可以寻找到哪怕细微到一个发夹的整体装扮店铺；是一个让平凡的女孩进入后，经过精心装扮而成为一个真正气质美女的店面。这就要求她必须要进大量的商品。整整 5 个月的时间，她寻遍了各大城市美轮美奂的女性商品，其间因为资金不够，她甚至将母亲留下的两处房子都卖掉了，自己搬到店里去住。又花了将近 20 万元，她才勉强让这个 500 多平方米的店铺不再显得空旷。之后，她从广州、深圳高薪聘请了 3 个高级形象设计师，气质美人店终于开张了。

为了显示与其他女性商品店的截然不同，方轶让高级形象设计师手把手地培训售货员，并且严格考核，不合格的一律不录用。

然而，刚刚开张的气质美人店因为商品、装潢都极显高档，每天路过观望的女性很多，却少有进入者。方轶意识到，即使在上海这样的大都市里，她的这种店铺都可算是独一无二的新形式，更何况是这么个小地方呢。

于是，她拿出了最后的 6 万元积蓄，一部分印制了极为精美的宣传册，内容是以她自己为模特，展示其进入店铺后，形象设计师对她的每一个环节的设计和改造，并在宣传册上面印上了每一笔的费用，大到服装、鞋帽、背包的价格，小到一个指环、修眉的开销。并且，专门罗列了气质美人服务系列，如脸部化妆系列、服装搭配系列、肌肤保护系列等，方轶带着员工每天到各写字楼分发宣传资料。另一部分资金则选择当地一家报纸，包下了几块版面，介绍了不同服务的类型、内容、费用等。终于，在春节即将到来时，店中生意渐渐有了转机。

随后，方轶又有针对性地举办了很多培训班，如气质美女的服装搭配、肌肤保养、形体训练等。经过一年的努力，气质美人店终于迎来生意火爆的场面。

方轶终于可以开始着手她的下一步计划，吸引品牌代理们到她的店中租设专柜。为了保证店面的定位，她有选择地与各著名品牌的代理商接触。终于一家意大利的仿真首饰品牌答应进入气质美人店，成为她的第一个商户。慢慢地很多商家看到这个小城市的市场空间，并在考察了该店后也陆续进入。

入店品牌逐渐增多，气质美人店的顾客也越来越多；店铺销售业绩越好，也吸引更多的品牌加入。方轶的整体运作也圆满地获得成功。

——改编自程欣乔. 八种创业盈利模式. 科学投资，2004（6）

"配电盘"模式解读

实际上方轶的盈利模式仅仅体现了配电盘模式的一个部分。方轶属于搭建配电盘的中介，她所取得的利润来源于几个方面，首先租赁柜台让她可以每年获得一定的利润率。500 平方米的店铺每年的维护费用在 5 万元左右，人员开支每年约 20 万元；而一个标准柜台的租金平均每月 3000 元，一年 3.6 万元。商户在租下柜台后，每个标准柜台配备两个售货员，售货员的工资和奖金由租户承担。所以她只要租出 6 个标准柜台就足以支付全年的费用支出。500 平方米一般可以分出 30～40 个柜台出租。

另外，开设各种女性感兴趣的培训课程，通过这种方式，除了可以达到宣传目的，每年培训利润亦可达到 10 多万元。通过做配电盘，她每年获取的利润是比较高的。但需要说明的是，这种模式的投入比较大，并不适合资金量小的创业者。方轶为做这家气质美人店，前期投入将近 60 万元，风险较大。

之所以说配电盘模式对创业企业来说是值得借鉴的模式，是因为它有很大的市场空间和强烈的市场需求。绝大多数初创企业在市场开拓上都会存在困难。一些创业者有好的产品却找不到合适的消费者，而一些消费者有消费需求又找不到合适的产品。通过配电盘模式，可以将供需双方连接在一起，让初创企业直接面对他们的客户，做成生意的可能性大大提高。

以北京为例，目前北京设立了很多专题性购物街区，如东直门的餐馆一条街、三里屯酒吧一条街、马连道茶叶一条街等，以及各种专业批发市场，如天意小商品批发市场、西直门服装批发市场，实际上这些专题街区、市场的建立，就等于是为创业者提供了一个配电盘。由于专题购买使得这些街道人气鼎盛、生意火爆。选择这样的市场，自然会大大缩短创业者开拓市场的周期。

老话讲，货卖扎堆，说的就是这种情况。当一个"场"形成了规模，自然带动人气的直线上升，身处这个环境的商家也就省掉了宣传、推广费用，并且大大缩短了客户对其的认知周期，从而提高进入利润区的速度。

据统计，运用配电盘模式在单位时间内，可能做成的生意数量会达到传统运作模式的 2 倍或 3 倍。而由于配电盘模式的运用，等于集合了供应商与客户之间的力量，因而宣传成本、运作成本都得到很大幅度下降，因此单位时间和单位努力程度所带来的利润也是传统模式的 7～10 倍。

除了像方轶一样自己做配电盘，创业者不妨来一个反向思维，寻找一个适合自己的配电盘加入。对普通创业者来说，这是对配电盘这种盈利模式更为有效的运用，可以降低初创企业的成长风险，加速成长。

三、产品金字塔模式

模式安全指数：★★★★☆

持续盈利指数：★★★★☆

创新能力指数：★★★☆

为了满足不同客户对产品风格、颜色等方面的不同偏好，以及个人收入上的差异化因素，从而达到客户群和市场拥有量的最大化，一些企业不断推出高、中、低各个档次的产品，从而形成了产品金字塔。在塔的底部，是低价位、大批量的产品，靠薄利多销赚取利润；在塔的顶部是高价位、小批量的产品，靠精益求精获取超额利润。

在南京的一条街上，曾在一年间冒出了多个泰迪熊专卖店。对于泰迪熊这一比较单一的商品，中国市场的容量虽然很大，但对于一个城市市场容量是有限的，于是，这几家店的竞争很快就进入了白热化。

一下子出现如此多的泰迪熊专卖店有它的原因，从 20 世纪 90 年代开始，港台地区迅速席卷一股来自欧美的收藏泰迪熊的热潮。很快，日本、韩国等地陆续建立了泰迪熊主题公园和泰迪熊博物馆，也让这种对泰迪熊的喜爱迅速升温。而随着泰迪熊的制作订单被大量地送到劳动力便宜的中国生产，同时也带动了中国消费者对泰迪熊的关注。

泰迪熊是一种很特殊的产品，它像芭比娃娃一样，可以被设计成不同的造型；并且不同厂家、不同品牌设计的款式，市场价格差距也很大。加之每年 3 个专门为最新设计的泰迪熊而设置的国际大奖，催生了很多经典收藏的款式，激发了全球更多人的收藏，因此泰迪熊的价格一路攀升。在中国生产的出厂价不过 30 元的商品，在国际市场上竟然可以销售到 60 美元甚至更多。如此大的利润空间当然不会被中国的商人们忽视。

【个案介绍】 **制胜泰迪熊**

当多家泰迪熊专卖店聚集在一起时，中国刚刚发展起来的泰迪熊收藏市场由于空间还很有限，市场一下子就饱和了，几家店的日子都越来越难过。其中拥有泰迪熊的数量很多、库存量最大的一家店的店主，开始寻找新的盈利模式，以摆脱现状。

经过长时间调查他发现，大多数购买泰迪熊的消费者都是 20 岁以上的高薪收入阶层，主要盯紧中高档泰迪熊，每次新款一出来，连价都不问就会买下来。这个群体也会偶尔购买中低档次的泰迪熊，不过，绝大多数是为了买给孩子，或者用作馈赠普通朋友的小礼物。所以对中低档次的泰迪熊，他们反而会讨价还价。与此同时，很多购买低档泰迪熊的人随着拥有泰迪熊数量的增多，就会开始希望选择更好的更有特色的产品。

发现这一特点后，这个店主决定改变一下销售方式。由于中国市场销售的泰迪熊绝大多数都是加工厂家在完成出口订单后，剩余的小批量尾货，所以虽然款式繁多，但是数量都很有限。通常是这家包下来几十个，其他人就无法拥有相同的商品。所以这个店主将店中的泰迪熊重新选择了一番，选出尾货数量比较多、别家店铺也有的中低档款式直接以进价大批量销售，以吸引人气和有效销售，同时使店中的资金流动起来。

而那些只有他才能提供的泰迪熊则相应提高了价格。除此之外，以前他每月到江浙、广州一带寻找新货源，现在改为了几乎每周一次，以确保第一时间获得厂家新推出的款式。没到一个月，店铺的生意就开始好转起来。

他的这一举动让其他几家经营同类产品的店顿时乱了手脚，相互之间不得不开始比拼价格。而由于这家店主每周都有新款式的泰迪熊上架，吸引了大量的泰迪熊收藏爱好者，也使得很多厂家主动地与他联系，提供给他独家的货源。为了更广泛地推广他的产品，他找人专门制作了一个网站，随时更新新款泰迪熊，让更多人开始关注他的店铺。

随着生意的逐渐好转，店主手头的资金也开始充裕起来。于是，他采取了一个大胆的举动，专门选购了一批价位在150元以上的中档泰迪熊；另外与外贸公司联系，花重金进了一批单价在千元以上的泰迪熊。

这样一来，他的店就开始形成了产品的梯次架构，形成了一个产品金字塔。中高档次泰迪熊的品质和收藏价值，低档泰迪熊的物美价廉，都让不同层次的泰迪熊爱好者开始关注这个小店。甚至有人每天下班路过时，都要进来看看。很快其他店铺就纷纷败下阵来，转租的转租，关门的关门。

——摘编自程欣乔．八种创业盈利模式．科学投资，2004（6）

产品金字塔模式解读

这就是在面对充分竞争时，一些商家经常采取的战略——构建产品金字塔。之所以他可以在竞争中胜出，正是因为他利用低档泰迪熊的有效销售建立了一个防火墙，使其他店主在价格上无力与之竞争。在产品金字塔模式中，利润的最大来源是中、高档产品；也就是说，靠低档产品的低价位占领市场，吸引人气，靠中档产品、高档产品赚取利润。如果仅仅是在低层设置防火墙，而没有在上层构筑利润来源，企业的竞争将很难持续。

将产品金字塔模式演绎得最为完美的是美国的马特尔公司。现在中国也有很多芭比娃娃的购买者会抱怨，仅仅购买一个芭比娃娃并花不了多少钱，但是如果要按照包装上提示的，将芭比娃娃的各种小配饰购买全，就不得不花费比一个芭比娃娃多出几倍的价钱，甚至芭比娃娃的一个小小化妆盒都比芭比娃娃本身价格高。

马特尔公司就是著名的芭比娃娃生产商。在该公司推出芭比娃娃后的几十年时间里，它都要面对各种各样的模仿者，面对一波又一波的低价产品的冲击。经常遇到一种尴尬的局面，刚刚推出一个20～30美元的芭比娃娃，模仿者马上就制造出15美元的仿制品。该公司的芭比娃娃市场一度面临危机。

为了彻底扭转这种被动的局面，该公司研究了一个方案，即制作一个价格仅10美元的芭比娃娃。这样的价格几乎无利可图。但是这款10美元的芭比娃娃进入市场后立即吸引了全美国女孩子的目光，使她们纷纷走进该公司设立的各个芭比娃娃专柜。这一招对于模仿者显然是致命的，市场上的仿制品很快就消失了。

与此同时，马特尔也陆续收到来自全国各地专柜的捷报，那些一开始仅仅购买 10 美元芭比娃娃的女孩子们，会继续购买其他辅助性的玩具设备以及其他类型的玩具，使该公司从这些辅助设备和玩具中大获其利。

不过，这还不是该公司运用产品金字塔模式最经典的地方。在捷报频传的同时，该公司也开始重新寻找其他获利的产品。经过努力，公司看准了价值 100～200 美元一个的芭比娃娃的市场机会。价格昂贵的芭比娃娃的目标客户不再是那些小女孩们，而是小女孩的妈妈。

这些妈妈在 20 或 30 年前就是玩着芭比娃娃长大的，他们会怀着无比愉悦的心情记住这些芭比娃娃，而现在她们都拥有了自己可以支配的金钱。这些妈妈会给自己买上一个精心设计的芭比娃娃——精良的工艺和独特的设计，唤起自己对过去美好年华的回忆。这种芭比娃娃已经不单纯是玩具，而是一件收藏品，就像瓷器茶壶或珍贵的邮票一样，爱好者情愿花大价钱购买。这既给顾客带来了极大的满足感，又给马特尔公司带来了丰厚的利润。

如果循着这个思路想下去，你会发现，产品金字塔模式不仅仅是玩具公司的一个伟大创意，它甚至可以成为很多想从恶性价格竞争中摆脱困境的创业者的一个经典模式。

但是，这种模式的运用必须有一个前提条件，就是在一个成系统的产品或者领域中运用，而且必须要与客户的市场定位紧密联系，并且高、中、低档商品的客户群之间必须拥有一定的联系因素。比如，购买中、高档泰迪熊的用户一般同时会选择购买一些低档商品，作为朋友之间馈赠的礼物；又如，给女儿购买 10 美元芭比娃娃的母亲，一般也会同时给自己购买一个价值 100～200 美元的芭比娃娃，作为对自己的奖励。

关键是构建的金字塔不仅仅是不同价位产品的简单罗列。一个真正的金字塔是一个系统，其中较低价位产品的生产和销售，将为你赢得市场和消费者的注意力。对于拥有完善产品线的企业来说，你的竞争对手根本不必指望可以依靠比你更低的价格抢走你的市场份额。

四、战略领先模式

模式安全指数：★★★★☆

持续盈利指数：★★★★

创新能力指数：★★★★★

起步领先不代表你永远领先，不能确保你永远赢利，因为马上就会有后来者参与激烈的竞争。所以适时改变你的竞争策略，由一个静态到一个动态的飞跃，可以确保你从起步时的飞跃领先到战略上的始终领跑，使你的利润源源不断。

战略领先模式是对产品领先战略和创意制胜战略的升华。俗话说：创业不易守业更难。在商场中滚打过的生意人对这点都深有体会。

【个案介绍】　　推陈出新，技术领先

20 世纪末，李守亮凭着自己的专利技术产品“多功能服装垫肩机”，创办了合肥奇正实用技术研究所，开始了自己的创业。一年后，凭借产品的推广，他在市场站住了脚。随后又开发了“纸杆铅笔机”等几项专利产品。这些产品实用性强，市场前景广阔，产品一上市，理所当然成为后来者觊觎的目标。一时间，武汉、郑州、北京、石家庄、合肥等地，不断有企业纷纷瞄准奇正的产品和市场，服装垫肩机和纸杆铅笔机的招商广告铺天盖地而来。对于后来者来说，由于不需要投资任何前期开发费用，只要购买一台样机回去测试一下，就可以大批量生产，成本之低廉可想而知，奇正的市场一下被蚕食鲸吞。

面对市场的冲击，李守亮突然明白，他必须避开这种恶性竞争，迂回出击，迅速转入新产品的研制开发，用更快的速度甩开侵袭者，赢得更大空间的新市场。

21 世纪初，李守亮研制开发的空调专用清洗剂出世并投入生产。这是一种精细化工产品，它由特种去污剂、特种缓蚀剂、特种发泡剂、整合剂、抗菌剂以及多种助剂组成，经过 5 道工序，通过专业设备生产复配而成，适合家庭、办公室、公共场所等各种空调的清洗。这一专用产品在清洗空调时只需喷入空调室内机蒸发器和室外机散热器内，不用高空作业，不用拆卸空调，短短 20 分钟就可以洗净污垢、净化空气、恢复空调制冷制热功能。

新产品问世后，很快得到了广大消费者的认可。这一次，在经营战略上，李守亮进行了一次大规模的调整，开始从单一的生产销售转为生产、销售、培训、保洁清洗等“一条龙”服务。为了让更多的消费者通过这一产品提高生活质量，也为了拥有更大更久的市场空间，李守亮推出了自己的营销策略：在全国范围内发展下岗失业人员加盟，并且不收任何代理费和加盟费，免费培训清洗技术、赠送操作光碟、提供市场推广策划。一时间，“市场你来做，质量我来包”的理念深入人心，很快就在全国发展了两百多家代理商和加盟店。而当后来者也开始进入空调专用清洗剂的市场竞争时，李守亮已经形成了稳定的销售渠道。他又开始琢磨下一个项目的研究了。

——摘编自程欣乔．八种创业盈利模式．科学投资，2004（6）

战略领先模式解读

如果你跑到了最前面，大大拉开了与后来者的距离，你就会有知名度，会有追星族。如果你跑得比别人更快，你就能得到领先奖赏，赚得更多。所谓早起的鸟儿有虫吃，说的就是这个道理。

有这样一个故事：一个小伙子有一天坐火车去另一个城市。当火车绕过一座大山的时候，车速慢慢地减了下来。这时候他看见了一栋光亮亮的水泥平房，就把它记在了心里。在办完事回来的路上，他中途下了火车，走了一段山路，找到了那座位于高山上的房子。他向房主提出想要买下这栋房子。房子主人很痛快地答应下来并以 2 万元成交。

小伙子回到家后，很快写好了一个方案，复印了很多份，递交给许多知名的大公司。3 天后，可口可乐公司迅速与他取得联系，并专程派代表开车驶往房子所在地，经过一天周密地考察和分析，当场和他签订了一年 18 万元的广告合同。为什么 2 万元的合同可以换来 18 万元的收入？原来房子有一整面墙正对着铁路，每天都会有数十趟火车经过这里，又因为是上坡，每当火车经过这里时总要减速，这时就会引起许多好奇或无聊的眼光向窗外张望，而在这个前不着村后不着店的荒凉地方，唯一能长时间吸引他们目光的就是那幅可口可乐的巨型广告。

不过这已经是很多年前的事情了，现在，你再坐车经过这个地方时，就会发现山坡上的农舍已经被各种各样的广告遮满了。这也证明了一点，只要有人迈出了第一步，就会有蜂拥而至的追随者去争抢剩下的空间。

这个故事告诉我们，对于创业者来说，开创第一虽然是件好事，但领先永远只是暂时的。如果你在领先的时候不抓紧时间赚到钱，你就有可能赚不到钱，或者即使赚到钱，也会比你应该赚到的少得多。

李守亮的第一个项目夭折在利润区外就是因为这个原因，所以在进行第二个项目的操作时，他就变得聪明了。他知道自己必须要抢时间，因此一改传统的生产销售模式，并且用最短的时间找准市场定位，利用下岗失业人员资金少、技能差、需要短时间见效益的心理，推广产品，免费加盟、免费培训，对于他的产品使用者来说是低门槛，使得产品推广速度迅速增长，并且迅速抢占了市场；对于紧随而来的跟风者意味着进入门槛的提高。虽然前期李守亮收到的回报并不高，但是他的利润是持续的，因为每个加盟者都在使用他提供的产品。

目前，创业者要做到战略领先已经越来越不容易了，这种时间战的竞争对创业者的要求也越来越高。如果你准备运用这种模式，不妨从以下三个方面动动脑筋。

一是主业领先。创业者在决定企业核心主业时，千万不要贪慕虚荣，非选风华正茂的“绝代佳人”不可，不妨寻求暂时市场竞争和挑战不大但有发展前途的领域，抢在他人前面，“摘个大苹果”。

二是技术领先。有新鲜的技术，企业才会有生命力。李守亮凭借空调专用清洗剂，在绕开一直困扰他的恶性市场竞争的同时，还抢占了一个新领域的利润。

三是人才领先。同样是做服装行业，别人请国内知名设计师，你请国际知名设计师，哪一个更胜一筹呢？湖南圣得西开始时只不过是个小型的个体服装加工企业，后来一步步壮大，成为全国有名的服装品牌，它的成功经验就是其决策者懂得运用人才领先的战略领跑盈利模式。他们请来了意大利著名设计师，有了世界一流的设计师，当然就会有一流的品质、一流的品牌。圣得西顺利进入利润区也就成了顺理成章的事情。

第四节　新企业风险管理

创业风险是指在企业创业过程中存在的风险，是指由于创业环境的不确定性，创业机会与创业企业的复杂性，创业者、创业团队与创业投资者的能力与实力的有限性而导致创业活动偏离预期目标的可能性。

一、创业风险的来源

创业环境的不确定性，创业机会与创业企业的复杂性，创业者、创业团队与创业投资者的能力与实力的有限性，是创业风险的根本来源。研究表明，由于创业的过程往往是将某一构想或技术转化为具体的产品或服务的过程，在这一过程中，存在着几个基本的、相互联系的缺口，它们是上述不确定性、复杂性和有限性的主要来源，也就是说，创业风险在一定的宏观条件下，往往就直接来源于这些缺口。

（1）融资缺口。融资缺口存在于学术支持和商业支持之间，是研究基金和投资基金之间存在的断层。其中，研究基金通常来自个人、政府机构或公司研究机构，它既支持概念的创建，也支持概念可行性的最初证实；投资基金则将概念转化为有市场的产品原型（这种产品原型有令人满意的性能，对其生产成本有足够的了解并且能够识别其是否有足够的市场）。创业者可以证明其构想的可行性，但往往没有足够的资金将其实现商品化，从而给创业带来一定的风险。通常，只有极少数基金愿意鼓励创业者跨越这个缺口，如富有的个人专门进行早期项目的风险投资，以及政府资助计划等。

（2）研究缺口。研究缺口主要存在于仅凭个人兴趣所做的研究判断和基于市场潜力的商业判断之间。当一个创业者最初证明一个特定的科学突破或技术突破可能成为商业产品基础时，他仅仅停留在自己满意的论证程度上。然而，这种程度的论证后来不可行了，在将预想的产品真正转化为商业化产品（大量生产的产品）的过程中，即具备有效的性能、低廉的成本和高质量的产品，在能从市场竞争中生存下来的过程中，需要大量复杂而且可能耗资巨大的研究工作（有时需要几年时间），从而形成创业风险。

（3）信息和信任缺口。信息和信任缺口存在于技术专家和管理者（投资者）之间。也就是说，在创业中，存在两种不同类型的人：一是技术专家；二是管理者（投资者）。这两种人接受不同的教育，对创业有不同的预期、信息来源和表达方式。技术专家知道哪些内容在科学上是有趣的，哪些内容在技术层面上是可行的，哪些内容根本就是无法实现的。在失败类案例中，技术专家要承担的风险一般表现在学术上、声誉上受到影响，以及没有金钱上的回报。管理者（投资者）通常比较了解将新产品引进市场的程序，但当涉及具体项目的技术部分时，他们不得不相信技术专家，可以说管理者（投资者）是在拿别人的钱冒险。如果技术专家和管理者（投资者）不能充分信任对方，或者不能够进行有效的交流，那么这一缺口将会变得更深，带来更大的风险。

（4）资源缺口。资源与创业者之间的关系就如颜料和画笔与艺术家之间的关系。没有了颜料和画笔，艺术家即使有了构思也无从实现。创业也是如此。没有所需的资源，创业者将一筹莫展，创业也就无从谈起。在大多数情况下，创业者不一定也不可能拥有所需的全部资源，这就形成了资源缺口。如果创业者没有能力弥补相应的资源缺口，要么创业无法起步，要么在创业中受制于人。

（5）管理缺口。管理缺口是指创业者并不一定是出色的企业家，不一定具备出色的管理才能。进行创业活动主要有两种方式：一是创业者利用某一新技术进行创业，他可能是技术方面的专业人才，却不一定具备专业的管理才能，从而形成管理缺口；二是创业者往往有某种“奇思妙想”，可能是新的商业点子，但在战略规划上不具备出色的才能，或不擅长管理具体的事务，从而形成管理缺口。

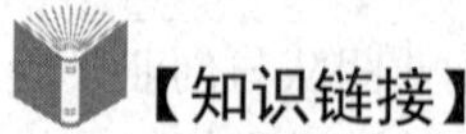

正确识别创业风险

二、创业风险的分类

（1）按风险来源的主客观性划分，可分为主观创业风险和客观创业风险。主观创业风险，是指在创业阶段，由于创业者的身体与心理素质等主观方面的因素导致创业失败的可能性。客观创业风险，是指在创业阶段，由于客观因素导致创业失败的可能性，如市场的变动、政策的变化、竞争对手的出现、创业资金缺乏等。

（2）按创业风险的内容划分，可分为技术风险、市场风险、政治风险、管理风险、生产风险和经济风险。技术风险，是指由于技术方面的因素及其变化的不确定性而导致创业失败的可能性。市场风险，是指由于市场情况的不确定性导致创业者或创业企业损失的可能性。政治风险，是指由于战争、国际关系变化或有关国家政权更迭、政策改变而导致创业者或企业蒙受损失的可能性。管理风险，是指因创业企业管理不善产生的风险。生产风险，是指创业企业提供的产品或服务从小批试制到大批生产的风险。经济风险，是指由于宏观经济环境发生大幅度波动或调整而使创业者或创业投资者蒙受损失的风险。

（3）按风险对所投入资金即创业投资的影响程度划分，可分为安全性风险、收益性风险和流动性风险。创业投资的投资方包括专业投资者与投入自身财产的创业者。安全性风险，是指从创业投资的安全性角度来看，不仅预期实际收益有损失的可能，而且专业投资者与创业者自身投入的其他财产也可能蒙受损失，即投资方财产的安全存在危险。收益性风险，是指创业投资的投资方的资本和其他财产不会蒙受损失，但预期实际收益有损失的可能性。流动性风险，是指投资方的资本、其他财产以及预期实际收益不会蒙受损失，但资金有可能不能按期转移或支付，造成资金运营的停滞，使投资方蒙受损失的可能性。

（4）按创业过程划分，可分为机会的识别与评估风险、准备与撰写创业计划风险、确定并获取创业资源风险和新创企业管理风险。创业活动须经历一定的过程，一般而言，可将创业过程分为三个阶段：识别与评估机会、准备与撰写创业计划、确定并获取创业资源。新创企业管理机会的识别与评估风险，指在机会的识别与评估过程中，由于各种主客观因素，如信息获取量不足，把握不准确或推理偏误等使创业一开始就面临方向错误的风险。另外，机会风险的存在，即由于创业而放弃了原有的职业所面临的机会成本风险，也是该阶段存在的风险之一。准备与撰写创业计划风险，指创业计划的准备与撰写过程带来的风险。创业计划往往是创业投资者决定是否投资的依据，因此创业计划是否合适将对具体的创业产生影响。创业计划制订过程中各种不确定性因素与制定者自身能力的限制，也会给创业活动带来风险。确定并获取资源风险，指由于存在资源缺口，无法获得所需的关键资源，或即使可获得，但获得的成本较高，从而给创业活动带来一定风险。新创企业管理风险，主要包括管理方式，企业文化的选取与创建，发展战略的制定、组织、技术、营销等各方面的管理中存在的风险。

三、大学生创业十风险

风险一：项目选择太盲目

大学生创业时如果缺乏前期市场调研和论证，只是凭自己的兴趣和想象来决定投资方向，甚至仅凭一时心血来潮做决定，一定会碰得头破血流。大学生创业者在创业初期一定要做好市场调研。一般来说，大学生创业者资金实力较弱，适宜选择启动资金不多、人手配备要求不高的项目，从小本经营做起比较适宜。

风险二：缺乏创业技能

很多大学生创业者眼高手低，当创业计划转变为实际操作时，才发现自己根本不具备解决问题的能力，这样的创业无异于纸上谈兵。一方面，大学生应去企业打工或实习，积累相关的管理和营销经验；另一方面，积极参加创业培训，积累创业知识，接受专业指导，提高创业成功率。

风险三：资金风险

资金风险在创业初期会一直伴随在创业者的左右。是否有足够的资金创办企业是创业者遇到的第一个问题。企业创办起来后，就必须考虑是否有足够的资金支持企业的日常运作。对于初创企业来说，如果连续几个月入不敷出或者因为其他原因导致企业的现金流中断，都会给企业带来极大的威胁。相当多的企业会在创办初期因资金紧缺而严重影响业务的拓展，甚至错失商机而不得不关门大吉。另外，如果没有广阔的融资渠道，创业计划只能是一纸空谈。除了银行贷款、自筹资金、民间借贷等传统方式，还可以充分利用风险投资、创业基金等融资渠道。

风险四：社会资源贫乏

企业创建、市场开拓、产品推介等工作都需要调动社会资源，大学生在这方面会感到非常吃力。平时应多参加各种社会实践活动，扩大自己人际交往的范围。创业前，可以到相关行业领域工作一段时间，通过这个平台，为自己日后的创业积累人脉。

风险五：管理风险

一些大学生创业者虽然技术出类拔萃，但理财、营销、沟通、管理方面的能力普遍不足。要想创业成功，大学生创业者必须技术、经营两手抓，可从合伙创业、家庭创业或从虚拟店铺开始，锻炼创业能力，也可以聘用职业经理人负责企业的日常运作。创业失败者，基本上都是管理方面出了问题，其中包括决策随意、信息不通、理念不清、患得患失、用人不当、忽视创新、急功近利、盲目跟风、意志薄弱等。特别是大学生知识单一、经验不足、资金实力和心理素质明显不足，更会增加在管理上的风险。

风险六：竞争风险

寻找蓝海是创业的良好开端，但并非所有的新创企业都能找到蓝海。更何况，蓝海也只是暂时的，所以，竞争是必然的。如何面对竞争是每个企业都要随时考虑的事，而对新创企业更是如此。如果创业者选择的行业是一个竞争非常激烈的领域，那么在创业之初极有可能受到同行的强烈排挤。一些大企业为了把小企业吞并或挤垮，常会采用低价销售的手段。对于大企业来说，由于规模效益或实力雄厚，短时间的降价并不会对它造成致命的伤害，而对初创企业则可能意味着彻底毁灭的危险。因此，考虑好如何应对来自同行的残酷竞争是创业企业生存的必要准备。

风险七：团队分歧的风险

现代企业越来越重视团队的力量。创业企业在诞生或成长过程中最主要的力量来源一般都是创业团队，一个优秀的创业团队能使创业企业迅速地发展起来。但与此同时，风险也就蕴含在其中，团队的力量越大，产生的风险也就越大。一旦创业团队的核心成员在某些问题上产生分歧不能达到统一时，极有可能会对企业造成强烈的冲击。事实上，做好团队的协作并非易事。特别是与股权、利益相关联时，很多初创时关系很好的伙伴都会闹得不欢而散。

风险八：核心竞争力缺乏的风险

对于具有长远发展目标的创业者来说，他们的目标是不断地发展壮大企业，因此，企业是否具有自己的核心竞争力就是最主要的风险。一个依赖别人的产品或市场来打天下的企业是永远不会成长为优秀企业的。核心竞争力在创业之初可能不是最重要的问题，但要谋求长远的发展，就是最不可忽视的问题。没有核心竞争力的企业终究会被淘汰出局。

风险九：人力资源流失风险

一些研发、生产或经营性企业需要面向市场，大量的高素质专业人才或业务队伍是这类企业成长的重要基础。防止专业人才及业务骨干流失应当是创业者须时刻注意的问题，在那些依靠某种技术或专利创业的企业中，拥有或掌握这一关键技术的业务骨干的流失是创业失败的最主要风险源。

风险十：意识上的风险

意识上的风险是创业团队最内在的风险。这种风险来自无形，却有强大的毁灭力。风险性较大的意识有投机的心态、侥幸心理、试试看的心态、过分依赖他人、回本的心理等。

值得注意的是，大学生创业过程中所遇到的风险并不仅此十项，在企业发展过程中，随时都将可能有灭顶之灾的风险。保持积极的心态，多学习，多汲取优秀经验，结合大学生既有的特长优势，我们相信，大学生创业的步伐会越走越远，越走越稳。

【知识链接】　　　　防范风险的措施

四、创业期管理宜简单适用

新创办公司的管理制度以简单适用为原则。创业期企业主要是抓好人和财两个方面。人事管理方面，制定考勤制度、奖惩条例、薪资方案等制度。财务方面，制定报销、现金流量、预算、核算和控制成本等制度。

具体操作中，有以下一些建议。

（1）明确企业目标，达成共识。创业者应该将企业的目标清晰化、明确化。有了目标，才有方向，才有一个共同的远景，这种共识能够大大减少管理和运作上的摩擦。

（2）明确“谁听谁的”和“什么事情谁说了算”，并用书面的正式文件规定下来。组织架构设计中最根本的问题就是决策权限的分配。因此明确每一个核心成员的职责对管理是否畅通非常关键，否则创业者的兄弟意气会让管理陷于混乱。

（3）由于创业期规模较小，许多问题都可以直截了当地进行沟通，大家都应遵循开诚布公、实事求是的行为风格，把事情摆到桌面上来讲，不要打肚皮官司。

（4）在公司内部形成一个管理团队。团队成员定期交换意见，讨论诸如产品研发、竞争对手、内部效率、财务状况等与公司经营策略相关的问题。一般采取三级管理结构，即决策层、管理层、一般员工。

（5）制定并尽量遵守既定的管理制度。必须强调人人都必须遵守，不能有特权，也不能朝令夕改。当公司发展到一定的程度并初具实力时，就要意识到自身能力上的缺陷，尽可能聘请一些管理方面的专业人才来共图大业。

特别提醒如下。

（1）注意财务监控。研究表明，许多初创企业在一年内就倒闭的直接原因是财务管理不善，应收账款中的坏账太多，频频发生流动资金短缺问题。初创企业的财务部门常常是一个会计、一个出纳，完全不足以应付如此众多的挑战。创业者要特别注重财务监控问题，不能简单地把财务管理视作“记账”，要由有专业技能的专人负责，并且有相应的激励机制和评估体系。

（2）避免社会关系对工作关系的干扰。创业期的企业里的员工多半有亲属关系或地缘、学缘关系，相互之间有着千丝万缕的社会关系，这些关系在一定程度上影响着企业内正常的工作关系。按规范实施企业管理制度往往比较困难，规范的制度体系缺乏必要的实施环境。

第十一章　走出创业失败的误区

想创业，但是不敢。存款少，好地段的门面太贵，想去银行贷款又不知如何操作……反正面临很多问题。在创业过程中，普遍存在的问题包括：创业初期选项目时，对项目可行性和创业风险的恐惧；在创立企业时，对烦琐的企业注册程序以及随后而来的税务问题的恐惧；在初创或发展过程中，对创业方式的恐惧；在进入市场时，对竞争对手的恐惧。反之，是在创业初期，计划不明、仓促上阵；在创业过程中，用心不专、目标游离，急功近利或临阵脱逃；在创业后，头脑发热、好大喜功，坐享其成、挥霍浪费，机构膨胀、管理失调，极度扩张、财务失控。下面具体分析这些问题并寻找解决之道。

第一节　创业前的失败误区

每个不同的国家，甚至在每个不同的历史时期，创业的发展路子是不完全相同的。但如果从管理学的这一角度去认识，对企业进行评判和分析，还是可以从成功创业企业的发展中找出一些相同的因素。这些因素主要包括选择有利的行业并在有利的时机进入市场，依靠创业者非凡的才能，创业者立意高远，吸引与激励了一流的人才。

每年都有数十万的自营企业成立，每年也有数十万的自营企业宣告失败。也就是说，在激烈的市场竞争中，能够坚持到最后的成功创业的企业寥寥无几，大部分企业最后都失败了，甚至是无声无息地失败了。

也许，我们经历过或看见过一些企业的失败。你家附近的一家商店或者商场倒闭了，在上下班的路上，许多街道的门面在不断地变换，许多餐馆的招牌也在不停地更替，今天经营粤菜，明天换了一个老板，又开始经营川菜了，后天的一个老板又要经营西餐了。想想你曾经光顾过的餐馆，了解一下它们为什么会失败，你也许可以得出自己的结论。

一、悲观主义与临渊羡鱼

绝大多数创业者承认，他们对创业感到恐惧是因为对自己产生了怀疑：顾客真的需要我的产品吗？我的公司能熬到赚钱的那一天吗？我的市场促销方式对吗？我能战胜竞争对手吗？我的创业可以成功吗？

曾经有科学家专门对一些成功人士的心理做过研究，他们发现，成功者都具有以下特点：有积极的人生态度，有赚钱动机，内部冲突很少，勇于为结果承担责任，同时还具备风险控制和耐心这两个关键的因素。而失败的投资人普遍具有以下特点：有悲观主义倾向。当事情转坏时，总爱责怪别人，遇挫折容易灰心丧气。

每个人一生中，难免有些时候会受到挫折的侵袭。对此，不同的反应是：有的人被悲观主义的阴影笼罩住了，失去了行动的力量；而有的人则以行动抵御悲观主义，为自己的生命争得了或大或小的地盘。在创业的过程中，难免遇到挫折和困难，如果创业者是一个悲观主义者，遇到暂时难以解决的难题就灰心丧气，再无当初的激情和雄心壮志，尤其是作为企业的领导者，当自己身上有了悲观主义的迹象时，自己的整个团队都会被一种悲观主义的情绪所笼罩。要知道越是危机的时候，乐观对于一个创业者就越显得重要，然而悲观主义的人在危机中失去了激情，失去了面对现实变幻的灵活和机智，尤其是当一个团队都处于被危机压倒的状态中时，失败是在所难免的。我们反对头脑发热、过分的乐观，但一个过分悲观的人同样难成大事。

古代有“临渊羡鱼，不如退而结网”之说，意思是与其面对深渊里充满诱惑力的鱼群心痒痒想捕，还不如回家去织一张网管用。有些人看到成功者品尝“甜果”时，心中好生羡慕。殊不知在“甜果”中，浸满了成功者的汗水和辛劳。应该说，一切成功都是从“苦”中得来的，创业尤其如此。

汉朝史学家司马迁，因事触怒了皇帝，被逮捕入狱，在狱中受到酷刑而致残。但这并没有动摇他写《史记》的决心。他忍辱负重，历时13载，完成了这部流传千秋万代的不朽巨著。明朝医学家李时珍为了取得第一手资料，曾冒着生命危险，试服有毒草药。正因为付出了这样的代价，他才撰写出了留传后世的《本草纲目》。

这样的事例举不胜举，从这些成功者的身上可以看到：凡是成功者，在他们前进的路上离不开艰辛的劳动。世界上没有一个因贪图享受而能成功的人。

【个案介绍】　　　　　　李焕战胜创业恐惧

李焕是一个退休电源设计师，他想用自己的特长开一家教学仪器公司。当他做过市场调查后，他有些胆怯了。他发现市场上教学仪器公司多如牛毛，而且这些公司的老板个个神通广大、精明能干。如果这种恐惧不能消除，只能后退，但他不想这样。他开始思考自己的优势。他想，在工程设计上，他有独特的创新，可以把自己的创新申请实用新型专利；在把握市场机会方面，他与多家学校都有过交往，清楚从何处可以找到客户。就这样，他开始了自己的工作，并召集了一些老同志和他一起创业。他们先从小干起，开始的几次，他们一次只和一个学校谈合同，就这样他们最终走向了成功。

李焕的创业经历证明了创业者可以战胜恐惧，利用自己的行业优势发展自己的企业就会成功，永远不要因为其他企业的优势而放弃自己。

——摘编自创业宝典之反“恐”战术．慧聪网．
http://info.biz.hc360.com/2007/06/25091360551-3.shtml

二、计划不明与仓促上阵

凡事预则立，不预则废。机遇从来都是垂青有准备的人，同样失败之神也很少放过那些胸无成竹的人。创业，是走一条创新之路，走一条冒险之路，其间的任何一步都要深谋远虑加机智灵活方能踏过。如果只是空有一番雄心，而无明确且符合实际的完美计划，那么创业之路是很难走远的。

计划不明就意味着你是盲目的，至少在前行的过程中你的视力是有问题的，碰壁其实应该是正常的事。如果一个盲目的人成功了，那只能说是歪打正着，是一种侥幸，而不能作为走下一步的经验来遵循。管理学中有一个公式：成绩=目标+效率。在这里，明确的目标就代表着明确的计划，学过管理学的人都知道目标是一个计划的先导和核心。西方学者认为“做正确的事情”（Do the right things）比“正确地做事情”（Do the things right）更重要，后者只能代表效率，前者才是事情的关键。

资源不足、计划不明与仓促上阵主要表现在以下六个方面。

1. 低估了创业的起步阶段所需要的时间

一家公司，从无到有，从小到大，有时候需要一个较长的时期。而在这一时期，自己的公司只有投入，而不会有任何盈利。而且，从创业过程来看，一家公司在盈利之前，必须完成大量的工作：寻找厂房、装修门面、安装设备、购入存货、接待顾客；同时，还有许多其他的事情，如办理各种证件和手续，和许多部门打交道。而且在创业初期，很可能没有几个顾客来光顾、访问你的公司。要对这一点有足够的心理准备，否则，想在较短的时间使公司产生效益，但实际上又不可能，这时候就很可能会失败。

2. 缺少市场，或者对市场过于乐观

创业之所以能够成功，在很大程度上是依赖市场，没有市场需求也就没有创业。这一点在前面已经说过多次。所以说，产品没有市场是企业失败的首要原因。如果在创业之前错误地估计市场，那么这种错误的估计就会导致整个企业失败的命运。有一些产品，尽管它是一种创新，而且也很管用，但是它可能因为高昂的价格而无人问津。所以，如果一家自营企业的主要产品没有市场，创业就注定要失败。

3. 缺乏足够的流动资金

一般的创业者在创业阶段的资金往往都比较缺乏，或者十分有限，如果一开始在固定资产、原料存货上投入过多，更容易造成资金匮乏。而没有了现金，公司可能很难运转。实际上，公司必须在足够规模的销售量产生之后，才会有资金的回流。所以，创业者务必在创办公司时充分估计资金的需求量，并且对创业初期资金的需求量做出尽可能大的估计，这两点有助于创业企业渡过最初的难关。

4. 创业缺乏“地利”

中国人讲究“天时、地利、人和”。如果把“地利”勉强地理解为选择自营企业的所在地，那么，它在你的创业中所起到的作用就十分重要了。选择自营企业的所在地是一门学问，在选择的时候，房屋的租金、社区的环境、与目标顾客群的地理关系、与供应商的地理关系等，这些问题都应在创业者的考虑范围之内。在这些问题上选择的原则是与企业的形象、业务范围相适合。例如，不要选择房租的价格过高的，但如果考虑到对自己的企业特别重要，就要考虑租用价格较高的写字楼；最好离目标顾客群较近，或者能够方便他们接近公司的；如果企业离供应商特别远，创业者就要充分考虑到运输成本。最好能通过开业前的市场调查来确定合适的营业场所的位置。

5. 缺乏创业经验

一家企业从无到有，从小到大，其间有许多需要学习的地方，也需要有创业或者是管理方面的经验。要从零开始创建一个企业，实际上对创业者提出了严峻的挑战。这时候，作为一个创业者，需要去规划和管理许多不同领域的事情，如销售、采购、财务、设计、广告、生产、送货等。可能创业者在有些方面是有经验的，在另一些方面却是一点经验都没有。此外，作为企业的所有者，可能一开始还不适应这个新角色。这不仅不利于企业的经营，而且很可能会使创业者犯一些低级错误，但有时这些低级错误实际上就是致命的错误。

6. 对竞争对手缺乏应有的估计

在现代社会里，任何一个行业都存在着激烈的竞争，任何一家公司都有许多的竞争对手。所以，当决定进入某个市场的时候，首先要考虑该市场的现有状况，以及现有的、潜在的竞争对手的情况。有些创业者对于竞争状况不能做出一个合理的估计，不能正确地评估企业的竞争力，不了解竞争对手是谁，不懂得自身与竞争对手优势与劣势的比较，甚至有些人会认为自己的能耐最大，竞争对手都不值得去研究。有时，一个企业进入了一个看似竞争很缓和的新市场中，但进入之后有可能会立刻面临价格战或促销战，这样的事例在企业界并不少见。因此，你要创业，就必须对市场情况进行综合考察，确定现有的消费规模能否支撑为该市场服务的大量企业和公司。

第二节　创业中的失败误区

创业中失败的原因很多，归根结底还是在于创业者自身，或是选项失误，或是管理不善，或是缺乏市场意识等多种原因都会导致创业失败。面对每天数以万计的倒闭企业，面对在亏损中苦苦挣扎的企业经营者，每一位创业者的心情都显得非常沉重。一项媒体资料显示，目前我国注册成立的企业，三年后依然能够生存下来的只有32.4%。面对这组触目惊心的数字，不知正欲创业的你会作何感想？处在创业过程中的人往往也会在不知不觉中进入另一些失败的误区。

一、目标游离与用心不专

“有志之人立长志，无志之人常立志。”人的精力有限，不能像走马观花一样频繁更换自己的目标，需要坐下来，调整目标，然后坚定不移地朝着自己确定的目标前进。

很多时候，我们并没有一个明确的目标。今天看见别人经商成功，我们也想经商；明天看见有人出国留学、移民，于是，也拼命考托福。结果呢？自己可能花了很多的金钱和时间，却没能得到想要的成功。这是为什么呢？除了能力、努力、天时、地利、人和等许多因素，自己可能忘了一个最根本的原因：这些是自己的真正目标吗？自己做这些事，是因为自己的真正目标在此，还是只因为别人在做，并且已经取得了成功？如果这不是真正的目标，或者并非真正适合自己，自己只是不断地追随潮流，那只会使自己疲于奔命，一无所成。

目标游离与用心不专主要有以下三种情况。

（1）花心病。当企业有了一定实力时，就开始“对外搞活”，不再专情于主业，移情别恋，想再找点能挣钱的项目干。这种愿望很好，但发展思路超越了企业的经营能力和企业的实力，往往以失败告终。

（2）多动症。例如，一家生产白酒的企业，觉得生产碳酸饮料能挣钱，就上了项目。后来发现果汁饮料是未来的发展趋势，又改生产柠檬茶，改这个汁那个汁，都不是系列化产品，而是狗熊掰棒子，手里总是只有一个，变来变去，变没了企业形象、品牌形象，从而失去了最重要的核心竞争力，丢掉了企业辛辛苦苦创就的品牌形象。

（3）虚胖症。和花心病“相似”，“创业”成功，形成多业并举的态势，主业辅业不分，亏本的多，挣钱的少，基本就是拆了西墙补东墙，说起产业来如数家珍，其实都是“夹生饭”。

二、知难而退与孤军奋战

任何成功的创业者都必须具备创业精神，这是成功的必要条件。反过来看有一些失败的创业者之所以失败就是因为缺乏创业精神。不怕苦、不怕累，勇往直前，不达目的绝不罢休，这就是创业精神。任何人做任何事，都没有一蹴而就的，创业尤其如此。在创业期间，其困难和挫折是无法预料的，诸如销路问题、质量问题、管理问题、资金问题、人员问题等。没有创业精神的创业者，在这些困难和挫折面前，会停滞不前，灰心丧气。很难相信，一个没有创业精神的创业者会取得成功。

同时，也要意识到：现代社会，人与人之间的联系越来越紧密，社会的专业化程度越来越高，人与人之间、公司与公司之间的相互依赖性也越来越强，现代社会不会有鲁滨逊式的人物，谁也不可能生活在孤岛上，或不同任何人发生联系就取得成功。我们需要同客户打交道，需要同政府部门打交道，需要同合作伙伴打交道，许多事情根本不是凭着一个人的单独努力可以完成的。因此需要有一个良好的社会网络，需要有一个有力量的团队。成功培训大师戴尔·卡耐基说：一个人的成功，只有15%来自专业上的技能，另外的85%则来自人际关系上的成功。这种来自同事、团队、合作伙伴等方面的支持与互动，对我们的成功起着非常关键的作用。孤军奋战只会令我们疲于应付，根本不可能令我们取得大的成功。

【个案介绍】　　加拿大海外集团

在一个人最初创业或想做些什么的时候，就要逐渐开始建立这些支持，一开始你不可能就有个团队和社会网络，但你可以从一点点做起，慢慢地扩大自己的联系范围，当这个强有力的团队和网络建立起来以后，自己会发现，再做起事情来，如鱼得水，游刃有余。

私营公司要想做大，不能单打独斗，要有可靠的合伙人。一个不能联手经营的公司，永远只能是个"小虾米"，终有一天会被大鱼吃掉。但是，"一年合伙、两年红火、三年散伙"这一民营企业走不出的怪圈，却又让许多创业者谈起合伙就色变。"亲兄弟、明算账"，通过书面的合伙契约明确双方的权利和义务可有效解决这个问题。

三、急功近利与画饼充饥

有人曾说，世界上只有两种人，用一个简单的实验就可以把他们区分开来。假设给他们同样的一碗小麦，一种人会首先留下一部分用于播种，再考虑其他问题；而另一种人则把小麦全部磨成面，做成馒头吃掉。

我们每个人都想做一个成功的、优秀的人，只不过在馒头的引诱下，我们失去了忍耐的性子。成功是要讲究储备的，仓库里的东西越充足，成功的机会就越大，也才可能走得更远。口袋里的馒头固然可以令他们在启程以后跑得飞快，不过吃了眼前的，恐怕就无法指望下一顿了。馒头中的卡路里终究有一天会消耗殆尽，没有播种我们就没有收获，没有粮食的保证，我们将过早地凋谢。

创业的成功之路更像一场马拉松赛跑而不是 100 米冲刺，前 100 米的领先者不一定就能成为全程的优秀者，甚至都不可能跑完全程。在这遥远的征途上，基础的积累将会起到决定性的作用，如果自觉先天不足而又毅然踏上征程，那就更要格外注意随时给自己补充营养。

凯恩斯有一句名言："在长期中，我们都要死。"正因为生命短暂，时间有限，所以每一个不笨的投资人，都无法忍受其投资的企业总是没有利润。而对于经理人来说，企业利润即使永远是一个目标，而非"现在进行时"，也不影响他们目前的生存状态。因为，只要能够参与经营，他们就有收益，如工资、福利、在职消费，以及个人无形资产的增值等。投资人的收益只能从利润中获得。更加具有讽刺意味的是：如果企业"在长期中"没有利润，"要死"的都是只顾着"长期"投钱的投资人，而不是那些"长期"赚钱的经理人。

套用经济学的话语：假使资源不存在稀缺性，便没有成本的概念。所以，经理人在使用投资人有限的资本时，不得不考虑投资的成本，也就是投资的回报。这个回报从哪里来呢？只能从利润中来。没有利润就没有回报。长期没有回报，投资人就要"死"。

让资本变出利润来，总是离不开一个美好的商业故事，而这个故事不论多么曲折、多么复杂、多么长远，其结局一定是利润。投资人之所以愿意去相信经理人的一个个美好的故事，愿意赌明天、明年，或者更长一点的时间，只是说明他们对利润感兴趣，并不说明他们对故事本身感兴趣。他们要的是利润，赌的是故事中的"利润可能"，而不是故事的情节与细节。换一句话说：没有利润的故事是没有人来投资的，而且实现利润数额如果太小、周期又太长，愿意投资和"赌一把"的人总是趋少。

尽管任何投资人都看不到百年以后的企业，但考虑长远目标的投资人还是有的，而且绝大多数投资人也希望自己投资的企业能做成"百年老字号"。然而，有一点是可以肯定的，

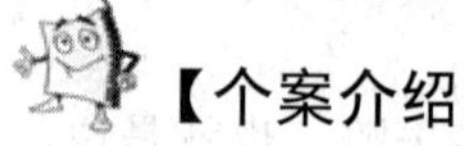

谁都不会让经理人上一个百年以后才有利润的项目。这和投资人的远见卓识是两码事。因为，第一，投资人等不起；第二，在项目运行百年的过程中有多少变数，谁也预测不了；第三，一个企业运行百年，在没有利润的情况下，需要追加多少投入，是一个很大的未知数，就是有那么长的寿命，也没办法探到它的底；第四，正如“实践是检验真理的唯一标准”一样，利润是检验经理人经营管理能力的唯一标准。因此，一个从来就没有做出过利润的人，他如果对投资者说：“把钱给我，我帮你做‘百年老字号’企业。”那是胡扯！事实上，成功的企业家都是从短期利润做起的，有了做短期利润的经验，才有可能去涉足长期利润，而更重要的是，长期利润在总量上一定要超过短期利润的总数。从这个意义上说，利润之重要，不仅对投资者来说是这样（那些不关心企业利润，或者不把企业利润当回事的人，他们肯定不是企业股东，所以，可以坐着说话不腰疼），而且对企业家来说也是这样。

我们所处的这个时代，的确是一个容易使人急功近利的浮躁的时代。在此之前的计划经济时代，是不讲利润的，因此难免会造成社会经济效率的低下，资源的严重浪费。现在搞市场经济，又似乎有些矫枉过正，人们变得对投资缺乏起码的耐心，巴不得投下的每一分钱到了第二天就有回报。这固然是一种不利于造就大企业的文化心态。但是，中国人从不讲利润到开始讲利润，这种历史性的进步不容否定。而且，重要的是，讲利润作为市场经济的原则之一，并不必然造成浮躁和急功近利。也就是说，浮躁和急功近利并不是市场经济原则的过错。合理的解释应该是，在市场经济形成时期，由于社会资本有限，加上人们对市场秩序不确定的担心，无法形成对长期利益的预期。也就是说，既等不及，也输不起，才是产生浮躁和急功近利的根本原因。

第三节　创业后的失败误区

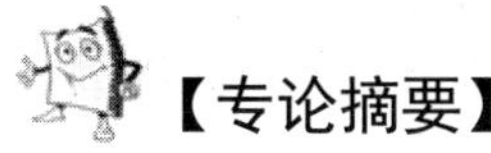

【专论摘要】　创业成功之后

有人说，企业发生危机是异常情况。其实，企业随时都可能碰到危机，各式各样的危机，有大危机，也有小危机。这是一种正常状态，而不是异常状态。在成功创业之后，企业进入快速成长时期，此时企业也最容易出现各种失误与危机。谈到企业快速发展过程中的危机与失误，是探讨企业成功创业并发展到一定规模时所必然遇到的问题，有其表现形态的特殊性和必然的成因。

有资料表明，美国平均每年要注册 50 万家企业，可只有不到千分之一的企业能上升到中型企业，或者称之为稳定企业。1 000 家企业里有 999 家都是在这个水平线上退下来，其中 95%的企业在三年之内必定破产，其余的企业的老板就永远停留在小老板的行列中。毋庸讳言，这里有很多企业从一开始就选项不好，管理也不行，注定发展不起来。我们这里姑且不谈这样的企业，而是说那些选项不错，一开始管理和发展也不错的企业。这些的确也红红火火了一阵子的企业，为什么会在一夜之间垮掉？究其原因，主要有四条：① 机构迅速膨胀，管理力不能渗透到底；② 财务的过度扩张导致财务失控；③ 人性的弱点，坐享其成、不思进取；④ 成功的狂热，进入亢奋状态，头脑发热、好大喜功，导致失败。

一、机构膨胀与管理失调

管理既是一门科学，也是一门艺术。许多快速发展中的企业之所以失败，是因为管理者缺乏管理方面的知识与技能。在企业规模比较小的时候，他们还可以管理好自己亲手创办的企业，他们能够胜任当时的工作。但是，随着企业经营规模的不断扩大，他们管理起来就会越来越吃力，到最后甚至可能无法控制企业。在这样的企业里，整个公司和办公的环境非常混乱，没有秩序和条理，员工没有几个人能够说清楚自己的明确职责到底是什么，更无法说明到底应该如何履行职责。

机构迅速膨胀是企业快速发展的一般必然结果，而机构膨胀使企业管理面临挑战。

（1）管理问题。随着企业快速发展，业务范围扩大、经营地点增多、人员大幅增加，使得管理跨度变大、管理层级增加、管理结构变得复杂，因此管理难度也就大大地增加了。这种增加不是简单的线性关系，而是级数关系。如此一来，原来的管理力度被大大地削弱，管理思想和精神也就很难贯彻到底。即或被贯彻到底，也许已经完全走了样。企业管理出现问题，员工缺乏工作积极性、效率低下、竞争力减弱成为必然。

（2）文化问题。随着机构的扩张，公司人员急剧膨胀，成分日益复杂，也必然带进各种文化和价值观。是公司文化同化了他们，还是他们引起公司文化的变形，要看双方力量的对比与消涨。企业文化由此面临着严峻的考验和巨大的挑战。

（3）人才问题。企业发展过快，人才储备就会显现出严重不足，主要表现在严重缺乏受过本企业文化熏陶的企业快速发展所需的各类人才，尤其是中高级管理人才。因为在企业规模小的时候，自己无法储备大量高素质的管理人才。即使有心去做，但由于企业本身缺乏足够的事业吸引力，同时企业财力也不允许，以至于难以实现。在这种背景下，企业所需的大量干部如果硬是从企业内部提拔，即所谓矮子里拔将军，必然使企业的整体管理水平下降；而如果大量从外部引进空降部队，必然面临企业文化和管理方式的巨大冲突。

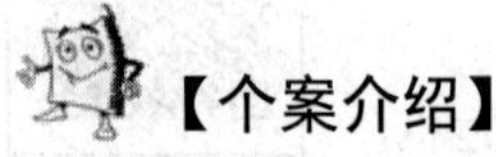

宏碁龙腾国际的失利

宏碁在快速发展的阶段提出了龙腾国际十年发展计划，开始大量引进空降部队，并公开大量招聘国际化的各类人才。在空降部队最盛行时，宏碁曾有过多达四十几位的副总，由此可见一斑。人员膨胀使体制变弱、效率恶化，而且由于工作习惯与工作方式的不同，空降部队还带来了与宏碁第二代的内部冲突。最后以空降职位最高的刘英武辞去了宏碁关系企业总经理、宏碁北美洲总公司董事长和总经理等职务而告终。

——摘编自刘平．借鉴宏碁．经营管理者，2003（2）：18～21

二、过度扩张与财务失控

财务过度扩张是快速发展企业普遍存在的现象，其结果往往导致企业财务状况的恶化。

（1）财务结构不健全。财务扩张过度，容易导致财务失控。经营企业有很大一个误区，就是老板常常搞不清手上的资金，究竟是自己的、银行的，还是供应商的。只要看到钱就认为是自己的，径自拿去投资，忘了它们其实是应付账款或是其他短期负债。企业能借到钱或融到资，就会扩大投资；发展顺利，就再扩张，造成信用过度膨胀。只要有一个回合遭遇不顺，如现金流出问题，企业就像多米诺骨牌一样整个垮掉。亚细亚、红高粱等就是在过度膨胀过程中垮掉的典型企业。一根稻草可以压死一头骆驼，巨人大厦的倾覆就是又一个有力的佐证，由一笔相对于其资产来说很小的流动资金而引发的连锁反应造成。

（2）项目准备不充分。常听人说，我要有钱就好了；我要干这个，我要干那个等。但是如果你没有真正的好项目做准备，突然有一大笔钱，反倒是一件坏事，因为你不知道该如何用好这笔钱，却又面临着要有投资回报的压力。这时就要出问题了。资金多了要投资，以前也没有运作过这么多的钱，项目准备也不充分，容易从急功近利的角度出发，投资分散。多元化没有了规律标准，财务失控也就到了眼前，这很危险。巨人集团就是在多元化时出了问题，涉足面过广而倒闭的。

（3）多元化失控。前面讲述的智能集团是自动识别技术领域的领导企业，在国内知名度很高。1992 年被国家批准改造为股份公司，资产由几百万元猛然扩充到近亿元。由于准备的项目不够充分、不够多，来了巨额资金不知该往哪里投，却又面临股东要投资回报的压力和准备上市对企业利润的要求。企业为此开辟了很多全新战场，什么热门做什么，进入了房地产、通用电器、空调等行业；主要资金没有投在主业上。结果可想而知，现在该企业又萎缩回了自动识别技术领域，但时机已经错过了，目前只是停留在一个维持生存的小企业上了。

【个案介绍】 宏碁多元化的有益启示

宏碁的多元化发展总体来说是采用相互关联、逐步渐进的方式，如下图所示，由一而二，从二推展到三，再从三扩展到四。每发展一个新领域与原领域都有重叠部分，也就是彼此有资源相关的关系，资源亦可以相互支持。如果单单发展一和四，彼此关联性并不大；当四发生困难时，一也支援不上。但靠中间的二和三将两者联系在一起，就产生了相互关联的效果。在宏碁的多元化发展中也曾有过偏差，好在宏碁对风险的看法未曾迷失，才得以渡过难关；但并不是每个公司都能这么幸运。

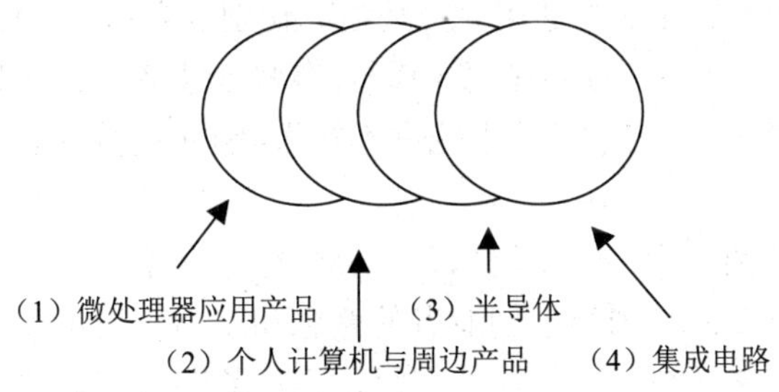

宏碁多元化逻辑图

在宏碁企业的快速发展史上（股票刚上市后）有三大投资案：一是 Altos 并购案；二是成立德基半导体；三是安家计划。1990 年的 Altos 并购案本身是海外发展失败的例子，但从后来看是失之东隅，收之桑榆。后两个项目都是 1989 年起步，但后来却呈现出完全不同的结果。德基半导体成为后来几年宏碁企业中成长最快的事业；而安家计划却很久未有回收。造成两者如此巨大差别的原因，可以简单归纳为：科技是宏碁的本业，而房地产却不是。安家计划原本只是为安定浮动的人心，使向来坚持专注于本业的宏碁介入了置产的行业。介入之后才发现比预计的棘手很多，除了员工的有限投入，宏碁的付出比预计多出五倍！该项目不仅没有对宏碁的发展起到推动作用，而且庞大的资金遭到冻结，对宏碁营运的影响之大不言而喻。

——摘编自刘平．借鉴宏碁．经营管理者，2003（2）：18-21

还有一些企业所犯的财务错误很低级。如一些自营企业的创建者，有一种错误的观念，认为既然是自己的公司，就没有必要天天记账，因为这是一件很麻烦的事情，甚至这是一种毫无意义的形式主义。这种想法实在是很要命的。对于创业者来说，没有比这个错误更大的错误了。很多企业就是因为账目管理混乱，甚至没有记账的“习惯”，导致创业者对于自己公司的经营状况一点也不了解，所以走向了失败。

三、坐享其成与挥霍浪费

坐享财富和自满不前是此阶段人性弱点的典型表现。

（1）懒惰本性。创业者在取得一定的成绩，企业平稳发展时，很容易产生惰性：一是坐享财富，二是自满不前。而这种自满不仅一个人会产生，企业的许多人都会以各种不同的形式产生自满，于是导致贪图安逸、计较名利得失、妄自尊大、奋斗精神减弱等，失去了前进的动力，也就失去了创新精神，失去了开拓进取。企业失去了创新力，也就等于失去了继续发展的推动力。企业在商海里有如逆水行舟，不进则退。

（2）财富的销蚀作用。1988 年宏碁股票的成功上市，使很多人一夜之间暴富，产生了一批百万富翁、千万富翁，甚至亿万富翁。公司员工上上下下都沉浸在股票成功上市、财富大增的喜悦中，上班下班谈论的都是股票。员工开始买车、购房，开始了自满自足的享受生活。工作热情减退、创业精神消失、工作效率低下和企业衰退也就不足为奇了。

在创业初期，大多数创业者都能做到开源节流、艰苦勤俭，因为当时根本就没有东西供他们浪费，手里的钱省着花还不够用。可是当成功创业之后，企业有了资源，有了资金，在有些方面多花一些和少花一些并不在意，而且有些创业者以为苦尽甘来，放松了过苦日子的意识，甚至认为“不花不值得”“不花白不花”，因此花得安心，花得坦然，花得肆无忌惮。

具体表现，一是贪图享受，吃喝玩乐、一掷千金。殊不知，这方面是无底洞，消费多少钱，很难估算，更重要的是消磨了创业者的意志和精力，很可能导致事业的中途夭折。二是讲究排场，购买豪华轿车、高档通信器材，用巨款购买或装修住宅、办公楼等，大把花钱。三是盲目投资，一些项目缺乏科学、严格的考察论证，就盲目投入巨资，结果是打了水漂。

“成由勤俭败由奢”，“奢”实在是败业败家的罪魁祸首。创业成功了，生活水平应当随之提高，这是正常的。但要反对的是脱离企业实际发展水平的过高消费，反对的是奢侈浪费。但凡成功的企业家、成就大事业者绝不会挥霍浪费。

四、头脑发热与好大喜功

成功的亢奋是企业快速发展阶段出现危机的催化剂。

（1）目空一切。不断地成功容易使经营者变得自以为是，同时更由于周围人的颂扬、媒体的渲染，此时经营者就更以为自己了不得了，做什么都行，什么热门都要去做。

（2）成功的负担。经营范围做大了，什么都做，而且习惯用过去成功的方法做未来的事情，问题也就随之而来了。因为用过去成功的方法做未来的事情不担风险。做好了，自然不用说；做坏了，别人也说不出什么。如果用新方法去做，做好了还行；做不好，麻烦就大了。因此也就严重影响了创新。往往是当用过去成功的方法使企业陷入困境时，才想起创新；或说不得不创新，否则只有死路一条。

当创业的企业初具规模小有成就时，许多企业容易被自己营造的局部知名度冲昏头脑，手里趁着有几百万或上千万的积蓄，不顾发展实际，盲目开拓超越实力的大市场，甚至打算将这几百万元、上千万元投入中央电视台做广告，孤注一掷，勇气可嘉，广告词铺天盖地，知名度高速攀升，企业销售收入短时期内得以大幅增长。但这种依赖媒体和资金极力催肥的增长却犹如昙花一现，随着消费者的热情消失，其增长会如电梯般直线下滑。接着就是货款无收，供货商逼债，流动资金短缺，企业无力顾及生产经营，只好坐以待毙。

曾经夺得中央电视台广告标王的孔府宴、秦池、爱多，无一不是在通过媒体广告追求到极度辉煌的光环后慢慢窒息而亡的。例如，秦池这个曾一度辉煌的品牌，就在它以 3.2 亿元中标的那一刻起，其命运就急转直下。相当于当时全年利润 6.4 倍的巨额广告费更让它背负艰辛，2000 年 7 月，当年家喻户晓的“秦池”商标因 300 万元债务而被拍卖。还有一些企业患上自恋症，靠拥有一个“好产品”风光一时，不能居安思危，等市场格局一变，“好产品”过时了，又没有技术储备，产品垮了企业也跟着垮了。

从主导创业者个人角度来看，有以下两大方面的原因。

（1）个人英雄主义导致企业决策出现完全的独断。因为获得前期的成功，创业者的个人价值被社会公众所承认，其能力也被高度肯定，自然个人自信心也快速提升。若不能正确看待个人的作用，自我意识极度膨胀，渐渐丢掉创业时期的风险意识和谨慎心理，直接后果是听不进反对意见，甚至有的企业中根本不允许反对声音存在。个人英雄主义的另一面就是认为自己无所不能。在某一行业偶然成功，就轻易闯入另一个陌生的行业，以为只要凭自己的智慧同样可以成功，且不说隔行如隔山，就是相似行业，细微差异没有把握好，结局也会相差千里。例如，曾经有一位老板，做房地产代理时如蛟龙跃海，但做房地产开发时却如身陷沼泽。究其原因就是他对两个行业的资金需求周期认识不够，以致后来把他经营多年的有一定实力的企业也全赔了进去。

（2）经验主义导致经营决策僵化和教条化。人都喜欢总结成功的经验。多次成功会使成功者形成固定的思维方式，当他遇到类似或表面类似的情况时，会习惯地使用过去已经成功的方式。企业都有自己成文或不成文的规矩，而这些规矩因为过去使用成功而在企业内部有着稳固的基础。但当外界环境发生变化时，它的惯性就有可能成为一种新的障碍。

大多数创业者思想解放、个性浪漫、敢作敢为，这种个性使他们在创业初期的商业浪潮中获得了成功。但随着企业规模的变大和实力的增强，个人追求财富欲望的膨胀，再加上市场环境日渐规范和竞争更加激烈，他们浪漫的个性开始显示出脱离实际的倾向。企业行为也围绕着个人的喜好而波动。加入世界贸易组织把我国的企业家推到了国际化的舞台上，跨国公司涌入中国进行大量行业并购，引发了国内一些拥有较高知名度的企业跑马圈地的野心；更有一些企业把追求规模、知名度、市场占有率作为首要目标。

每当我们看到类似的消息时，心情总有些矛盾，一方面希望逐步市场化的中国能产生自己的国际知名企业，另一方面又希望某些曾经发生的悲剧不再发生。步步为营，稳中求进才能保持基业长青。

【精彩链接】　危机的必然

第四节　以史为镜、以史为戒——走向成功

高速成长的企业，会因成长撕裂已有的管理体系和经营体系，会因成长引发更多的矛盾与冲突，陷入成长的陷阱："没有成长等死，高速成长找死。"成长的企业有成长的烦恼，所以，成长是令人兴奋的，也是让人担忧的。

【专论摘要】　高成长企业的长赢基因

第三节已经分析了企业快速发展过程中容易遇到的问题及其成因。那么，如何处理好快速成长与稳健的关系就是摆在我们面前的重要课题。现在的竞争是快吃慢、强吃弱。但仅快不稳不行，要做到既快又稳，不仅要迈上台阶，还要站得住、站得稳。仅大不强也不行，要发展成既大又强；要大而强健，而不是大而空虚，可以考虑到以下七个方面的对策。

一、管理模式要适应企业规模的要求

创业过程中，创业者和企业只是对各种机会做出反应，而不是有计划、有组织、定位明确地开发利用自己所创造的未来机会。那时创业者不是在左右环境，而是被环境所左右；不是驾驭机会，而是被机会所驱使。相应地，企业的行为是被动的，而不是主动的、具有预见性的。因此，布置任务是看员工是否得空，而不一定是根据他们的岗位和能力。典型的结果是因人设事，因人设岗。创业者常常会依习惯直接给下属安排工作，而不会依照工作流程行事。创业成功后，企业为了更好地发展，必须建立一套完善的组织架构来有效地执行决策，有计划地完成企业的既定目标。

创业者不必奢求一步到位，也不要期望建立一套能持久不衰的组织架构，因为企业的组织架构也需要根据企业的目标和发展阶段来进行调整，不可能一劳永逸。创业者应该尝试围绕工作本身来进行组织，打破围绕人来组织的旧习惯，力图通过企业组织来实现自己的管理决策和管理理念。通常的做法是创业者或企业委托外部咨询公司，或者聘请具备丰富管理经验的职业经理人来帮助搭建组织架构。最稳当的方式是先健全、完善辅助管理部门（如行政、财务和服务等部门）的组织设计与调整，然后是价值增值部门的组织调整，如生产部门和营销部门（或销售部门）等，这样做能在最大程度上稳定企业的经营。在此过程中，应包括至少以下三方面的重点内容。

（1）进行专业化的企业管理，日常管理科学化、专业化。扎扎实实的基础管理是企业前进的基石。飞机要起飞必须有一条坚实而宽阔的跑道。对企业而言，基础管理就是这样的一条跑道。职业经理人的成功建立在职业化的环境中。让一个职业经理人在非职业化的环境中经营，结果只能是失败或被同化。要为职业经理人创造职业化的环境，基础管理是首要工作。一个职业环境的形成需要企业全体员工的参与，而企业老板的坚定信念和支持在其中起着非常重要的作用。

（2）建立科学的决策机制，改变创业初期的一人决策、凭感觉和主观意志决策、拍脑门决策；使决策的科学性、系统性、全面性得到加强，增强决策的有效性和成功率；维持创新的动力和源泉。企业要成长，一定有许多策略可以选择。但一般人总是会选择自己熟悉，已经印证过的模式去发展。因为过去一直都顺利，因此扩展时也就自然而然地用过去的认知去思考与行动。但是，再好的策略都是在适当的时空环境下才会成功；而环境是会随时空改变的。过去成功的策略并不能保证未来仍然可行。因此要敢于有逆向思维的能力，去审视自己的决策与策略，要敢于创新、主动创新。

（3）稳健的财务管理是企业长期发展经营的根本。不同行业及产品与定位的不同构成不同的经营形态，可称之为生意模型（Business Model）。根据不同的生意模型进行财务管理，才能发展出正确的财务运作方式，或称财务结构、财务模式。财务结构与生意模型密不可分，财务结构要随着生意模型的变化而变化。公司资金有长短之分，经营者要有能力区分资金的性质与用途。否则以短期资金用作长期投资，破坏了财务的健全性，后患无穷。企业要兼顾成长与财务健全，必须维持适当比例的自有资金。也就是说，借钱要适度，使用要适量，留有余地。

二、创业者应该开始尝试授权，实现从事务中解脱

成功创业后的两个主要因素会导致创业者考虑开始授权：一是管理问题变得又多又复杂，创业者不堪重负；二是员工渴望分享权力，希望得到更多的空间与舞台来发挥自己的才能。在创业过程中，创业者主要是通过集权来实施管理。创业成功后，创业者需要授权，但不要分权。授权是指在企业内由上而下分派任务，并让员工对所要完成的任务产生义务感的过程。所分派的任务可能是制定决策，也可能是执行决策。当所分派的任务是实施一项已经制定的决策，并且所授予的权力本质上对全局没有影响时，称其为“授权”。但如果所分派的任务就是制定决策，也就是说，让员工决定应该实施的内容，则称为“分权”。分

权容易产生离心力，员工会自作主张，而企业此时所需要的是向心力，否则创业者就会失去对企业的控制。当然，从集权到授权，创业者往往会感到胆战心惊，害怕失去对企业的控制，因此，创业者授权实际上要表达的意思是：只准你们做我才会做的那种决定。

最有效的授权是由创业者拟定哪些问题由自己来决策，哪些工作可以授权给员工去完成，哪些工作需要员工定期汇报，哪些工作可以放手不管。一般而言，创业者需要审批销售计划、财务预算、生产计划等，至于销售人员的行动管理、客户拜访计划、销售汇报、车间作业计划、生产排班、加班申请等就可授权给中层管理人员负责。当然，财务报账签字和人事安排等，创业者还是应该由自己来掌控，以防止费用的上涨以及人事矛盾的出现。这里，创业者也可以向一些管理人员授予一定额度的签字权。通过把一些日常性的、非核心的工作授权给中层管理人员，创业者就可以把自己从繁重的事务工作中解脱出来，把更多的精力集中在战略性的问题决策上。

三、建立稳定的激励机制来凝聚员工

在创业过程中，创业者与员工承担着巨大的风险，需要彼此风雨同舟、共渡难关。创业成功后，创业者关注的是未来的更大回报，而员工更关注现在的既得利益。如果处理不当，创业者会受到“同患难易共富贵难”的指责，会承受巨大的情感压力，有时甚至会感慨“没钱容易有钱难”。如果企业是合伙成立或几个人共同创立的，有时难免会因为利益分配而出现企业的裂变，给企业造成伤害，甚至使之一蹶不振。如果合伙关系基于家庭或家族内部，亲情关系更是难以逾越的障碍。

另外，随着企业规模的扩大，新员工不断加入，他们更多的是一种职业选择，创业者需要考虑建立有效的机制来维系企业所需要的更多的优秀员工。因此，创业者应该考虑建立一套有效的激励机制，既能保障老员工或合伙人的既得利益，又能凝聚更多的员工继续前进。设计激励机制时，创业者要与员工达成有效的沟通，尽量做到一视同仁，尽量避免特例或特殊照顾，要让员工理解和接受。当然，“老人老办法、新人新制度”是创业者常常需要遵循的原则。创业者不能仅仅关注激励机制的内容，更重要的是要严格执行，及时奖惩，让员工感到激励机制是有效的承诺。这样，无论是期权等制度安排，还是金钱等物质刺激，都能发挥应有的作用。

不过，除奖励机制以外，企业前景也具有很强的凝聚力，这就需要在这个阶段维持或提升企业的经营业绩，规划好企业的未来发展。创业成功后，无论创业者如何处置企业，如何选择自我的命运，解决和规避企业这个阶段所出现的管理危机问题，无疑需要创业者认真对待。创业者不仅应该注重创业历程和创业后的自我命运，而且应该在创业成功后通过提升管理能力为企业未来的发展奠定基础。

四、吸纳人才，处理好创业功臣与职业经理人的关系

引入专业管理人才。职业经理人是既掌握专业知识又有管理能力，会科学管理的一批中、高级经理人员，包括职业管理经理人、职业营销经理人、职业财务经理人、职业技术

经理人等。职业经理人可以是从内部选拔培养的，也可以是从外部引进的。通常的情况是企业发展太快，企业内部没有足够的合格职业经理人，需要大量从外部引进。引进的人才应以能力强，认同企业文化的经理人为主。吸引和留住人才不是单靠高薪就可以做到。如果是这样，其他企业多给一些薪水就可以把这个人挖走。因此真正要靠的是企业的愿景、使命感和企业的品牌，给他们提供更多的事业发展机会和真诚的关爱。处理创业功臣与职业经理人的关系是每一个发展壮大的企业都会遇到的问题。处理得好，企业就会继续健康成长；反之，企业的发展就会受到影响。

【个案介绍】 广告·30岁·1个亿

——广告业骄子张殿雷的创业历程

张殿雷，辽宁广告职业学院第一届毕业生，一个从辽宁本溪走出来的小伙子，凭着自己所学的专业知识，凭着坚定的信念、执着的精神，一手创办了辽宁东方天一广告文化传播有限公司。公司从最初三人，一间工作室，现在发展到具有两百余员工，部门齐全，专业的销售顾问型综合广告公司。2004年，东方天一公司被评为“中国最具成长性的本土广告公司100强”，是辽宁省唯一的一家。

毕业后，张殿雷先是在一家杂志社做美编。一年后，到辽宁日报社广告部担任业务员，在这里他真正接触到了广告行业。凭着细致的市场调研、准确的产品定位、独特的创意策略，赢得了一个又一个客户的认可，并成了当时辽宁日报社广告部的“五虎上将”之一。

东方天一公司成立之初，他们联系到谢霆锋演唱会的整体策略实施方案这笔大生意。如果这笔生意做成了，不仅在经济上会给公司带来可观的效益，更会在声誉上使公司能够在同行业中一炮打响。但这次活动因为种种原因没有开展起来，却因此赔上35万元的违约金。这笔资金的流失对他们的打击很大。可是张殿雷没有退缩。在经过细致地总结经验，分析失败原因后，东方天一重新站了起来，以更加饱满的热情投入了新的战斗中。

在企业发展起来后，有的人便开始依仗自己是公司的“元老”，不思进取，斤斤计较起来。面对这样的情况，作为总经理的张殿雷，感到很痛心，也很苦恼。他先是对这位经理进行劝导，当这位经理不思悔改后，他不得不痛心辞退了他，并且在全体员工大会上将此事作为一个教育专题对所有新老员工进行了爱岗敬业、遵章守纪的教育。从此以后，公司的管理体制中多了一条：干部“能上能下”制。根据职责考核标准，不合格的管理干部，被调到能力适合的岗位。这样激励了每一个员工的进取心和责任心，使公司内部充满了良性的竞争，既有利于公司的发展，对每个员工的个人成长也起到了良好的作用。

张殿雷认为：作为公司法人，只有不断地学习，不断提高自身的文化水平及综合能力，才能跟得上时代的节拍，才能符合公司发展的需要。在紧张繁忙的工作之余，他参加了多期“经理人研修班”等学习。北大、清华、IBM的每一次来沈讲座，无论多忙，他都不会错过。通过这些学习使他在领导、管理能力方面得到了大幅度的提高。他还建立了公司每周都要举行为期半天的员工培训制度，要求每一个员工都要定期和不定期参加学习，进行自我完善。并且在每年的营业利润中都要拿出一定比例的资金作为员工培训的费用。张殿雷深知：只有整体队伍的能力强，公司才会良性发展，才能拥有一个美好前景。

——摘编自广告·30 岁·1 个亿——广告业骄子张殿雷的创业历程. 辽宁省高校毕业生就业信息网. http://www.lnjy.com.cn/newview/newview.jsp？id=5067

点评：

创业是艰难的，把创立的企业经营好更是难上加难。不仅仅需要激情和胆量，更需要在复杂变化的形势中保持清醒的头脑，制定科学的决策，同时还要不断加强企业内部管理，完善企业的用人制度，加强企业员工的培训，树立企业的品牌和形象，只有这样，才能在创业的大潮中扬帆远航。

创业仅有激情是不够的，更要有持之以恒的信念、平和的心态和坚强的意志，以及准备应对实现“成功”过程中所出现的种种磨难。在这些磨难面前，平和、持之以恒的心态有助于使人冷静下来，用清醒的头脑分析问题发生的原因、现在需要解决的问题，以及后续可能产生的一些影响。张殿雷也是依托自己对事业的一份坚持才能走下去，依靠自己的智慧来改变过去的“糟糕”境遇，打造辉煌的未来。

五、企业文化要适时总结升华

企业刚开始的时候，不可能一上来就搞系统的企业文化建设。这不是说小企业就没有企业文化，而是说还很难有一个非常清晰的宏伟目标，也不具备这样的实力，包括人力、物力和财力。这时的目标一般是一个暗藏的、朦胧的意识。因为你还很弱小，对瞬息万变的市场，你还缺乏足够的把握。无论你具有怎样的信心，目标对于初创的企业至多是一个远大的抱负，无法量化和明确。即或你有这样的远大目标，也缺乏说服力。IBM 在一开始也没有想到会成为 IT 行业的蓝色巨人。联想集团“扛起民族工业的大旗”也是在后来具有足够实力时提出来的。海尔在 20 世纪 80 年代中期提出了名牌战略，目前海尔的战略目标则是由 20 世纪 90 年代初的海尔的国际化发展到现在的国际化的海尔。

然而，如果企业发展到一定的规模还没有一个鼓舞人心的明确目标和系统化的企业文化，企业也会迷失方向。因此要适时总结升华企业文化，要包括有可以激励人的远景和神圣的使命、企业精神和价值观等，这是企业向心力与凝聚力的核心来源，是使企业员工行为与方向趋向一致的规范，也是激励员工永葆创业精神、不断创新、开拓进取的动力。企业要有一个符合时代潮流的具有前瞻性的发展战略和目标。企业的发展除了需要一个好的领导人和正确的决策，还需要人气。人气对企业很重要。企业的领导者要把人气聚起来很不容易，但人气要散起来却很快。而好的企业文化是聚集人气的有力武器。企业文化的提炼总结要把自上而下和自下而上结合起来，并且要把企业文化贯彻落实到每个员工的实际行动中，而不仅仅是停留在口头上或文字上。

六、不断进行危机教育，培养处理危机的能力

危机意识是企业永续经营的良药。企业发生危机是随时的，是常态，不是异常。因此就必须有随时应付危机的准备。当然，什么时候会发生危机是难以预料的。人类为了防风

雨而盖房子，而非好天气。既然我们懂得不要等到风雨来袭时才盖房子，企业也不能等到危机发生时才培养处理危机的能力。许多人把危机看作异常，缺少危机意识和准备，以至于危机来临时束手无策。同时，危机也可以是转机，关键在于企业能否勇于面对问题，及早解决，不至于酿成大祸，不可收拾。危机常常也带来新的发展机遇，当你处理好这一危机，往往也使你迈上一个新的台阶。领导者首先要有危机意识，并且善于制造危机，树立全员危机意识，以锻炼和增强企业体质，以及抗危机的能力。危机感也是企业发展和创新的动力。

【个案介绍】　　强力化危机为契机

电视连续剧《男人没烦恼》里，有这么一出戏。新生命公司为了在市场竞争中打垮强力公司，采用卑劣的手段，编造消费者的来信，贿赂记者发了一则《强力口服液有质量问题，对身体有害》的新闻报道。现实生活中，就有天津花旗果茶因此倒牌子的真实故事。等到若干年后你打赢官司，也因远水解不了近渴，产品大量积压、资金周转不灵而垮掉。这是人命关天的大事，你想有谁还敢购买你的产品？人们宁可信其有，也不会信其无。这对企业的危害有多大？可口可乐饮料在欧洲也碰到过被污染的事。所幸的是可口可乐最高层领导沉着冷静，采取积极认真负责的态度亲自去处理这一突发事件，终于使之安然渡过难关。

强力的经营者在产品质量有保证的坚定自信下，以冷静的眼光对待这一突发危机，并把危机变成难得的机遇。他们及时邀请众多的新闻媒体追踪报道这一事件，调查消费者来信、反映真实情况、让广大消费者为强力说话、迫使那家媒体检讨等，澄清了事实、扩大了影响、提高了知名度，反而有力地推动了销售；也使得新生命公司搬起石头砸了自己的脚。强力公司化解并利用这一危机的关键在于，他们没有马上去纠缠不可能一下子就说清的法律责任，而是立即从正面出发，及时让广大消费者说话、让权威质量检测机构说话；及时抓住这一难得的机会，运用舆论大加炒作，获得了不曾有的宣传机会与效果。这也是因祸得福吧。危机不可怕，也躲不过，重点是要会化危机为契机。

——摘编自刘平. 危机的化解. 经营管理者，2006（7）：50～51

每个企业在发展过程中都不可避免地遇到这样或那样的危机。在没有危机的时候，要制造危机，以提高组织的警觉，提升凝聚力和向心力；避免当危机真正来临时，束手无策、束手就擒。比尔·盖茨在《拥抱未来》一书中写道："败亡可以极快的速度降临市场领导者的身上。一旦你失掉了正面循环，再改变作为就已经太晚了；所有负面循环的要素都会乘虚而入。"当企业营运十分顺畅的时候，要经营者时刻意识到企业处于危机之中，并且立即做出反应，实非易事。

近年来，微软也刻意雇用一些曾在面临失败的公司里服务过的管理者。当面临失败时，你被迫变得更有创意，挖得更深、想得更多，而且是日以继夜。比尔·盖茨希望他的身边有些具备这种经验的人。他认为，微软在未来也不免会遭遇挫败，届时希望这些能够在逆境中力争上游的人，能为微软扭转乾坤。

七、建立以强烈社会责任感为核心的与时俱进的发展战略

许多短寿的高成长企业在进行决策的时候，更偏好从直觉出发，而非依赖深入、系统的战略性思考。直觉是重要的，特别是在显而易见的机会俯拾皆是的时候，这种直觉式的信息处理和决策风格确实可以带来速度和效率。但是，当业务日益复杂、竞争日益加剧、信息纷繁杂乱、显而易见的机会日益减少的时候，"凭直觉、拍脑袋"，或者是"摸着石头过河"显然不能适应企业发展的需要。

持续成长的企业需要一个符合时代潮流的具有前瞻性的发展战略和目标。研究发现，九成以上持续成长的企业都有清晰明确的发展战略和科学的制定流程，使企业发展战略能够做到与时俱进，不仅适时指明了企业的发展方向，也明确了企业的行动纲领，同时也激发了员工的热情和斗志。

这些高成长企业表现出来的强烈社会责任感及行为为企业创造了持续的高绩效。表现出这一特质的企业在企业内部和外部推崇并捍卫这些社会价值观，有时甚至在短期利益受损或得罪同行的情况下依然坚持这些行为。这些卓越的企业家认为持续的业务成功有赖于道德感和责任感。有一位 CEO 这样说：只有具有很高的道德标准才能够奠定成功的基石。的确如此，有研究表明，企业的社会责任感和自律行为与良好的企业绩效具有高度的正相关。

【个案介绍】　环宇集团持续成长"四要素"

经过十多年的不懈努力，环宇集团由一个作坊式低压电器小厂，迅速发展成为销售收入超过 60 亿元、总资产超过 10 亿元的跨地区跨行业的大型经济联合体，并跻身于全国工业企业 500 强。概括起来，以下四个要素在其持续成长过程中起到了至关重要的作用。

1. 时刻践行企业的社会责任

建厂初期环宇就倡导"严质量、重信誉"的企业精神，并一直保持足额纳税，把不欠税、不偷税漏税作为必须遵守的道德底线，以追求"阳光下的利润"为荣，因而多次获得"纳税大户""纳税百强""信用 AAA 级""重合同守信用"等表彰。随着公司的发展壮大，环宇在献爱心、救灾区、扶贫助学及公益活动中对社会的回报也在不断增加，以多做贡献、多做善事为大德。创业以来，累计已出资数千万元用于各种捐赠活动，董事长王迅行荣登 2005 年"福布斯中国慈善榜"，他的获奖感言是"通过企业回报社会，通过社会提升创造财富的价值"。

2. 及时调整的企业发展战略

从创业到 20 世纪 90 年代初的以质量求发展，从 1996 年组建集团公司到 2000 年以规模求发展，从 2000 年至今以科学技术求发展，环宇集团在十多年的发展历程中，始终坚持根据形势的变化、不失时机地进行规模扩张，对企业发展战略做到合理调整，及时充实，从而增强了企业活力。目前，环宇这艘源于"草根经济"的帆板已经由"船大抗风浪"的大船开始向现代化的"航母"过渡了。

3. 不断创新为企业注入持续发展的动力

环宇集团创业的道路，从某种意义上说，就是一部科技兴业、不断开拓创新的历史。经过十多年的不懈努力，到2005年，与世界同步的环宇低压电器系列全部研发成功。现在公司的所有利润都来自科技创新。公司先后开发出具有自主知识产权的23个系列五百多种新产品，其中有省级新产品三十多项，获得国家专利12项，塑壳断路器HUM8系列被科技部列为国家火炬计划项目。这些成绩充分显示了科技兴业的威力，环宇构筑的“科技金字塔”起到了巨大作用。

4. 文化管理开启环宇管理新境界

长期以来，环宇集团在自己的企业管理行为中，渗透着许多文化因素，如倡导企业精神、经营理念，开展企业文化活动，以及企业形象的设计与宣传，并且制定了各种行为规范条例，用以提高做现代文明人的素质等。环宇强调“以人为本”，特别重视培养人才和留住人才。环宇留住人才，一靠诚心，二靠周到。早在创业初期，有一位为环宇做过较大贡献的电器老专家要求离职回家，公司同意了，但每个月的工资照发（寄到他家），一年下来，他被诚意感动，在家坐不住了，说让我回公司再干两年吧。2003年环宇总部搬迁至工业园区，条件改善了，公司首先想到建设上档次的员工宿舍、员工食堂，因为这是人人有份的事，让全体员工都能分享到企业发展的成果。公司还特别开设了“夫妻房”，被誉为“温暖工程”。这一切人文关怀，使员工心里潜移默化地产生了巨大的向心力和凝聚力，也成就了今天的环宇。

——改编自企业成长至关重要四要素. 人民网河南视窗.
http://www.hnsc.com.cn/news/2008/01/07/253869.html

【个案介绍】　　赌上市，家世界提速扩张陷危机

在中国本土的零售巨头中，杜厦和他的家世界实属另类。当其他零售巨头纷纷跑马圈地时，杜厦却提出了“集束式策略”，以华北和西北为主要阵地，在天津、西安等北方二线城市布点，坚持审慎的发展策略。

创建家世界之初，杜厦明确要避开一线城市，“拼命开店背后需要有雄厚的财力支持，而我们绝不可能在这个市场上一边赔钱一边玩下去，那对我们是一种危险的策略，我们还是小学生”。家世界坚持“让开大路，占领两厢”，并从一开始坚持“集束式”策略，在较短时间内集中在长江以北的二三线城市发展，并迅速在所进入的城市取得绝对优势。

家世界“区域为王”的政策让其在特定时间段赢得了生存空间和发展先机。在1997—2005年的九年间，家世界店数规模每年平均增长率为60.71%，而同期其销售额平均增长为60.97%，利润增长高达93.81%。

2004年，杜厦首度向外界透露了上市计划。为了配合上市计划，家世界展开了大规模扩张。据统计，华北区近三十家门店，有近一半都是2005年后开的。资金投入和人才的不足导致了新店质量下降，虽然在2004年之前开业的每家店还持续正成长及获利，但新店的销售却让整体销售受到负面的影响。大量新店，管理的跨度和难度大大增加，管理力度大幅削弱，单店销售能力下滑也就在“情理之中”了。如天津南楼店与南楼北店相距不过300米，如此不讲究的店铺分布足以反映出管理上的不成熟。

不仅如此，为了上市，杜厦还请了大量的顶级外援且代价不菲，但作为脊梁的中层管理干部依然匮乏，尤其是称职的店长，以至于在华北区家世界盈利店面数量远小于亏损店面的数量，像北京大钟寺店、西四环店自开业以来一直就处于亏损状态。不仅如此，顶级外援带来的文化冲突、心态冲突和管理理念的冲突也是巨大的。

由于扩张速度过快，扩张不是靠利润积累的支持，而是靠不断扩大的负债来支撑，财务失控在所难免。这样的扩张很容易出现现金流危机，家世界正是应验了这一点。家世界的后期扩张主要是靠压供应商的货款和银行贷款等。

家世界超市原本预期的上市计划至今未能实现，财务提前透支的后遗症终于全面迸发。资金链紧张不仅使家世界陷入困境，长期大量拖欠货款也使不少供应商成了“被殃及的池鱼”。前车之鉴，后事之师。

——摘自刘平．家世界的启示．销售与市场（中旬刊），2007（1）：18～19

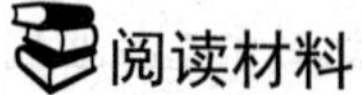

全面认识战略和战略决策

本篇小结

企业登记注册类型共分三大类：第一类是内资企业，主要有独资企业、合伙企业和公司制三种类型。第二类是港、澳、台商投资企业，包括合资经营企业、合作经营企业、港澳台商独资经营企业、港澳台商投资股份有限公司。第三类是外商投资企业，包括中外合资、中外合作、外资企业和外商投资股份有限公司。注意：个体经营不属于企业。

所谓商业模式，说白了就是企业通过什么途径或方式赚钱？换言之，就是企业赚钱的方法，而且是一种有规律的方法。它能够在一段较长时间内稳定维持，并为企业带来源源不断的利润。

商业模式包括五大要素：① 利润源，即企业顾客；② 利润点，即企业提供的产品或服务；③ 利润渠，即产品或服务的供应和传播渠道；④ 利润杠杆，即生产产品或服务的内部运作；⑤ 利润屏障，即保护产品或服务的战略控制活动等。商业模式就是以上述五大要素的某一至两个要素为核心，五大要素相互协同的价值创造系统。

第四篇介绍的低成本、专业化和差异化三大竞争法宝和创意制胜、渠道制胜、与巨人同行、产品领先、跟随制胜和服务制胜六大基本战略都是典型的商业模式，本篇还补充了利润倍增、“配电盘”、产品金字塔和战略领先四种基本商业模式。

创业风险的来源主要有融资风险、研究开发风险、信息和信任风险、资源风险和管理风险。创业期管理宜简单适用。主要建议：明确企业目标，达成共识；形成一个管理团队，明确各自职责，直截了当地进行沟通，制定并遵守既定的管理制度。注意财务监控，避免社会关系对工作关系的干扰。

创业前的失败误区主要有悲观主义、临渊羡鱼和计划不明、仓促上阵。不少想创业的人却对创业有着极度的恐惧，只会临渊羡鱼，不会退而结网，终究没有迈出创业的第一步；另外也有一些人，很冲动，还没有计划好就匆匆开始创业，以至于走向失败。

创业中的失败误区主要有目标游离与用心不专、知难而退与孤军奋战、急功近利与画饼充饥。许多企业成立后要么主业不清，要么主业过多，再有就是东一榔头、西一棒槌，目标游离、用心不专导致失败。也有一些创业者缺乏坚韧不拔的创业精神，遇到困难容易出现畏难情绪，终致退缩；另外一些创业者缺乏长期创业的思想准备，急于求成使得节奏失调、步伐紊乱而失败。

创业后的失败误区主要有机构膨胀与管理失调、过度扩张与财务失控、坐享其成与挥霍浪费、头脑发热与好大喜功。机构迅速膨胀是企业快速发展的一般必然结果，而机构膨胀使企业管理面临挑战；财务过度扩张是快速发展企业普遍存在的现象，其结果导致企业财务失控、财务状况恶化；坐享财富、挥霍浪费和自满不前是此阶段人性弱点的典型表现；成功的亢奋——头脑发热、好大喜功是企业快速发展阶段出现危机的催化剂。

化解创业后失败危机的对策主要有管理模式要适应企业规模的要求；创业者进行授权以实现从事务中解脱；建立稳定的激励机制来凝聚员工；吸纳人才，处理好创业功臣与职业经理人的关系；企业文化要适时总结升华；不断进行危机教育，培养处理危机的能力；建立以强烈社会责任感为核心的与时俱进的发展战略。

课后思考题

1. 在第九章案例中，智能集团的失败还有哪些因素？

2. 什么是盈利模式？典型的盈利模式有哪些？

3. 创业前要远离哪些导致创业失败的误区？创业中和创业后容易出现哪些导致失败的危机？如何应对？

参 考 阅 读

[1] 国务院办公厅关于进一步支持大学生创新创业的指导意见. 中国政府网. http://www.gov.cn/zhengce/content/2021-10/12/content_5642037.htm

[2] 中华人民共和国国民经济和社会发展第十四个五年规划和2035年远景目标纲要. 中国政府网. http://www.gov.cn/xinwen/2021-03/13/content_5592681.htm

[3] "十四五"大数据产业发展规划. 工业和信息化部. https://www.miit.gov.cn/jgsj/ghs/zlygh/art/2022/art_5051b9be5d4740daad48e3b1ad8f728b.html

[4]《中华人民共和国职业分类大典（2022 年版）》正式发布. 中国商业联合会. https://www.cgcc.org.cn/jypx/1/52042.html

[5] 大学周刊：2006—2007 中国大学生创业指南，2006 年，第 24～27 期.

参 考 文 献

[1] 刘平，金环，林则宏. 大学生就业与创业指导[M]. 2 版. 北京：清华大学出版社，2021.

[2] 刘平，李坚，金环，等. 企业战略管理：规划理论、流程、方法与实践[M]. 3 版. 北京：清华大学出版社，2021.

[3] 张玉利，陈寒松，薛红志，等. 创业管理[M]. 4 版. 北京：机械工业出版社，2017.

[4] 李时椿，常建坤. 创业学：理论、过程与实务[M]. 2 版. 北京：中国人民大学出版社，2016.

[5] 刘平，林则宏，陈玉新. 企业经营管理综合实训[M]. 3 版. 北京：清华大学出版社，2021.

[6] 辽宁省教育厅. 就业与创业概论[M]. 2 版. 沈阳：辽宁大学出版社，2007.

[7] 科学投资编辑部. 创业赚钱宝典[J]. 科学投资，2005.

[8] 刘平. 论大学生就业选择中的若干悖论[J]. 辽宁高职学报，2008（4）：5-6.

[9] 刘平. 搭建投资管道 奔向财务自由之路[N]. 经济参考报，2007-07-17.

[10] 刘平. 智能集团是如何拿着钱走向失败的[J]. 中国改革，2003（2）：56-57.

[11] 刘平. “孙子兵法”解读“创意经济”[J]. 市场营销导刊，2006（6）：68-70.

[12] 罗伯特 • T.清崎，莎伦 • L.莱希特. 富爸爸财务自由之路[M]. 龙秀，译. 北京：世界图书出版公司，2000.

[13] 王方华. 企业战略管理[M]. 2 版. 上海：复旦大学出版社，2007.

[14] 张光辉，戴育滨，张日新. 创业管理概论[M]. 大连：东北财经大学出版社，2006.

[15] 施振荣. 再造宏碁：开创、成长与挑战[M]. 北京：中信出版社，2005.

[16] 刘平. 高成长企业的长赢基因[J]. 经理人，2008（8）：45-49.

[17] 雷家骕，王兆华. 高技术创业管理：创业与企业成长[M]. 2 版. 北京：清华大学出版社，2008.

[18] 刘平. 创业攻略：成功创业之路[M]. 北京：中国经济出版社，2008.

[19] 库洛特克，霍志茨. 创业学：理论、流程与实践[M]. 6 版. 张宗益，译. 北京：清华大学出版社，2006.

[20] 张玉利. 创业管理研究新观点综述[J]. 企业管理研究，2006（8）：20-26.

[21] 时鹏程，许磊. 试论创业学研究的三个层次[J]. 企业管理研究，2006（8）：26-34.

[22] 贝克 • 哈吉斯. 管道的故事[M]. 邓金旭，译. 北京：民主与建设出版社，2001.

[23] 刘平. 就业新思维：自主创业[M]. 北京：中国金融出版社，2008.

[24] 李福华. 创业型就业与创业教育[J]. 软科学，2000（1）：60-63.

[25] 汪银生. 创业教育是比创新教育更为迫切的课题[J]. 教育与现代化，2001（4）：

20-24.
[26] 刘平．快速成长型企业的危机基因[J]．中外管理，2006（6）：56-57.
[27] 刘平．家世界的启示[J]．销售与市场（中旬刊），2007（1）：18-19.
[28] 李志能，郁义鸿，罗伯特・D.希斯瑞克．创业学[M]．上海：复旦大学出版社，2000.
[29] 刘平．华尔街之痛：一个个倒下的金融巨擘[M]．北京：中国人民大学出版社，2009.
[30] 刘平．保险战争[M]．北京：电子工业出版社，2009.
[31] 罗伯特・T.清崎，莎伦・L.莱希特．富爸爸，穷爸爸[M]．杨军，杨明，译．北京：世界图书出版公司，2000.
[32] 刘平．战略管理的辩证法：兼与金桥《战略管理十大悖论》一文商榷[J]．企业管理，2005（10）：33-34.
[33] 刘平．围棋与企业经营[J]．企业管理，2005（7）：82-85.
[34] 罗天虎．创业学教程[M]．西安：西北工业大学出版社，2004.
[35] 刘平．极度扩张理论与现实的悖论：中国家电连锁快速发展中的反思[J]．中外企业文化，2006（10）：5-7.
[36] 李政，邓丰．面向创业型经济的创业政策模式与结构研究[J]．企业管理研究，2006（8）：40-47.
[37] 朗耐克・莫尔・帕蒂特．创业机会[M]．北京：华夏出版社，2002.
[38] 杰弗里・蒂蒙斯．创业者[M]．周伟民，译．北京：华夏出版社，2002.
[39] 刘平．企业快速发展过程中的危机成因及对策[J]．中外企业文化，2005（11）：6-10.
[40] 中国商业评论编辑部．风投中国策[J]．中国商业评论，2007（3）：154-158.
[41] 陈德智．创业管理[M]．2 版．北京：清华大学出版社，2007.
[42] 刘平．到西部去淘金[N]．第一财经日报，2006-08-22（A2）.
[43] 凌志军．联想风云[M]．北京：中信出版社，2005.
[44] 陈惠湘．联想为什么[M]．北京：北京大学出版社，1997.
[45] 刘平．向 GE 学什么？[J]．中国保险，2006（3）：57.
[46] 关国亮．新华方略[M]．北京：人民出版社，2004.
[47] 沈超红，罗亮．创业成功关键因素与创业绩效指标研究[J]．企业管理研究，2006（8）：47-52.
[48] 索桂芝．大学生就业指导实务[M]．大连：东北财经大学出版社，2006.
[49] 迟宇宙．联想局：一家领袖企业的中国智慧[M]．北京：中国广播电视出版社，2005.
[50] 崔义中．创业学[M]．西安：陕西人民出版社，2000.
[51] 张桂春，唐卫民，苑景亮．高等教育理论专题[M]．大连：辽宁师范大学出版社，2004.
[52] 程忠国．大学生就业与创业指导[M]．武汉：华中科技大学出版社，2004.

[53] 姜彦福，张帏. 创业管理学[M]. 北京：清华大学出版社，2005.
[54] 卢旭东. 创业学概论[M]. 杭州：浙江大学出版社，2002.
[55] 张涛，熊晓云. 创业管理[M]. 北京：清华大学出版社，2007.
[56] 杨梅英，熊飞. 创业管理概论[M]. 北京：机械工业出版社，2008.
[57] 葛建新. 创业学[M]. 北京：清华大学出版社，2004.
[58] 武春友. 创业管理[M]. 北京：高等教育出版社，2008.